한국중부발전

8개년 기출 + NCS + 모의고사 3회

시대에듀

시대에듀 한국중부발전
8개년 기출 + NCS + 최종점검 모의고사 3회 + 무료NCS특강

Always **with you**

사람의 인연은 길에서 우연하게 만나거나 함께 살아가는 것만을 의미하지는 않습니다.
책을 펴내는 출판사와 그 책을 읽는 독자의 만남도 소중한 인연입니다.
시대에듀는 항상 독자의 마음을 헤아리기 위해 노력하고 있습니다. 늘 독자와 함께하겠습니다.

머리말 PREFACE

에너지 산업을 선도하는 한국중부발전은 신입직원을 채용할 예정이다. 한국중부발전의 채용절차는 「입사지원서 접수 → 서류전형 → 필기전형 → 면접전형 → 신원조회 및 신체검사 → 최종 합격자 발표」 순서로 이루어진다. 필기전형은 직업기초능력평가와 직무지식평가 및 인성검사로 진행된다. 그중 직업기초능력평가는 의사소통능력, 문제해결능력, 수리능력, 자원관리능력, 기술능력, 조직이해능력, 정보능력 중 직렬별로 4개의 영역을 평가하며, 2025년 상반기에는 PSAT형의 비중이 높은 피듈형으로 진행되었다. 또한 직무지식평가는 직렬별로 내용이 상이하므로 반드시 확정된 채용공고를 확인해야 한다. 따라서 필기전형에서 고득점을 받기 위해 다양한 유형에 대한 폭넓은 학습과 문제풀이능력을 높이는 등 철저한 준비가 필요하다.

한국중부발전 합격을 위해 시대에듀에서는 한국중부발전 판매량 1위의 출간 경험을 토대로 다음과 같은 특징을 가진 도서를 출간하였다.

도서의 특징

❶ **기출복원문제를 통한 출제 유형 파악!**
- 한국중부발전 8개년(2025~2018년) 기출문제를 복원하여 한국중부발전의 필기 경향을 파악할 수 있도록 하였다.

❷ **한국중부발전 필기전형 출제 영역 맞춤 문제를 통한 실력 상승**
- 직업기초능력평가 대표기출유형&기출응용문제를 수록하여 NCS 필기전형에 완벽히 대비할 수 있도록 하였다.

❸ **최종점검 모의고사로 완벽한 실전 대비!**
- 철저한 분석을 통해 실제 유형과 유사한 최종점검 모의고사를 수록하여 자신의 실력을 점검할 수 있도록 하였다.

❹ **다양한 콘텐츠로 최종 합격까지!**
- 한국중부발전 채용 가이드와 면접 기출질문을 수록하여 채용을 준비하는 데 부족함이 없도록 하였다.
- 온라인 모의고사를 무료로 제공하여 필기전형에 대비할 수 있도록 하였다.

끝으로 본 도서를 통해 한국중부발전 채용을 준비하는 모든 수험생 여러분이 합격의 기쁨을 누리기를 진심으로 기원한다.

SDC(Sidae Data Center) 씀

한국중부발전 기업분석 INTRODUCE

◇ 미션

친환경 에너지의 안전하고 안정적인 공급을 통해
국가 발전과 국민 삶의 질 개선에 기여한다.

◇ 비전

미래 가치를 선도하는 종합에너지 기업
Total Energy Company Leading the Next Value

◇ 핵심가치

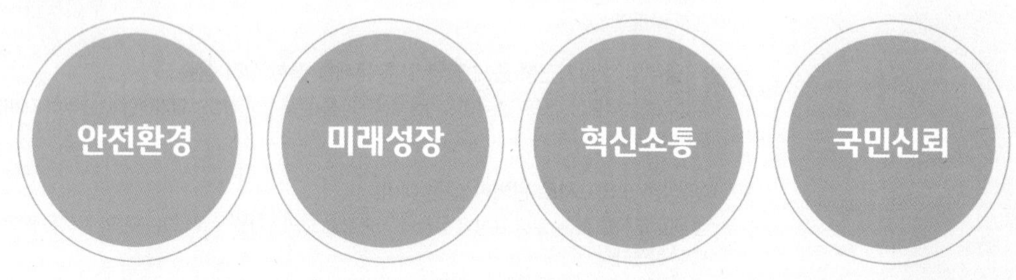

◇ 경영목표

신재생에너지 발전량	해외사업 누적 순이익	온실가스 감축률	부채비율
40%	5,000억 원	70%	180% 이하
청정전원 설비용량	영업이익률	산업재해율	국민신뢰지수
6,000MW	8%	0.05%	최상위 등급

◇ 전략목표 및 전략과제(비전 2040)

NEXT Value Creation for better future

New Value(에너지 신사업 경쟁우위 선점)

- 수소 · 암모니아 인프라 구축 확대
- 신재생에너지 신사업 역량 강화
- 국내 신규전원 개발 다각화
- AI 기반 디지털 전환 및 미래기술 확보

Efficient Value(효율성 중심의 기업가치 강화)

- 대규모 투자사업 수익성 제고
- 재무관리체계 고도화
- 경영효율화를 통한 조직역량 확대
- 혁신 · 소통 기반 조직문화 확산

eXtended Value(전력공급 안정성 · 친환경성 확대)

- 온실가스 감축체계 고도화
- 재난안전체계 고도화 및 확산
- 품질 기반 발전운영 최적화
- 전력생산 친환경성 제고

Trustable Value(국민신뢰 바탕 공공가치 창출)

- ESG 기반 민간성장 지원
- 에너지 생태계 상생협력 강화
- 윤리 · 준법 경영체계 고도화
- 투명 · 공정한 거버넌스 확립

◇ 인재상

CREATIVE GLOBAL KOMIPO CHALLENGER

창조적 에너지로 세계와 소통하여 KOMIPO의 미래를 이끄는 인재

Creative Challenger	Global Communicator	Performance Leader
혁신적 사고와 열정으로 새로운 가치창출에 도전하는 인재	상호 존중과 배려로 세계와 소통하는 인재	강한 자부심과 책임감으로 자기 업무에 주도적인 인재

신입 채용 안내 INFORMATION

◇ 지원자격(공통)

❶ 연령 · 성별 : 제한 없음(단, 만 60세 이상인 자는 지원 불가)
❷ 병역 : 병역 기피 사실이 없는 자(단, 현역은 최종합격자 발표예정일 이전에 전역 가능한 자)
❸ 한국중부발전 인사관리규정 제10조의 결격사유가 없는 자
❹ 최종합격자 발표 이후 즉시 근무 가능한 자

◇ 필기전형

구분	직군	세부 사항
직업기초능력평가	사무	의사소통능력, 조직이해능력, 자원관리능력, 수리능력
	기계	의사소통능력, 문제해결능력, 자원관리능력, 기술능력
	전기	의사소통능력, 문제해결능력, 수리능력, 기술능력
	화학	의사소통능력, 문제해결능력, 자원관리능력, 기술능력
직무지식평가	사무	법, 행정, 경영, 경제, 회계 등
	기계	재료 · 열 · 유체 · 동역학 등 기계 일반
	전기	전자기학, 전력공학, 전기기기, 회로이론 및 제어공학 등 전기 일반
	화학	일반화학, 화학공학, 대기환경, 수질환경 등 화학 일반
인성검사	전 직군	전체 S, A, B, C, D, E 등의 6단계 등급(D~E등급 부적격)

※ 일부 직군의 경우 제외하였음

◇ 면접전형

구분	세부 사항
1차 면접 (직군별 직무역량평가)	• PT면접 / 역량면접 • 합격자 발표 시 자기소개서 적 · 부 판정 결과(불성실 기재자 제외) 반영 ※ 불성실 기재자 : 다른 질문에 대해 동일 내용 답변, 의미 없는 특수기호 나열 등
2차 면접 (인성면접)	• 태도 및 인성 부분 등 종합평가 • 점수 반영 : 필기(20%) + 1차 면접(30%) + 2차 면접(50%)

❖ 위 채용 안내는 2025년 상반기 및 2024년 상반기 채용공고를 기준으로 작성하였으므로 세부사항은 확정된 채용공고를 확인하기 바랍니다.

2025년 상반기 기출분석 ANALYSIS

총평

한국중부발전의 필기전형은 PSAT형의 비중이 높은 피듈형으로 출제되었으며, 난이도는 예년과 비슷한 수준으로, 평이한 수준이었다는 의견이 다수였다. 다만 NCS의 경우 70문항을 50분 이내에 풀어야 했기에 시간이 부족해 뒷부분의 문제를 다 풀지 못했다는 후기가 많았다. 직무지식평가의 경우 60문항(전공 45문항 + 직무상황 연계형 15문항)을 70분 이내에 풀어야 했으며, 기사 · 산업기사 수준으로 쉽지 않았다는 후기가 대부분이었다.

◇ 영역별 출제 비중

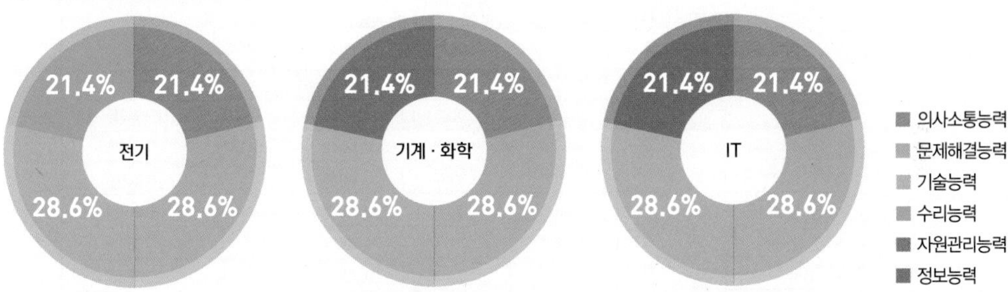

구분	출제 특징	출제 키워드
의사소통능력	• 맞춤법, 어휘, 한자성어, 문서 내용 이해, 내용 추론 등 전형적인 유형의 문제가 출제됨 • 두 가지 대립하는 견해를 이해 및 비교하는 문제가 출제됨	• 전화위복, 일취월장, 비트코인, 사회적 불평등, SMR(소형모듈원전), 양자컴퓨터 등
문제해결능력	• 명제 추론 등 전형적인 유형의 문제가 출제됨 • 자료에 대한 설명으로 옳지 않은 것을 묻는 문제가 출제됨 • 업그레이드에 드는 총비용을 계산하는 문제가 출제됨 • 지문에 있는 비밀번호 규칙에 맞지 않는 것을 찾는 문제가 출제됨	• 직원 코드, 논리적 오류의 유형 등
수리능력	• 응용 수리, 자료 이해, 자료 변환 등의 문제가 출제됨 • 불량률, 확률(2개의 주머니에서 물건 뽑기)을 묻는 문제가 출제됨 • 세트 할인의 경우에 단품 구매 개수를 묻는 문제가 출제됨	• 불량률, 세트 할인 등
자원관리능력	• 본사로 복귀하는 최단 거리를 계산하는 문제가 출제됨 • 일반국도가 아닌 고속국도로 이동 시 기존 최단거리와 몇 킬로미터 차이가 나는지 계산하는 문제가 출제됨 • 자원관리의 원칙과 관련한 모듈 이론을 묻는 문제가 출제됨	• 최단 경로, 자원관리의 원칙 등
기술능력	• 라이선싱과 관련한 개념을 묻는 문제가 출제됨 • 기술시스템의 발전 단계 순서를 묻는 문제가 출제됨 • 산업재해의 원인과 관련한 문제가 출제됨	• 벤치마킹, 라이선싱, 5차 산업혁명, 기술시스템 등
정보능력	• 파워포인트에 엑셀을 삽입하는 과정에 대한 문제가 출제됨 • 엑셀에서 셀 간격 늘리기, 셀 구분 후 항목 추가 등에 대한 문제가 출제됨	• sumif, 함수 계산에 필요한 인수, 계정 삭제 등

PSAT형

| 수리능력

04 다음은 신용등급에 따른 아파트 보증률에 대한 사항이다. 자료와 상황에 근거할 때, 갑(甲)과 을(乙)의 보증료의 차이는 얼마인가?(단, 두 명 모두 대지비 보증금액은 5억 원, 건축비 보증금액은 3억 원이며, 보증서 발급일로부터 입주자 모집공고 안에 기재된 입주 예정 월의 다음 달 말일까지의 해당 일수는 365일이다)

- (신용등급별 보증료)=(대지비 부분 보증료)+(건축비 부분 보증료)
- 신용평가 등급별 보증료율

구분	대지비 부분	건축비 부분				
		1등급	2등급	3등급	4등급	5등급
AAA, AA	0.138%	0.178%	0.185%	0.192%	0.203%	0.221%
A^+		0.194%	0.208%	0.215%	0.226%	0.236%
A^-, BBB^+		0.216%	0.225%	0.231%	0.242%	0.261%
BBB^-		0.232%	0.247%	0.255%	0.267%	0.301%
BB^+ ~ CC		0.254%	0.276%	0.296%	0.314%	0.335%
C, D		0.404%	0.427%	0.461%	0.495%	0.531%

※ (대지비 부분 보증료)=(대지비 부분 보증금액)×(대지비 부분 보증료율)×(보증서 발급일로부터 입주자 모집공고 안에 기재된 입주 예정 월의 다음 달 말일까지의 해당 일수)÷365

※ (건축비 부분 보증료)=(건축비 부분 보증금액)×(건축비 부분 보증료율)×(보증서 발급일로부터 입주자 모집공고 안에 기재된 입주 예정 월의 다음 달 말일까지의 해당 일수)÷365

- 기여고객 할인율 : 보증료, 거래기간 등을 기준으로 기여도에 따라 6개 군으로 분류하며, 건축비 부분 요율에서 할인 가능

구분	1군	2군	3군	4군	5군	6군
차감률	0.058%	0.050%	0.042%	0.033%	0.025%	0.017%

〈상황〉

- 갑 : 신용등급은 A^+이며, 3등급 아파트 보증금을 내야 한다. 기여고객 할인율에서는 2군으로 선정되었다.
- 을 : 신용등급은 C이며, 1등급 아파트 보증금을 내야 한다. 기여고객 할인율은 3군으로 선정되었다.

① 554,000원
② 566,000원
③ 582,000원
④ 591,000원
⑤ 623,000원

특징
- 대부분 의사소통능력, 수리능력, 문제해결능력을 중심으로 출제(일부 기업의 경우 자원관리능력, 조직이해능력을 출제)
- 자료에 대한 추론 및 해석 능력을 요구

대행사
- 엑스퍼트컨설팅, 커리어넷, 태드솔루션, 한국행동과학연구소(행과연), 휴노 등

모듈형

| 문제해결능력

41 문제해결절차의 문제 도출 단계는 (가)와 (나)의 절차를 거쳐 수행된다. 다음 중 (가)에 대한 설명으로 적절하지 않은 것은?

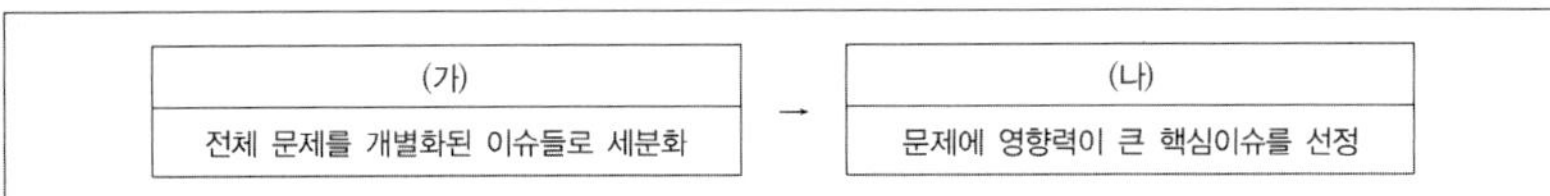
(가)
전체 문제를 개별화된 이슈들로 세분화
(나)
문제에 영향력이 큰 핵심이슈를 선정

① 문제의 내용 및 영향 등을 파악하여 문제의 구조를 도출한다.
② 본래 문제가 발생한 배경이나 문제를 일으키는 메커니즘을 분명히 해야 한다.
③ 현상에 얽매이지 말고 문제의 본질과 실제를 봐야 한다.
④ 눈앞의 결과를 중심으로 문제를 바라봐야 한다.
⑤ 문제 구조 파악을 위해서 Logic Tree 방법이 주로 사용된다.

특징
- 이론 및 개념을 활용하여 푸는 유형
- 채용 기업 및 직무에 따라 NCS 직업기초능력평가 10개 영역 중 선발하여 출제
- 기업의 특성을 고려한 직무 관련 문제를 출제
- 주어진 상황에 대한 판단 및 이론 적용을 요구

대행사
- 인트로맨, 휴스테이션, ORP연구소 등

피듈형(PSAT형 + 모듈형)

| 자원관리능력

07 다음 자료를 근거로 판단할 때, 연구모임 A ~ E 중 세 번째로 많은 지원금을 받는 모임은?

〈지원계획〉

- 지원을 받기 위해서는 한 모임당 5명 이상 9명 미만으로 구성되어야 한다.
- 기본지원금은 모임당 1,500천 원을 기본으로 지원한다. 단, 상품개발을 위한 모임의 경우는 2,000천 원을 지원한다.
- 추가지원금

등급	상	중	하
추가지원금(천 원/명)	120	100	70

※ 추가지원금은 연구 계획 사전평가결과에 따라 달라진다.

- 협업 장려를 위해 협업이 인정되는 모임에는 위의 두 지원금을 합한 금액의 30%를 별도로 지원한다.

〈연구모임 현황 및 평가결과〉

특징
- 기초 및 응용 모듈을 구분하여 푸는 유형
- 기초인지모듈과 응용업무모듈로 구분하여 출제
- PSAT형보다 난도가 낮은 편
- 유형이 정형화되어 있고, 유사한 유형의 문제를 세트로 출제

대행사
- 사람인, 스카우트, 인크루트, 커리어케어, 트리피, 한국사회능력개발원 등

한국중부발전

벤치마킹 ▸ 키워드

13 다음 벤치마킹의 종류에 대한 설명으로 옳은 것은?

> 네스프레소는 가정용 커피머신 시장의 선두주자이다. 이러한 성장 배경에는 기존의 산업 카테고리를 벗어나 랑콤, 이브로쉐 등 고급 화장품 업계의 채널 전략을 벤치마킹했다. 고급 화장품 업체들은 독립 매장에서 고객들에게 화장품을 직접 체험할 수 있는 기회를 제공하고, 이를 적극적으로 수요와 연계하고 있었다. 네스프레소는 이를 통해 신규 수요를 창출하기 위해서는 커피머신의 기능을 강조하는 것이 아니라, 즉석에서 추출한 커피의 신선한 맛을 고객에게 체험하게 하는 것이 중요하다는 인사이트를 도출했다. 이후 전 세계 유명 백화점에 오프라인 단독 매장들을 개설해 고객에게 커피를 시음할 수 있는 기회를 제공했다. 이를 통해 네스프레소의 수요는 급속도로 늘어나 매출 부문에서 30~40%의 고속성장을 거두게 됐고 전 세계로 확장되며 여전히 높은 성장세를 이어가고 있다.

① 자료수집이 쉬우며 효과가 크지만 편중된 내부시각에 대한 우려가 있다는 단점이 있다.
② 비용 또는 시간적 측면에서 상대적으로 많이 절감할 수 있다는 장점이 있다.
③ 문화 및 제도적인 차이에 대한 검토가 부족하면 잘못된 결과가 나올 수 있다.
④ 새로운 아이디어가 나올 가능성이 높지만 가공하지 않고 사용한다면 실패할 수 있다.

SUMIF ▸ 키워드

12 S사원은 구입물품 중 의류의 총개수를 파악하고자 한다. S사원이 입력해야 할 함수로 옳은 것은?

① =SUMIF(A2:A9,A2,C2:C9)
② =COUNTIF(C2:C9,C2)
③ =VLOOKUP(A2,A2:A9,1,0)
④ =HLOOKUP(A2,A2:A9,1,0)

한국전력공사

IF 함수 ▶ 키워드

06 다음은 J공사에 지원한 지원자들의 PT면접 점수를 정리한 자료이며, 각 사원들의 점수 자료를 통해 면접 결과를 정리하고자 한다. 이를 위해 [F3] 셀에 〈보기〉와 같은 함수식을 입력하고, 채우기 핸들을 이용하여 [F6] 셀까지 드래그 했을 경우, [F3] ~ [F6] 셀에 나타나는 결괏값으로 옳은 것은?

	A	B	C	D	E	F
1						(단위 : 점)
2	이름	발표내용	발표시간	억양	자료준비	결과
3	조재영	85	92	75	80	
4	박슬기	93	83	82	90	
5	김현진	92	95	86	91	
6	최승호	95	93	92	90	

보기

=IF(AVERAGE(B3:E3)>=90,"합격","불합격")

	[F3]	[F4]	[F5]	[F6]
①	불합격	불합격	합격	합격
②	합격	합격	불합격	불합격
③	합격	불합격	합격	불합격
④	불합격	합격	불합격	합격
⑤	불합격	불합격	불합격	합격

성과급 ▶ 키워드

03 다음은 4분기 성과급 지급 기준이다. 부서원 A ~ E에 대한 성과평가가 다음과 같을 때, 성과급을 가장 많이 받을 직원 2명은?

〈성과급 지급 기준〉

• 성과급은 성과평가등급에 따라 다음 기준으로 지급한다.

등급	A	B	C	D
성과급	200만 원	170만 원	120만 원	100만 원

• 성과평가등급은 성과점수에 따라 다음과 같이 산정된다.

성과점수	90점 이상 100점 이하	80점 이상 90점 미만	70점 이상 80점 미만	70점 미만
등급	A	B	C	D

• 성과점수는 개인실적점수, 동료평가점수, 책임점수, 가점 및 벌점을 합산하여 산정한다.
  - 개인실적점수, 동료평가점수, 책임점수는 각각 100점 만점으로 산정된다.
  - 세부 점수별 가중치는 개인실적점수 40%, 동료평가점수 30%, 책임점수 30%이다.
  - 가점 및 벌점은 개인실적점수, 동료평가점수, 책임점수에 가중치를 적용하여 합산한 값에 합산한다.

• 가점 및 벌점 부여기준
  - 분기 내 수상내역 1회, 신규획득 자격증 1개당 가점 2점 부여

주요 공기업 적중 문제 TEST CHECK

한국남동발전

비행기 시각 ▶ 유형

2025년 적중

※ K공사에서 근무하는 A부장은 적도기니로 출장을 가려고 한다. 이어지는 질문에 답하시오. **[3~4]**

〈경유지, 도착지 현지시각〉

국가(도시)	현지시각
한국(인천)	2024. 08. 05 AM 08:40
중국(광저우)	2024. 08. 05 AM 07:40
에티오피아(아디스아바바)	2024. 08. 05 AM 02:40
적도기니(말라보)	2024. 08. 05 AM 00:40

〈경로별 비행시간〉

비행경로	비행시간
인천 → 광저우	3시간 50분
광저우 → 아디스아바바	11시간 10분
아디스아바바 → 말라보	5시간 55분

〈경유지별 경유시간〉

경유지	경유시간
광저우	4시간 55분
아디스아바바	6시간 10분

지구 온난화 ▶ 키워드

08 다음 글의 빈칸에 들어갈 내용으로 가장 적절한 것은?

오존층 파괴의 주범인 프레온 가스로 대표되는 냉매는 그 피해를 감수하고도 사용할 수밖에 없는 필요악으로 인식되어 왔다. 지구 온난화 문제를 해결할 수 있는 대체 물질이 요구되는 이러한 상황에서 최근 이를 만족할 수 있는 4세대 신냉매가 새롭게 등장해 각광을 받고 있다. 그중 온실가스 배출량을 크게 줄인 대표적인 4세대 신냉매가 수소불화올레핀(HFO)계 냉매이다.

HFO는 기존 냉매에 비해 비싸고 불에 탈 수 있다는 단점이 있으나, 온실가스 배출이 거의 없고 에너지 효율성이 높은 장점이 있다. 이러한 장점으로 4세대 신냉매에 대한 관심이 최근 급격히 증가하고 있다. 지난 2003~2017년 중 냉매 관련 특허 출원 건수는 총 686건이었고, 온실가스 배출량을 크게 줄인 4세대 신냉매 관련 특허 출원들은 꾸준히 늘어나고 있다. 특히 2008년부터 HFO계 냉매를 포함한 출원 건수가 큰 폭으로 증가하면서 같은 기간의 HFO계 비중이 65%까지 증가했다. 이러한 출원 경향은 국제 규제로 2008년부터 온실가스를 많이 배출하는 기존 3세대 냉매의 생산과 사용을 줄이면서 4세대 신냉매가 필수적으로 요구되었기 때문으로 분석된다.

냉매는 자동차, 냉장고, 에어컨 등 우리 생활 곳곳에 사용되는 물질로서 시장 규모가 대단히 크지만, 최근 환경 피해와 관련된 엄격한 국제 표준이 요구되고 있다. 우수한 친환경 냉매가 조속히 개발될 수 있도록 관련 특허 동향을 제공해야 한다. 4세대 신냉매 개발은 ____________________

① 인공지능 기술의 확장을 열게 될 것이다.
② 엄격한 환경 국제 표준을 약화시킬 것이다.
③ 또 다른 오존층 파괴의 원인으로 이어질 것이다.
④ 지구 온난화 문제 해결의 열쇠가 될 것이다.

한국동서발전

맞춤법 ▶ 유형

04 다음 중 밑줄 친 ㉠~㉣의 맞춤법 수정 방안으로 적절하지 않은 것은?

우리 사회에 사형 제도에 대한 ㉠ 해 묵은 논쟁이 다시 일고 있다. 그러나 지금까지 여론 조사 결과를 보면, 우리 국민의 70% 정도는 사형 제도가 범죄를 예방할 수 있다고 생각한다. 그러나 과연 그 믿음대로 사형 제도는 정의를 실현하는 제도일까? 세계에서 사형을 가장 많이 집행하는 미국에서는 연간 ㉡ 10만건 이상의 살인이 벌어지고 있으며 ㉢ 좀처럼 줄어들지 않고 있다. 또한 2006년 미국의 ㉣ 범죄율을 비교한 결과 사형 제도를 폐지한 주가 유지하고 있는 주보다 오히려 낮았다. 이는 사형 제도가 범죄 예방 효과가 있을 것이라는 생각이 근거 없는 기대일 뿐임을 말해 준다. 또한 사형 제도는 인간에 대한 너무도 잔인한 제도이다. 사람들은 일부 국가에서 행해지는 돌팔매 처형의 잔인성에는 공감하면서도, 어째서 독극물 주입이나 전기의자 등은 괜찮다고 여기는 것인가? 사람을 죽이는 것에는 좋고 나쁜 방법이 있을 수 없으며 둘의 본질은 같다.

① ㉠은 한 단어이므로 '해묵은'으로 수정해야 한다.
② ㉡의 '건'은 의존 명사이므로 '10만 건'으로 띄어 써야 한다.
③ ㉢은 문맥상 같은 의미인 '좀체'로 바꾸어 쓸 수 있다.
④ ㉣은 한글 맞춤법에 따라 '범죄률'로 수정해야 한다.

좌석배치 ▶ 유형

43 E공사의 평가지원팀 A팀장, B대리, C대리, D주임, E주임, F주임, G사원, H사원 8명은 기차를 이용해 대전으로 출장을 가려고 한다. 아래 〈조건〉에 따라 직원들의 좌석이 배정될 때, 〈보기〉 중 옳지 않은 것을 모두 고르면?(단, 이웃하여 앉는다는 것은 두 사람 사이에 복도를 두지 않고 양옆으로 붙어 앉는 것을 의미한다)

〈기차 좌석표〉

앞

창가						창가
	1가	1나	복도	1다	1라	
	2가	2나		2다	2라	

뒤

조건

- 팀장은 반드시 두 번째 줄에 앉는다.
- D주임은 2다 석에 앉는다.
- 주임끼리는 이웃하여 앉지 않는다.
- 사원은 나 열 혹은 다 열에만 앉을 수 있다.
- 팀장은 대리와 이웃하여 앉는다.
- F주임은 업무상 지시를 위해 H사원과 이웃하여 앉아야 한다.
- B대리는 창가쪽 자리에 앉는다.

보기

ㄱ. E주임은 1가 석에 앉는다.
ㄴ. C대리는 라 열에 앉는다.

도서 200% 활용하기 STRUCTURES

1 기출복원문제로 출제경향 파악

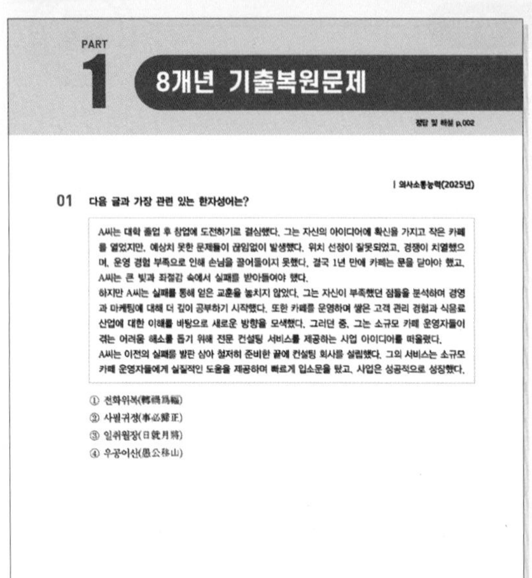

PART 1 8개년 기출복원문제

정답 및 해설 p.002

| 의사소통능력(2025년)

01 다음 글과 가장 관련 있는 한자성어는?

A씨는 대학 졸업 후 창업에 도전하기로 결심했다. 그는 자신의 아이디어에 확신을 가지고 작은 카페를 열었지만, 예상치 못한 문제들이 끊임없이 발생했다. 위치 선정이 잘못되었고, 경쟁이 치열했으며, 운영 경험 부족으로 인해 손님을 끌어들이지 못했다. 결국 1년 만에 카페는 문을 닫아야 했고, A씨는 큰 빚과 좌절감 속에서 실패를 받아들여야 했다.
하지만 A씨는 실패를 통해 얻은 교훈을 놓치지 않았다. 그는 자신이 부족했던 점들을 분석하여 경영과 마케팅에 대해 더 깊이 공부하기 시작했다. 또한 카페를 운영하며 쌓은 고객 관리 경험과 식음료 산업에 대한 이해를 바탕으로 새로운 방향을 모색했다. 그러던 중, 그는 소규모 카페 운영자들이 겪는 어려움 해소를 돕기 위해 전문 컨설팅 서비스를 제공하는 사업 아이디어를 떠올렸다.
A씨는 이전의 실패를 발판 삼아 철저히 준비한 끝에 컨설팅 회사를 설립했다. 그의 서비스는 소규모 카페 운영자들에게 실질적인 도움을 제공하며 빠르게 입소문을 탔고, 사업은 성공적으로 성장했다.

① 전화위복(轉禍爲福)
② 사필귀정(事必歸正)
③ 일취월장(日就月將)
④ 우공이산(愚公移山)

| 의사소통능력(2025년)

03 다음 글에 대한 설명으로 적절하지 않은 것은?

큐비트(Qubit)는 양자 컴퓨터에서 정보를 저장하고 처리하는 기본 단위다. 기존의 컴퓨터가 정보를 0과 1로 이루어진 비트(Bit)로 표현하는 것과 달리, 큐비트는 양자역학의 특성을 활용해 더 복잡하고 강력한 방식으로 정보를 다룬다.
큐비트는 0과 1의 상태를 동시에 가질 수 있는 양자 중첩 특성을 가지고 있다. 양자 중첩이란 빛이 입자와 파동 2가지 상태를 가진 것과 마찬가지로 미시적 세계에서 여러 양자 상태가 동시에 존재할 수 있는 현상을 뜻하며, 측정하기 전까지는 양자 상태를 정확히 파악할 수 없고 관측과 동시에 상태가 결정되는 것을 의미한다. 이처럼 큐비트 또한 측정하기 전까지 0과 1의 상태를 동시에 가진 중첩 상태가 유지되며 측정 시에는 0 또는 1 중 하나의 값으로 확정된다. 이를 통해 큐비트는 병렬 계산을 가능하게 만들어 복잡한 문제를 빠르게 해결할 수 있다.
또한 두 개 이상의 큐비트가 양자 얽힘 상태에 있으면, 한 큐비트의 상태가 다른 큐비트의 상태와 즉각적으로 연결된다. 이에 따라 한 큐비트가 측정되면 얽혀 있는 다른 큐비트의 상태 또한 자동으로 결정되므로 큐비트 간의 빠른 정보 전달과 협력 계산을 가능하게 한다.
양자 컴퓨터에 사용되는 큐비트는 다양한 방식으로 개발되고 있으며 대표적인 방식은 초전도 회로, 이온 트랩, 광자, 스핀 등이 있다. 초전도 회로는 전기적 초전도체를 활용해 양자 상태를 생성하고, 이온 트랩은 전기장으로 이온을 가두고 조작한다. 광자는 빛 입자를 이용한 정보 저장 및 전송에 사용되며, 스핀은 전자의 스핀 상태를 활용한다.
큐비트는 기존 컴퓨터보다 훨씬 더 많은 정보를 처리할 수 있다. 예를 들어, 20개의 큐비트를 활용하면 2^{20}, 즉 약 100만 개의 상태를 동시에 표현할 수 있다. 이는 암호 해독이나 복잡한 시뮬레이션 같은 문제에서 기존 컴퓨터보다 월등히 빠른 성능을 발휘한다. 하지만 현재 기술로는 큐비트를 안정적으로 유지하고 제어하는 데 한계가 있다. 환경적 요인으로 인해 양자 상태가 쉽게 붕괴되기 때문에 이를 극복하기 위한 연구가 활발히 진행 중이다.
큐비트는 양자역학의 원리를 기반으로 기존 컴퓨터와는 완전히 다른 방식으로 정보를 처리한다. 중첩과 얽힘 같은 특성 덕분에 복잡한 계산 문제를 해결하는 데 강력한 도구가 될 수 있지만, 기술적 도전 과제도 많다. 앞으로 양자 컴퓨팅 기술이 발전하면 큐비트를 활용한 혁신적인 응용이 더욱 확대될 것으로 기대된다.

① 큐비트의 값은 측정과 동시에 정해진다.
② 큐비트는 정보를 0와 1의 2진수로 나타내는 것이다.
③ 큐비트는 측정하기 전까지는 양자 중첩 상태로 존재한다.
④ 4개의 큐비트를 활용하면 16번의 상태를 동시에 표현할 수 있다.

▸ 한국중부발전 8개년(2025 ~ 2018년) 기출문제를 복원하여 한국중부발전의 필기 유형을 파악할 수 있도록 하였다.

2 대표기출유형 + 기출응용문제로 NCS 완벽 대비

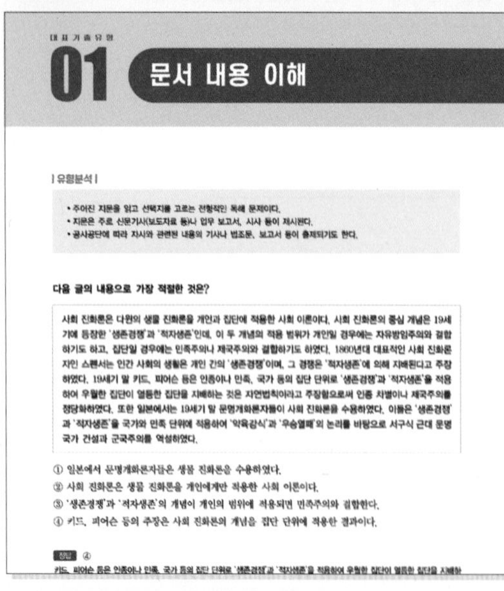

대표기출유형 01 문서 내용 이해

| 유형분석 |

- 주어진 지문을 읽고 선택지를 고르는 전형적인 독해 문제이다.
- 지문은 주로 신문기사(보도자료 등)나 업무 보고서, 시사 등이 제시된다.
- 공사공단에 따라 자사와 관련된 내용의 기사나 법조문, 보고서 등이 출제되기도 한다.

다음 글의 내용으로 가장 적절한 것은?

사회 진화론은 다윈의 생물 진화론을 개인과 집단에 적용한 사회 이론이다. 사회 진화론의 중심 개념은 19세기에 등장한 '생존경쟁'과 '적자생존'인데, 이 두 개념의 적용 범위가 개인일 경우에는 자유방임주의와 결합하기도 하고, 집단일 경우에는 민족주의나 제국주의와 결합하기도 하였다. 1860년대 대표적인 사회 진화론자인 스펜서는 인간 사회의 생활은 개인 간의 '생존경쟁'이며, 그 경쟁은 '적자생존'에 의해 지배된다고 주장하였다. 19세기 말 키드, 피어슨 등은 인종이나 민족, 국가 등의 집단 단위로 '생존경쟁'과 '적자생존'을 적용하여 우월한 집단이 열등한 집단을 지배하는 것은 자연법칙이라고 주장함으로써 인종 차별이나 제국주의를 정당화하였다. 또한 일본에서는 19세기 말 문명개화론자들이 사회 진화론을 수용하였다. 이들은 '생존경쟁'과 '적자생존'을 국가와 민족 단위에 적용하여 '약육강식'과 '우승열패'의 논리를 바탕으로 서구식 근대 문명국가 건설과 군국주의를 역설하였다.

① 일본에서 문명개화론자들은 생물 진화론을 수용하였다.
② 사회 진화론은 생물 진화론을 개인에게만 적용한 사회 이론이다.
③ '생존경쟁'과 '적자생존'의 개념이 개인의 범위에 적용되면 민족주의와 결합한다.
④ 키드, 피어슨 등의 주장은 사회 진화론의 개념을 집단 단위에 적용한 결과이다.

정답 ④
키드, 피어슨 등은 인종이나 민족, 국가 등의 집단 단위로 '생존경쟁'과 '적자생존'을 적용하여 우월한 집단이 열등한 집단을 지배하

대표기출유형 01 기출응용문제

01 다음은 부당이득징수업무 처리 규정의 일부이다. 이에 대한 설명으로 적절한 것을 〈보기〉에서 모두 고르면?

부당이득 징수금 납입고지(제6조)
지역본부장은 제5조에 따른 부당이득 관리 수관 즉시 납부의무자에게 그 금액과 납부기한을 별지 제28호 서식에 따라 납입고지하여야 한다. 이 경우 납부기한은 고지서 발급일부터 10일 이상 30일 이내로 하여야 한다.

독촉장 발급(제7조)
지역본부장은 납입고지서상에 기재된 납부기한까지 완납하지 아니하였을 때에는 별지 제29호 서식에 따라 납부기한이 지난 후 10일 이내에 독촉장을 발급하여야 하며, 납부기한은 독촉장 발급일부터 10일 이상 20일 이내로 한다.

체납자의 행방조사(제9조)
지역본부장은 체납자가 주민등록지에 거주하는지 여부를 확인하여야 하며, 체납자가 주민등록지에 거주하지 아니하는 경우 담당자는 관계공부열람복명서를 작성하거나 체납자의 주민등록지 관할 동(읍·면)장의 행방불명확인서를 발급받는다.

재산 및 행방조사 시기 등(제10조)
① 지역본부장은 체납자에 대한 재산조사 및 행방조사 업무를 체납이 발생할 때마다 수시로 실시하여 체납정리의 신속을 도모하고 특정한 시기에 집중적으로 조회하여 상대기관(협조기관)의 업무폭주에 따른 처리지연, 미회신 등의 사례가 발생하지 않도록 하여야 한다.
② 지역본부장은 체납자의 주소 및 등록기준지가 다른 소속기관 관할인 경우에는 그 관할 지역본부장에게 제8조, 제9조 제1항 및 제2항에 따른 조사를 직접 수행하도록 의뢰할 수 있으며, 이 경우 의뢰를 받은 지역본부장은 조사사항을 의뢰일부터 15일 이내에 송부하여야 한다.

보기
ㄱ. 지역본부장이 1월 3일에 납부의무자 A에 대한 부당이득 관리를 수관하였다면 A는 고지된 금액을 늦어도 2월 2일 이내에 납부하여야 한다.
ㄴ. 지역본부장이 4월 2일에 납부의무자 B에게 4월 16일을 납부기한으로 하는 고지서를 발급했으나 B가 납부하지 않은 경우, 지역본부장의 독촉장에 따른 B의 납부기한은 늦어도 5월 26일이다.
ㄷ. 체납자가 주민등록지에 거주하지 않는 경우, 지역본부장은 관계공부열람복명서를 작성하거나 관계기관에서 행방불명확인서를 발급받을 수 있다.

▸ NCS 출제 영역에 대한 대표기출유형과 기출응용문제를 수록하여 NCS 문제에 대한 접근 전략을 익히고 점검할 수 있도록 하였다

3 최종점검 모의고사 + OMR을 활용한 실전 연습

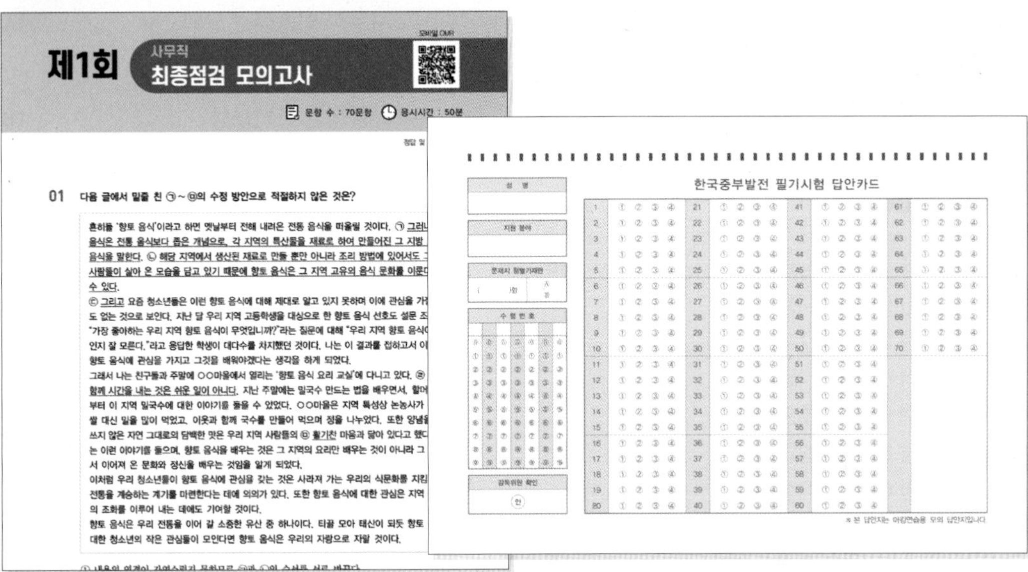
제1회 사무직 최종점검 모의고사

문항 수 : 70문항 / 응시시간 : 50분

01 다음 글에서 밑줄 친 ㉠~㉥의 수정 방안으로 적절하지 않은 것은?

한국중부발전 필기시험 답안카드

▸ 최종점검 모의고사와 OMR 답안카드를 수록하여 실제로 시험을 보는 것처럼 마무리 연습을 할 수 있도록 하였다.

▸ 모바일 OMR 답안채점/성적분석 서비스를 통해 필기전형에 대비할 수 있도록 하였다.

4 인성검사부터 면접까지 한 권으로 최종 마무리

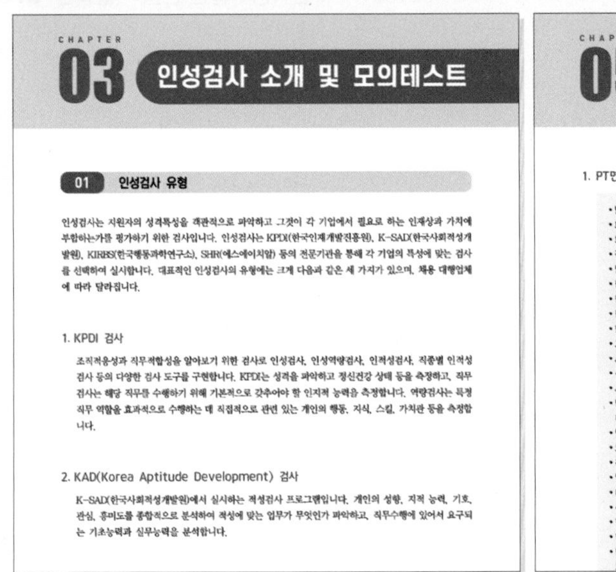
CHAPTER 03 인성검사 소개 및 모의테스트

01 인성검사 유형

인성검사는 지원자의 성격특성을 객관적으로 파악하고 그것이 각 기업에서 필요로 하는 인재상과 가치에 부합하는가를 평가하기 위한 검사입니다. 인성검사는 KPDI(한국인재개발진흥원), K-SAD(한국사회적성개발원), KIRBS(한국행동과학연구소), SHR(에스에이치알) 등의 전문기관을 통해 각 기업의 특성에 맞는 검사를 선택하여 실시합니다. 대표적인 인성검사의 유형에는 크게 다음과 같은 세 가지가 있으며, 채용 대행업체에 따라 달라집니다.

1. KPDI 검사

조직적응성과 직무적합성을 알아보기 위한 검사로 인성검사, 인성역량검사, 인적성검사, 직종별 인적성검사 등의 다양한 검사 도구를 구현합니다. KPDI는 성격을 파악하고 정신건강 상태 등을 측정하고, 직무검사는 해당 직무를 수행하기 위해 기본적으로 갖추어야 할 인지적 능력을 측정합니다. 역량검사는 특정 직무 역할을 효과적으로 수행하는 데 직접적으로 관련 있는 개인의 행동, 지식, 스킬, 가치관 등을 측정합니다.

2. KAD(Korea Aptitude Development) 검사

K-SAD(한국사회적성개발원)에서 실시하는 적성검사 프로그램입니다. 개인의 성향, 지적 능력, 기호, 관심, 흥미도를 종합적으로 분석하여 적성에 맞는 업무가 무엇인가 파악하고, 직무수행에 있어서 요구되는 기초능력과 실무능력을 분석합니다.

CHAPTER 05 한국중부발전 면접 기출질문

1. PT면접 / 토론면접

- 발전소에 생길 수 있는 문제점을 전공과 연계하여 제시하고, 어떤 부분을 보완해야 할지 말해 보시오.
- 화력발전소에 열병합 태양광발전기가 몇 개 있는지 알고 있는가?
- 화력발전소에 관한 홍보 방안을 제시해 보시오.
- 작년 한국중부발전의 사업보고서와 분기보고서를 본 적이 있는가?
- 탈황, 탈질설비에 대하여 들어본 적 있는가?
- 한국중부발전 외에 다른 발전소에 대해 아는 게 있다면 말해 보시오.
- 한국중부발전이 친환경 이미지를 구축하기 위해 어떻게 해야 할지 말해 보시오.
- 한국중부발전의 가장 큰 사업을 말해 보시오.
- 한국중부발전이 나아가야 할 방안에 대해 말해 보시오.
- 그린뉴딜에 대해 발표해 보시오.
- 새로운 에너지(신재생에너지) 패러다임을 맞이해 공사의 추구방향, 전략을 제시해 보시오.
- 신재생에너지를 활용한 비즈니스 모델을 제시해 보시오.
- 사내 스마트워크의 실행과 관련한 이슈의 해결방안을 제시해 보시오.
- 발전기 용접부에 누수가 발생하였다면 원인은 무엇이고, 누수를 방치한다면 어떤 문제점이 생기는지에 대해 발표해 보시오.
- 발전소 보일러 효율 저하 원인 점검사항에 대해 말해 보시오.
- 보일러 효율을 높이는 방안에 대해 말해 보시오.
- 친환경정책과 관련된 정부정책을 연관 지어 한국중부발전이 나아가야 할 방향을 토론해 보시오.
- 발전소 부산물의 재활용 방안을 제시해 보시오.
- 미세먼지 감소대책에 대해 토론해 보시오.
- 신재생에너지와 화력 발전소에 대한 미래 방향에 대해 발표해 보시오.
- 한국중부발전의 발전소 안전사고 방지를 위한 대책에 대해 발표해 보시오.
- 한국중부발전의 마이크로그리드 사업방안을 제시해 보시오.
- 한국중부발전에서 빅데이터를 어떻게 적용해야 하며, 적용 전까지 본 공사에서 취해야 할 방안을 말해 보시오.

▸ 인성검사 모의테스트를 수록하여 인성검사 유형 및 문항을 확인할 수 있도록 하였다.

▸ 한국중부발전 면접 기출질문을 수록하여 면접에서 나오는 질문을 미리 파악하고 면접에 대비할 수 있도록 하였다.

이 책의 차례 CONTENTS

PART 1

한국중부발전 8개년 기출복원문제

※ 기출복원문제는 수험생들의 후기를 통해 시대에듀에서 복원한 문제로 실제 문제와 다소 차이가 있을 수 있으며, 본 저작물의 무단전재 및 복제를 금합니다.

PART 1

8개년 기출복원문제

정답 및 해설 p.002

| 의사소통능력(2025년)

01 다음 글과 가장 관련 있는 한자성어는?

> A씨는 대학 졸업 후 창업에 도전하기로 결심했다. 그는 자신의 아이디어에 확신을 가지고 작은 카페를 열었지만, 예상치 못한 문제들이 끊임없이 발생했다. 위치 선정이 잘못되었고, 경쟁이 치열했으며, 운영 경험 부족으로 인해 손님을 끌어들이지 못했다. 결국 1년 만에 카페는 문을 닫아야 했고, A씨는 큰 빚과 좌절감 속에서 실패를 받아들여야 했다.
> 하지만 A씨는 실패를 통해 얻은 교훈을 놓치지 않았다. 그는 자신이 부족했던 점들을 분석하며 경영과 마케팅에 대해 더 깊이 공부하기 시작했다. 또한 카페를 운영하며 쌓은 고객 관리 경험과 식음료 산업에 대한 이해를 바탕으로 새로운 방향을 모색했다. 그러던 중, 그는 소규모 카페 운영자들이 겪는 어려움 해소를 돕기 위해 전문 컨설팅 서비스를 제공하는 사업 아이디어를 떠올렸다.
> A씨는 이전의 실패를 발판 삼아 철저히 준비한 끝에 컨설팅 회사를 설립했다. 그의 서비스는 소규모 카페 운영자들에게 실질적인 도움을 제공하며 빠르게 입소문을 탔고, 사업은 성공적으로 성장했다.

① 전화위복(轉禍爲福)
② 사필귀정(事必歸正)
③ 일취월장(日就月將)
④ 우공이산(愚公移山)

| 의사소통능력(2025년)

02 다음 중 밑줄 친 단어의 의미가 다른 것은?

① 인간은 네 번째 <u>차원</u>인 시간을 인식하며 살아간다.
② 그의 능력은 취미의 <u>차원</u>을 넘어 예술의 경지로 나아갔다.
③ 과도한 사탕발림이 예의의 <u>차원</u>을 넘어 불편하게 다가왔다.
④ 독창적인 아이디어가 한 <u>차원</u> 높은 수준의 품질을 이끌어 내었다.

03 다음 글에 대한 설명으로 적절하지 않은 것은?

> 큐비트(Qubit)는 양자 컴퓨터에서 정보를 저장하고 처리하는 기본 단위다. 기존의 컴퓨터가 정보를 0과 1로 이루어진 비트(Bit)로 표현하는 것과 달리, 큐비트는 양자역학의 특성을 활용해 더 복잡하고 강력한 방식으로 정보를 다룬다.
> 큐비트는 0과 1의 상태를 동시에 가질 수 있는 양자 중첩 특성을 가지고 있다. 양자 중첩이란 빛이 입자와 파동 2가지 상태를 가진 것과 마찬가지로 미시적 세계에서 여러 양자 상태가 동시에 존재할 수 있는 현상을 뜻하며, 측정하기 전까지는 양자 상태를 정확히 파악할 수 없고 관측과 동시에 상태가 결정되는 것을 의미한다. 이처럼 큐비트 또한 측정하기 전까지 0과 1의 상태를 동시에 가진 중첩 상태가 유지되며 측정 시에는 0 또는 1 중 하나의 값으로 확정된다. 이를 통해 큐비트는 병렬 계산을 가능하게 만들어 복잡한 문제를 빠르게 해결할 수 있다.
> 또한 두 개 이상의 큐비트가 양자 얽힘 상태에 있으면, 한 큐비트의 상태가 다른 큐비트의 상태와 즉각적으로 연결된다. 이에 따라 한 큐비트가 측정되면 얽혀 있는 다른 큐비트의 상태 또한 자동으로 결정되므로 큐비트 간의 빠른 정보 전달과 협력 계산을 가능하게 한다.
> 양자 컴퓨터에 사용되는 큐비트는 다양한 방식으로 개발되고 있으며 대표적인 방식은 초전도 회로, 이온 트랩, 광자, 스핀 등이 있다. 초전도 회로는 전기적 초전도체를 활용해 양자 상태를 생성하고, 이온 트랩은 전기장으로 이온을 가두고 조작한다. 광자는 빛 입자를 이용한 정보 저장 및 전송에 사용되며, 스핀은 전자의 스핀 상태를 활용한다.
> 큐비트는 기존 컴퓨터보다 훨씬 더 많은 정보를 처리할 수 있다. 예를 들어, 20개의 큐비트를 활용하면 2^{20}, 즉 약 100만 개의 상태를 동시에 표현할 수 있다. 이는 암호 해독이나 복잡한 시뮬레이션 같은 문제에서 기존 컴퓨터보다 월등히 빠른 성능을 발휘한다. 하지만 현재 기술로는 큐비트를 안정적으로 유지하고 제어하는 데 한계가 있다. 환경적 요인으로 인해 양자 상태가 쉽게 붕괴되기 때문에 이를 극복하기 위한 연구가 활발히 진행 중이다.
> 큐비트는 양자역학의 원리를 기반으로 기존 컴퓨터와는 완전히 다른 방식으로 정보를 처리한다. 중첩과 얽힘 같은 특성 덕분에 복잡한 계산 문제를 해결하는 데 강력한 도구가 될 수 있지만, 기술적 도전 과제도 많다. 앞으로 양자 컴퓨팅 기술이 발전하면 큐비트를 활용한 혁신적인 응용이 더욱 확대될 것으로 기대된다.

① 큐비트의 값은 측정과 동시에 정해진다.
② 큐비트는 정보를 0와 1의 2진수로 나타내는 것이다.
③ 큐비트는 측정하기 전까지는 양자 중첩 상태로 존재한다.
④ 4개의 큐비트를 활용하면 16번의 상태를 동시에 표현할 수 있다.

04 다음 글에 대한 설명으로 가장 적절한 것은?

> 소형 모듈 원전(SMR; Small Modular Reactor)은 기존 대형 원자로와는 다른 설계와 운영 방식을 가진 차세대 원자력 발전 기술이다. SMR은 전기 출력이 300MWe 이하로 소형화된 원자로를 의미하며, 크기가 작고 유연한 설계 덕분에 다양한 환경에서 활용 가능하다. 주요 특징 중 하나는 모듈화된 설계로, 주요 기기를 모듈화하여 공장에서 제작한 뒤 현장으로 운송해 조립한다. 이로 인해 건설 기간이 단축되고 초기 투자 비용을 줄일 수 있다.
>
> SMR은 기존 원전에 비해 안정성 또한 높다. 자연 순환 냉각 방식을 채택해 전력 공급 없이도 중력과 밀도 차, 자연 대류를 활용해 원자로를 냉각할 수 있다. 이는 사고 발생 시 노심 용융 가능성을 낮추며, 방사성 물질의 저장 및 관리 측면에서도 유리하다. 또한 다양한 입지 조건에서 설치가 가능하여 전력망이 없는 지역이나 해상에서도 활용할 수 있다. 이는 탄소 배출이 적은 에너지원으로서 기후 변화 대응에도 기여할 수 있다.
>
> SMR의 경제성도 강점이다. 공장에서 미리 제작된 모듈을 현장에서 조립하는 방식은 전통적인 대형 원전보다 건설 비용과 기간을 줄인다. 그러나 단위 출력당 건설 비용이 높아질 수 있어 대량 생산과 표준화를 통해 비용을 절감해야 한다. 기술적 검증도 중요한 과제로, 안전성과 경제성을 동시에 만족시켜야 한다. 기후 변화에 따른 환경적 취약성도 고려해야 하며, 이를 극복하기 위해 각국 정부와 민간 기업들은 협력하여 연구 개발에 투자하고 있다.
>
> SMR은 탄소 중립 시대를 맞아 중요한 에너지원으로 주목받고 있으며, 다양한 분야에서 활용 가능성이 높다. 한국을 포함한 여러 국가가 SMR 개발에 적극적으로 나서고 있으며, 이를 통해 글로벌 에너지 시장에서 새로운 패러다임을 제시할 것으로 보인다. SMR은 단순히 기존 원전을 대체하는 것을 넘어 안전하고 지속 가능한 에너지 시스템 구축에 기여할 핵심 기술로 자리 잡아가고 있다.

① SMR은 방사성 폐기물이 발생하지 않는다.

② SMR은 기존의 원전보다 다양한 환경에서 건설이 가능하다.

③ SMR은 원전 부지에서 모듈을 생산하여 조립하는 방식으로 건설된다.

④ 선진국에서는 기존 원전 대부분이 SMR로 전환되어 탄소 중립을 실천하고 있다.

| 문제해결능력(2025년)

05 다음은 K공사의 컴퓨터 비밀번호 규칙에 대한 글이다. 〈보기〉 중 K공사 비밀번호 규칙에 맞지 않는 것은 모두 몇 개인가?

> K공사의 직원들은 업무를 시작하기 위해 컴퓨터에 직원별 비밀번호를 입력해야 한다. 직원들의 비밀번호는 9자리의 숫자와 문자로 구성되어 있다. 첫 번째 자리는 직원 종류별 코드로 정직원은 1, 계약직은 2, 파견직은 3이 부여된다. 두 번째 자리부터는 직원별 입사일이 YYMMDD 방식으로 부여된다. 이후 데이터의 진위 여부를 확인하기 위해 체크데이터로 앞의 숫자를 모두 더한 뒤, 2를 뺀 값에 해당하는 알파벳이 대문자로 부여된다. 마지막으로 비밀번호 식별의 용이성을 위해 첫 번째 자리의 숫자와 동일한 숫자가 부여된다.

보기

- 3011210F3
- 2981111U2
- 3051231M3
- 1241215N2
- 4200817T4
- 1942131S1
- 1840624W1
- 1211014H1
- 2210830P2
- 2191229Z2

① 2개

② 3개

③ 4개

④ 5개

| 문제해결능력(2025년)

06 다음 사례에서 나타나는 논리적 오류로 가장 적절한 것은?

> A씨는 오랜만에 고향 친구를 만났다. 약속 장소에서 A씨는 고향 친구가 말끔한 정장을 입고 나온 것을 보고, 그가 부자일 확률보다 부자이면서 좋은 차를 끌고 다닐 확률이 높다고 생각하였다.

① 결합의 오류

② 무지의 오류

③ 연역법의 오류

④ 과대해석의 오류

※ 다음은 K기업의 본사와 부속 공장 간의 도로에 대한 자료이다. 이어지는 질문에 답하시오. **[7~8]**

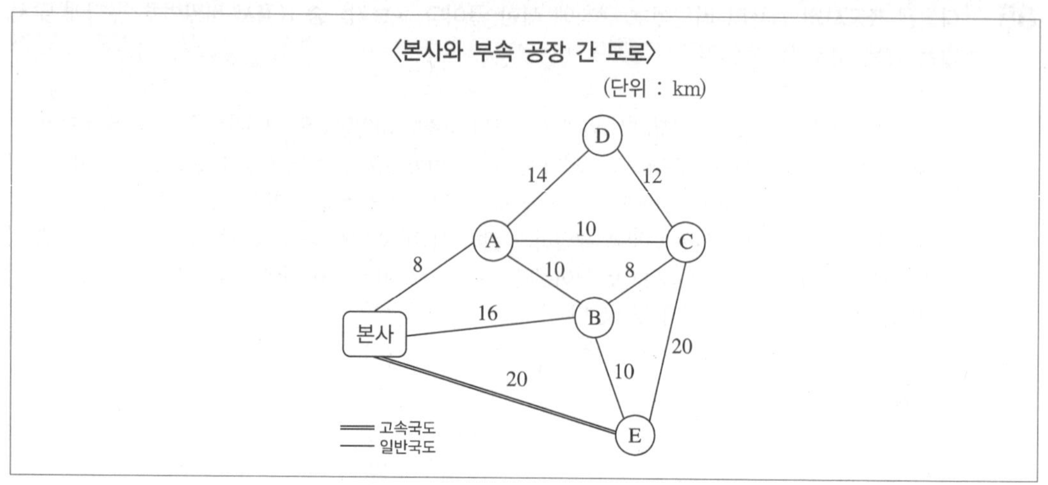

| 자원관리능력(2025년)

07 S대리는 본사에서 출발하여 모든 부속 공장을 방문한 뒤, 본사로 복귀하려고 한다. S대리가 일반국도만을 이용한다면, 최단거리는 몇 km인가?

① 72km

② 76km

③ 80km

④ 84km

| 자원관리능력(2025년)

08 S대리는 회사로부터 교통비를 지원받아 고속국도를 이용할 수 있게 되었다. S대리가 고속국도를 이용하여 모든 부속 공장을 방문한 뒤, 본사로 복귀할 때의 최단거리는 고속국도를 이용하지 않을 때의 최단거리와 몇 km 차이가 나는가?

① 6km

② 8km

③ 10km

④ 12km

| 기술능력(2025년)

09 **다음은 K기업 종합관리시스템의 발전 단계를 나타낸 글이다. 기술시스템의 발전 단계에 따라 (가)~(라) 문단을 순서대로 나열한 것은?**

> (가) 종합관리시스템 납품 경쟁에서 승리한 K기업의 종합관리시스템은 정부기관에서도 사용하게 되었으며, 기술표준으로 확립되어 여러 산업 기술들이 K기업의 종합관리시스템에 맞춰져 개발되기에 이르렀다.
> (나) K기업이 개발한 종합관리시스템은 탄소배출권 거래에서 실무적 안정성을 인정받아 K기업 내 다른 부서뿐만 아니라 다른 분야의 회사에서도 차용하기 시작하였다.
> (다) 정부의 탄소중립 정책 강화로 인해 탄소배출권 거래에 대한 국책 사업이 활발해졌고, 국가적 관리시스템이 필요해지자, K기업을 비롯한 여러 탄소배출권 거래 기업이 자사의 종합관리시스템을 납품하기 위해 경쟁하였다.
> (라) 탄소배출권을 거래하는 K기업은 거래 내역을 일괄적으로 관리하는 종합관리시스템을 자체 개발하여 사용하였고, 실무적 여건에 따라 유연하게 발전시켰다.

① (다)－(가)－(나)－(라)
② (다)－(라)－(나)－(가)
③ (라)－(나)－(다)－(가)
④ (라)－(다)－(나)－(가)

| 정보능력(2025년)

10 **다음은 A주임의 상사가 평소 엑셀을 능숙하게 다루는 A주임에게 요청한 것이다. A주임이 상사의 요청을 수행하면서 사용한 엑셀 단축키가 아닌 것은?**

> A주임 지금 회사 거래 내역이 담긴 엑셀 파일을 수정해야 하는데, 제 컴퓨터의 마우스가 고장이 나서 단축키로만 작업을 해야 합니다. A주임이 엑셀을 능숙하게 쓴다고 들어서 도와주셨으면 합니다. [F12] 셀에서 왼쪽에 있는 값을 모두 선택하여 차트를 만들고, [F13] 셀에는 오늘 날짜를 입력해 주세요.

① 〈Ctrl〉+〈1〉
② 〈Ctrl〉+〈;〉
③ 〈Alt〉+〈F1〉
④ 〈Shift〉+〈Home〉

| 기술능력(2024년)

11 **다음 중 ChatGPT에 대한 설명으로 옳지 않은 것은?**

① 딥러닝의 한 종류인 신경망 모델을 기반으로 한다.
② 인공지능 모델로 대화 기반의 자연어 처리를 수행한다.
③ 딥러닝을 통해 스스로 언어를 생성하고 추론하는 능력을 갖추고 있다.
④ 방대한 데이터를 학습했기 때문에 정보의 신뢰도가 높다.

▎수리능력(2023년)

12 K사 개발팀 사원 4명의 평균 나이는 32세이다. 올해 신입사원 1명이 들어와서 다시 평균 나이를 계산해보니 31세가 되었다. 이때 신입사원의 나이를 구하면?

① 24세 ② 25세
③ 26세 ④ 27세

※ 다음과 같이 일정한 규칙으로 수를 나열할 때, 빈칸에 들어갈 수로 옳은 것을 고르시오. **[13~14]**

▎수리능력(2023년)

13

864 432 216 ( ) 54

① 108 ② 105
③ 102 ④ 98

▎수리능력(2023년)

14

1 3 ( ) 7 9

① 4 ② 5
③ 6 ④ 7

▎정보능력(2023년)

15 다음 중 스마트 팩토리(Smart Factory)에 대한 설명으로 옳지 않은 것은?

① 공장 내 설비에 사물인터넷(IoT)을 적용한다.
② 기획 및 설계는 사람이 하고, 이를 바탕으로 인공지능(AI)은 전반적인 공정을 스스로 행한다.
③ 4차 산업혁명 시대에 맞추어 제조업 전반의 혁신 및 발전을 위해 정부가 꾸준히 지원하고 있다.
④ 국가별 제조업 특성, 강점 및 산업 구조에 따라 다양한 형태의 스마트 팩토리 전략을 갖추고 있다.

※ 다음 글과 가장 관련 있는 한자성어를 고르시오. **[16~17]**

| 의사소통능력(2022년)

16

설 연휴마다 기차표를 예매하기 위해 아침 일찍 서울역에 갔던 아버지는 집에서도 인터넷을 통해 표를 예매할 수 있다는 아들의 말을 듣고 깜짝 놀랐다.

① 건목수생
② 견강부회
③ 격세지감
④ 독불장군

| 의사소통능력(2022년)

17

이제 막 성인이 되어 직장생활을 시작한 철수는 학창시절 선생님의 농담 같았던 이야기들이 사회에서 꼭 필요한 것들이었음을 깨달았다.

① 오비이락
② 중언부언
③ 탁상공론
④ 언중유골

| 의사소통능력(2022년)

18 **다음 글의 빈칸에 들어갈 한자성어는?**

선물이 진솔한 정감을 실어 보내거나 잔잔한 애정을 표현하는 마음의 일단이면 얼마나 좋으랴. 그런데 __________이라는 말도 잊었는지 요즘 사람들은 너도나도 형식화하는 물량 위주로 치닫는 경향이다.

① 과유불급(過猶不及)
② 소탐대실(小貪大失)
③ 안하무인(眼下無人)
④ 위풍당당(威風堂堂)

※ 다음 글의 주제로 가장 적절한 것을 고르시오. [19~20]

| 의사소통능력(2022년)

19

서양에서는 아리스토텔레스가 중용을 강조했다. 하지만 우리의 중용과는 다르다. 아리스토텔레스가 말하는 중용은 균형을 중시하는 서양인의 수학적 의식에 기초했으며 또한 우주와 천체의 운동을 완벽한 원과 원운동으로 이해한 우주관에 기초한 것이다. 그러므로 그것은 명백한 대칭과 균형의 의미를 갖는다. 팔씨름에 비유해 보면 아리스토텔레스는 똑바로 두 팔이 서 있을 때 중용이라고 본 데 비해 우리는 팔이 한 쪽으로 완전히 기울었다 해도 아직 승부가 나지 않았으면 중용이라고 보는 것이다. 그러므로 비대칭도 균형을 이루면 중용을 이룰 수 있다는 생각은 분명 서양의 중용관과는 다르다.

이러한 정신은 병을 다스리고 약을 쓰는 방법에도 나타난다. 서양의 의학은 병원체와의 전쟁이고 그 대상을 완전히 제압하는 데 반해, 우리 의학은 각 장기 간의 균형을 중시한다. 만약 어떤 이가 간장이 나쁘다면 서양 의학은 그 간장의 능력을 회생시키는 방향으로만 애를 쓴다. 그런데 우리는 만약 더 이상 간장 기능을 강화할 수 없다고 할 때 간장과 대치되는 심장의 기능을 약하게 만드는 방법을 쓰는 것이다. 한쪽의 기능이 치우치면 병이 심해진다고 보기 때문이다. 우리는 의학 처방에 있어서조차 중용관에 기초해서 서양의 그것과는 다른 가치관과 세계관을 적용하면서 살아온 것이다.

① 아리스토텔레스의 중용의 의미
② 서양 의학과 우리 의학의 차이
③ 서양과 우리의 가치관
④ 서양 중용관과 우리 중용관의 차이

| 의사소통능력(2022년)

20

멸균이란 곰팡이, 세균, 박테리아, 바이러스 등 모든 미생물을 사멸시켜 무균 상태로 만드는 것을 의미한다. 멸균 방법에는 물리적・화학적 방법이 있으며, 멸균 대상의 특성에 따라 적절한 방법을 선택하여 실시할 수 있다. 먼저 물리적 멸균법에는 열이나 화학약품을 사용하지 않고 여과기를 이용하여 세균을 제거하는 여과법, 병원체를 불에 태워 없애는 소각법, 100℃에서 10～20분간 물품을 끓이는 자비소독법, 미생물을 자외선에 직접 노출시키는 자외선 소독법, 160～170℃의 열에서 1～2시간 동안 건열 멸균기를 사용하는 건열법, 포화된 고압증기 형태의 습열로 미생물을 파괴시키는 고압증기 멸균법 등이 있다. 다음으로 화학적 멸균법은 화학약품이나 가스를 사용하여 미생물을 파괴하거나 성장을 억제하는 방법을 말한다. 여기에는 E.O 가스, 알코올, 염소 등 여러 가지 화학약품이 사용된다.

① 멸균의 중요성
② 뛰어난 멸균 효과
③ 다양한 멸균 방법
④ 멸균 시 발생할 수 있는 부작용

21 다음 글을 읽고 추론할 수 있는 내용으로 적절하지 않은 것은?

탄소 중립은 우리 사회를 살아가는 데 중요한 사안 중 하나로 꼽힌다. 탄소 중립부터 RE100, CF100은 현재 우리나라뿐 아니라 국가적으로 중요한 환경 쟁점 중 하나라 해도 과언이 아니다. 탄소 중립이란 배출한 이산화탄소를 흡수하는 대책을 세워 실질적인 배출량을 '0'으로 만든다는 개념이다. 일명 '탄소 제로'라고도 불린다. 한국에서 탄소 중립의 실행 방안으로 모색되는 정책으로는 이산화탄소 배출량에 상응하는 만큼의 숲 조성, 화석 연료를 대체할 재생에너지 분야에 투자, 이산화탄소 배출량에 상응하는 탄소배출권 구매 등이 있다. 정부는 2020년 12월 7일 발표한 방안인 '2050 탄소 중립 추진전략'을 밝힌 바 있다.
RE100은 'Renewable Energy 100%'의 약자로, 기업이 사용하는 전력량의 100%를 2050년까지 풍력 · 태양광 등 재생에너지 전력으로 충당하겠다는 목표의 국제 캠페인이다. 2014년 영국 런던의 다국적 비영리 기구인 '더 클라이밋 그룹'에서 처음 시작됐다. 재생에너지는 석유 화석 연료를 대체하는 태양열, 태양광, 바이오, 풍력, 수력, 지열 등에서 발생하는 에너지를 말한다. RE100은 정책이 아닌 '자발적 캠페인'으로 시작했다는 점에서 의의가 있다. 이처럼 RE100은 현재 우리나라뿐 아니라 전 세계 탄소 중립과 연결된 경제 이슈라 볼 수 있다. 하지만 전문가들 사이에서 RE100의 효율성을 둘러싼 논쟁이 일고 있기도 하다. 실질적인 탄소 중립을 위해서는 RE100을 넘어 CF100을 목표로 삼아야 한다는 주장이 제기된다는 점이다. CF100은 'Carbon Free 100%'의 약자로, 사용 전력의 전부를 무탄소 에너지로 공급한다는 뜻이다.
RE100은 정부가 강제한 것이 아닌 글로벌 기업의 자발적인 참여로 진행되는 일종의 캠페인이라는 점에서 의미가 깊다는 평가를 받고 있다. RE100 캠페인에 참여 기업으로는 2022년 2월 6일 기준 구글, 애플, GM 등 총 349곳이 있다. 국내 기업 중에서는 SK그룹 계열사 8곳(SK㈜, SK텔레콤, SK하이닉스, SKC, SK실트론, SK머티리얼즈, SK브로드밴드, SK아이이테크놀로지)이 2020년 11월 초 한국 RE100 위원회에 가입신청서를 제출한 바 있다. 한편, 국내 기업 중 삼성은 참여하고 있지 않다.
탄소 중립은 국가뿐 아니라 개인의 노력도 요구된다. 가정에서는 실내 적정 온도를 유지하고, 사용하지 않는 제품의 콘센트를 제거하거나 고효율 가전제품을 사용하는 방법이 있다. 더불어 대중교통 혹은 자전거 이용하기, 텀블러 이용하기, 페트병 등 올바른 분리수거 잘하기 등 일상생활 속 탄소 중립을 위한 실천 방안이 된다.

① 탄소 중립을 이루기 위한 방안으로 탄소배출권 제도나 재생에너지 개발 등이 있다.
② RE100은 기업과 국민들이 사용하는 에너지를 모두 재생에너지로 충당하고자 하는 캠페인이다.
③ 탄소 중립을 위해서는 국가 차원, 기업 차원, 개인 차원의 노력이 모두 필요하다.
④ 실질적인 탄소 중립에 도움이 되는 것은 RE100이 아닌 CF100이라는 주장도 있다.

22 다음 제시된 문단 뒤에 이어질 문단을 논리적 순서대로 바르게 나열한 것은?

지적재산에 부여되는 권리를 지적재산권이라고 한다. 지적재산권은 크게 산업 활동과 관련되어 있는 산업재산권과 문학, 학술, 예술 등의 지적재산에 대해 부여되는 권리인 저작권으로 구분된다. 저작권은 인간의 사상이나 감정을 창작적으로 표현한 저작물을 보호하기 위해 그 저작자에게 부여한 권리이다. 저작권법에서는 저작물을 다른 사람이 이용할 때는 저작권자의 허락을 필요로 하며, 그러한 허락을 얻지 않고 이용하는 행위를 위법으로 규정하고 있다.

(가) 먼저 정당한 범위는 다른 저작물을 자기가 작성하는 저작물에 인용해야만 하는 필연성이 인정되어야 하며, 또한 자기 저작물의 내용과 인용 부분 사이에는 일종의 주종 관계가 성립되어야 한다는 것으로 해석할 수 있다. 즉, 자기가 창작하여 작성한 부분이 주(主)를 이루고, 그것에 담겨 있는 주제를 좀 더 부각시키거나 주장의 타당성을 입증할 목적으로 다른 저작물의 일부를 종(從)으로서 인용했을 때에 비로소 정당한 범위 안에서의 인용이 성립된다.

(나) 또한 "공표된 저작물은 보도·비평·교육·연구 등을 위해서는 정당한 범위 안에서 공정한 관행에 합치되게 이를 인용할 수 있다."라는 규정을 통해 저작재산권 침해 여부를 다루고 있다. 타인의 저작물을 인용할 때는 정당한 범위 안에서, 공정한 관행에 합치되는 방법으로 이루어져야 한다는 것이다. 그런데 문제는 '정당한 범위' 또는 '공정한 관행'에 관한 해석에 있다.

(다) 그리고 공정한 관행이란 인용 부분이 어떤 의도에서 이용되고 있으며, 어떤 이용 가치를 지니는가에 따라 결정될 문제이다. 즉, 사회적인 통념에 비추어 보아 타당하다고 여겨지는 인용만이 공정한 관행에 합치되는 것이라고 볼 수 있는데, 그것은 인용되는 부분을 자기 저작물과는 명확하게 구별되는 방법으로 처리해야 한다는 의미까지도 포함한다. 예를 들어 보도의 자료로 저작물을 인용할 수밖에 없는 경우, 자기나 다른 사람의 학설 또는 주장을 논평하거나 입증할 목적으로 인하는 경우 등은 공정한 관행에 합치되는 것으로 볼 수 있다.

① (가) – (나) – (다)
② (나) – (가) – (다)
③ (나) – (다) – (가)
④ (다) – (나) – (가)

❙ 수리능력(2022년)

23 다음은 주요 대상국별 김치 수출액에 대한 자료이다. 기타를 제외하고 2022년 수출액이 3번째로 많은 국가의 2021년 대비 2022년 김치 수출액의 증감률은?(단, 소수점 셋째 자리에서 반올림한다)

〈주요 대상국별 김치 수출액〉

(단위 : 천 달러, %)

구분	2021년		2022년	
	수출액	점유율	수출액	점유율
일본	44,548	60.6	47,076	59.7
미국	5,340	7.3	6,248	7.9
호주	2,273	3.1	2,059	2.6
대만	3,540	4.8	3,832	4.9
캐나다	1,346	1.8	1,152	1.5
영국	1,919	2.6	2,117	2.7
뉴질랜드	773	1.0	1,208	1.5
싱가포르	1,371	1.9	1,510	1.9
네덜란드	1,801	2.4	2,173	2.7
홍콩	4,543	6.2	4,285	5.4
기타	6,093	8.3	7,240	9.2
합계	73,547	100	78,900	100

① −5.06%p　② −5.68%p
③ −6.24%p　④ −6.82%p

❙ 수리능력(2022년)

24 A와 B가 원형인 호수에서 운동을 하고 있다. 두 사람은 같은 장소에서 준비운동을 하다가 9시 정각 A가 먼저 4km/h의 속도로 호수를 돌기 시작했다. 30분 후, B가 A가 떠난 반대방향으로 출발하여 10km/h의 속도로 달리기 시작했고, 두 사람은 30분 뒤에 만났다. 이 원형 호수의 지름은 얼마인가?(단, 원주율은 3이라고 가정한다)

① 2.4km　② 2.7km
③ 3.0km　④ 3.3km

| 수리능력(2022년)

25 다음은 폐기물협회에서 제공하는 전국 폐기물 발생 현황에 대한 자료이다. 빈칸 (ㄱ), (ㄴ)에 들어갈 수를 바르게 짝지은 것은?(단, 소수점 둘째 자리에서 반올림한다)

〈전국 폐기물 발생 현황〉

구분		2017년	2018년	2019년	2020년	2021년	2022년
총계	발생량	359,296	357,861	365,154	373,312	382,009	382,081
	증감률	6.6	−0.4	2.0	2.2	2.3	0.02
의료 폐기물	발생량	52,072	50,906	49,159	48,934	48,990	48,728
	증감률	3.4	−2.2	−3.4	(ㄱ)	0.1	−0.5
사업장 배출시설계 폐기물	발생량	130,777	123,604	137,875	137,961	146,390	149,815
	증감률	13.9	(ㄴ)	11.5	0.1	6.1	2.3
건설 폐기물	발생량	176,447	183,351	178,120	186,417	186,629	183,538
	증감률	2.6	3.9	−2.9	4.7	0.1	−1.7

	(ㄱ)	(ㄴ)
①	−0.5	−5.5
②	−0.5	−4.5
③	−0.6	−5.5
④	−0.6	−4.5

| 수리능력(2022년)

26 다음은 주요 선진국과 BRICs의 고령화율을 나타낸 자료이다. 2040년의 고령화율이 2010년 대비 2배 이상이 되는 나라를 모두 고르면?

〈주요 선진국과 BRICs 고령화율〉

(단위 : %)

구분	한국	미국	프랑스	영국	독일	일본	브라질	러시아	인도	중국
1990년	5.1	12.5	14.1	15.7	15.0	11.9	4.5	10.2	3.9	5.8
2000년	7.2	12.4	16.0	15.8	16.3	17.2	5.5	12.4	4.4	6.9
2010년	11.0	13.1	16.8	16.6	20.8	23.0	7.0	13.1	5.1	8.4
2020년	15.7	16.6	20.3	18.9	23.1	28.6	9.5	14.8	6.3	11.7
2030년	24.3	20.1	23.2	21.7	28.2	30.7	13.6	18.1	8.2	16.2
2040년	33.0	21.2	25.4	24.0	31.8	34.5	17.6	18.3	10.2	22.1
2010년 대비 2040년	−	−	1.5	1.4	1.5	−	−	1.4	−	2.6

① 한국, 미국, 일본
② 한국, 브라질, 인도
③ 미국, 일본, 브라질
④ 미국, 브라질, 인도

27 다음은 우리나라의 주요 수출 품목의 수출액 및 증감을 나타낸 자료이다. 경공업제품의 2018년 대비 2021년의 수출액 증감률은 얼마인가?(단, 소수점 둘째 자리에서 반올림한다)

〈주요 수출 품목의 수출액 및 증감〉

(단위 : 백만 달러, %p)

품목명	2018년		2019년		2020년		2021년		2022년	
	수출액	증감률	수출액	증감률	수출액	증감률	수출액	증감률	수출액	증감률
중화학 제품	425,490	28.8	505,289	18.8	497,882	−1.5	510,687	2.6	523,189	2.4
반도체	50,707	63.4	50,146	−1.1	50,430	0.6	57,143	13.3	62,647	9.6
자동차	35,411	39.4	45,312	28.0	47,201	4.2	48,635	3.0	48,924	0.6
일반기계	36,103	34.5	45,817	26.9	47,914	4.6	46,415	−3.1	48,403	4.3
무선통신	27,621	−10.9	27,325	−1.1	22,751	−16.7	27,578	21.2	29,573	7.2
석유화학	35,715	30.0	45,587	27.6	45,882	0.6	48,377	5.4	48,214	−0.3
선박	49,112	8.8	56,588	15.2	39,753	−29.8	37,168	−6.5	39,886	7.3
철강제품	28,875	25.4	38,484	33.3	36,971	−3.9	32,497	−12.1	35,543	9.4
컴퓨터	9,116	13.8	9,156	0.4	8,462	−7.6	7,763	−8.3	7,714	−0.6
가정용 전자	12,816	27.4	13,328	4.0	12,635	−5.2	14,884	17.8	14,839	−0.3
경공업 제품	29,397	23.5	34,200	16.3	35,311	3.2	36,829	4.3	36,631	−0.5
섬유직물	8,464	18.9	9,683	14.4	9,292	−4.0	9,369	0.8	9,262	−1.1
섬유제품	2,747	7.8	3,025	10.2	3,173	4.9	3,428	8.0	3,617	5.5
타이어	3,335	28.4	4,206	26.1	4,573	8.7	4,198	−8.2	4,063	−3.2

① 25.3%p

② 24.7%p

③ 24.1%p

④ 23.4%p

28 다음은 난민 통계 현황에 대한 자료이다. 이를 나타낸 그래프로 옳지 않은 것은?

〈난민 신청자 현황〉

(단위 : 명)

구분		2019년	2020년	2021년	2022년
성별	남자	1,039	1,366	2,403	4,814
	여자	104	208	493	897
국적	파키스탄	242	275	396	1,143
	나이지리아	102	207	201	264
	이집트	43	97	568	812
	시리아	146	295	204	404
	중국	3	45	360	401
	기타	178	471	784	2,687

〈난민 인정자 현황〉

(단위 : 명)

구분		2019년	2020년	2021년	2022년
성별	남자	39	35	62	54
	여자	21	22	32	51
국적	미얀마	18	19	4	32
	방글라데시	16	10	2	12
	콩고DR	4	1	3	1
	에티오피아	4	3	43	11
	기타	18	24	42	49

① 난민 신청자 연도·국적별 현황

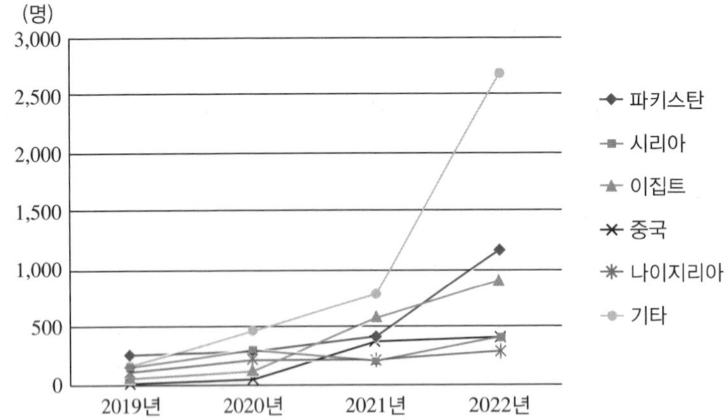

② 전년 대비 난민 인정자 증감률(2020 ~ 2022년)

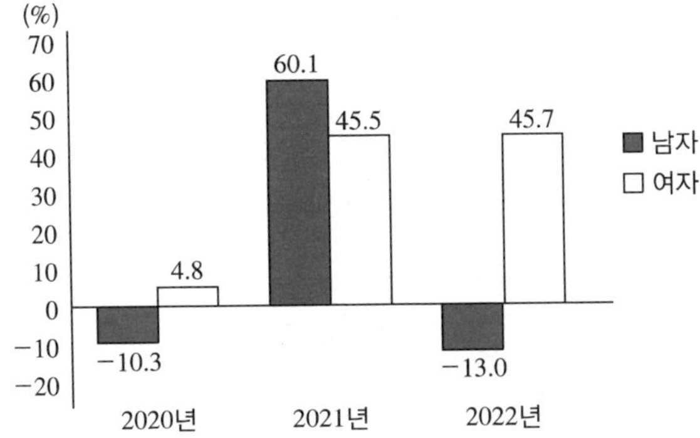

③ 난민 신청자 현황

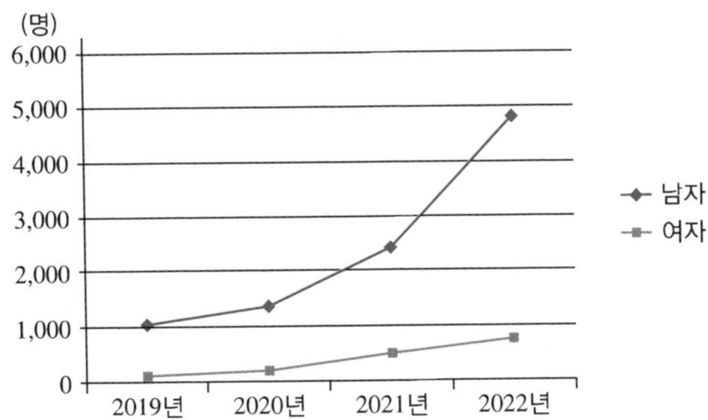

④ 난민 인정자 비율

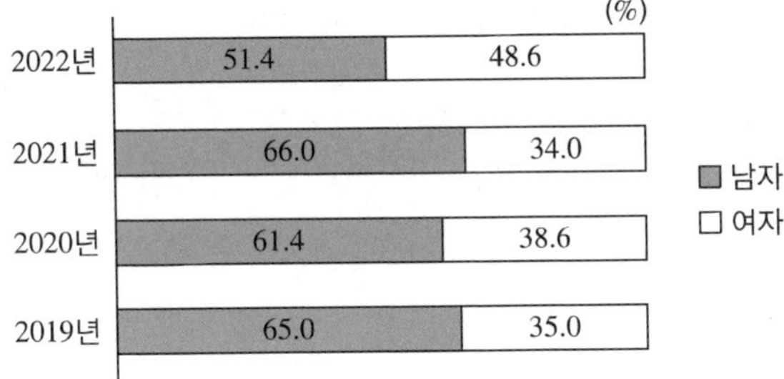

29 다음은 1980년 이후 주요 작물의 재배면적의 비중에 대한 자료이다. 1985년에 비해 2022년 전체 경지이용면적이 25% 증가했다고 했을 때, 1985년에 비해 2022년 과실류의 재배면적은 얼마나 증가했는가?

〈주요 작물의 재배면적 변화〉

(단위 : %)

구분	식량작물			채소류			과실류		
	전체	미곡	맥류	전체	배추	양파	전체	사과	감귤
1985년	82.9	44.6	30.9	7.8	27.5	1.6	1.8	35.0	10.0
1990년	80.2	48.3	30.2	7.8	15.6	1.7	2.4	41.9	12.2
1995년	71.7	62.2	18.2	13.0	12.7	2.0	3.6	46.5	12.1
2000년	68.7	69.5	14.4	13.0	11.2	2.4	4.2	34.9	14.7
2005년	69.3	74.5	9.6	11.5	13.9	2.5	5.5	36.8	14.3
2010년	61.3	78.5	6.7	14.7	9.9	3.1	7.8	28.7	13.8
2015년	62.7	81.3	5.2	14.1	11.9	4.1	8.1	16.8	15.6
2016년	64.1	79.4	4.9	12.5	11.4	5.2	7.2	17.4	14.2
2017년	63.3	80.9	4.9	12.6	13.0	5.6	7.9	18.4	13.8
2018년	62.6	81.7	4.8	12.0	11.2	6.4	8.0	18.8	13.6
2019년	62.3	81.7	4.9	12.2	12.4	6.8	8.1	19.5	13.6
2020년	60.1	82.0	4.8	11.5	11.8	7.1	8.1	19.7	13.4
2021년	61.3	82.5	3.9	11.1	9.9	9.2	8.4	19.4	12.7
2022년	60.1	82.0	3.6	11.3	10.2	9.0	8.6	19.1	13.0

※ 식량작물, 채소류, 과실류 항목의 수치는 전체 경지이용면적 대비 각 작물의 재배면적 비중을 의미함

※ 미곡, 맥류 등 세부품목의 수치는 식량작물, 채소류, 과실류의 재배면적 대비 각 품목의 재배면적 비중을 의미함

① 약 440%

② 약 460%

③ 약 480%

④ 약 500%

30 다음은 K사 총무팀에서 정리한 4월과 5월의 회사 지출 내역이다. K사의 4월 대비 5월 직접비용의 증감액은 얼마인가?

4월			5월		
번호	항목	금액(원)	번호	항목	금액(원)
1	원료비	680,000	1	원료비	720,000
2	재료비	2,550,000	2	재료비	2,120,000
3	사무비품비	220,000	3	사무비품비	175,000
4	장비 대여비	11,800,000	4	장비 대여비	21,500,000
5	건물 관리비	1,240,000	5	건물 관리비	1,150,000
6	통신비	720,000	6	통신비	820,000
7	가스 · 수도 · 전기세	1,800,000	7	가스 · 수도 · 전기세	1,650,000
8	사내 인건비	75,000,000	8	사내 인건비	55,000,000
9	광고비	33,000,000	9	외부 용역비	28,000,000
10	–	–	10	광고비	42,000,000

① 17,160,000원 증액
② 17,310,000원 증액
③ 29,110,000원 증액
④ 10,690,000원 감액

31 K사의 마케팅1 · 2 · 3팀과 영업1 · 2 · 3팀, 총무팀, 개발팀 총 8팀의 사무실을 다음 〈조건〉에 따라 배치하려고 한다. 항상 옳지 않은 것은?

조건

- 1층과 2층에 각각 5개의 사무실이 일렬로 위치해 있으며, 사무실 크기는 모두 같다.
- 1개의 사무실에 1개의 팀이 들어간다.
- 영업2팀은 총무팀의 바로 왼쪽에 있다.
- 개발팀은 1층이며, 한쪽 옆은 빈 사무실이다.
- 마케팅3팀과 영업1팀은 위 · 아래로 인접해 있다.
- 영업3팀의 양옆에 사무실이 있으며, 모두 비어있지 않다.
- 영업팀은 모두 같은 층에 위치해 있다.
- 마케팅2팀 양옆 중 한쪽은 벽이고, 다른 한쪽은 비어있다.
- 마케팅1팀의 양옆 중 어느 쪽도 벽이 아니다.

① 총무팀과 영업3팀은 서로 인접한다.
② 모든 영업팀은 2층이다.
③ 개발팀은 마케팅1팀과 서로 인접한다.
④ 1층과 2층에 사무실이 각각 1개씩 비어있다.

| 문제해결능력(2022년)

32 K사의 A팀은 강팀장, 김대리, 이대리, 박사원, 유사원으로 이루어져 있었으나 최근 인사이동으로 인해 팀원 구성에 변화가 일어났고, 이로 인해 자리를 새롭게 배치하려고 한다. 〈조건〉이 다음과 같을 때, 항상 옳은 것은?

조건

- A팀의 김대리는 B팀의 팀장으로 승진하였다.
- 이번 달 A팀에 김사원과 이사원이 새로 입사하였다.
- 자리는 일렬로 위치해 있으며, A팀은 B팀과 마주하고 있다.
- 자리의 가장 안 쪽 옆은 벽이며, 반대편 끝자리의 옆은 복도이다.
- 각 팀의 팀장은 가장 안 쪽인 왼쪽 끝에 앉는다.
- 이대리는 B팀 김팀장의 대각선에 앉는다.
- 박사원의 양 옆은 신입사원이 앉는다.
- 김사원의 자리는 이사원의 자리보다 왼쪽에 있다.

① 유사원과 이대리는 서로 인접한다.
② 박사원의 자리는 유사원의 자리보다 왼쪽에 있다.
③ 이사원의 양 옆 중 한쪽은 복도이다.
④ 이대리는 강팀장과 서로 인접한다.

| 문제해결능력(2022년)

33 K사의 신입직원인 A ~ F는 해외취업국과 외국인력국에 배치된다. 〈조건〉이 다음과 같을 때, 옳은 것을 〈보기〉에서 모두 고르면?

조건

1. 각 인력국에는 2개의 부서가 있다.
2. 해외취업국의 1개 부서에는 최소 2명이 배치된다.
3. 각 부서에 반드시 1명 이상이 배치된다.
4. B, C, F는 같은 해외취업국이나 외국인력국에 배치된다.
5. D는 외국인력국에 배치되지 않는다.
6. E는 해외취업국에 배치되지 않는다.

보기

ㄱ. B는 외국인력국에 배치된다.
ㄴ. A와 D는 같은 해외취업국이나 외국인력국에 배치된다.
ㄷ. A는 외국인력국에 배치된다.

① ㄱ　　② ㄷ
③ ㄱ, ㄴ　　④ ㄴ, ㄷ

34 다음 〈조건〉이 모두 참이라고 할 때, 항상 참이 되는 결론으로 옳지 않은 것은?

조건
- 고양이를 좋아하는 사람은 토끼를 좋아한다.
- 강아지를 선호하는 사람은 토끼를 선호하지 않는다.
- ______________________

① 토끼를 선호하지 않는 사람은 고양이를 선호하지 않는다.
② 강아지를 선호하는 사람은 고양이를 선호하지 않는다.
③ 토끼를 선호하는 사람은 강아지를 선호하지 않는다.
④ 토끼를 선호하는 사람은 강아지도 선호한다.

35 다음 시트에서 최소 실적 수당을 구하려 할 때, [D8] 셀에 들어갈 수식으로 옳은 것은?

	A	B	C	D
1	이름	실적	실적 수당	
2	장민호	15	150000	
3	이진수	7	70000	
4	윤채민	11	110000	
5	서지호	6	60000	
6	김우재	12	120000	
7	석재연	21	210000	
8			최소실적	

① =MIN(C2)
② =MIN(C2:C7)
③ =AVERAGE(C2:C7)
④ =MAX(C2,C7)

※ 다음 글을 읽고 이어지는 질문에 답하시오. [36~37]

K공사는 전기와 소금을 동시에 만들어 낼 수 있는 염전 태양광 발전 기술을 개발했다. 이에 따라 우리나라와 비슷한 방식으로 소금을 만들어내는 중국, 인도 등에 기술을 이전해 수익을 낼 수 있을 것으로 기대된다.
K공사는 녹색에너지연구원, SM소프트웨어와 공동으로 10kW급 염전 태양광 발전시스템을 개발했다고 7일 밝혔다. 이번에 개발한 발전시스템은 수심 5cm 내외의 염전 증발지 바닥에 수중 태양광 모듈을 설치해 소금과 전력을 동시에 생산할 수 있는 ________ 시스템이다.
국내 염전 중 85%는 전라남도에 밀집해 있다. 연구진은 2018년 3월부터 전남 무안에 염전 태양광 6kW 설비를 시범 설치한 뒤 이번에 10kW급으로 용량을 늘렸다.
K공사는 염전 내부에 태양광 설치를 위해 수압에 잘 견디는 태양광 모듈을 설계하고, 태양광-염전 통합운영 시스템을 개발했다. 그 결과 여름철에는 염수(소금물)에 의한 냉각으로 일반 지상 태양광과 비교해 발전량이 5% 개선되었다. 또한 태양광 모듈에서 발생하는 복사열로 염수 증발 시간도 줄어서 소금 생산량도 늘었다. 발전시스템 상부에 염수가 항상 접촉해 있지만, 전기 안전과 태양광 모듈 성능 저하 등 운영 결함은 없는 것이 특징이다.
한편, 국내 염전 증발지 $40km^2$에 이 기술을 적용하면 최대 4GW 발전 부지 확보가 가능하다. 특히 국내와 유사한 천일염 방식으로 소금을 생산하는 중국, 인도, 프랑스, 이탈리아 등에 기술 이전도 가능해 해외 수익도 창출할 수 있을 것으로 K공사는 기대했다.
K공사 관계자는 "추가적인 부지 확보 없이 염전에서 태양광 전력을 생산할 수 있어 일석이조이며, 열악한 염전산업계를 지원해 주민들의 소득증대에도 기여할 것이다."라고 말했다.

| 의사소통능력(2021년)

36 다음 중 윗글의 내용으로 적절하지 않은 것은?

① 우리나라 과반수 이상의 염전은 전라남도에 위치해 있다.
② 태양광 발전은 모듈 성능 저하 기능이 있다.
③ 이탈리아는 천일염 방식으로 소금을 생산한다.
④ 염전 태양광 발전 기술은 추가적인 부지 확보가 필요 없는 기술이다.

| 의사소통능력(2021년)

37 다음 중 윗글의 빈칸에 들어갈 한자성어로 가장 적절한 것은?

① 아전인수(我田引水) ② 일거양득(一擧兩得)
③ 토사구팽(兎死狗烹) ④ 백척간두(百尺竿頭)

※ 다음 글을 읽고 이어지는 질문에 답하시오. [38~39]

무공해 에너지의 공급원으로 널리 알려진 수력발전소가 실제로는 기후 변화에 악영향을 미친다는 주장이 제기되었다고 영국의 옵서버 인터넷판이 보도했다.
프랑스와 브라질 과학자들은 이번 주 프랑스 파리에서 열리는 유네스코(UNESCO) 회의에서 수력발전을 위해 건설된 댐과 발전소에서 많은 양의 메탄이 배출돼 지구온난화를 야기한다는 내용을 발표할 것으로 알려졌다.
메탄이 지구온난화에 미치는 영향은 이산화탄소의 20배에 달한다. 이들은 댐이 건설되면서 저수지에 갇힌 유기물들이 부패 과정에서 이산화탄소는 물론 메탄을 생성한다며, 이러한 현상은 특히 열대 지방에서 극심하게 나타난다고 주장했다.
필립 펀사이드 아마존 국립연구소(NIRA)를 포함한 과학자들은 이번 주 영국 과학전문지 네이처를 통해 수력발전소가 가동 후 첫 10년 동안 화력발전소의 4배에 달하는 이산화탄소를 배출한다는 견해를 밝힐 예정이다.
그러나 이들의 주장에 반대하는 의견을 표명하는 과학자들도 있다. 반론을 제기한 학자들은 메탄 배출은 댐 운영 첫해에만 발생하는 현상으로, 수력발전소가 안정적으로 운영되면 상대적으로 적은 양의 메탄과 이산화탄소만 나오게 된다고 지적했다.

| 의사소통능력(2021년)

38 다음 중 윗글과 가장 관련 있는 한자성어는?

① 고식지계(姑息之計)
② 결자해지(結者解之)
③ 일장일단(一長一短)
④ 과유불급(過猶不及)

| 의사소통능력(2021년)

39 다음 중 윗글의 내용으로 적절하지 않은 것은?

① 이산화탄소보다 메탄이 환경에 더 큰 악영향을 끼친다.
② 수력발전은 이산화탄소를 배출한다.
③ 유기물들이 부패하면 유해물질이 생성된다.
④ 일부 과학자들은 수력발전소 운영 초기에만 유해 물질이 생성된다고 주장한다.

40 다음 글의 내용으로 적절하지 않은 것은?

> 일상 속에서 고된 노동과 함께 친절을 베풀고 있는 아르바이트생들을 흔히 볼 수 있다. 아르바이트생은 돈을 벌기 위해 손님이라는 이유만으로 자신을 낮추며 손님의 요구를 충족시켜야 한다. 공휴일도 없이, 자신의 여가를 포기하면서까지 그들은 돈을 벌기 위해 열심히 노동하고 있다.
> 이런 와중에 아르바이트생이라는 이유만으로 겪어야 하는 서러움이 많다. 아르바이트생 대부분은 20대 청년이며, 10대 미성년자도 많다. 우리 사회는 과연 이들을 어떤 태도로 대하고 있을까?
> 대학을 입학하고 부모님의 노고를 덜기 위해 아르바이트를 시작한 한 대학생 A씨는 유명 프랜차이즈 카페에서 일을 시작했다. 어느 날 급한 사정으로 인해 가게 사장에게 하루 전날 일을 뺄 수 있냐고 물어봤는데 그 이유만으로 갑작스러운 해고 통지를 받았다. 하지만 일을 그만둔 후 통장잔고를 확인했더니 일한 횟수에 비해 10만 원이나 적은 돈을 받았다. 그래서 사장에게 정당하게 돈을 요구했더니 "아르바이트 주제에 버르장머리가 없다."라며 "더러워서 돈은 주지만 다시는 카페 계열에서 일을 못 할 줄 알아라."라며 협박하고 인격적으로 모독했다.
> 최근 치킨집에서 서빙을 하고 있는 대학생 B씨는 손님에게 성희롱을 당해 가게에 경찰까지 오게 되는 소동을 겪었다. 50대 남성 2명이 가게에서 술을 마시다가 취해 B씨에게 "이리 와서 술을 따라봐라. 맛있는 거 사줄 테니 사귀자."라고 하며 얼굴을 만졌다는 것이다.
> 이처럼 아르바이트생들은 고된 노동과 감정 노동을 함께 겪고 있다. 최근 한 음식점에서 손님들의 갑질을 줄이기 위해 알바생들에게 '남의 집 귀한 딸', '남의 집 귀한 아들'이라는 글자가 박힌 티셔츠를 입고 일을 하라고 했다. 그랬더니 놀랍게도 손님들의 태도가 훨씬 친절해졌다고 한다. 이처럼 이들도 누군가에겐 정말로 소중한 사람들일 것이다.
> 열심히 일하고 있는 그들에게 말 한마디라도 "감사합니다.", "수고하세요."라는 따뜻한 말을 건넨다면 우리 사회는 더욱 행복해질 것이다.

① 갑질 손님으로부터 아르바이트생을 구해야 한다.
② 감정 노동자들의 권리를 보호해야 한다.
③ 소비자들은 자신의 모습을 되돌아 봐야 한다.
④ 청년 아르바이트생에 대한 갑질을 개선하기 위한 캠페인을 벌일 필요가 있다.

41 다음 글을 읽고 떠올린 대책으로 적절하지 않은 것은?

> 지난 2005년 11월, 프랑스에서는 자동차와 상점이 불에 타고 거리에 화염병이 날아다녔다. 소요 사태를 일으킨 이들은 프랑스 내 이민자들로, 주로 아프리카계 또는 이슬람계의 이민 2~3세 젊은이들이었다. 폭동에 불씨를 던진 것은 10대 소년 2명의 죽음이었다. 파리시 외곽 지역에서 경찰의 불심검문을 피해 변압지 주변에 숨어들어 간 이민 3세대 소년 2명이 감전사하는 사고가 발생한 것이다. 프랑스 방리유(Banlieue : 도시 외곽 지역)의 청년들은 그동안의 차별에 분노하며 화염병과 돌을 들고 거리로 나왔다.
> 프랑스는 저출생 등으로 산업 노동력이 부족해지면서 이민 수용 정책을 펼친 바 있다. 그러나 '똘레랑스(Tolerance : 관용)'의 나라에서 발생한 이 사건은 프랑스에서 태어나 시민권까지 받은 이민자 2 ~ 3세대조차 보이지 않는 차별로 인해 쌓였던 설움이 폭발한 것으로 해석되었다.
> 이는 다문화가정의 자녀 등 이주민 2세대들이 뿌리를 내리기 시작한 우리나라에 시사하는 바가 크다. 이주노동자와 결혼이민자 등 1세대 이주민들이 국내에 정착하면서 그 자녀들이 우리 사회에서 엄연한 일원으로 자리 잡고 있다. 전문가들은 이들을 향한 사회 인식과 정책이 변화하지 않는다면 우리나라 역시 이민자들에 의한 소요 사태가 일어날 수 있다고 말한다.
> 고려대 사회학과 교수는 "최근 여성가족부가 발표한 국민 다문화 수용성 조사에 따르면 다양한 인종 · 종교 · 문화의 공존에 대해 한국인은 36%만이 긍정적으로 응답해 유럽 18개국의 찬성 비율 74%에 비해 절반 수준으로 나타났다."라며 "연령이 낮고 교육수준이 높을수록 개방성이 높은 점으로 볼 때 외국 문화를 많이 접하고 다문화교육을 받는 것이 영향을 주는 것 같다."고 분석했다.
> 이에 따라 다문화사회에 대한 시민 인식 개선과 다문화교육이 실시돼야 한다는 의견이 지배적이다. 한국이주민건강협회의 상임이사는 "이번 정부에서 다문화정책에 예산을 많이 투입했지만, 그에 비해 인식개선은 여전히 미미하다."라며 "학교 · 직장 내 성희롱교육을 강화해 효과를 얻었듯 일반 시민을 대상으로 한 다문화교육도 필요하다."라고 말했다. 그는 "우리나라는 이미 산업구조가 변화했기 때문에 이주민들 없이는 사회 유지가 어렵다."라며 "이들이 진정한 '주민'으로 받아들여지고 주민 공동체 안에서 어우러질 수 있도록 지자체가 고민해야 한다."라고 지적했다.

① 외국인에게 자국의 문화를 강요하지 않는 자세가 필요하다.

② 증가하고 있는 다문화가정을 위한 정책을 마련해야 한다.

③ 우리나라는 단일문화를 지향해야 한다.

④ 이주민들에 대한 인식의 변화를 위해서는 교육을 시행해야 한다.

| 의사소통능력(2021년)

42 다음 글의 내용으로 가장 적절한 것은?

초고속 네트워크와 스마트기기의 발달은 콘텐츠 소비문화에 많은 변화를 가져왔다. 이제 우리는 시간과 장소의 제약 없이 음악이나 사진, 동영상 등 다채로운 문화 콘텐츠들을 만날 수 있다. 특히 1인 방송의 보편화로 동영상 콘텐츠의 생산과 공유는 더욱 자유로워져, 1인 크리에이터라는 새로운 직업이 탄생하고 사회적인 이슈로 떠오르고 있다.

틱톡은 현재 전 세계에서 가장 주목받고 있는 영상 플랫폼 중에 하나이다. 2017년 정식으로 출시된 이래 2년이 채 되지 않은 짧은 기간 동안 수억 명의 유저들을 끌어 모아 유튜브, 인스타그램, 스냅챗 등 글로벌 서비스들과 경쟁하는 인기 플랫폼으로 성장했다. 특히 작년에는 왓츠앱, 페이스북 메신저, 페이스북에 이어 전세계에서 4번째로 많이 다운로드된 비게임 어플로 기록되어 많은 콘텐츠 크리에이터들을 놀라게 했다. 틱톡이 이토록 빠른 성장세를 보인 비결은 무엇일까? 그 답은 15초로 영상의 러닝타임을 제한한 독특한 아이디어에 있다.

최근 현대인들의 여가시간이 줄어들면서 짧은 시간 동안 간편하게 문화 콘텐츠를 즐기는 스낵컬처가 각광받고 있다. 틱톡이 보여주는 '15초 영상'이라는 극단적인 형태는 이러한 트렌드를 반영한 것이다. 하지만 틱톡의 폭발적인 인기의 근본은 스낵컬처 콘텐츠의 수요를 공략했다는 데 국한되지 않는다. 틱톡은 1인 미디어 시대가 도래하면서 보다 많은 이들이 자신을 표현하고 싶어 한다는 점을 주목해 누구나 부담 없이 영상을 제작할 수 있는 형태의 솔루션을 개발해 냈다. 정형화된 동영상 플랫폼의 틀을 깨고 새로운 장르를 개척했다고도 할 수 있다. 누구나 크리에이터가 될 수 있는 동영상 플랫폼, 틱톡이 탄생함으로써 앞으로의 콘텐츠 시장은 더욱 다채로워질 것이라는 것이 필자의 소견이다.

① 1인 미디어의 등장으로 새로운 플랫폼이 생겨나고 있다.
② 많은 1인 크리에이터가 동영상 플랫폼을 통해 돈을 벌어들이고 있다.
③ 1인 미디어가 인기를 끄는 이유는 양질의 정보를 전달하기 때문이다.
④ 1인 미디어는 문제가 많기 때문에 적절한 규제가 필요하다.

| 수리능력(2021년)

43 다음과 같이 1 ~ 15챕터가 있는 책이 있다. 월요일을 제외하고 평일에 한 챕터씩 읽는다고 할 때, 현재 책갈피가 1챕터의 시작인 12p와 13p 사이에 꽂혀 있다면 6챕터를 읽는 요일과 책갈피가 꽂힌 페이지 수는?(단, 책갈피는 챕터 시작 페이지와 다음 페이지 사이에 꽂는다)

챕터	1	2	3	4	5	6	…	15
페이지 수	3	4	5	3	4	5	…	5

① 목요일, 28 ~ 29p
② 화요일, 29 ~ 30p
③ 수요일, 30 ~ 31p
④ 수요일, 31 ~ 32p

| 조직이해능력(2021년)

44 **다음 대화를 파악한 내용으로 적절하지 않은 것은?**

A부장 : 이번 주에는 회사의 단합대회가 있습니다. 모든 사원들은 참석을 할 수 있도록 해 주시길 바랍니다.
B팀장 : 원래 단합대회는 부서별로 일정을 조율해서 정하지 않았나요? 이번에는 왜 회의도 없이 단합대회가 갑자기 정해졌나요?
C사원 : 다 같이 의견을 모아서 단합대회 날짜를 정했으면 좋았겠네요.
A부장 : 이번 달은 국외 프로젝트에 참여하는 직원들이 많아서 일정을 조율하기가 힘들었습니다. 그래서 이번에는 이렇게 단합대회 날짜를 정하게 되었습니다.
B팀장 : 그렇군요. 그렇다면 일정을 조율해 보겠습니다.

① C사원은 A부장의 의견이 마음에 들지 않는다.
② B팀장은 단합대회가 갑자기 정해진 이유를 알게 되었다.
③ B팀장은 참석하지 않겠다는 의사를 표시했다.
④ A부장은 자신의 의견을 근거를 가지고 설명하였다.

| 기술능력(2021년)

45 **다음 중 벤치마킹(Benchmarking)에 대한 설명으로 옳은 것은?**

① 외부로부터 기술만 받아들이는 것이다.
② 뛰어난 기술 등을 비합법적으로 응용하는 것이다.
③ 모방과 달리 받아들인 것들을 환경에 맞추어 재창조한다.
④ 직접적 벤치마킹은 인터넷 등에서 자료를 모아 하는 것이다.

| 의사소통능력(2020년)

46 **다음 중 제시된 의미를 가진 한자성어는?**

도의에 근거하여 굽히지 않고 흔들리지 않는 바르고 큰 마음

① 소탐대실
② 일장춘몽
③ 선견지명
④ 호연지기

| 의사소통능력(2020년)

47 다음 중 밑줄 친 단어의 띄어쓰기가 옳은 것은?

① 어찌나 금방 품절되던지 나도 열 번만에 겨우 주문했어.
② 둘째 아들이 벌써 아빠 만큼 자랐구나.
③ 이번 일은 직접 나서는 수밖에 없다.
④ 너 뿐만 아니라 우리 모두 노력해야 한다.

| 의사소통능력(2020년)

48 다음 중 밑줄 친 한자어의 순우리말의 기본형으로 가장 적절한 것은?

전쟁 직후 국가가 나아갈 방향에 대해 다양한 사상과 이념이 각축하고 있었다.

① 얽히다
② 대들다
③ 붐비다
④ 겨루다

| 자원관리능력(2020년)

49 편의점에서 근무하는 A씨는 물품 창고를 정리할 때 인기 있는 상품을 출입구와 가장 가까운 곳에 둔다. 다음 중 A씨의 물품 관리 과정에 적용된 보관의 원칙으로 가장 적절한 것은?

① 네트워크 보관의 원칙
② 형상 특성의 원칙
③ 통로 대면의 원칙
④ 회전 대응 보관의 원칙

| 문제해결능력(2020년)

50 K사는 조직을 개편함에 따라 기획1～8팀의 사무실 위치를 변경하려 한다. 다음 〈조건〉에 따라 변경한다고 할 때, 변경된 사무실 위치에 대한 설명으로 옳은 것은?

창고	입구	계단
1호실	복도	5호실
2호실		6호실
3호실		7호실
4호실		8호실

조건

- 외근이 잦은 1팀과 7팀은 입구와 가장 가깝게 위치한다.
- 2팀과 5팀은 업무 특성상 같은 라인에 인접해 나란히 위치한다.
- 3팀은 팀명과 동일한 호실에 위치한다.
- 8팀은 입구에서 가장 먼 쪽에 위치하며, 복도 맞은편에는 2팀이 위치한다.
- 4팀은 1팀과 5팀 사이에 위치한다.

① 기획1팀의 사무실은 창고 뒤에 위치한다.

② 기획2팀은 입구와 멀리 떨어진 4호실에 위치한다.

③ 기획3팀은 기획5팀과 앞뒤로 나란히 위치한다.

④ 기획4팀과 기획6팀은 복도를 사이에 두고 마주한다.

| 조직이해능력(2020년)

51 다음 중 국제매너와 관련한 식사예절로 적절하지 않은 것은?

① 생선 요리는 뒤집어 먹지 않는다.

② 수프를 먹을 때는 숟가락을 몸쪽에서 바깥쪽으로 사용한다.

③ 빵은 칼이나 치아로 자르지 않고 손으로 떼어 먹는다.

④ 식사 시 포크와 나이프는 안쪽에 놓인 것부터 순서대로 사용한다.

※ 다음 글을 읽고 이어지는 질문에 답하시오. [52~53]

(가) 스마트폰 한 대에 들어가는 탄탈럼의 양은 0.02g으로, 22g가량 쓰이는 알루미늄의 1,100분의 1 수준이다. 전 세계 콜럼바이트 – 탄탈라이트(콜탄)의 70 ~ 80%가 매장돼 있는 콩고민주공화국(이하 민주콩고)에서는 이 소량의 자원 때문에 전쟁이 그치지 않는다. 콜탄은 처리 과정을 거쳐 탄탈럼이 되는데, 이 탄탈럼은 합금하면 강도가 세지고 전하량도 높아 광학용 분산 유리와 TV · 절삭공구 · 항공기 재료 등에 쓰이며 휴대폰에도 사용된다. 지난해 콜탄 1, 2위 생산국은 민주콩고와 르완다로, 두 나라가 전 세계 콜탄 생산량의 66%를 차지하고 있다. 미국 지질조사국에 의하면 콜탄은 미국에서만 1년 새 소비량이 27% 늘었고, 지난해 9월 1kg의 가격은 224달러로 1월의 193달러에서 16%가 올랐다. 스마트폰이 나오기 직전인 2006년 1kg당 70달러였던 가격에 비하면 300% 이상 오른 것이다.

(나) 이 콜탄이 민주콩고의 내전 장기화에 한몫했다는 주장이 곳곳에서 나오고 있다. 휴대폰 이용자들이 기기를 바꿀 때마다 콩고 주민 수십 명이 죽는다는 말도 있다. '피 서린 휴대폰(Bloody Mobile)'이란 표현이 나올 정도이다. 1996년 시작된 콩고 내전은 2003년 공식 종료되면서 500만 명을 희생시켰으나, 이후로도 크고 작은 분쟁이 그치질 않고 있다. 국립외교원 교수는 "민주콩고의 우간다 · 르완다 접경에서는 아직 분쟁이 일어나고 있으며, 콜탄이 많이 나오는 동북부 지역도 그중 하나"라고 말했다.

(다) 민주콩고 정부는 반군인 콩고민주회의를 제압하기 위해 앙골라, 짐바브웨 등에 자원 채굴권을 건네주고 군사 지원을 받았으며, 반군은 민주콩고 동북부 키부 지역을 거점으로 삼고 콜탄을 자금줄로 사용했다. 반군에게 끌려간 주민들은 하루 한 끼 식사조차 제대로 하지 못한 채 노예처럼 광산에서 혹사당했다. 이들은 맨손으로 강바닥 흙을 넓적한 통에 담은 뒤 무거운 콜탄이 가라앉을 때까지 기다리는 방식으로 콜탄을 채취했다. 미국 ABC방송은 이를 "전형적인 19세기식, 원시적 채취 방법"이라고 보도했다.

(라) 영화 '블러드 다이아몬드'에 나온 시에라리온 내전처럼 자원이 전쟁의 수단과 목적이 되었다. 콩고 내전에 참여한 우간다와 부룬디는 반군을 통해 받은 콜탄으로 큰돈을 벌었고, 콜탄이 생산되지도 않는 르완다는 민주콩고에서 빼돌린 콜탄으로 최대 수출국이란 영예를 누리기도 했다. 전문가들은 주변국들이 돈을 확보하기 위해 내전을 이끌게 되었다고 분석하면서 "르완다, 우간다 등이 콩고의 통치력이 약한 동부지역에서 내전을 확대시켰고, 콩고는 언제든지 주변국의 정치 상황에 따라 내전의 소용돌이에 다시 휘말릴 수 있다."라고 지적했다.

콩고 내전이 자원 때문이 아니라는 반론도 있다. 한 자원경제학자는 콩고 내전을 "지역 세력 간의 정치적 우위와 경작지를 점하기 위한 투쟁, 종족 갈등 그리고 자원 획득 경쟁이 맞물린 결과"라고 분석했다. 실제 UN의 조사 결과 2000년 초 콩고의 지역 분쟁 1,500건 중 자원과 관련된 것은 8%에 그쳤다. 그런데도 콜탄은 반군의 주요 수입원으로 자리매김했다. 무장 세력은 광산이나 채굴기업에서 약탈하거나 직접 콜탄 채취에 관여하여 콜탄 유통에 세금을 부과하고, 기업들과 교류하며 콜탄 수출에 직접 손을 대는 방법 등을 사용했다. 현재도 동부 키부 지역에는 동맹민주군(ADF)이라는 무장단체가 활동하고 있다.

| 의사소통능력(2019년)

52 **윗글을 바탕으로 기사를 작성한다고 할 때, 독자들의 관심을 끌기 위한 자극적인 표제로 가장 적절한 것은?**

① 선진국 싸움에 콩고 등 터진다.

② 내전의 소용돌이에 휘말린 콩고

③ 콩고 주민, 르완다의 노예로 전락하다.

④ 스마트폰 바꿀 때마다 콩고 주민 죽는다.

| 수리능력(2019년)

53 **윗글의 내용을 효과적으로 전달하기 위해 자료를 제공하고자 한다. 다음 자료는 (가) ~ (라) 문단 중 어떤 문단에 해당하는가?**

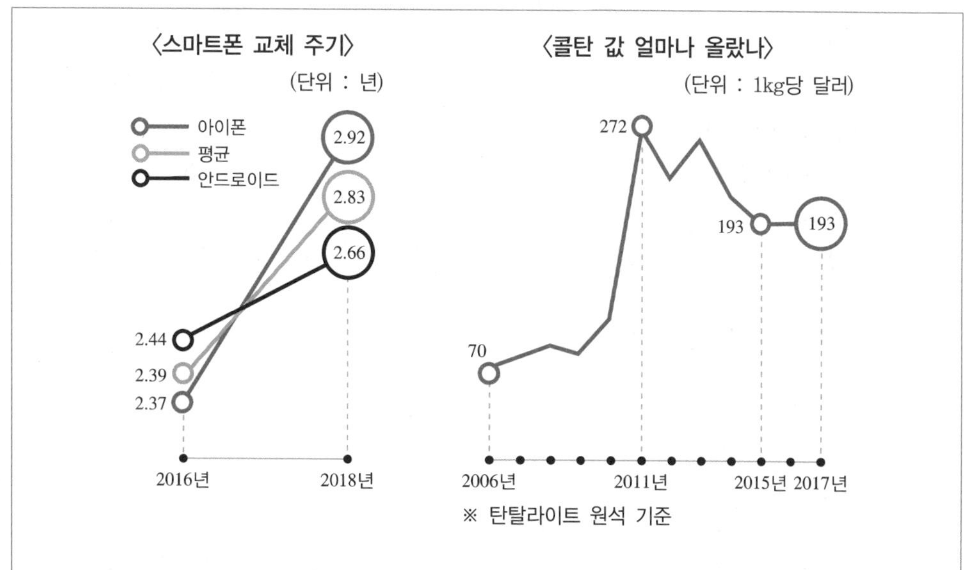

〈주요국 5년간 콜탄 채굴 현황〉

구분	2014년	2015년	2016년	2017년	2018년(추정)
호주	50	50	–	83	90
브라질	150	115	103	110	100
중국	60	60	94	110	120
콩고	200	350	370	760	710
르완다	600	410	350	441	500
나이지리아	–	–	192	153	–
기타	140	117	108	148	320

① (가) ② (나)

③ (다) ④ (라)

54 다음은 K사의 청렴마일리지 운영지침의 일부 내용이다. 청렴마일리지 제도를 잘못 이해한 사람은?

〈청렴마일리지 운영지침〉

목적(제1조)
이 지침은 청렴마일리지 제도 운영에 관한 기준을 정하여 전 직원이 반부패 청렴활동에 자발적 · 능동적으로 참여하고 깨끗하고 투명한 기업문화를 조성하는 것을 그 목적으로 한다.

용어의 정의(제2조)
이 지침에서 사용하는 용어의 정의는 다음과 같다.

1. "청렴마일리지"라 함은 개인 및 부서의 반부패 청렴활동실적에 대한 평가수단으로써 청렴활동을 하는 개인에게 부여하는 점수를 말한다.
2. "청렴마일리지 제도"라 함은 개인 및 부서의 실적에 따라 일정한 청렴마일리지를 부여한 후 그 점수를 기준으로 평가·보상하는 제도를 말한다.
3. "반부패 청렴활동"이라 함은 부패방지 및 청렴도 향상에 기여한다고 인정되는 제반 활동을 말한다.
4. "운영부서"라 함은 주관부서 요청 및 자체계획에 의해 청렴 활동에 참여·시행하는 부서를 말한다.
5. "주관부서"라 함은 청렴 활동 사실 여부를 확인하고 마일리지를 부여하는 감사부서를 말한다.

적용 범위(제3조)
이 지침은 1직급 이하 직원에게 적용한다.

부여기준(제4조)
청렴마일리지는 다음 각호에 열거된 반부패 청렴활동에 대하여 부여하며 세부기준은 별표와 같다.

1. 금품수수 자진신고
2. 부패행위, 행동강령 위반행위 내부신고
3. 청렴 우수사례 대내외 수상
4. 반부패·청렴 교육 이수
5. 기타 반부패 청렴활동 참여 및 기여도

관리기준(제5조)
청렴마일리지 평가기간은 전년도 1월 1일부터 12월 31일까지 1년간으로 한다.

1. 운영부서는 청렴 활동 후 증빙자료 등을 첨부하여 마일리지 적립현황을 분기마다 주관부서에 제출한다.
2. 주관부서는 운영부서에서 제출한 마일리지 현황을 확인하여 매년 12월 31일까지 감사실로 제출한다.

신고 및 확인(제6조)
① 직원이 반부패 청렴활동을 하였을 경우 해당 내용을 문서 또는 사내 인트라넷 등을 통하여 감사실장에게 신고하여야 하며, 감사실장은 신고된 내용에 대하여 사실 여부를 확인하여 청렴마일리지를 부여하여야 한다.
② 직원은 자신의 청렴마일리지에 대하여 이의가 있을 경우 감사실장에게 이의신청할 수 있으며, 감사실장은 직원의 이의신청을 검토한 후 타당하다고 판단되는 경우에는 해당 마일리지를 부여하여야 한다.

포상(제7조)
① 적립된 마일리지는 개인 및 부서별 포상에 활용할 수 있다.
② 누적마일리지 우수 직원 및 당해연도 청렴마일리지 적립실적이 우수한 직원에 대하여는 연말에 예산 범위 내에서 포상할 수 있다. 다만, 전년도에 수상한 직원은 연속하여 수상할 수 없으며, 이 경우 차순위자에게 포상한다.

① A사원 : 저는 저번에 사내 청렴윤리 관련 교육을 이수하여 증빙자료를 제출했음에도 불구하고 청렴마일리지를 받지 못해 감사실에 이의신청을 하려고 합니다.
② B사원 : 맞습니다. 적립된 청렴마일리지는 개인뿐만 아니라 부서별 포상에도 활용될 수 있기 때문에 놓치지 않고 받아야 합니다.
③ C주임 : 매년 12월 31일까지 운영부서가 증빙자료와 함께 마일리지 적립현황을 주관부서에 제출한다고 하니, 혹시 이 과정에서 자료가 누락된 것은 아닌지 운영부서에 확인해 보는 것도 좋을 것 같아요.
④ D주임 : 저는 얼마 전 사내 인트라넷을 통해 다른 직원의 부패행위를 신고하였는데, 감사실에서 아직 사건의 사실 여부가 확인되지 않았다고 하여 청렴마일리지를 받지 못했어요.

PART 1

ㅣ의사소통능력(2019년)

55 다음 중 빈칸 ㉠~㉤에 들어갈 말을 바르게 짝지은 것은?

〈경청의 5단계〉

단계	경청 정도	내용
㉠	0%	상대방은 이야기를 하지만, 듣는 사람에게 전달되는 내용은 하나도 없는 단계이다.
㉡	30%	상대방의 이야기를 듣는 태도는 취하고 있지만, 자기 생각 속에 빠져 있어 이야기의 내용이 전달되지 않는 단계이다.
㉢	50%	상대방의 이야기를 듣기는 하나, 자신이 듣고 싶은 내용을 선택적으로 듣는 단계이다.
㉣	70%	상대방이 어떤 이야기를 하는지 내용에 집중하면서 듣는 단계이다.
㉤	100%	상대방의 이야기에 집중하면서 의도와 목적을 추측하고, 이해한 내용을 상대방에게 확인하면서 듣는 단계이다.

	㉠	㉡	㉢	㉣	㉤
①	선택적 듣기	무시	듣는 척하기	공감적 듣기	적극적 듣기
②	듣는 척하기	무시	선택적 듣기	적극적 듣기	공감적 듣기
③	듣는 척하기	무시	선택적 듣기	공감적 듣기	적극적 듣기
④	무시	듣는 척하기	선택적 듣기	적극적 듣기	공감적 듣기

56 다음 자료를 참고할 때 대 · 중소기업 동반녹색성장에 대한 설명으로 옳지 않은 것은?

〈대 · 중소기업 동반녹색성장〉

- 대 · 중소기업 동반녹색성장 협력사업(Green Growth Partnership)이란?
  기술과 인력이 부족한 중소기업에 대기업의 선진에너지관리 기법을 공유하여 중소기업의 에너지 절약기술 향상 및 기업 경쟁력 강화를 하는 것
- 사업대상
  - (대기업) 동반성장의지가 있으며, 유틸리티 등 우수에너지 절약기술을 보유한 에너지 다소비 사업장
  - (중소기업) 평소 에너지절약 추진에 관심이 있거나, 에너지관리기법 등에 대한 정보를 습득하고자 하는 중소 산업체
- 추진절차

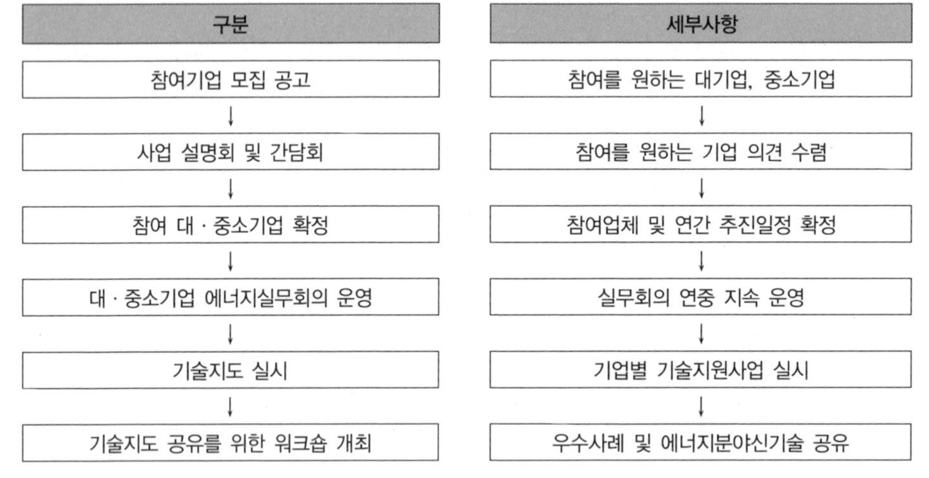

① 중소기업의 에너지절약기술 향상 및 기업 경쟁력 강화를 위한 사업이다.
② 먼저 사업 공고를 통해 참여를 희망하는 대기업 또는 중소기업을 모집한다.
③ 참여기업이 확정되면 참여기업 간 의견을 공유하는 사업 설명회를 개최한다.
④ 참여기업의 에너지실무회의는 연중 지속적으로 운영된다.

※ 다음 글을 읽고 이어지는 질문에 답하시오. [57~58]

우리의 눈을 카메라에 비유했을 때 렌즈에 해당하는 부분이 바로 수정체이다. 수정체는 먼 거리를 볼 때 두께가 얇아지고 가까운 거리를 볼 때 두께가 두꺼워지는데, 이러한 과정을 조절이라고 한다. 노화가 시작되어 수정체의 탄력이 떨어지면 조절 능력이 저하되고 이로 인해 가까운 거리의 글씨가 잘 안 보이는 노안이 발생한다.

노안은 주로 40대 중반부터 시작되는데 나이가 들수록 조절력은 감소하게 된다. 최근에는 30 · 40대가 노안 환자의 절반가량을 차지하고 있으며, 빠르면 20대부터 노안이 발생하기도 한다.

노안이 발생하면 가까운 거리의 시야가 흐리게 보이는 증세가 나타나며, 책을 읽거나 컴퓨터 작업을 할 때 눈이 쉽게 피로하고 두통이 있을 수 있다. 젊은 연령대에서는 이러한 증상을 시력 저하로 생각하고 병원을 찾았다가 노안으로 진단받아 당황하는 경우가 종종 있다.

가장 활발하게 사회생활을 하는 젊은 직장인들의 경우 스마트폰과 PC를 이용한 근거리 작업이 수정체의 조절 능력을 떨어뜨리면서 눈의 노화를 발생시킨다. 또한 전자 기기에서 나오는 블루라이트(모니터, 스마트폰, TV 등에서 나오는 380 ~ 500나노미터 사이의 파란색 계열의 광원) 불빛이 눈을 쉽게 피로하게 만들어 노안 발생 연령을 앞당기기도 한다.

최근에는 주위에서 디지털 노안을 방지하기 위한 블루라이트 차단 안경이나 필름 등을 어렵지 않게 찾아볼 수 있다. 기업에서도 블루라이트를 최소화한 전자기기를 출시하는 등 젊은이들에게도 노안은 더 이상 먼 이야기가 아니다. '몸이 천 냥이면 눈이 구백 냥'이라는 말이 있듯이 삶의 질을 유지하는 데 있어 눈은 매우 중요한 기관이다. 몸이 피로하고 지칠 때 편안하게 쉬듯이 눈에도 충분한 휴식을 주어 눈에 부담을 덜어주는 것이 필요하다.

| 의사소통능력(2019년)

57 다음 중 노안 예방 방법으로 적절하지 않은 것은?

① 눈에 충분한 휴식을 준다.
② 전자기기 사용을 줄인다.
③ 눈 운동을 한다.
④ 블루라이트 차단 제품을 사용한다.

| 의사소통능력(2019년)

58 다음 중 노안 테스트를 위한 질문으로 적절한 것을 〈보기〉에서 모두 고르면?

보기

ㄱ. 항상 안경을 착용한다.
ㄴ. 하루에 세 시간 이상 스마트폰을 사용한다.
ㄷ. 갑작스럽게 두통이나 어지럼증을 느낀다.
ㄹ. 최신 스마트폰을 사용한다.
ㅁ. 먼 곳을 보다가 가까운 곳을 보면 눈이 침침하다.
ㅂ. 조금만 책을 읽어도 눈이 쉽게 피로해진다.

① ㄱ, ㄴ, ㄹ
② ㄱ, ㄷ, ㅂ
③ ㄴ, ㄷ, ㅁ
④ ㄴ, ㅁ, ㅂ

❙ 의사소통능력(2019년)

59 다음 중 밑줄 친 단어의 맞춤법이 옳은 것은?

① 직장인 5명 중 3명은 이직 후 텃새에 시달린 경험이 있는 것으로 조사되었다.
② 부산스러웠던 교실이 금새 조용해졌다.
③ 봄이 되자 나무에서 새 잎아리가 자라났다.
④ 방문 너머 다듬이질 소리가 들려왔다.

❙ 의사소통능력(2019년)

60 다음 상황에서 A씨가 침해받았다고 주장하는 권리는 무엇인가?

심의위원회는 A씨가 의뢰한 TV광고를 검토하였고, 심의 결과 광고 내용이 방송에 부적합하다고 판단하여 A씨에게 방송 불가를 통보하였다. A씨는 심의 결과에 강력하게 반발하며, 광고를 사전에 심의하는 것은 자신의 권리를 침해하는 행위라고 주장하였다.

① 자유권 ② 평등권
③ 참정권 ④ 청구권

❙ 문제해결능력(2019년)

61 다음 글에서 범하고 있는 논리적 오류는 무엇인가?

여러분, 분열은 우리의 화합으로 극복할 수 있습니다. 화합한 사회에서는 분열이 일어나지 않습니다.

① 순환논증의 오류 ② 무지의 오류
③ 논점 일탈의 오류 ④ 대중에 호소하는 오류

❙ 문제해결능력(2019년)

62 한국중부발전의 A ~ G직원은 인사팀 또는 회계팀에서 근무하고 있다. 인사팀 직원이 4명, 회계팀 직원이 3명일 때, 항상 옳은 것은?

조건
- B는 E에게 결재를 받는다.
- A는 G에게 결재를 받는다.
- C는 D와 다른 팀이며, F에게 결재를 받는다.

① A – 인사팀 ② B – 회계팀
③ C – 인사팀 ④ E – 인사팀

❙ 조직이해능력(2019년)

63 다음 중 BCG 매트릭스와 GE－맥킨지 매트릭스에 대한 설명으로 옳은 것을 〈보기〉에서 모두 고르면?

보기

ㄱ. BCG 매트릭스는 미국의 컨설팅업체인 맥킨지에서 개발한 사업포트폴리오 분석 기법이다.
ㄴ. BCG 매트릭스는 시장성장율과 상대적 시장점유율을 고려하여 사업의 형태를 4개 영역으로 나타낸다.
ㄷ. GE－맥킨지 매트릭스는 산업매력도와 사업경쟁력을 고려하여 사업의 형태를 6개 영역으로 나타낸다.
ㄹ. GE－맥킨지 매트릭스에서의 산업매력도는 시장규모, 경쟁구조, 시장 잠재력 등의 요인에 의해 결정된다.
ㅁ. GE－맥킨지 매트릭스는 BCG 매트릭스의 단점을 보완해 준다.

① ㄱ, ㄴ
② ㄱ, ㄴ, ㄷ
③ ㄴ, ㄷ, ㅁ
④ ㄴ, ㄹ, ㅁ

❙ 수리능력(2019년)

64 다음은 K공사의 신입사원 채용인원에 대한 자료이다. 2016년부터 2018년까지 여성 신입사원은 매년 30명씩 증가하였고 2018년의 신입사원 총원이 500명일 때, 남녀의 성비는?(단, 남녀 성비는 여성 100명당 남성 수이고, 소수점 둘째 자리에서 반올림한다)

(단위 : 명)

구분	2016년	2017년	2018년
남성	210	200	
여성	230	260	
전체	440	460	500

① 71.0%
② 72.4%
③ 72.8%
④ 73.1%

| 수리능력(2019년)

65 A씨는 이번 달에 350kWh의 전기를 사용하였으며, B씨는 A씨가 내야 할 요금의 2배만큼 사용하였다. 이때 B씨가 이번 달에 사용한 전기량은 몇 kWh인가?

〈전기 사용량 구간별 요금〉

구분	요금
200kWh 이하	100원/kWh
200kWh 초과 400kWh 이하	200원/kWh
400kWh 초과	400원/kWh

① 350kWh ② 400kWh
③ 450kWh ④ 500kWh

| 수리능력(2018년)

66 K사 총무부에서 비품관리를 맡은 L대리는 복사용지박스를 각 팀에 나눠줘야 한다. 1팀당 3박스씩 나눠주면 5박스가 남고, 5박스씩 나눠주면 1팀은 못 받고 1팀은 3박스를 받는다면 K사 전체 팀 수와 복사용지박스 개수의 합은?

① 29 ② 32
③ 35 ④ 38

| 수리능력(2018년)

67 어떤 직사각형의 세로 길이는 120cm이다. 이 직사각형 둘레의 길이가 330cm 이상 440cm 이하일 때, 가로의 길이가 될 수 있는 것은?

① 135cm ② 120cm
③ 105cm ④ 90cm

68 다음은 한국중부발전의 사업장에 대한 글이다. 각 사업장을 상징할 수 있는 문구로 적절하지 않은 것은?

총설비용량 9,553MW를 보유, 국내 전력 공급의 8.2%를 담당하며, 고품질의 안정적인 전력 공급을 책임지는 한국중부발전은 총 7개의 발전소를 운영하고 있다.

(가) 보령발전본부의 1984년 준공된 보령 1·2호기는 2010년에 성능 개선 공사를 통해 발전소 수명을 15년가량 연장하였고, 국내 최초의 표준 석탄화력으로 국내 석탄화력발전소 운영 기술의 효시가 된 3호기는 2018년 3월 6,500일 장기 무고장 운전이라는 세계 유례없는 기록을 달성하며, 철저한 설비관리 능력과 운영 기술력의 우수성을 대내외에 널리 알리고 있다.

(나) 신보령발전본부는 고효율의 USC(Ultra Super Critical)발전소로 발전효율은 높이고 온실가스 배출을 줄이는 동시에 최신의 질소산화물 저감설비, 배기가스 탈황설비 등을 갖춘 친환경 발전소로, 신보령 1·2호기 완공을 통해 국민에게 더욱 저렴하고 친환경적인 전기를 공급할 수 있게 되고, 최초 국산화 초초임계압 발전소의 건설 및 운영 기술력의 해외 수출을 통한 글로벌시장 판로 개척도 기대하고 있다.

(다) 우리나라 전력산업의 살아있는 역사인 서울건설본부(구 당인리발전소)는 1930년 1호기가 우리나라 최초의 화력발전소로 준공되었다. 국내 최초의 화력발전소였던 서울건설본부는 또 한 번의 대변신을 준비하고 있다. 세계 최초로 도심 지하에 800MW급 대규모 복합화력발전소를 건설하고 있으며, 발전소의 지상 부지는 서울시민의 쉼터가 될 한강변과 연계된 도시재생 공원을 조성하게 된다.

(라) 인천발전본부는 우리나라 최대 전력수요지인 수도권에 위치하여, 안정적인 전력 공급을 위해 2005년 복합1호기(503.5MW)를 준공한 이후 고효율의 최신식 복합발전설비의 건설을 지속적으로 추진하여, 2009년에는 복합2호기(509MW)를 준공하였으며, 2012년 12월에는 복합3호기(450MW)가 준공되어 운영 중이다. 최신식 설비로의 교체 운영으로 인천발전본부는 고효율 복합발전설비의 안정적 운영을 통해 수도권의 전력 수급 안정에 큰 역할을 담당하고 있다.

세종발전본부는 행정중심복합도시 개발계획에 따라 2011년 10월에 착공, 2013년 11월 30일 준공하여 2013년 12월부터 530MW의 전력과 391Gcal/hr의 난방열을 생산하여 세종시 약 10만 세대의 공동주택, 정부청사 등에 난방열과 전기를 공급하고 있다. 세종특별자치시의 도시계획과 조화된 친환경 설계로 최신의 환경시설을 운영하여 세종시민의 쾌적한 생활환경 조성에 기여하고 있다.

① (가) : 국내 최초의 표준 석탄화력발전소
② (나) : 고효율 USC의 미래형 친환경 발전소
③ (다) : 글로벌 에너지 리더
④ (라) : 수도권 전력 공급의 핵심

69 다음 중 에코팜 사업에 대한 기사의 내용으로 가장 적절한 것은?

> 한국중부발전은 중부발전 관계자, 보령시 관내 기관장 10여 명이 참석한 가운데 에코팜(Eco Farm) 사업으로 처음 수확한 애플망고 시식행사를 보령발전본부에서 개최하였다.
> 에코팜 사업은 국책 연구과제로 한국중부발전, 전자부품연구원 등 14개 기관이 참여하였으며 34개월간 총 연구비 82억 원을 투자하여 발전소의 온배수와 이산화탄소를 활용한 스마트 시스템 온실을 개발하는 사업이다. 2014년 12월 착수하여 2015년 4월 300평 규모의 비닐하우스를 설치하고 2015년 7월 애플망고 100주를 식재하여 2017년 7월 첫 수확을 하게 되었다.
> 한국중부발전에서는 애플망고를 수확하기 위해 발전소 부산물인 온배수, 이산화탄소, 석탄재를 에코팜에 활용하였다. 온배수의 열을 이용하여 에너지를 86%까지 절감하였고 발전소 CCS설비에서 포집한 이산화탄소를 온실에 주입하여 작물의 광합성 촉진 및 생장속도를 가속화하였다. 또한 발전소 석탄재(Bottom Ash)는 비닐하우스 부지정리에 사용해 이산화탄소 배출 절감과 폐기물의 유용한 자원화에 기여하고, 농가의 고수익 창출을 이루어 내고 있다. 덧붙여, 비닐하우스에는 4차 산업혁명의 필수인 사물인터넷(IoT) 융합 스마트 생육관리 시스템을 구축하여 애플망고, 파프리카 등 고부가가치 작물의 안정적 재배가 가능하도록 하였다.
> 한국중부발전은 “온배수를 비롯한 발전소 부산물을 신재생에너지원이자 새로운 산업 자원으로 재탄생시키기 위해 지속적인 추가 사업 발굴 · 확대를 추진할 것이며 새로운 부가가치를 창출하는 에너지 신산업 모델을 구현하고자 지속 노력할 것”이라고 전했다.
> 한편, 한국중부발전은 발전부산물이자 폐자원인 온배수열을 다양한 산업분야에 활용하고 있다. 2015년부터 온배수를 활용한 수산종묘배양장을 운영 중으로 2016년 5월에는 광어, 점농어 80만 미, 2017년 7월에는 대하 치어 23만 미를 방류하여 지역사회 수산자원 증대와 어민의 소득 향상에 기여하고 있으며, 발전소 인근 LNG 인수기지에 LNG 기화 · 공급을 위한 열원으로 온배수를 활용하여 기화효율을 높이고 냉 · 온배수를 상호 절감함으로써 해양 환경영향을 최소화하는 친환경사업도 추진 중이다.

① 에코팜 사업은 발전소의 냉각수와 이산화탄소를 활용한 스마트 시스템 온실을 개발하는 사업이다.
② 발전소에서 생산한 온배수, 석탄재, 이산화탄소를 에코팜에서 활용하여 애플망고를 식재하였고 첫 수확을 맺었다.
③ 온배수의 열을 이용하여 비닐하우스 부지정리에 활용함으로써 폐기물의 자원화에 기여하였다.
④ 발전소 CCS설비에서 포집한 이산화탄소를 온실에 활용함으로써 이산화탄소의 배출 절감에 기여하였다.

70 다음은 어느 1인 미용실에 관한 SWOT 분석 결과이다. 이에 가장 적절한 전략은?

〈1인 미용실 SWOT 분석 결과〉

S(강점)	W(약점)
• 뛰어난 실력으로 미용대회에서 여러 번 우승한 경험이 있다. • 인건비가 들지 않아 비교적 저렴한 가격에 서비스를 제공한다.	• 한 명이 운영하는 가게라 동시에 많은 손님을 받을 수 없다. • 홍보가 미흡하다.
O(기회)	**T(위협)**
• 바로 옆에 유명한 프랜차이즈 레스토랑이 생겼다. • 미용실을 위한 소셜 네트워크 예약 서비스가 등장했다.	• 소셜 커머스를 활용하여 주변 미용실들이 열띤 가격경쟁을 펼치고 있다. • 대규모 프랜차이즈 미용실들이 잇따라 등장하고 있다.

① ST전략 : 여러 번 대회에서 우승한 경험을 가지고 가맹점을 낸다.

② WT전략 : 여러 명의 직원을 고용해 오히려 가격을 올리는 고급화 전략을 펼친다.

③ SO전략 : 소셜 네트워크 예약 서비스를 이용해 방문한 사람들에게만 저렴한 가격에 서비스를 제공한다.

④ WO전략 : 유명한 프랜차이즈 레스토랑과 연계하여 홍보물을 비치한다.

71 다음은 J분식점에 관한 SWOT 분석 결과이다. 이에 가장 적절한 전략은?

〈J분식집 SWOT 분석 결과〉

S(강점)	W(약점)
• 좋은 품질의 재료만 사용 • 청결하고 차별화된 이미지	• 타 분식점에 비해 한정된 메뉴 • 배달서비스를 제공하지 않음
O(기회)	**T(위협)**
• 분식점 앞에 곧 학교가 들어설 예정 • 최근 TV프로그램 섭외 요청을 받음	• 프랜차이즈 분식점들로 포화상태 • 상대적으로 저렴한 길거리 음식으로 취급하는 경향이 있음

① ST전략 : 비싼 재료들을 사용하여 가격을 올려 저렴한 길거리 음식이라는 인식을 바꾼다.

② WT전략 : 다른 분식점들과 차별화된 전략을 유지하기 위해 배달서비스를 시작한다.

③ SO전략 : TV프로그램에 출연해 좋은 품질의 재료만 사용한다는 점을 부각시킨다.

④ WO전략 : TV프로그램 출연용으로 다양한 메뉴를 일시적으로 개발한다.

M E M O

PART 2

직업기초능력평가

CHAPTER 01

의사소통능력

합격 CHEAT KEY

의사소통능력은 평가하지 않는 공사·공단이 없을 만큼 필기시험에서 중요도가 높은 영역으로, 세부 유형은 문서 이해, 문서 작성, 의사 표현, 경청, 기초 외국어로 나눌 수 있다. 문서 이해·문서 작성과 같은 지문에 대한 주제 찾기, 내용 일치 문제의 출제 비중이 높으며, 문서의 특성을 파악하는 문제도 출제되고 있다.

01 문제에서 요구하는 바를 먼저 파악하라!

의사소통능력에서 가장 중요한 것은 제한된 시간 안에 빠르고 정확하게 답을 찾아내는 것이다. 의사소통능력에서는 지문이 아니라 문제가 주인공이므로 지문을 보기 전에 문제를 먼저 파악해야 하며, 문제에 따라 전략적으로 빠르게 풀어내는 연습을 해야 한다.

02 잠재되어 있는 언어 능력을 발휘하라!

세상에 글은 많고 우리가 학습할 수 있는 시간은 한정적이다. 이를 극복할 수 있는 방법은 다양한 글을 접하는 것이다. 실제 시험장에서 어떤 내용의 지문이 나올지 아무도 예측할 수 없으므로 평소에 신문, 소설, 보고서 등 여러 글을 접하는 것이 필요하다.

03 상황을 가정하라!

업무 수행에 있어 상황에 따른 언어 표현은 중요하다. 같은 말이라도 상황에 따라 다르게 해석될 수 있기 때문이다. 그런 의미에서 자신의 의견을 효과적으로 전달할 수 있는 능력을 평가하는 것이다. 업무를 수행하면서 발생할 수 있는 여러 상황을 가정하고 그에 따른 올바른 언어표현을 정리하는 것이 필요하다.

04 말하는 이의 입장에서 생각하라!

잘 듣는 것 또한 하나의 능력이다. 상대방의 이야기에 귀 기울이고 공감하는 태도는 업무를 수행하는 관계 속에서 필요한 요소이다. 그런 의미에서 다양한 상황에서 듣는 능력을 평가하는 것이다. 말하는 이가 요구하는 듣는 이의 태도를 파악하고, 이에 따른 판단을 할 수 있도록 언제나 말하는 사람의 입장이 되는 연습이 필요하다.

대표기출유형

01 문서 내용 이해

| 유형분석 |

- 주어진 지문을 읽고 선택지를 고르는 전형적인 독해 문제이다.
- 지문은 주로 신문기사(보도자료 등)나 업무 보고서, 시사 등이 제시된다.
- 공사공단에 따라 자사와 관련된 내용의 기사나 법조문, 보고서 등이 출제되기도 한다.

다음 글의 내용으로 가장 적절한 것은?

사회 진화론은 다윈의 생물 진화론을 개인과 집단에 적용한 사회 이론이다. 사회 진화론의 중심 개념은 19세기에 등장한 '생존경쟁'과 '적자생존'인데, 이 두 개념의 적용 범위가 개인일 경우에는 자유방임주의와 결합하기도 하고, 집단일 경우에는 민족주의나 제국주의와 결합하기도 하였다. 1860년대 대표적인 사회 진화론자인 스펜서는 인간 사회의 생활은 개인 간의 '생존경쟁'이며, 그 경쟁은 '적자생존'에 의해 지배된다고 주장하였다. 19세기 말 키드, 피어슨 등은 인종이나 민족, 국가 등의 집단 단위로 '생존경쟁'과 '적자생존'을 적용하여 우월한 집단이 열등한 집단을 지배하는 것은 자연법칙이라고 주장함으로써 인종 차별이나 제국주의를 정당화하였다. 또한 일본에서는 19세기 말 문명개화론자들이 사회 진화론을 수용하였다. 이들은 '생존경쟁'과 '적자생존'을 국가와 민족 단위에 적용하여 '약육강식'과 '우승열패'의 논리를 바탕으로 서구식 근대 문명국가 건설과 군국주의를 역설하였다.

① 일본에서 문명개화론자들은 생물 진화론을 수용하였다.
② 사회 진화론은 생물 진화론을 개인에게만 적용한 사회 이론이다.
③ '생존경쟁'과 '적자생존'의 개념이 개인의 범위에 적용되면 민족주의와 결합한다.
④ 키드, 피어슨 등의 주장은 사회 진화론의 개념을 집단 단위에 적용한 결과이다.

정답 ④

키드, 피어슨 등은 인종이나 민족, 국가 등의 집단 단위로 '생존경쟁'과 '적자생존'을 적용하여 우월한 집단이 열등한 집단을 지배하는 것을 주장하였는데, 이는 사회 진화론의 개념을 집단 단위에 적용한 것이다.

오답분석

① 일본에서 문명개화론자들은 사회 진화론을 수용하였다.
② 사회 진화론은 생물 진화론을 개인과 집단에 적용한 사회 이론이다.
③ '생존경쟁'과 '적자생존'의 개념이 민족과 같은 집단의 범위에 적용되면 민족주의와 결합한다.

풀이 전략!

주어진 선택지에서 키워드를 체크한 후, 지문의 내용과 비교해 가면서 내용의 일치 유무를 빠르게 판단한다.

대표기출유형 01 기출응용문제

01 다음은 부당이득징수업무 처리 규정의 일부이다. 이에 대한 설명으로 적절한 것을 〈보기〉에서 모두 고르면?

부당이득 징수금 납입고지(제6조)
지역본부장은 제5조에 따른 부당이득 관리 수관 즉시 납부의무자에게 그 금액과 납부기한을 별지 제28호 서식에 따라 납입고지하여야 한다. 이 경우 납부기한은 고지서 발급일부터 10일 이상 30일 이내로 하여야 한다.

독촉장 발급(제7조)
지역본부장은 납입고지서상에 기재된 납부기한까지 완납하지 아니하였을 때에는 별지 제29호 서식에 따라 납부기한이 지난 후 10일 이내에 독촉장을 발급하여야 하며, 납부기한은 독촉장 발급일부터 10일 이상 20일 이내로 한다.

체납자의 행방조사(제9조)
지역본부장은 체납자가 주민등록지에 거주하는지 여부를 확인하여야 하며, 체납자가 주민등록지에 거주하지 아니하는 경우 담당자는 관계공부열람복명서를 작성하거나 체납자의 주민등록지 관할 동(읍·면)장의 행방불명확인서를 발급받는다.

재산 및 행방조사 시기 등(제10조)
① 지역본부장은 체납자에 대한 재산조사 및 행방조사 업무를 체납이 발생할 때마다 수시로 실시하여 체납정리의 신속을 도모하고 특정한 시기에 집중적으로 조회하여 상대기관(협조기관)의 업무폭주에 따른 처리지연, 미회신 등의 사례가 발생하지 않도록 하여야 한다.
② 지역본부장은 체납자의 주소 및 등록기준지가 다른 소속기관 관할인 경우에는 그 관할 지역본부장에게 제8조, 제9조 제1항 및 제2항에 따른 조사를 직접 수행하도록 의뢰할 수 있으며, 이 경우 의뢰를 받은 지역본부장은 조사사항을 의뢰일부터 15일 이내에 송부하여야 한다.

보기

ㄱ. 지역본부장이 1월 3일에 납부의무자 A에 대한 부당이득 관리를 수관하였다면 A는 고지된 금액을 늦어도 2월 2일 이내에 납부하여야 한다.
ㄴ. 지역본부장이 4월 2일에 납부의무자 B에게 4월 16일을 납부기한으로 하는 고지서를 발급했으나 B가 납부하지 않은 경우, 지역본부장의 독촉장에 따른 B의 납부기한은 늦어도 5월 26일이다.
ㄷ. 체납자가 주민등록지에 거주하지 않는 경우, 지역본부장은 관계공부열람복명서를 작성하거나 관계기관에서 행방불명확인서를 발급받을 수 있다.
ㄹ. 관할 지역본부장은 상시적 업무부담 가중을 피하기 위해 재산조사 및 행방조사를 월말에 일괄적으로 실시해야 한다.

① ㄱ
② ㄱ, ㄷ
③ ㄴ, ㄹ
④ ㄱ, ㄷ, ㄹ

※ 다음 글을 읽고 이어지는 질문에 답하시오. [2~3]

일반 사용자가 디지털 카메라를 들고 촬영하면 손의 미세한 떨림으로 인해 영상이 번져 흐려지고, 걷거나 뛰면서 촬영하면 식별하기 힘들 정도로 영상이 흔들리게 된다. 흔들림에 의한 영향을 최소화하는 기술이 영상 안정화 기술이다.
영상 안정화 기술에는 빛을 이용하는 광학적 기술과 소프트웨어를 이용하는 디지털 기술 등이 있다. 광학 영상 안정화(OIS) 기술을 사용하는 카메라 모듈은 렌즈 모듈, 이미지 센서, 자이로 센서, 제어 장치, 렌즈를 움직이는 장치로 구성되어 있다. 렌즈 모듈은 보정용 렌즈들을 포함한 여러 개의 렌즈들로 구성된다. 일반적으로 카메라는 렌즈를 통해 들어온 빛이 이미지 센서에 닿아 피사체의 상이 맺히고, 피사체의 한 점에 해당하는 위치인 화소마다 빛의 세기에 비례하여 발생한 전기 신호가 저장 매체에 영상으로 저장된다. 그런데 카메라가 흔들리면 이미지 센서 각각의 화소에 닿는 빛의 세기가 변한다. 이때 OIS 기술이 작동되면 자이로 센서가 카메라의 움직임을 감지하여 방향과 속도를 제어 장치에 전달한다. 제어 장치가 렌즈를 이동시키면 피사체의 상이 유지되면서 영상이 안정된다.
렌즈를 움직이는 방법 중에는 보이스코일 모터를 이용하는 방법이 많이 쓰인다. 보이스코일 모터를 포함한 카메라 모듈은 중앙에 위치한 렌즈 주위에 코일과 자석이 배치되어 있다. 카메라가 흔들리면 제어 장치에 의해 코일에 전류가 흘러서 자기장과 전류의 직각 방향으로 전류의 크기에 비례하는 힘이 발생한다. 이 힘이 렌즈를 이동시켜 흔들림에 의한 영향이 상쇄되고 피사체의 상이 유지된다. 이외에도 카메라가 흔들릴 때 이미지 센서를 움직여 흔들림을 감쇄하는 방식도 이용된다.
OIS 기술이 손 떨림을 훌륭하게 보정해 줄 수는 있지만 렌즈의 이동 범위에 한계가 있어 보정할 수 있는 움직임의 폭이 좁다. 디지털 영상 안정화(DIS) 기술은 촬영 후에 소프트웨어를 사용해 흔들림을 보정하는 기술로 역동적인 상황에서 촬영한 동영상에 적용할 때 좋은 결과를 얻을 수 있다. 이 기술은 촬영된 동영상을 프레임 단위로 나눈 후 연속된 프레임 간 피사체의 움직임을 추정한다. 움직임을 추정하는 한 방법은 특징점을 이용하는 것이다. 특징점으로는 피사체의 모서리처럼 주위와 밝기가 뚜렷이 구별되며 영상이 이동하거나 회전해도 그 밝기 차이가 유지되는 부분이 선택된다.
먼저 k번째 프레임에서 특징점을 찾고, 다음 k+1번째 프레임에서 같은 특징점을 찾는다. 이 두 프레임 사이에서 같은 특징점이 얼마나 이동하였는지 계산하여 영상의 움직임을 추정한다. 그리고 흔들림이 발생한 곳으로 추정되는 프레임에서 위치 차이만큼 보정하여 흔들림의 영향을 줄이면 보정된 동영상은 움직임이 부드러워진다. 그러나 특징점의 수가 늘어날수록 연산이 더 오래 걸린다. 한편 영상을 보정하는 과정에서 영상을 회전하면 프레임에서 비어 있는 공간이 나타난다. 비어 있는 부분이 없도록 잘라내면 프레임들의 크기가 작아지는데, 원래의 프레임 크기를 유지하려면 화질은 떨어진다.

02 다음 중 윗글을 이해한 내용으로 가장 적절한 것은?

① 디지털 카메라의 저장 매체에는 개별 화소 단위가 아닌 한 이미지 단위로 전기 신호가 발생해 영상으로 저장된다.

② 손 떨림이 있을 때 보정 기능이 없어도 이미지 센서 각각의 화소에 닿는 빛의 세기는 변하지 않는다.

③ 디지털 영상 안정화 기술은 소프트웨어를 이용하여 프레임 간 피사체의 위치 차이를 줄여 영상을 보정한다.

④ 광학 영상 안정화 기술을 사용하지 않는 디지털 카메라에는 이미지 센서가 필요하지 않다.

03 **다음 중 광학 영상 안정화(OIS) 기술에 대한 설명으로 가장 적절한 것은?**

① 카메라가 흔들리면 이미지 센서에 의해 코일에 전류가 흐른다.

② OIS 기술은 보정할 수 있는 움직임의 폭이 넓은 것이 특징이다.

③ 카메라가 흔들리면 자기장과 전류의 직각 방향으로 전류의 크기에 반비례하는 힘이 발생한다.

④ OIS 기술에서 카메라의 움직임을 감지하여 방향과 속도를 제어 장치에 전달하는 것은 자이로 센서이다.

PART 2

04 **다음 글의 내용으로 적절하지 않은 것은?**

물가 상승률은 일반적으로 가격 수준의 상승 속도를 나타내며 소비자 물가지수(CPI)와 같은 지표를 사용하여 측정된다. 높은 물가 상승률은 소비재와 서비스의 가격이 상승하고, 돈의 구매력이 감소함을 뜻한다. 이는 소비자들이 더 많은 돈을 지출하여 물가 상승에 따른 가격 상승을 감수해야 함을 의미한다.
물가 상승률은 경제에 다양한 영향을 미친다. 먼저 소비자들의 구매력이 저하되므로 가계소득의 실질 가치가 줄어든다. 이는 소비 지출의 감소와 경기 둔화를 초래할 수 있다. 또한 물가 상승률은 기업의 의사결정에도 영향을 준다. 예를 들어 높은 물가 상승률은 이자율의 상승과 함께 대출 조건을 악화시키므로 기업들은 생산 비용 상승과 이로 인한 이윤 감소에 직면하게 된다.
정부와 중앙은행은 물가 상승률을 통제하기 위해 다양한 금융 정책을 사용하며 대표적으로 세금 조정, 통화량 조절, 금리 조정 등이 있다.
물가 상승률은 경제 활동에 큰 영향을 주는 중요한 요소이므로 정부, 기업, 투자자 및 개인은 이를 주의 깊게 모니터링하고 전망을 평가하는 데 활용해야 한다. 또한 소비자의 구매력과 경기 상황에 직간접적인 영향을 주므로 경제 주체들은 물가 상승률의 변동에 대응하여 적절한 전략을 수립해야 한다.

① 지나친 물가 상승은 소비 심리를 위축시킨다.

② 중앙은행의 금리 조정으로 지나친 물가 상승을 진정시킬 수 있다.

③ 정부와 중앙은행이 실행하는 금융 정책의 목적은 물가 안정성을 유지하는 것이다.

④ 소비재와 서비스의 가격이 상승하므로 기업의 입장에서는 물가 상승률이 커질수록 이득이다.

대표기출유형

02 글의 주제 · 제목

| 유형분석 |

- 주어진 지문을 파악하여 전달하고자 하는 핵심 주제를 고르는 문제이다.
- 정보를 종합하고 중요한 내용을 구별하는 능력이 필요하다.
- 설명문부터 주장, 반박문까지 다양한 성격의 지문이 제시되므로 글의 성격별 특징을 알아두는 것이 좋다.

다음 글의 제목으로 가장 적절한 것은?

미래 사회에서는 산업 구조에 변화가 일어나고 대량 생산 방식에 변화가 일어나면서 전반적인 사회조직의 원리도 크게 바뀔 것이다. 즉, 산업 사회에서는 대량 생산 체계를 발전시키기 위해 표준화 · 집중화 · 거대화 등의 원리에 의해 사회가 조직되었지만, 미래 사회에서는 그와는 반대로 다원화 · 분산화 · 소규모화 등이 사회조직의 원리가 된다는 것이다. 사실상 산업 사회에서 인간 소외 현상이 일어났던 것도 이러한 표준화 · 집중화 · 거대화 등의 조직 원리로 인한 것이었다면, 미래 사회의 조직 원리라고 할 수 있는 다원화 · 분산화 · 소규모화 등은 인간 소외와 비인간화 현상을 극복하는 데도 많은 도움을 줄 수 있을 것이다.

① 산업 사회와 대량 생산

② 미래 사회조직의 원리

③ 미래 사회의 산업 구조

④ 인간 소외와 비인간화 현상

정답 ②

제목은 주제와 관련된다. 주제는 제시문의 앞부분인 '미래 사회에서는 산업 구조의 변화에 따라 전반적인 사회조직의 원리도 바뀔 것이다.'이므로 ②가 정답이다. 또한 반복되는 어휘인 '사회조직의 원리'를 떠올려도 된다.

오답분석

③ 제시문의 초점은 '미래 사회의 산업 구조' 자체가 아니라 '산업 구조의 변화에 따른 사회조직 원리의 변화'이다.

풀이 전략!

'결국', '즉', '그런데', '그러나', '그러므로' 등의 접속어 뒤에 주제가 드러나는 경우가 많다는 것에 주의하면서 지문을 읽는다.

대표기출유형 02 기출응용문제

01 다음 글의 제목으로 가장 적절한 것은?

기온이 높아지는 여름이 되면 운전자들은 자동차 에어컨을 켜기 시작한다. 그러나 겨우내 켜지 않았던 에어컨에서는 간혹 나오는 바람이 시원하지 않거나 퀴퀴한 냄새가 나는 경우가 있다. 이러한 증상이 나타난다면 에어컨 필터를 점검해 봐야 한다. 자동차에서 에어컨을 켜게 되면 외부의 공기가 냉각기를 거쳐 차량 내부로 들어오게 되는데, 이때 에어컨 필터는 외부의 미세먼지, 매연, 세균 등의 오염물질을 걸러주는 역할을 한다. 이 과정에서 필터 표면에 먼지가 쌓이는데 필터를 교체하지 않고 오랫동안 방치하면 먼지에 들러붙은 습기로 인해 곰팡이가 생겨 퀴퀴한 냄새의 원인이 된다. 이를 방치하여 에어컨 바람을 타고 곰팡이의 포자가 차량 내부에 유입되면 알레르기나 각종 호흡기 질환의 원인이 된다. 그러므로 자동차 에어컨 필터는 주기적으로 교체해 주어야 한다. 일반적인 교체 주기는 봄·가을처럼 6개월마다 교체하거나, 주행거리 10,000km마다 하는 것이 적당하다. 최근에는 심한 미세먼지로 인해 3개월 주기로 교체하기도 하며, 운전자가 비포장 도로 등의 먼지가 많은 곳을 자주 주행한다면 5,000km에 한 번씩 교체해야 한다.
자동차 에어컨 필터 교체는 정비소에 가서 교체하거나, 운전자 스스로 교체할 수 있다. 운전자가 셀프로 교체하는 경우 다양한 필터를 자신의 드라이빙 환경에 맞춰 선택할 수 있고, 비용도 1만 원 안팎으로 저렴하게 교체할 수 있다. 제품 설명서나 교체 동영상 등을 참고하면 혼자서도 쉽게 에어컨 필터를 교체할 수 있다. 에어컨 필터는 필터의 종류에 따라 크게 순정 필터, 헤파(HEPA; High Efficiency Particulate Air) 필터, 활성탄 필터로 구분된다. 순정 필터는 자동차 출고 시 장착되는 오리지널 필터로 호환성이 좋고 일정한 품질이 보장되는 장점이 있다.
미세먼지 포집력이 뛰어난 헤파 필터는 일반적으로 공기 중의 $0.3\mu m$ 이상의 먼지를 99.97% 걸러주는 고성능 필터로서 거를 수 있는 크기에 따라 울파, 헤파, 세미헤파 등급으로 구분된다. 마지막으로 활성탄 필터는 숯처럼 정화 능력이 좋은 탄소질이 포함된 필터로 오염물질 흡착력이 뛰어나고 공기 중의 불쾌한 냄새나 포름알데히드 등의 화학물질을 걸러주는 필터이다. 이와 같이 에어컨 필터는 다양한 종류가 있으며, 평소 운전자의 주행 환경과 가격을 고려하여 교체하는 것이 가장 바람직하다.

① 자동차 에어컨 필터의 종류
② 자동차 에어컨 필터의 교체 시기
③ 자동차 에어컨 필터의 관리 방법
④ 여름철 자동차 에어컨의 취급 유의사항

PART 2

※ 다음 글을 주제로 가장 적절한 것을 고르시오. [2~3]

02

시중은행 대출금리가 가파르게 증가하자 경매에 넘어간 부동산이 2010년대 하락장 수준으로 증가하고 있다. 이는 대출금리의 인상으로 인한 이자 부담 가중으로 주택담보대출을 상환하지 못하는 경우와, 이로 인한 부동산 경기 침체로 집값이 하락해 세입자의 보증금을 상환하지 못하는 경우가 대부분이다.
법원에 따르면 임의경매가 신청된 부동산은 2014년 10월 이후 최대치를, 강제경매가 신청된 부동산은 2020년 3월 이후 가장 많은 수치를 보이고 있다. 특히 이들 대부분은 집값 급등 시기에 대출을 받아 내 집을 마련한 이른바 '영끌족'이다. 하지만 이들이 계속된 고금리에 이자를 부담하기 어려워 집을 처분하려고 해도, 부동산 경기 침체로 인해 집을 사려는 사람이 없어 처분조차도 어려운 상황이다.
실제로 부동산 정보업체에 따르면 지난 4월 3,000건을 상회하던 거래량이 지난달인 10월에는 1,923건으로 하락한 반면, 매물은 늘어나는데 거래가 줄면서 계속 매물이 쌓여 현재 매물은 올해 초 대비 50% 이상 증가했다.

① 대출금리 인상으로 무너지는 내 집 마련
② 대출금리 인상으로 집을 사지 못하는 사람들
③ 대출금리 인상으로 인해 늘어난 부동산 선택지
④ 대출금리 인상으로 활발해진 부동산 경매시장

03

안전속도 5030 정책은 도심지 간선도로는 시속 50km 미만으로 하고 이면도로 등은 시속 30km 미만으로 유지하는 정책이다. 특히 사거리 등에서의 높은 속도로 보행자의 교통사고와 사망자 수가 매우 높기 때문에 더욱 중요한 정책이라 할 수 있다.
실제로 각종 시험을 통하여 여러 특성을 파악할 수 있다. 실험을 통하여 자동차의 속도가 시속 10km가 줄면 제동거리가 약 25% 정도가 줄고 속도가 줄어들면 보행자와 부딪혔을 때 운동에너지도 줄어들기 때문에 그만큼 안전해진다는 것을 확인했다. 시속 60km에서는 보행자가 중상을 입을 확률이 93%이지만 약 10km만 줄어도 중상확률이 약 72%가 줄어드는 것으로 나타났다. 사망확률도 60km일 때 차량과 보행자가 충돌할 경우 보행자 10명 중 9명이 사망하지만 시속 50km에서는 10명 중 5명이 사망하여 10km 차이에 90% 확률이 50%로 내려가고, 시속 30km로 내려가면 10명 중 1명이 사망하여 사망확률이 10%까지 낮아지는 것이 확인되었다. 특히, 속도제한으로 교통체증이 우려되지만 시속 60km에서 50km로 바뀌어도 지연되는 평균이동시간은 약 2분 정도밖에 안 되는 것으로 나타났다. 도리어 혼잡한 러시아워에서는 상황에 따라 이동시간이 오히려 줄어드는 현상도 나타났다. 도착 시간의 차이는 크게 없으면서 사망자 수 감소 등 긍정적인 요소가 크게 부각되었다고 할 수 있다.

① 안전속도 5030에 대한 국민들의 반응
② 안전속도 5030에 내포된 문제점과 해결 방안
③ 실제 생활 속에서 안전속도 5030이 적용된 사례
④ 안전속도 5030의 시행 배경

04 다음 (가) ~ (라) 문단의 주제로 적절하지 않은 것은?

(가) 우리는 최근 '사회가 많이 깨끗해졌다.'라는 말을 많이 듣는다. 실제 우리의 일상생활은 정말 많이 깨끗해졌다. 과거에 비하면 일상생활에서 뇌물이 오가는 경우가 거의 없어진 것이다. 그런데 왜 부패인식지수가 나아지기는커녕 도리어 나빠지고 있을까? 일상생활과 부패인식지수가 전혀 다른 모습을 보이는 이유는 어디에 있을까?

(나) 부패인식지수가 산출되는 과정에서 그 물음의 답을 찾을 수 있다. 부패인식지수는 국제투명성기구에서 매년 조사하여 발표하고 있는 세계적으로 가장 권위 있는 부패 지표로, 지수는 국제적인 조사 및 평가를 실시하고 있는 여러 기관의 조사 결과를 바탕으로 산출된다. 각 기관의 조사 항목과 조사 대상은 서로 다르지만, 주요 항목은 공무원의 직권 남용 억제 기능, 공무원의 공적 권력의 사적 이용, 공공서비스와 관련한 뇌물 등으로 공무원의 뇌물과 부패에 초점이 맞추어져 있다.

(다) 부패인식지수를 이해하는 데에 주목하여야 할 또 하나의 중요한 점은 부패인식지수 계산에 사용된 각 지수의 조사 대상이다. 조사에 따라 약간의 차이가 있기는 하지만 조사는 주로 해당 국가나 해당 국가와 거래하고 있는 고위 기업인과 전문가들을 대상으로 이루어진다. 일반 시민이 아닌 기업 활동에서 공직자들과 깊숙한 관계를 맺고 있어 공직자들의 행태를 누구보다 잘 알고 있을 것으로 추정되는 사람들의 의견을 대상으로 하는 것이다. 결국 부패인식지수는 고위 기업경영인과 전문가들의 공직 사회의 뇌물과 부패에 대한 평가라 할 수 있다.

(라) 그렇다면 부패인식지수를 개선하는 방법은 무엇일까? 그간 정부는 공무원행동강령, 청탁금지법, 부패방지기구 설치 등 많은 제도적인 노력을 기울여왔다. 이러한 정부의 노력에도 불구하고 정부 반부패정책은 대부분 효과가 없는 것으로 보인다. 정부 노력에 대한 일반 시민들의 시선도 차갑기만 하다. 결국 법과 제도적 장치는 우리 사회에 만연한 연줄 문화 앞에서 힘을 쓰지 못하고 있는 것으로 해석할 수 있다.

천문학적인 뇌물을 받아도 마스크를 낀 채 휠체어를 타고 교도소를 나오는 기업경영인과 공직자들의 모습을 우리는 자주 보아왔다. 이처럼 솜방망이 처벌이 반복되는 상황에서 부패는 계속될 수밖에 없다. 예상되는 비용에 비해 기대 수익이 큰 상황에서 부패는 끊어질 수 없는 것이다. 이러한 상황이 인간의 욕망을 도리어 자극하여 사람들은 연줄을 찾아 더 많은 부당이득을 노리려 할지 모른다. 연줄로 맺어지든 다른 방식으로 이루어지든 부패로 인하여 지불해야 할 비용이 크다면 부패에 대한 유인이 크게 줄어들 수 있을 것이다.

① (가) : 일상부패에 대한 인식과 부패인식지수의 상반되는 경향에 대한 의문
② (나) : 공공분야에 맞추어진 부패인식지수의 산출과정
③ (다) : 특정 계층으로 집중된 부패인식지수의 조사 대상
④ (라) : 부패인식지수의 효과적인 개선방안

대표기출유형

03 문단 나열

| 유형분석 |

- 각 문단 또는 문장의 내용을 파악하고 논리적 순서에 맞게 배열하는 복합적인 문제이다.
- 전체적인 글의 흐름을 이해하는 것이 중요하며, 각 문장의 지시어나 접속어에 주의한다.

다음 문단을 논리적 순서대로 바르게 나열한 것은?

(가) 이와 같이 임베디드 금융의 개선을 위해서는 효과적인 보안 시스템과 프라이버시 보호 방안을 도입하여 사용자의 개인정보를 안전하게 관리하는 것이 필요하다. 또한 디지털 기기의 접근성을 개선하고 사용자들이 편리하게 이용할 수 있는 환경을 조성해야 한다.

(나) 임베디드 금융은 기업과 소비자 모두에게 이점을 제공한다. 기업은 제품과 서비스에 금융 기능을 통합함으로써 자사 플랫폼 의존도를 높이고, 수집한 고객의 정보를 통해 매출을 증대시킬 수 있으며, 고객들에게 편리한 금융 서비스를 제공할 수 있다. 소비자의 경우는 모바일 앱을 통해 간편하게 금융 거래를 할 수 있고, 스마트 기기 하나만으로 다양한 금융 상품에 접근할 수 있어 편의성과 접근성이 크게 향상된다.

(다) 그러나 임베디드 금융은 개인정보 보호와 안전성에 대한 관리가 필요하다. 사용자의 금융 데이터와 개인정보가 디지털 플랫폼이나 기기에 저장되므로 해킹이나 데이터 유출과 같은 사고가 발생할 수 있다. 이는 사용자의 프라이버시 침해와 금융 거래 안전성에 대한 심각한 위협이 될 수 있다. 또한 모든 사람들이 안정적인 인터넷 연결과 임베디드 금융이 포함된 최신 기기를 보유하고 있지는 않기 때문에 디지털 기기에 익숙하지 않은 사람들은 임베디드 금융 서비스를 제공받는 데 제한을 받을 수 있다.

(라) 임베디드 금융은 비금융 기업이 자신의 플랫폼이나 디지털 기기에 금융 서비스를 탑재하는 것을 뜻한다. S페이나 A페이 같은 결재 서비스부터 대출이나 보험까지 임베디드 금융은 제품과 서비스에 금융 기능을 통합하여 사용자에게 편의성과 접근성을 높여준다.

① (가) – (다) – (라) – (나)
② (나) – (가) – (다) – (라)
③ (라) – (나) – (가) – (다)
④ (라) – (나) – (다) – (가)

정답 ④

제시문은 임베디드 금융에 대한 정의와 장점 및 단점 그리고 이에 대한 개선 방안을 설명하는 글이다. 따라서 (라) 임베디드 금융의 정의 → (나) 임베디드 금융의 장점 → (다) 임베디드 금융의 단점 → (가) 단점에 대한 개선 방안 순으로 나열되어야 한다.

풀이 전략!

상대적으로 시간이 부족하다고 느낄 때는 선택지를 참고하여 문장의 순서를 생각해 본다.

대표기출유형 03 기출응용문제

※ 다음 문단을 논리적 순서대로 바르게 나열한 것을 고르시오. [1~2]

01

(가) 물론 이전과 달리 노동 시장에서 여성이라서 채용하지 않는 식의 직접적 차별은 많이 감소했지만 실질적으로 고학력 여성들이 면접 과정에서 많이 탈락하거나 회사에 들어가고 나서도 승진을 잘 하지 못하고 있다. 이는 여성이 육아 휴직 등을 사용하는 경우가 많아 회사가 여성을 육아와 가사를 신경 써야 하는 존재로 간주해 여성의 생산성을 낮다고 판단하기 때문이다.

(나) 한국은 직종(Occupation), 직무(Job)와 사업장(Establishment)이 같은 남녀 사이의 임금 격차 또한 다른 국가들에 비해 큰 것으로 나타났는데, 영국의 한 보고서의 따르면 한국은 조사국 14개국 중 직종, 직무, 사업장별 남녀 임금 격차에서 상위권에 속했다. 즉, 한국의 경우 같은 직종에 종사하며 같은 직장에 다니면서 같은 업무를 수행하더라도 성별에 따른 임금 격차가 다른 국가들에 비해 상대적으로 높다는 이야기다.

(다) OECD가 공개한 '성별 간 임금 격차(Gender Wage Gap)'에 따르면 지난해 기준 OECD 38개 회원국들의 평균 성별 임금 격차는 12%였다. 이 중 한국의 성별 임금 격차는 31.1%로 조사국들 중 가장 컸으며, 이는 남녀 근로자를 각각 연봉 순으로 줄 세울 때 정중앙인 중위 임금을 받는 남성이 여성보다 31.1%를 더 받았다는 뜻에 해당한다. 한국은 1996년 OECD 가입 이래 줄곧 회원국들 중 성별 임금 격차 1위를 차지해 왔다.

(라) 이처럼 한국의 남녀 사이의 성별 임금 격차가 크게 유지되는 이유로 노동계와 여성계는 연공서열제와 여성 경력 단절을 꼽고 있다. 이에 대해 A교수는 노동 시장 문화에는 여성 경력 단절이 일어나도록 하는 여성 차별이 있어, 여성이 중간에 떨어져 나가거나 승진을 못하는 것이 너무나 자연스러운 일처럼 보인다고 말했다.

이에 정부는 여성 차별적 노동 문화의 체질을 바꾸기 위해서는 정책적으로 여성에게만 혜택을 더 주는 것으로 보이는 시혜적 정책은 지양하되 여성 정책이 여성한테 무언가를 해주기보다는 남녀 간 평등을 촉진하는 방향으로 나아갈 수 있도록 해야 할 것이다.

① (나) – (가) – (나) – (라)
② (나) – (다) – (가) – (라)
③ (다) – (나) – (가) – (라)
④ (다) – (나) – (라) – (가)

PART 2

02

(가) 매년 수백만 톤의 황산이 애팔래치아 산맥에서 오하이오 강으로 흘러들어 간다. 이 황산은 강을 붉게 물들이고 산성으로 변화시킨다. 이렇듯 강이 붉게 물드는 것은 티오바실러스라는 세균으로 인해 생성된 침전물 때문이다. 철2가 이온(Fe^{2+})과 철3가 이온(Fe^{3+})의 용해도가 이러한 침전물의 생성에 중요한 역할을 한다.

(나) 애팔래치아 산맥의 석탄 광산에 있는 황철광에는 이황화철(FeS_2)이 함유되어 있다. 티오바실러스는 이 황철광에 포함된 이황화철(FeS_2)을 산화시켜 철2가 이온(Fe^{2+})과 강한 산인 황산을 만든다. 이 과정에서 티오바실러스는 일차적으로 에너지를 얻는다. 일단 만들어진 철2가 이온(Fe^{2+})은 티오바실러스에 의해 다시 철3가 이온(Fe^{3+})으로 산화되는데, 이 과정에서 또 다시 티오바실러스는 에너지를 이차적으로 얻는다.

(다) 이황화철(FeS_2)의 산화는 다음과 같이 가속된다. 티오바실러스에 의해 생성된 황산은 황철광을 녹이게 된다. 황철광이 녹으면 황철광 안에 들어 있던 이황화철(FeS_2)은 티오바실러스와 공기 중의 산소에 더 노출되어 화학반응이 폭발적으로 증가하게 된다. 티오바실러스의 생장과 번식에는 이와 같이 에너지의 원료가 되는 이황화철(FeS_2)과 산소 그리고 세포 구성에 필요한 무기질이 꼭 필요하다. 이러한 환경조건이 자연적으로 완비된 광산 지역에서는 일반적인 방법으로 티오바실러스의 생장을 억제하기가 힘들다. 이황화철(FeS_2)과 무기질이 다량으로 광산에 있으므로 이 경우 오하이오 강의 오염을 막기 위한 방법은 광산을 밀폐시켜 산소의 공급을 차단하는 것뿐이다.

(라) 철2가 이온(Fe^{2+})은 강한 산(pH 3.0 이하)에서 물에 녹은 상태를 유지한다. 그러한 철2가 이온(Fe^{2+})은 자연 상태에서 pH 4.0 ~ 5.0 사이가 되어야 철3가 이온(Fe^{3+})으로 산화된다. 놀랍게도 티오바실러스는 강한 산에서 잘 자라고 강한 산에 있는 철2가 이온(Fe^{2+})을 적극적으로 산화시켜 철3가 이온(Fe^{3+})을 만든다. 그리고 물에 녹지 않는 철3가 이온(Fe^{3+})은 다른 무기 이온과 결합하여 붉은 침전물을 만든다. 환경에 영향을 미칠 정도로 다량의 붉은 침전물을 만들기 위해서는 엄청난 양의 철2가 이온(Fe^{2+})과 강한 산이 있어야 한다. 이것들은 어떻게 만들어지는 것일까?

① (가) – (나) – (라) – (다)
② (가) – (라) – (나) – (다)
③ (라) – (가) – (다) – (나)
④ (라) – (나) – (가) – (다)

03 다음 제시된 문단을 읽고, 이어질 문단을 논리적 순서대로 바르게 나열한 것은?

휘슬블로어란 호루라기를 뜻하는 휘슬(Whistle)과 부는 사람을 뜻하는 블로어(Blower)가 합쳐진 말이다. 즉, 호루라기를 부는 사람이라는 뜻으로 자신이 속해 있거나 속해 있었던 집단의 부정부패를 고발하는 사람을 가리키며, 흔히 '내부고발자'라고도 불린다. 부정부패는 고발당해야 마땅한 것인데 이렇게 '휘슬블로어'라는 용어가 따로 있는 것은 그만큼 자신이 속한 집단의 부정부패를 고발하는 것이 쉽지 않다는 뜻일 것이다.

(가) 또한 법의 울타리 밖에서 행해지는 것에 대해서도 휘슬블로어는 보호받지 못한다. 일단 기업이나 조직 속에서 배신자가 되었다는 낙인과 상급자들로부터 괘씸죄로 인해 받게 되는 업무 스트레스, 집단 따돌림 등으로 인해 고립되게 되기 때문이다. 뿐만 아니라 익명성이 철저히 보장되어야 하지만 조직에서는 휘슬블로어를 찾기 위해 혈안이 된 상급자의 집요한 색출로 인해 밝혀지는 경우가 많다. 그렇게 될 경우 휘슬블로어들은 권고사직을 통해 해고를 당하거나 괴롭힘을 당한 채 일할 수밖에 없다.

(나) 실제로 휘슬블로어의 절반은 제보 후 1년간 자살충동 등 정신 및 신체적 질환으로 고통을 받는다고 한다. 또한 73%에 해당되는 상당수의 휘슬블로어들은 동료로부터 집단적으로 따돌림을 당하거나 가정에서도 불화를 겪는다고 한다. 우리는 이들이 공정한 사회와 개인의 양심에 손을 얹고 중대한 결정을 한 사람이라는 것을 외면해서는 안 되며, 이러한 휘슬블로어들을 법적으로 보호할 필요가 있다.

(다) 내부고발이 어려운 큰 이유는 내부고발을 한 후에 맞게 되는 후폭풍 때문이다. 내부고발은 곧 기업의 이미지가 떨어지는 것부터 시작해 영업 정지와 같은 실질적 징벌로 이어지는 경우가 많기 때문에 내부고발자들은 배신자로 취급되는 경우가 많다. 실제 양심에 따라 내부고발을 한 이후 닥쳐오는 후폭풍에 못 이겨 자신의 발로 회사를 나오는 경우도 많으며, 또한 기업과 동료로부터 배신자로 취급되거나 보복성 업무, 인사이동 등으로 불이익을 받는 경우도 많다.

(라) 현재 이러한 휘슬블로어를 보호하기 위한 법으로는 2011년 9월부터 시행되어 오고 있는 공익신고자 보호법이 있다. 하지만 이러한 법 제도만으로는 휘슬블로어들을 보호하는 데에 무리가 있다. 공익신고자 보호법은 181개 법률 위반행위에 대해서만 공익신고로 보호하고 있는데, 만일 공익신고자 보호법에서 규정하고 있는 법률 위반행위가 아닌 경우에는 보호를 받지 못하고 있는 것이다.

① (다) – (가) – (라) – (나)
② (다) – (나) – (라) – (가)
③ (라) – (가) – (다) – (나)
④ (라) – (다) – (가) – (나)

대표기출유형

04 내용 추론

| 유형분석 |

- 주어진 지문을 바탕으로 도출할 수 있는 내용을 찾는 문제이다.
- 선택지의 내용을 정확하게 확인하고 지문의 정보와 비교하여 추론하는 능력이 필요하다.

다음 글을 통해 추론할 수 없는 것은?

제약 연구원이란 제약 회사에서 약을 만드는 과정에 참여하는 사람을 말한다. 제약 연구원은 이러한 모든 단계에 참여하지만, 특히 신약 개발 단계와 임상 시험 단계에서 가장 중점적인 역할을 한다. 일반적으로 약을 만드는 과정은 새로운 약품을 개발하는 신약 개발 단계, 임상 시험을 통해 개발된 신약의 약효를 확인하는 임상 시험 단계, 식약처에 신약이 판매될 수 있도록 허가를 요청하는 약품 허가 요청 단계, 마지막으로 의료진과 환자를 대상으로 신약에 대해 홍보하는 영업 및 마케팅의 단계로 나눈다.

제약 연구원이 되기 위해서는 일반적으로 약학을 전공해야 한다고 생각하기 쉽지만, 약학 전공자 이외에도 생명 공학, 화학 공학, 유전 공학 전공자들이 제약 연구원으로 활발하게 참여하고 있다. 만일 신약 개발의 전문가가 되고 싶다면 해당 분야에서 오랫동안 연구한 경험이 필요하기 때문에 대학원에서 석사나 박사 학위를 취득하는 것이 유리하다.

제약 연구원이 되기 위해서는 전문적인 지식도 중요하지만, 사람의 생명과 관련된 일인 만큼, 무엇보다도 꼼꼼함과 신중함, 책임 의식이 필요하다. 또한 제약 회사라는 공동체 안에서 일을 하는 것이므로 원만한 일의 진행을 위해서 의사소통능력도 필수적으로 요구된다. 오늘날 제약 분야가 빠르게 성장하고 있다는 점을 고려할 때, 일에 대한 도전 의식, 호기심과 탐구심 등도 제약 연구원에게 필요한 능력으로 꼽을 수 있다.

① 제약 연구원은 약품 허가 요청 단계에 참여한다.
② 오늘날 제약 연구원에게 요구되는 능력이 많아졌다.
③ 생명 공학이나 유전 공학 전공자도 제약 연구원으로 일할 수 있다.
④ 신약 개발 전문가가 되려면 반드시 석사나 박사를 취득해야 한다.

정답 ④

제시문에 따르면 신약 개발의 전문가가 되기 위해서는 해당 분야에서 오랫동안 연구한 경험이 필요하므로 석사나 박사 학위를 취득하는 것이 유리하다고 하였다. 그러나 석사나 박사 학위가 신약 개발 전문가가 되는 데 도움을 준다는 것일 뿐이므로 반드시 필요한 조건인지는 알 수 없다. 따라서 ④는 제시문을 통해 추론할 수 없다.

풀이 전략!

주어진 지문이 어떠한 내용을 다루고 있는지 파악한 후 선택지의 키워드를 확실하게 체크하고, 지문의 정보에서 도출할 수 있는 내용을 찾는다.

대표기출유형 04 기출응용문제

01 다음 글을 바탕으로 〈보기〉의 내용으로부터 추론할 수 있는 내용으로 가장 적절한 것은?

> 독립신문은 우리나라 최초의 민간 신문이다. 사장 겸 주필(신문의 최고 책임자)은 서재필 선생이, 국문판 편집과 교정은 최고의 국어학자로 유명한 주시경 선생이, 그리고 영문판 편집은 선교사 호머 헐버트가 맡았다. 창간 당시 독립신문은 이들 세 명에 기자 두 명과 몇몇 인쇄공들이 합쳐 단출하게 시작했다.
>
> 신문은 우리가 흔히 사용하는 'A4 용지'보다 약간 큰 '국배판(218×304mm)' 크기로 제작됐고, 총 4면 중 3면은 순 한글판으로, 나머지 1면은 영문판으로 발행했다. 제1호는 '독닙신문'이고 영문판은 'Independent(독립)'로 조판했고, 내용을 살펴보면 제1면에는 대체로 논설과 광고가 실렸고, 제2면에는 관보・외국통신・잡보가, 제3면에는 물가・우체시간표・제물포 기선 출입항 시간표와 광고가 게재됐다.
>
> 독립신문은 민중을 개화시키고 교육하기 위해 발간된 것이지만, 그 이름에서부터 알 수 있듯 스스로 우뚝 서는 독립국을 만들고자 자주적 근대화 사상을 강조했다. 창간호 표지에는 '뎨일권 뎨일호. 조선 서울 건양 원년 사월 초칠일 금요일'이라고 표기했는데, '건양(建陽)'은 조선의 연호이고, 한성 대신 서울을 표기한 점과 음력 대신 양력을 쓴 점 모두 중국 사대주의에서 벗어난 자주독립을 꾀한 것으로 볼 수 있다.
>
> 독립신문이 발행되자 사람들은 모두 깜짝 놀랄 수밖에 없었다. 순 한글로 만들어진 것은 물론 유려한 편집 솜씨에 조판과 내용까지 완벽했기 때문이다. 무엇보다 제4면을 영어로 발행해 국내 사정을 외국에 알린다는 점은 호시탐탐 한반도를 노리던 일본 당국에 큰 부담을 안겨주었고, 더는 자기네들 마음대로 조선의 사정을 왜곡 보도할 수 없게 된 것이다.
>
> 날이 갈수록 독립신문을 구독하려는 사람은 늘어났고, 처음 300부씩 인쇄되던 신문이 곧 500부로, 나중에는 3,000부까지 확대됐다. 오늘날에는 한 사람이 신문 한 부를 읽으면 폐지 처리하지만, 과거에는 돌려가며 읽는 경우가 많았고, 시장이나 광장에서 글을 아는 사람이 낭독해주는 일도 빈번했기에 한 부의 독자 수는 50명에서 100명에 달했다. 이런 점을 감안해보면 실제 독립신문의 독자 수는 10만 명을 넘어섰다고 가늠해 볼 수 있다.

> **보기**
>
> 우리 신문이 한문은 아니 쓰고 국문으로만 쓰는 것은 상하귀천이 다 보게 함이라. 또 국문을 이렇게 구절을 떼어 쓴즉 아무라도 이 신문을 보기가 쉽고 신문 속에 있는 말을 자세히 알아보게 함이라.

① 교통수단도 발달하지 않았던 과거에는 활자 매체인 신문이 소식 전달에 있어 절대적인 역할을 차지했다.

② 민중을 개화시키고 교육하기 위해 발간된 것으로 역사적・정치적으로 큰 의의가 있다.

③ 한글을 사용해야 누구나 읽을 수 있다는 점을 인식해 한문 우월주의에 영향을 받지 않고, 소신 있는 행보를 했다.

④ 일본이 한반도를 집어삼키려 하던 혼란기 우리만의 신문을 펴낼 수 있었다는 것에 큰 의의가 있다.

PART 2

02 다음 글을 읽고 밑줄 친 ㉠과 같은 현상이 나타나게 된 이유를 추론한 내용으로 적절하지 않은 것은?

> 고려와 조선은 국가적으로 금속화폐의 통용을 추진한 적이 있다. 화폐 주조권을 장악하여 세금을 효과적으로 징수하고 효율적으로 저장하려는 것이 그 목적이었다. 그러나 물품화폐에 익숙한 농민들은 금속화폐를 불편하게 여겼으며 금속화폐의 유통 범위는 한정되고 끝내는 삼베를 비롯한 물품화폐에 압도당하고 말았다. ㉠ <u>조선 태종 때와 세종 때에도 동전의 유통을 시도하였지만 실패하였다</u>. 조선 전기 은화(銀貨)는 서울을 중심으로 유통되었고, 주로 왕실과 관청, 지배층과 상인, 역관(譯官) 등이 이용한 '돈'이었다. 그러나 은화(銀貨)는 고액 화폐였다. 그 때문에 서민의 경제생활에서는 여전히 무명 옷감이 화폐의 기능을 담당하였다.
>
> 그러한 가운데서도 농업생산력의 발전과 인구의 증가, 17세기 이후 지방시장의 성장은 금속화폐 통용을 위한 여건이 마련되었음을 뜻하였다. 17세기 전반 이미 개성에서는 모든 거래가 동전으로 이루어지고 있었다. 이러한 여건 아래에서 1678년(숙종 4년)부터 강력한 통용책이 추진되면서 금속화폐가 널리 보급될 수 있었다. 동전인 상평통보 1개는 1푼(分)이었다. 10푼이 1전(錢), 10전이 1냥(兩), 10냥이 1관(貫)이다. 대원군이 집권할 때 주조된 당백전(當百錢)과 1883년 주조된 당오전(當五錢)은 1개가 각각 100푼과 5푼의 가치를 가지는 동전이었다. 동전 주조가 늘면서 그 유통 범위가 경기, 충청지방으로부터 점차 확산되었고, 18세기 초에는 전국에 미칠 정도였다. 동전을 시전(市廛)에 무이자로 대출하고, 관리의 녹봉을 동전으로 지급하고, 일부 세금을 동전으로 거두어들이는 등의 국가 정책도 동전의 통용을 촉진하였다. 화폐경제의 성장은 상업적 동기를 촉진시키고 경제생활, 나아가 사회생활에 변화를 주었다.
>
> 이러한 가운데 일부 위정자들은 화폐경제로 인한 부작용을 우려했는데, 특히 농촌 고리대금업(高利貸金業)의 성행을 가장 심각한 문제로 생각했다. 그래서 동전의 폐지를 주장하는 이도 있었다. 1724년 등극한 영조는 이 주장을 받아들여 동전 주조를 정지하였다. 그런데 당시에 동전은 이미 일상생활로 퍼졌기 때문에 동전의 수요에 비해 공급이 부족한 현상이 일어나 동전주조의 정지는 화폐 유통질서와 상품경제에 타격을 가하였다. 돈이 매우 귀하여 농민과 상인의 교역에 불편을 가져다 준 것이다. 또한 소수의 부유한 상인이 동전을 집중적으로 소유하여 고리대금업(高利貸金業) 활동을 강화함에 따라서 오히려 농민 몰락이 조장되었다. 결국 영조 7년 이후 동전은 다시 주조되기 시작했다.

① 화폐가 통용될 시장이 발달하지 않았다.
② 화폐가 주로 일부 계층 위주로 통용되었다.
③ 백성들이 화폐보다 물품화폐를 선호하였다.
④ 국가가 화폐수요량에 맞추어 원활하게 공급하지 못했다.

03 다음 글을 바탕으로 〈보기〉의 밑줄 친 '정책'의 방향에 대한 추론으로 가장 적절한 것은?

동일한 환경에서 야구공과 고무공을 튕겨 보면, 고무공이 훨씬 민감하게 튀어 오르는 것을 볼 수 있다. 즉, 고무공은 야구공보다 탄력이 좋다. 일정한 가격에서 사람들이 사고자 하는 물건의 양인 수요량에도 탄력성의 개념이 적용될 수 있다. 재화의 가격이 변화할 때 수요량도 변화하게 되는 것이다. 이때 경제학에서는 가격 변화에 대한 수요량 변화의 민감도를 측정하는 표준화된 방법을 수요 탄력성이라고 한다.

수요 탄력성은 수요량의 변화 비율을 가격의 변화 비율로 나눈 값이다. 일반적으로 가격과 수요량은 반비례하므로 수요 탄력성은 음(−)의 값을 가진다. 그러나 통상적으로 음의 부호를 생략하고 절댓값만 표시한다.

가격에 따른 수요량 변화율에 따라 상품의 수요는 '단위 탄력적', '탄력적', '완전 탄력적', '비탄력적', '완전 비탄력적'으로 나눌 수 있다. 수요 탄력성이 1인 경우 수요는 '단위 탄력적'이라고 불린다. 또한 수요 탄력성이 1보다 큰 경우 수요는 '탄력적'이라고 불린다. 한편 영(0)에 가까운 아주 작은 가격 변화에도 수요량이 매우 크게 변화하면 수요 탄력성은 무한대가 된다. 이 경우의 수요는 '완전 탄력적'이라고 불린다. 소비하지 않아도 생활에 지장이 없는 사치품이 이에 해당한다. 반면, 수요 탄력성이 1보다 작다면 수요는 '비탄력적'이라고 불린다. 만일 가격이 아무리 변해도 수요량에 어떠한 변화도 나타나지 않는다면 수요 탄력성은 영(0)이 된다. 이 경우 수요는 '완전 비탄력적'이라고 불린다. 생필품이 이에 해당한다.

수요 탄력성의 크기는 상품의 가격이 변할 때 이 상품에 대한 소비자의 지출이 어떻게 변하는지를 알려 준다. 상품에 대한 소비자의 지출액은 가격에 수요량을 곱한 것이다. 먼저 상품의 수요가 탄력적인 경우를 따져 보자. 이 경우에는 수요 탄력성이 1보다 크기 때문에, 가격이 오른 정도에 비해 수요량이 많이 감소한다. 이에 따라, 가격이 상승하면 소비자의 지출액은 가격이 오르기 전보다 감소한다. 반면에 가격이 내릴 때는 가격이 내린 정도에 비해 수요량이 많아지므로 소비자의 지출액은 증가한다. 물론 수요가 비탄력적이면 위와 반대되는 현상이 일어난다. 즉, 가격이 상승하면 소비자의 지출액은 증가하며, 가격이 하락하면 소비자의 지출액은 감소하게 된다.

보기

A국가의 정부는 경제 안정화를 위해 개별 소비자들이 지출액을 줄이도록 유도하는 정책을 시행하기로 하였다.

① 생필품의 가격은 높이고 사치품의 가격은 유지하려 하겠군.
② 생필품의 가격은 낮추고 사치품의 가격은 높이려 하겠군.
③ 생필품의 가격은 유지하고 사치품의 가격은 낮추려 하겠군.
④ 생필품과 사치품의 가격을 모두 유지하려 하겠군.

PART 2

대표기출유형

05 빈칸 삽입

| 유형분석 |

- 주어진 지문을 바탕으로 빈칸에 들어갈 내용을 찾는 문제이다.
- 선택지의 내용을 정확하게 확인하고 빈칸 앞뒤 문맥을 파악하는 능력이 필요하다.

다음 글의 빈칸에 들어갈 내용으로 가장 적절한 것은?

제주 한라산 천연보호구역에 있는 한 조립식 건물에서 불이 나 3명의 사상자가 발생했다. 이 건물은 무속신을 모시는 신당으로 수십 년 동안 운영된 곳이나, 실상은 허가 없이 지은 불법 건축물에 해당되었다. 특히 해당 건물은 조립식 샌드위치 패널로 지어져 있어 이번 화재는 자칫 대형 산불로 이어져 한라산까지 타버릴 아찔한 사고였지만, 행정당국은 불이 난 뒤에야 이 건축물의 존재를 파악했다.

해당 건물에서의 화재는 30여 분 만에 빠르게 진화되었지만, 이 불로 건물 안에 있던 40대 남성이 숨지고, 60대 여성 2명이 화상을 입어 병원으로 이송되었다. 이는 해당 건물이 ________________ 불이 삽시간에 번져 나갔기 때문이었다.

행정당국은 서귀포시는 산림이 울창하고, 인적이 드문 곳이어서 관련 신고가 접수되지 않는 등 단속에 한계가 있다고 밝히며 행정의 손이 미치지 않는 취약한 지역, 산지나 으슥한 지역은 관련 부서와 협의를 거쳐 점검할 필요가 있다고 말했다.

① 화재에 취약한 구조로 지어져 있어

② 산지에 위치해 기후가 건조했기 때문에

③ 안전성을 검증받지 못한 가건물에 해당되어

④ 소방시설과 거리가 있는 곳에 위치하고 있어

정답 ①

첫 번째 문단의 '특히 해당 건물은 조립식 샌드위치 패널로 지어져 있어 이번 화재는 자칫 대형 산불로 이어져'라는 내용과 빈칸 앞뒤의 '빠르게 진화되었지만', '불이 삽시간에 번져'라는 내용을 미루어 볼 때, 해당 건물의 화재가 빠르게 진화되었지만 사상자가 발생한 것은 조립식 샌드위치 패널로 이루어진 화재에 취약한 구조이기 때문으로 볼 수 있다.

오답분석

③ 건조한 기후와 관련한 내용은 제시문에서 찾을 수 없다.

③ 해당 건물이 불법 건축물에 해당되지만 해당 건물의 안전성과 관련한 내용은 제시문에서 찾을 수 없다.

④ 소방 시설과 관련한 내용은 제시문에서 찾을 수 없으며, 두 번째 문단의 '화재는 30여 분 만에 빠르게 진화되었지만'이라는 내용으로 보아 소방 대처가 화재에 영향을 줬다고 보기는 어렵다.

풀이 전략!

빈칸 앞뒤의 문맥을 파악한 후 선택지에서 가장 어울리는 내용을 찾는다. 빈칸 앞에 접속부사가 있다면 이를 활용한다.

대표기출유형 05 기출응용문제

※ 다음 글의 빈칸에 들어갈 내용으로 가장 적절한 것을 고르시오. [1~3]

01

소독이란 물체의 표면 및 그 내부에 있는 병원균을 죽여 전파력 또는 감염력을 없애는 것이다. 이때, 소독의 가장 안전한 형태로는 멸균이 있다. 멸균이란 대상으로 하는 물체의 표면 또는 그 내부에 분포하는 모든 세균을 완전히 죽여 무균의 상태로 만드는 조작으로, 살아있는 세포뿐만 아니라 포자, 박테리아, 바이러스 등을 완전히 파괴하거나 제거하는 것이다.

물리적 멸균법은 열, 햇빛, 자외선, 초단파 따위를 이용하여 균을 죽여 없애는 방법이다. 열(Heat)에 의한 멸균에는 건열 방식과 습열 방식이 있는데, 건열 방식은 소각과 건식 오븐을 사용하여 멸균하는 방식이다. 건열 방식이 활용되는 예로는 미생물 실험실에서 사용하는 많은 종류의 기구를 물 없이 멸균하는 것이 있다. 이는 습열 방식을 활용했을 때 유리를 포함하는 기구가 파손되거나 금속 재질로 이루어진 기구가 습기에 의해 부식할 가능성을 보완한 방법이다. 그러나 건열 멸균법은 습열 방식에 비해 멸균 속도가 느리고 효율이 떨어지며, 열에 약한 플라스틱이나 고무 제품은 대상물의 변성이 이루어져 사용할 수 없다. 예를 들어 많은 세균의 내생포자는 습열 멸균 온도 조건(121°C)에서는 5분 이내에 사멸되나, 건열 멸균법을 활용할 경우 이보다 더 높은 온도(160°C)에서도 약 2시간 정도가 지나야 사멸되는 양상을 나타낸다.

반면, 습열 방식은 바이러스, 세균, 진균 등의 미생물들을 손쉽게 사멸시킨다. 습열은 효소 및 구조 단백질 등의 필수 단백질의 변성을 유발하고, 핵산을 분해하며 세포막을 파괴하여 미생물을 사멸시킨다. 끓는 물에 약 10분간 노출하면 대개의 영양세포나 진핵포자를 충분히 죽일 수 있으나, 100°C의 끓는 물에서는 세균의 내생포자를 사멸시키지는 못한다. 따라서 물을 끓여서 하는 열처리는 ________________ 멸균을 시키기 위해서는 100°C가 넘는 온도(일반적으로 121°C)에서 압력(약 1.1kg/cm^2)을 가해 주는 고압증기 멸균기를 이용한다. 고압증기 멸균기는 물을 끓여 증기를 발생시키고 발생한 증기와 압력에 의해 멸균을 시키는 장치이다. 고압증기 멸균기 내부가 적정 온도와 압력(121°C, 약 1.1kg/cm^2)에 이를 때까지 뜨거운 포화 증기를 계속 유입시킨다. 해당 온도에서 포화 증기는 15분 이내에 모든 영양세포와 내생포자를 사멸시킨다. 고압증기 멸균기에 의해 사멸되는 미생물은 고압에 의해서라기보다는 고압하에서 수증기가 얻을 수 있는 높은 온도에 의해 사멸되는 것이다.

① 더 많은 세균을 사멸시킬 수 있다.
② 멸균 과정에서 더 많은 비용이 소요된다.
③ 멸균 과정에서 더 많은 시간이 소요된다.
④ 소독을 시킬 수는 있으나, 멸균을 시킬 수는 없다.

PART 2

02

포논(Phonon)이라는 용어는 소리(Pho－)라는 접두어에 입자(－non)라는 접미어를 붙여 만든 단어로, 실제로 포논이 고체 안에서 소리를 전달하기 때문에 이런 이름이 붙었다. 어떤 고체의 한쪽을 두드리면 포논이 전파한 소리를 반대쪽에서 들을 수 있다.
아인슈타인이 새롭게 만든 고체의 비열 공식(아인슈타인 모형)은 실험결과와 상당히 잘 맞았다. 그런데 그의 성공은 고체 내부의 진동을 포논으로 해석한 데에만 있지 않다. 그는 포논이 보존(Boson) 입자라는 사실을 간파하고, 고체 내부의 세상에 보존의 물리학(보즈－아인슈타인 통계)을 적용했으며, 비로소 고체의 비열이 온도에 따라 달라진다는 결론을 얻을 수 있었다.
양자역학의 세계에서 입자는 스핀 상태에 따라 분류된다. 스핀이 1/2의 홀수배(1/2, 3/2, …)인 입자들은 원자로를 개발한 유명한 물리학자 엔리코 페르미의 이름을 따 '페르미온'이라고 부른다. 오스트리아의 이론물리학자 볼프강 파울리는 페르미온들은 같은 에너지 상태를 가질 수 없고 서로 배척한다는 사실을 알아냈다. 즉, 같은 에너지 상태에서는 ＋/－ 반대의 스핀을 갖는 페르미온끼리만 같이 존재할 수 있다. 이를 '파울리의 배타원리'라고 한다. 페르미온은 대개 양성자, 중성자, 전자 같은 물질을 구성하며, 파울리의 배타원리에 따라 페르미온 입자로 이뤄진 물질은 우리가 손으로 만질 수 있다.
스핀이 0, 1, 2, … 등 정수 값인 입자도 있다. 바로 보존이다. 인도의 무명 물리학자였던 사티엔드라 나트 보즈의 이름을 본떴다. 보즈는 페르미가 개발한 페르미 통계를 공부하고 보존의 물리학을 만들었다. 당시 그는 박사학위도 없는 무명의 물리학자여서 논문을 작성한 뒤 아인슈타인에게 편지로 보냈다. 다행히 아인슈타인은 그 논문을 쓰레기통에 넣지 않고 꼼꼼히 읽어 본 뒤 자신의 생각을 첨가하고 독일어로 번역해 학술지에 제출했다. 바로 보존 입자의 물리학(보즈－아인슈타인 통계)이다. 이에 따르면, 보존 입자는 페르미온과 달리 파울리의 배타원리를 따르지 않는다. 따라서 같은 에너지 상태를 지닌 입자라도 서로 겹쳐서 존재할 수 있다. 만져지지 않는 에너지 덩어리인 셈이다. 이들 보존 입자는 대개 힘을 매개한다.
빛 알갱이, 즉 ______________________ 빛은 실험을 해보면 입자의 특성을 보이지만, 질량이 없고 물질을 투과하며 만져지지 않는다. 포논은 어떨까? 원자 사이의 용수철 진동을 양자화 한 것이므로 물질이 아니라 단순한 에너지의 진동으로서 파울리의 배타원리를 따르지 않는다. 즉, 포논은 광자와 마찬가지로 스핀이 0인 보존 입자다.

① 광자는 파울리의 배타원리를 따른다.
② 광자는 스핀 상태에 따라 분류할 수 없다.
③ 광자는 스핀이 1/2의 홀수배인 입자의 대표적인 예다.
④ 광자는 보존의 대표적인 예다.

03

스마트팩토리는 인공지능(AI), 사물인터넷(IoT) 등 다양한 기술이 융합된 자율화 공장으로, 제품 설계와 제조, 유통, 물류 등의 산업 현장에서 생산성 향상에 초점을 맞췄다. 이곳에서는 기계, 로봇, 부품 등의 상호 간 정보 교환을 통해 제조 활동을 하고, 모든 공정 이력이 기록되며, 빅데이터 분석으로 사고나 불량을 예측할 수 있다. 스마트팩토리에서는 컨베이어 생산 활동으로 대표되는 산업 현장의 모듈형 생산이 컨베이어를 대체하고 IoT가 신경망 역할을 한다. 센서와 기기 간 다양한 데이터를 수집하고, 이를 서버에 전송하면 서버는 데이터를 분석해 결과를 도출한다. 서버는 AI 기계학습 기술이 적용돼 빅데이터를 분석하고 생산성 향상을 위한 최적의 방법을 제시한다.
스마트팩토리의 대표 사례로는 고도화된 시뮬레이션 '디지털 트윈'을 들 수 있다. 디지털 트윈은 데이터를 기반으로 가상공간에서 미리 시뮬레이션하는 기술이다. 시뮬레이션을 위해 빅데이터를 수집하고 분석과 예측을 위한 통신 · 분석 기술에 가상현실(VR), 증강현실(AR)과 같은 기술을 더한다. 이를 통해 산업 현장에서 작업 프로세스를 미리 시뮬레이션하고, VR · AR로 검증함으로써 실제 시행에 따른 손실을 줄이고, 작업 효율성을 높일 수 있다.
한편 '에지 컴퓨팅'도 스마트팩토리의 주요 기술 중 하나이다. 에지 컴퓨팅은 산업 현장에서 발생하는 방대한 데이터를 클라우드로 한 번에 전송하지 않고, 에지에서 사전 처리한 후 데이터를 선별해서 전송한다. 서버와 에지가 연동해 데이터 분석 및 실시간 제어를 수행하여 산업 현장에서 생산되는 데이터가 기하급수로 늘어도 서버에 부하를 주지 않는다. 현재 클라우드 컴퓨팅이 중앙 데이터센터와 직접 소통하는 방식이라면 에지 컴퓨팅은 기기 가까이에 위치한 일명 '에지 데이터 센터'와 소통하며, 저장을 중앙 클라우드에 맡기는 형식이다. 이를 통해 데이터 처리 지연 시간을 줄이고 즉각적인 현장 대처를 가능하게 한다.
이러한 스마트팩토리의 발전은 ________________________________ 최근 선진국에서 나타나는 주요 현상 중의 하나는 바로 '리쇼어링'의 가속화이다. 리쇼어링이란 인건비 등 각종 비용 절감을 이유로 해외에 나간 자국 기업들이 다시 본국으로 돌아오는 현상을 의미하는 용어이다. 2000년대 초반까지는 국가적 차원에서 세제 혜택 등의 회유책을 통해 추진되어 왔지만, 스마트팩토리의 등장으로 인해 자국 내 스마트팩토리에서의 제조 비용과 중국이나 멕시코와 같은 제3국에서 제조 후 수출 비용에 큰 차이가 없어 리쇼어링 현상은 더욱 가속화되고 있다.

① 공장의 제조 비용을 절감시키고 있다.
② 공장의 세제 혜택을 사라지게 하고 있다.
③ 공장의 위치를 변화시키고 있다.
④ 수출 비용을 줄이는 데 도움이 된다.

PART 2

대표기출유형

06 문서 작성 · 수정

| 유형분석 |

- 기본적인 어휘력과 어법에 대한 지식을 필요로 하는 문제이다.
- 글의 내용을 파악하고 문맥을 읽을 줄 알아야 한다.

다음 글에서 밑줄 친 ㉠~㉣의 수정 방안으로 적절하지 않은 것은?

조직문화란 조직 구성원들이 공유하는 가치체계 · 신념체계 · 사고방식의 복합체를 말한다. ㉠ 그러나 조직문화는 조직 구성원들에게 정체성과 집단적 몰입(Collective Commitment)을 가져오며, 조직체계의 안정성과 조직 구성원들의 행동을 형성하는 기능을 ㉡ 수행할 것이다.
따라서 어느 조직사회에서나 조직 구성원들에게 소속감을 부여하고 화합을 도모하여 조직생활의 활성화를 ㉢ 기하므로 여러 가지 행사를 마련하게 되는데, 예컨대 본 업무 외에 회식 · 야유회(MT) · 체육대회 · 문화행사 등의 진행이 그것이다.
개인이 규범 · 가치 · 습관 · 태도 등에서 공통점을 느끼고 동지 의식을 가지며 애착 · 충성의 태도로 임하는 집단을 내집단(In-group)이라고 한다. 가족 · 친구 · 국가 · 민족 등이 이에 해당한다. 반면에 타인 · 타국 등 다른 문화를 가진 집단을 외집단(Out-group)이라고 부른다. 조직 구성원 간의 단합을 ㉣ 도모함으로써 조직의 정체성과 집단적 몰입을 꾀하는 조직문화는 곧 조직의 내집단 의식 고취를 목적으로 한다고 할 수 있다.

① ㉠ : 문맥을 고려하여 '그리하여'로 수정한다.
② ㉡ : 미래 · 추측의 의미가 아니므로 '수행한다'로 수정한다.
③ ㉢ : 문맥을 고려하여 '기하기 위해'로 수정한다.
④ ㉣ : 문장의 부사어로 사용되고 있으므로 '도모함으로서'로 수정한다.

정답 ④

조사 '로써'는 '~을 가지고, ~으로 인하여'라는 의미이고, '로서'는 '지위, 신분' 등의 의미이다. 따라서 '도모함으로써'가 올바른 표현이다.

풀이 전략!

문장에서 주어와 서술어의 호응 관계가 적절한지 주어와 서술어를 찾아 확인해 보는 연습을 하며, 문서 작성의 원칙과 주의사항은 미리 알아 두는 것이 좋다.

대표기출유형 06 기출응용문제

01 다음 글에서 밑줄 친 ㉠～㉣의 수정 방안으로 적절하지 않은 것은?

> 적혈구는 일정한 수명이고 있어서 그 수와 관계없이 총 적혈구의 약 0.8% 정도는 매일 몸 안에서 파괴된다. 파괴된 적혈구로부터 빌리루빈이라는 물질이 유리되고, 이 빌리루빈은 여러 생화학적 대사 과정을 통해 간과 소장에서 다른 물질로 변환된 후에 대변과 소변을 통해 배설된다. ㉠ <u>소변의 색깔을 통해 건강 상태를 확인할 수 있다</u>.
> 적혈구로부터 유리된 빌리루빈이라는 액체는 강한 지용성 물질이어서 혈액의 주요 구성 물질인 물에 ㉡ <u>용해되지</u> 않는다. 이런 빌리루빈을 비결합 빌리루빈이라고 하며, 혈액 내에서 비결합 빌리루빈은 알부민이라는 혈액 단백질에 부착된 상태로 혈류를 따라 간으로 이동한다. 간에서 비결합 빌리루빈은 담즙을 만드는 간세포에 흡수되고 글루쿠론산과 결합하여 물에 잘 녹는 수용성 물질인 결합 빌리루빈으로 바뀌게 된다. 결합 빌리루빈의 대부분은 간세포에서 만들어져 담관을 통해 ㉢ <u>분비돼는</u> 담즙에 포함되어 소장으로 배출되지만 일부는 다시 혈액으로 되돌려 보내져 혈액 내에서 알부민과 결합하지 않고 혈류를 따라 순환한다.
> 간세포에서 분비된 담즙을 통해 소장으로 들어온 결합 빌리루빈의 절반은 장세균의 작용에 의해 소장에서 흡수되어 혈액으로 이동하는 유로빌리노젠으로 전환된다. 나머지 절반의 결합 빌리루빈은 소장에서 흡수되지 않고 대변에 포함되어 배설된다. 혈액으로 이동한 유로빌리노젠의 일부분은 혈액이 신장을 통과할 때 혈액으로부터 여과되어 신장으로 이동한 후 소변으로 배설된다. 하지만 대부분의 혈액 내 유로빌리노젠은 간으로 이동하여 간세포에서 만든 담즙을 통해 소장으로 배출되어 대변을 통해 배설된다.
> 빌리루빈의 대사와 배설에 장애가 있을 때 여러 임상 증상이 나타날 수 있다. ㉣ <u>그러나</u> 빌리루빈이나 빌리루빈 대사물의 양을 측정한 후, 그 값을 정상치와 비교하면 임상 증상을 일으키는 원인이 되는 질병이나 문제를 추측할 수 있다.

① ㉠ : 글의 통일성을 해치고 있으므로 삭제한다.
② ㉡ : 문맥에 흐름을 고려하여 '융해되지'로 수정한다.
③ ㉢ : 맞춤법에 어긋나므로 '분비되는'으로 수정한다.
④ ㉣ : 문장을 자연스럽게 연결하기 위해 '따라서'로 고친다.

02 행정기관의 기안문 작성방법이 다음과 같을 때, 적절하지 않은 것은?

〈기안문 작성방법〉

1. 행정기관명 : 그 문서를 기안한 부서가 속한 행정기관명을 기재한다. 행정기관명이 다른 행정기관명과 같은 경우에는 바로 위 상급 행정기관명을 함께 표시할 수 있다.
2. 수신 : 수신자명을 표시하고 그다음에 이어서 괄호 안에 업무를 처리할 보조·보좌 기관의 직위를 표시하되, 그 직위가 분명하지 않으면 ○○업무담당과장 등으로 쓸 수 있다. 다만, 수신자가 많은 경우에는 두문의 수신란에 '수신자 참조'라고 표시하고 결문의 발신명의 다음 줄의 왼쪽 기본선에 맞추어 수신자란을 따로 설치하여 수신자명을 표시한다.
3. (경유) : 경유문서인 경우에 '이 문서의 경유기관의 장은 ○○○(또는 제1차 경유기관의 장은 ○○○, 제2차 경유기관의 장은 ○○○)이고, 최종 수신기관의 장은 ○○○입니다.'라고 표시하고, 경유기관의 장은 제목란에 '경유문서의 이송'이라고 표시하여 순차적으로 이송하여야 한다.
4. 제목 : 그 문서의 내용을 쉽게 알 수 있도록 간단하고, 명확하게 기재한다.
5. 발신명의 : 합의제 또는 독임제 행정기관의 장의 명의를 기재하고, 보조기관 또는 보좌기관 상호 간에 발신하는 문서는 그 보조기관 또는 보좌기관의 명의를 기재한다. 시행할 필요가 없는 내부 결재문서는 발신명의를 표시하지 않는다.
6. 기안자·검토자·협조자·결재권자의 직위 / 직급 : 직위가 있는 경우에는 직위를, 직위가 없는 경우에는 직급(각급 행정기관이 6급 이하 공무원의 직급을 대신하여 사용할 수 있도록 정한 대외 직명을 포함한다. 이하 이 서식에서 같다)을 온전하게 쓴다. 다만, 기관장과 부기관장의 직위는 간략하게 쓴다.
7. 시행 처리과명 – 연도별 일련번호(시행일), 접수 처리과명 – 연도별 일련번호(접수일) : 처리과명(처리과가 없는 행정기관은 10자 이내의 행정기관명 약칭)을 기재하고, 시행일과 접수일란에는 연월일을 각각 마침표(.)를 찍어 숫자로 기재한다. 다만, 민원문서인 경우로서 필요한 경우에는 시행일과 접수일란에 시·분까지 기재한다.
8. 우 도로명 주소 : 우편번호를 기재한 다음, 행정기관이 위치한 도로명 및 건물번호 등을 기재하고 괄호 안에 건물 명칭과 사무실이 위치한 층수와 호수를 기재한다.
9. 홈페이지 주소 : 행정기관의 홈페이지 주소를 기재한다.
10. 전화번호( ), 팩스번호( ) : 전화번호와 팩스번호를 각각 기재하되, ( ) 안에는 지역번호를 기재한다. 기관 내부문서의 경우는 구내 전화번호를 기재할 수 있다.
11. 공무원의 전자우편주소 : 행정기관에서 공무원에게 부여한 전자우편주소를 기재한다.
12. 공개구분 : 공개, 부분공개, 비공개로 구분하여 표시한다. 부분공개 또는 비공개인 경우에는 공공기록물 관리에 관한 법률 시행규칙 제18조에 따라 '부분공개( )' 또는 '비공개( )'로 표시하고, 공공기관의 정보공개에 관한 법률 제9조 제1항 각 호의 번호 중 해당 번호를 괄호 안에 표시한다.
13. 관인생략 등 표시 : 발신명의의 오른쪽에 관인생략 또는 서명생략을 표시한다.

① 기안자 또는 협조자의 직위가 없는 경우 직급을 기재한다.
② 연월일 날짜 뒤에는 각각 마침표(.)를 찍는다.
③ 도로명 주소를 먼저 기재한 후 우편번호를 기재한다.
④ 행정기관에서 부여한 전자우편주소를 기재해야 한다.

03 다음 글에서 밑줄 친 ㉠~㉣의 수정 방안으로 적절하지 않은 것은?

> 선진국과 ㉠ 제3세계간의 빈부 양극화 문제를 해결하기 위해 등장했던 적정기술은 시대적 요구에 부응하면서 다양한 모습으로 발전하여 올해로 탄생 50주년을 맞았다. 이를 기념하기 위해 우리나라에서도 각종 행사가 열리고 있다. ㉡ 게다가 적정기술의 진정한 의미가 무엇인지, 왜 그것이 필요한지에 대한 인식은 아직 부족한 것이 현실이다.
>
> 그렇다면 적정기술이란 무엇인가? 적정기술은 '현지에서 구할 수 있는 재료를 이용해 도구를 직접 만들어 삶의 질을 향상시키는 기술'을 뜻한다. 기술의 독점과 집적으로 인해 개인의 접근이 어려운 첨단기술과 ㉢ 같이 적정기술은 누구나 쉽게 배우고 익혀 활용할 수 있다. 이런 이유로 소비 중심의 현대사회에서 적정기술은 자신의 삶에 필요한 것을 직접 생산하는 자립적인 삶의 방식을 유도한다는 점에서 시사하는 바가 크다.
>
> 적정기술이 우리나라에 도입된 것은 2000년대 중반부터이다. 당시 일어난 귀농 열풍과 환경문제에 대한 관심 등 다양한 사회·문화적 맥락 속에서 적정기술에 대한 고민이 싹트기 시작했다. 특히 귀농인들을 중심으로 농촌의 에너지 문제를 해결하기 위한 다양한 방법이 시도되면서 국내에서 활용되는 적정기술은 난방 에너지 문제에 ㉣ 초점이 모아져 있다. 에너지 자립형 주택, 태양열 온풍기·온수기, 생태 단열 등이 좋은 예이다.
>
> 우리나라의 적정기술이 에너지 문제에 집중된 이유는 시대적 상황 때문이다. 우리나라는 전력수요 1억 KW 시대 진입을 눈앞에 두고 있는 세계 10위권의 에너지 소비 대국이다. 게다가 에너지 소비량이 늘어나면서 2011년 이후 매년 대규모 정전 사태의 위험성을 경고하는 목소리가 커지고 있다. 이런 상황에서 에너지를 직접 생산하여 삶의 자립성을 추구하는 적정기술은 환경오염과 대형 재난의 위기를 극복하는 하나의 대안이 될 수 있다. 이뿐만 아니라 기술의 공유를 목적으로 하는 새로운 공동체 문화 형성에도 기여하기 때문에 그 어느 때보다 적정기술의 발전 방향에 대한 진지한 논의가 필요하다.

① ㉠ : 띄어쓰기가 올바르지 않으므로 '제3세계 간의'로 고친다.
② ㉡ : 앞 문장과의 내용을 고려하여 '하지만'으로 고친다.
③ ㉢ : 문맥에 어울리지 않으므로 '달리'로 고친다.
④ ㉣ : 맞춤법에 어긋나므로 '촛점'으로 고친다.

PART 2

CHAPTER 02

문제해결능력

합격 CHEAT KEY

문제해결능력은 업무를 수행하면서 여러 가지 문제 상황이 발생하였을 때, 창의적이고 논리적인 사고를 통하여 이를 올바르게 인식하고 적절히 해결하는 능력으로, 하위 능력에는 사고력과 문제처리능력이 있다.

문제해결능력은 NCS 기반 채용을 진행하는 대다수의 공사·공단에서 채택하고 있으며, 다양한 자료와 함께 출제되는 경우가 많아 어렵게 느껴질 수 있다. 특히, 난이도가 높은 문제로 자주 출제되기 때문에 다른 영역보다 더 많은 노력이 필요할 수는 있지만 그렇기에 차별화를 할 수 있는 득점 영역이므로 포기하지 말고 꾸준하게 노력해야 한다.

01 질문의 의도를 정확하게 파악하라!

문제해결능력은 문제에서 무엇을 묻고 있는지 정확하게 파악하여 먼저 풀이 방향을 설정하는 것이 가장 효율적인 방법이다. 특히, 조건이 주어지고 답을 찾는 창의적·분석적인 문제가 주로 출제되고 있기 때문에 처음에 정확한 풀이 방향이 설정되지 않는다면 문제를 제대로 풀지 못하게 되므로 첫 번째로 출제 의도 파악에 집중해야 한다.

02 중요한 정보는 반드시 표시하라!

출제 의도를 정확히 파악하기 위해서는 문제의 중요한 정보를 반드시 표시하거나 메모하여 하나의 조건, 단서도 잊고 넘어가는 일이 없도록 해야 한다. 실제 시험에서는 시간의 압박과 긴장감으로 정보를 잘못 적용하거나 잊어버리는 실수가 많이 발생하므로 사전에 충분한 연습이 필요하다.

03 반복 풀이를 통해 취약 유형을 파악하라!

문제해결능력은 특히 시간관리가 중요한 영역이다. 따라서 정해진 시간 안에 고득점을 할 수 있는 효율적인 문제 풀이 방법을 찾아야 한다. 이때, 반복적인 문제 풀이를 통해 자신이 취약한 유형을 파악하는 것이 중요하다. 정확하게 풀 수 있는 문제부터 빠르게 풀고 취약한 유형은 나중에 푸는 효율적인 문제 풀이를 통해 최대한 고득점을 맞는 것이 중요하다.

CHAPTER

01 명제 추론

| 유형분석 |

- 주어진 문장을 토대로 논리적으로 추론하여 참 또는 거짓을 구분하는 문제이다.
- 대체로 연역추론을 활용한 명제 문제가 출제된다.
- 자료를 제시하고 새로운 결과나 자료에 주어지지 않은 내용을 추론해 가는 형식의 문제가 출제된다.

K공사에서는 회사 내 5개의 부서(A~E)가 사용하는 사무실을 회사 건물의 1층부터 5층에 배치하고 있다. 각 부서의 배치는 2년에 한 번씩 새롭게 배치하며, 올해가 새롭게 배치될 해이다. 다음 〈조건〉을 참고할 때, 반드시 참인 것은?

조건

- 한 번 배치된 층에는 같은 부서가 배치되지 않는다.
- A팀과 C팀은 1층과 3층을 사용한 적이 있다.
- B팀과 D팀은 2층과 4층을 사용한 적이 있다.
- E팀은 2층을 사용한 적이 있고, 5층에 배정되었다.
- B팀은 1층에 배정되었다.

① E팀은 3층을 사용한 적이 있을 것이다.
② A팀은 2층을 사용한 적이 있을 것이다.
③ 2층을 쓸 가능성이 있는 팀은 총 세 팀이다.
④ D팀은 이번에 확실히 3층에 배정될 것이다.

정답 ④

주어진 조건을 표로 정리하면 다음과 같다.

구분	1층	2층	3층	4층	5층
경우 1	B팀	A팀	D팀	C팀	E팀
경우 2	B팀	C팀	D팀	A팀	E팀

따라서 항상 참인 것은 ④이다.

오답분석

①·② 주어진 정보만으로는 판단하기 힘들다.
③ 2층을 쓰게 될 가능성이 있는 팀은 총 두 팀이다.

풀이 전략!

명제와 관련한 기본적인 논법에 대해서는 미리 학습해 두며, 이를 바탕으로 각 문장에 있는 핵심단어 또는 문구를 기호화하여 정리한 후, 선택지와 비교하여 참 또는 거짓을 판단한다.

대표기출유형 01 기출응용문제

01 경쟁 기업인 A사와 B사가 다음 〈조건〉을 만족할 때, 항상 옳은 것은?

> **조건**
> - A사와 B사는 동일한 제품을 같은 가격에 판다.
> - 어제는 A사와 B사의 판매수량 비가 4 : 3이었다.
> - 오늘 A사는 가격을 유지하고, B사는 20%를 할인해서 팔았다.
> - 오늘 A사는 어제와 같은 수량을 팔았고, B사는 어제보다 150개를 더 팔았다.
> - 오늘 A사와 B사의 전체 판매액은 동일하다.

① A사는 어제, 오늘 제품을 2천 원에 팔았다.
② 오늘 A사는 어제 B사보다 제품 80개를 더 팔았다.
③ B사는 오늘 375개의 제품을 팔았다.
④ 오늘 A사와 B사의 판매수량 비는 동일하다.

02 성우, 희성, 지영, 유진, 혜인, 재호가 다음 〈조건〉에 따라 근무할 때, 반드시 참인 명제는?

> **조건**
> - 성우, 희성, 지영, 유진, 혜인, 재호는 각자 다른 곳에서 근무하고 있다.
> - 근무할 수 있는 곳은 감사팀, 대외협력부, 마케팅부, 비서실, 기획팀, 회계부이다.
> - 성우가 비서실에서 근무하면, 희성이는 기획팀에서 근무하지 않는다.
> - 유진이와 재호 중 한 명은 감사팀에서 근무하고, 나머지 한 명은 마케팅부에서 근무한다.
> - 유진이가 감사팀에서 근무하지 않으면, 지영이는 대외협력부에서 근무하지 않는다.
> - 혜인이가 회계부에서 근무하지 않을 때에만 재호는 마케팅부에서 근무한다.
> - 지영이는 대외협력부에서 근무한다.

① 재호는 감사팀에서 근무한다.
② 희성이는 기획팀에서 근무한다.
③ 성우는 비서실에서 근무하지 않는다.
④ 혜인이는 회계팀에서 근무하지 않는다.

03 아마추어 야구 리그에서 활동하는 A ~ D팀은 빨간색, 노란색, 파란색, 보라색 중에서 매년 상징하는 색을 바꾸고 있다. 다음 〈조건〉을 참고할 때, 반드시 참인 것은?

조건

- 하나의 팀은 하나의 상징색을 갖는다.
- 이전에 사용했던 상징색을 다시 사용할 수는 없다.
- A팀과 B팀은 빨간색을 사용한 적이 있다.
- B팀과 C팀은 보라색을 사용한 적이 있다.
- D팀은 노란색을 사용한 적이 있고, 파란색을 선택하였다.

① A팀은 파란색을 사용한 적이 있어 다른 색을 골라야 한다.
② A팀의 상징색은 노란색이 될 것이다.
③ C팀은 파란색을 사용한 적이 있을 것이다.
④ C팀의 상징색은 빨간색이 될 것이다.

04 A ~ G 7명이 원형 테이블에 〈조건〉과 같이 앉아 있을 때, 다음 중 직급이 사원인 사람과 대리인 사람을 순서대로 바르게 나열한 것은?

조건

A, B, C, D, E, F, G는 모두 사원, 대리, 과장, 차장, 팀장, 부부장, 부장 중 하나의 직급에 해당하며, 이 중 동일한 직급인 직원은 없다.

- A의 왼쪽에는 부장이, 오른쪽에는 차장이 앉아 있다.
- E는 사원과 이웃하여 앉지 않았다.
- B는 부장과 이웃하여 앉아 있다.
- C의 직급은 차장이다.
- G는 차장과 과장 사이에 앉아 있다.
- D는 A와 이웃하여 앉아 있다.
- 사원은 부장, 대리와 이웃하여 앉아 있다.

	사원	대리
①	A	F
②	B	E
③	B	F
④	D	E

05 K공사의 건물에서는 엘리베이터 여섯 대(1 ~ 6호기)를 6시간에 걸쳐 검사하고자 한다. 한 시간에 한 대씩만 검사한다고 할 때, 다음 〈조건〉에 근거하여 바르게 추론한 것은?

> 조건
> - 제일 먼저 검사하는 엘리베이터는 5호기이다.
> - 가장 마지막에 검사하는 엘리베이터는 6호기가 아니다.
> - 2호기는 6호기보다 먼저 검사한다.
> - 3호기는 두 번째로 먼저 검사하며, 그 다음으로 검사하는 엘리베이터는 1호기이다.

① 6호기는 4호기보다 늦게 검사한다.
② 마지막으로 검사하는 엘리베이터는 4호기가 아니다.
③ 4호기 다음으로 검사할 엘리베이터는 2호기이다.
④ 6호기는 1호기 다다음에 검사하며, 다섯 번째로 검사하게 된다.

PART 2

06 이번 학기에 4개의 강좌 A ~ D가 새로 개설되는데, 강사 갑 ~ 무 중 4명이 한 강좌씩 맡으려 한다. 배정 결과를 궁금해 하는 5명은 다음 〈보기〉와 같이 예측했다. 배정 결과를 보니 갑 ~ 무의 진술 중 한 명의 진술만이 거짓이고 나머지는 참임이 드러났을 때, 다음 중 바르게 추론한 것은?

> 보기
> 갑 : 을이 A강좌를 담당하고 병은 강좌를 담당하지 않을 것이다.
> 을 : 병이 B강좌를 담당할 것이다.
> 병 : 정은 D강좌가 아닌 다른 강좌를 담당할 것이다.
> 정 : 무가 D강좌를 담당할 것이다.
> 무 : 을의 말은 거짓일 것이다.

① 갑은 A강좌를 담당한다.
② 을은 C강좌를 담당한다.
③ 병은 강좌를 담당하지 않는다.
④ 정은 D강좌를 담당한다.

대표기출유형

02 규칙 적용

| 유형분석 |

- 주어진 상황과 규칙을 종합적으로 활용하여 풀어가는 문제이다.
- 일정, 비용, 순서 등 다양한 내용을 다루고 있어 유형을 한 가지로 단일화하기 어려우므로 여러 문제를 접해 보는 것이 좋다.

K기업은 새로 출시하는 제품의 품번을 다음과 같은 규칙에 따라 정하고 있다. 제품에 설정된 임의의 영단어가 'INTELLECTUAL'이라면 이 제품의 품번으로 옳은 것은?

- 1단계 : 알파벳 A～Z를 숫자 1, 2, 3, …으로 변환하여 계산한다.
- 2단계 : 제품에 설정된 임의의 영단어를 숫자로 변환한 값의 합을 구한다.
- 3단계 : 임의의 영단어 속 자음의 합에서 모음의 합을 뺀 값의 절댓값을 구한다.
- 4단계 : 2단계와 3단계의 값을 더한 다음 4로 나누어 2단계의 값에 더한다.
- 5단계 : 4단계의 값이 정수가 아닐 경우에는 소수점 첫째 자리에서 버림한다.

① 154　　② 166
③ 173　　④ 180

정답 ④

알파벳 순서에 따라 숫자로 변환하면 다음과 같다.

A	B	C	D	E	F	G	H	I	J	K	L	M
1	2	3	4	5	6	7	8	9	10	11	12	13
N	O	P	Q	R	S	T	U	V	W	X	Y	Z
14	15	16	17	18	19	20	21	22	23	24	25	26

'INTELLECTUAL'의 품번을 규칙에 따라 정리하면 다음과 같다.

- 1단계 : 9(I), 14(N), 20(T), 5(E), 12(L), 12(L), 5(E), 3(C), 20(T), 21(U), 1(A), 12(L)
- 2단계 : 9+14+20+5+12+12+5+3+20+21+1+12=134
- 3단계 : |(14+20+12+12+3+20+12)−(9+5+5+21+1)|=|93−41|=52
- 4단계 : (134+52)÷4+134=46.5+134=180.5
- 5단계 : 180.5를 소수점 첫째 자리에서 버림하면 180이다.

따라서 제품의 품번은 '180'이다.

풀이 전략!

문제에 제시된 조건이나 규칙을 정확히 파악한 후, 선택지나 상황에 적용하여 문제를 풀어나간다.

대표기출유형 02 기출응용문제

01 다음은 물류창고 재고 코드에 대한 자료이다. 재고 코드가 '5rUSA2'인 재고에 대한 설명으로 옳은 것은?

〈물류창고 재고 코드〉

- 물류창고 재고 코드 부여방식
  [상품유형] – [보관유형] – [생산국가] – [유통기한] 순의 기호
- 상품유형

식품	공산품	원자재	화학품	약품	그 외
1	2	3	4	5	6

- 보관유형

완충필요	냉장필요	냉동필요	각도조정 필요	특이사항 없음
f	r	c	t	n

- 생산국가

대한민국	중국	러시아	미국	일본	그 외
KOR	CHN	RUS	USA	JAP	ETC

- 유통기한

2주 미만	1개월 미만	3개월 미만	6개월 미만	1년 미만	3년 미만
0	1	2	3	4	5
5년 미만	10년 미만	유통기한 없음	–	–	–
6	7	8	–	–	–

① 화학품이다.

② 러시아에서 생산되었다.

③ 특정 각도에서의 보관이 필요하다.

④ 냉장보관이 필요하다.

02 다음 <조건>을 근거로 <보기>를 계산한 값은?

조건

연산자 A, B, C, D는 다음과 같이 정의한다.

- A : 좌우에 있는 두 수를 더한다. 단, 더한 값이 10 미만이면 좌우에 있는 두 수를 곱한다.
- B : 좌우에 있는 두 수 가운데 큰 수에서 작은 수를 뺀다. 단, 두 수가 같거나 뺀 값이 10 미만이면 두 수를 곱한다.
- C : 좌우에 있는 두 수를 곱한다. 단, 곱한 값이 10 미만이면 좌우에 있는 두 수를 더한다.
- D : 좌우에 있는 두 수 가운데 큰 수를 작은 수로 나눈다. 단, 두 수가 같거나 나눈 값이 10 미만이면 두 수를 곱한다.

※ 연산은 '( )', '{ }'의 순으로 함

보기

{(1 A 5) B (3 C 4)} D 6

① 10 ② 12
③ 90 ④ 210

03 다음 글을 근거로 판단할 때, 방에 출입한 사람의 순서는?

방에는 1부터 6까지의 번호가 각각 적힌 6개의 전구가 다음과 같이 놓여 있다.

왼쪽 ← → 오른쪽

전구 번호	1	2	3	4	5	6
상태	켜짐	켜짐	켜짐	꺼짐	꺼짐	꺼짐

총 3명(A ~ C)이 각각 한 번씩 홀로 방에 들어가 자신이 정한 규칙에 의해서만 전구를 켜거나 끄고 나왔다.

〈규칙〉

- A는 번호가 3의 배수인 전구가 켜진 상태라면 그 전구를 끄고, 꺼진 상태라면 그대로 둔다.
- B는 번호가 2의 배수인 전구가 켜진 상태라면 그 전구를 끄고, 꺼진 상태라면 그 전구를 켠다.
- C는 3번 전구는 그대로 두고, 3번 전구를 기준으로 왼쪽과 오른쪽 중 켜진 전구의 개수가 많은 쪽의 전구를 전부 끈다.
- 다만 켜진 전구의 개수가 같다면 양쪽에 켜진 전구를 모두 끈다.
- 마지막 사람이 방에서 나왔을 때, 방의 전구는 모두 꺼져 있었다.

① A－B－C ② A－C－B
③ B－A－C ④ B－C－A

04 다음은 도서코드(ISBN)에 대한 자료이다. 주문한 도서에 대한 설명으로 옳은 것은?

〈도서코드(ISBN) 예시〉

국제표준도서번호					부가기호		
접두부	국가번호	발행자번호	서명식별번호	체크기호	독자대상	발행형태	내용분류
123	12	1234567		1	1	1	123

※ 국제표준도서번호는 5개의 군으로 나누어지고 군마다 '–'로 구분함

〈도서코드(ISBN) 세부사항〉

접두부	국가번호	발행자번호	서명식별번호	체크기호
978 또는 979	89 한국 05 미국 72 중국 40 일본 22 프랑스	발행자번호 – 서명식별번호 7자리 숫자 예 8491 – 208 : 발행자번호가 8491번인 출판사에서 208번째 발행한 책		0～9

독자대상	발행형태	내용분류
0 교양 1 실용 2 여성 3 (예비) 4 청소년 5 중고등 학습참고서 6 초등 학습참고서 7 아동 8 (예비) 9 전문	0 문고본 1 사전 2 신서판 3 단행본 4 전집 5 (예비) 6 도감 7 그림책, 만화 8 혼합자료, 점자자료, 전자책, 마이크로자료 9 (예비)	030 백과사전 100 철학 170 심리학 200 종교 360 법학 470 생명과학 680 연극 710 한국어 770 스페인어 740 영미문학 720 유럽사

〈주문도서〉

978 – 05 – 441 – 1011 – 314710

① 한국에서 출판한 도서이다.
② 441번째 발행된 도서이다.
③ 발행자번호는 총 7자리이다.
④ 한 권으로만 출판되지는 않았다.

대표기출유형

03 자료 해석

| 유형분석 |

- 주어진 자료를 해석하고 활용하여 풀어가는 문제이다.
- 꼼꼼하고 분석적인 접근이 필요한 다양한 자료들이 출제된다.

K동에서는 임신한 주민에게 출산장려금을 지원하고자 한다. 출산장려금 지급 기준 및 K동에 거주하는 임산부에 대한 정보가 다음과 같을 때, 출산장려금을 가장 먼저 받을 수 있는 사람은?

〈K동 출산장려금 지급 기준〉

- 출산장려금 지급액은 모두 같으나, 지급 시기는 모두 다르다.
- 지급 순서 기준은 임신일, 자녀 수, 소득 수준 순서이다.
- 임신일이 길수록, 자녀가 많을수록, 소득 수준이 낮을수록 먼저 받는다(단, 자녀는 만 19세 미만의 아동 및 청소년으로 제한한다).
- 임신일, 자녀 수, 소득 수준이 모두 같으면 같은 날에 지급한다.

〈K동 거주 임산부 정보〉

임산부	임신일	자녀	소득 수준
갑	200일	만 3세	상
을	100일	만 10세, 만 6세, 만 5세, 만 4세	상
병	200일	만 7세, 만 5세, 만 3세	중
정	200일	만 20세, 만 16세, 만 14세, 만 10세	상

① 갑 임산부
② 을 임산부
③ 병 임산부
④ 정 임산부

정답 ③

출산장려금 지급 시기의 가장 우선순위인 임신일이 가장 긴 임산부는 갑, 병, 정 임산부이다. 이 중에서 만 19세 미만인 자녀 수가 많은 임산부는 병, 정 임산부이고, 소득 수준이 더 낮은 임산부는 병 임산부이다. 따라서 병 임산부가 가장 먼저 출산장려금을 받을 수 있다.

풀이 전략!

문제 해결을 위해 필요한 정보가 무엇인지 먼저 파악한 후, 제시된 자료를 분석적으로 읽고 해석한다.

01 L시에서 1박 2일 어린이 독서 캠프를 열고자 한다. 〈조건〉에 따라 참가 신청을 받을 때 캠프에 참가할 수 있는 어린이는?

〈1박 2일 독서 캠프 희망 어린이〉

이름	성별	학년	L시 시립 어린이도서관 대출 도서명	교내 도서관 대출 수
강지후	남	초등학교 6학년	• 열두 살 인생 • 아이 돌보는 고양이 고마워	–
김바다	남	초등학교 1학년	• 아빠는 화만 내 • 나는 따로 할거야	5
신예준	남	초등학교 3학년	–	2
황윤하	여	초등학교 2학년	• 강아지똥	3

조건

- 2024년 3월 기준 초등학교 1학년 이상 초등학교 6학년 이하인 어린이
- 2024년 6월 기준 L시 시립어린이도서관 대출 도서 및 교내 도서관 대출 도서 수가 다음 조건을 만족하는 어린이
  - L시 시립 어린이도서관 대출 도서 수가 3권 이상인 어린이
  - L시 시립 어린이도서관 대출 도서 수가 2권이고 교내 도서관 대출 도서 수가 2권 이상인 어린이
  - L시 시립 어린이도서관 대출 도서 수가 1권이고 교내 도서관 대출 도서 수가 4권 이상인 어린이
  - 교내 도서관 대출 도서 수가 5권 이상인 어린이

① 강지후
② 김바다
③ 신예준
④ 황윤하

02 김대리는 X부품을 공급할 외주업체 한 곳을 선정하고자 한다. 부품 공급업체 선정 기준과 입찰에 참여한 업체의 정보가 다음과 같을 때, X부품 공급업체로 선정될 업체는?

〈X부품 공급업체 선정 기준〉

- 입찰에 참여한 업체의 가격점수, 품질점수, 생산속도점수를 2 : 3 : 1의 가중치로 합산하여 최종점수를 도출 후, 점수가 가장 높은 업체를 선정한다.
- 각 입찰업체의 가격점수, 품질점수, 생산속도점수는 다음 등급 혹은 구간에 따라 점수로 환산하여 반영한다.
- 가격점수

A	B	C
30	20	15

- 품질점수

우수	양호	보통	미흡
30	27	25	18

- 생산속도점수

안정	보통	불안정
30	20	10

〈입찰에 참여한 업체 정보〉

업체	가격 평가등급	품질 평가등급	생산속도 평가등급
가	A	양호	불안정
나	B	우수	안정
다	C	보통	보통
라	B	미흡	안정

① 가 업체

② 나 업체

③ 다 업체

④ 라 업체

03 K회사는 창립 10주년을 맞이하여 전 직원 단합대회를 준비하고 있다. 이를 위해 사장인 B씨는 여행상품 중 한 가지를 선정하려 하는데, 직원 투표 결과를 통해 결정하려고 한다. 직원 투표 결과와 여행지별 1인당 경비가 다음과 같이 주어져 있으며, 추가로 행사를 위한 부서별 고려사항을 참고하여 선택할 경우 〈보기〉 중 옳은 것을 모두 고르면?

〈직원 투표 결과〉

상품내용		투표 결과(표)					
여행상품	1인당 비용(원)	총무팀	영업팀	개발팀	홍보팀	공장1	공장2
A	500,000	2	1	2	0	15	6
B	750,000	1	2	1	1	20	5
C	600,000	3	1	0	1	10	4
D	1,000,000	3	4	2	1	30	10
E	850,000	1	2	0	2	5	5

〈여행상품별 혜택 정리〉

상품명	날짜	장소	식사제공	차량지원	편의시설	체험시설
A	5/10 ~ 5/11	해변	○	○	×	×
B	5/10 ~ 5/11	해변	○	○	○	×
C	6/7 ~ 6/8	호수	○	○	○	×
D	6/15 ~ 6/17	도심	○	×	○	○
E	7/10 ~ 7/13	해변	○	○	○	×

〈부서별 고려사항〉

- 총무팀 : 행사 시 차량 지원이 가능함
- 영업팀 : 6월 초순에 해외 바이어와 가격 협상 회의 일정이 있음
- 공장1 : 3일 연속 공장 비가동 시 제품의 품질 저하가 예상됨
- 공장2 : 7월 중순 공장 이전 계획이 있음

보기

㉠ 여행상품 비용은 총 1억 500만 원이 필요하다.
㉡ 투표 결과, 가장 인기가 좋은 여행상품은 B이다.
㉢ 공장1의 A, B 투표 결과가 바뀐다면 여행상품 선택은 변경된다.

① ㉠ ② ㉠, ㉡
③ ㉠, ㉢ ④ ㉡, ㉢

※ B씨는 다음 자료를 참고하여 휴가를 다녀오려고 한다. 이어지는 질문에 답하시오. **[4~5]**

〈여행경로 선정 조건〉

- 항공편 왕복 예산은 80만 원이다.
- 휴가지 후보는 태국, 싱가포르, 베트남이다.
- 중국을 경유하면 총비행금액의 20%가 할인된다.
- 제시된 항공편만 이용가능하다.

〈항공편 정보〉

비행편		출발 시각	도착 시각	금액(원)
갈 때	인천 – 베트남	09:10	14:30	341,000
	인천 – 싱가포르	10:20	15:10	580,000
	인천 – 중국	10:30	14:10	210,000
	중국 – 베트남	13:40	16:40	310,000
	인천 – 태국	10:20	15:20	298,000
	중국 – 싱가포르	14:10	17:50	405,000
올 때	태국 – 인천	18:10	21:20	203,000
	중국 – 인천	18:50	22:10	222,000
	베트남 – 인천	19:00	21:50	195,000
	싱가포르 – 인천	19:30	22:30	304,000
	베트남 – 중국	19:10	21:40	211,000
	싱가포르 – 중국	20:10	23:20	174,000

※ 항공편은 한국 시간 기준임

04 다음 〈보기〉에서 옳은 것을 모두 고르면?

보기

ㄱ. 인천에서 중국을 경유해서 베트남으로 갈 경우 싱가포르로 직항해서 가는 것보다 편도 비용이 15만 원 이상 저렴하다.

ㄴ. 직항 항공편만을 선택할 때, 왕복 항공편 비용이 가장 적게 드는 여행지로 여행을 간다면 베트남으로 여행을 갈 것이다.

ㄷ. 베트남으로 여행을 다녀오는 경우 왕복 항공편 최소 비용은 60만 원 미만이다.

① ㄱ　② ㄱ, ㄴ
③ ㄱ, ㄷ　④ ㄴ, ㄷ

05 B씨는 여행지 선정 기준을 바꾸어 태국, 싱가포르, 베트남 중 왕복 소요 시간이 가장 짧은 곳을 여행지로 선정하고자 한다. 다음 중 B씨가 여행지로 선정할 국가와 그 국가에 대한 왕복 소요 시간이 바르게 연결된 것은?

	여행지	왕복 소요 시간
①	태국	8시간 20분
②	싱가포르	7시간 50분
③	싱가포르	8시간 10분
④	베트남	7시간 50분

PART 2

06 올해 리모델링하는 K호텔에서 근무하는 귀하는 호텔 비품 구매를 담당하게 되었다. 제조사별 소파 특징을 알아본 귀하는 이탈리아제의 천, 쿠션재에 패더를 사용한 소파를 구매하기로 하였다. 쿠션재는 패더와 우레탄뿐이며 이 소파는 침대 겸용은 아니지만 리클라이닝이 가능하고 '조립'이라고 표시되어 있었으며, 커버는 교환할 수 없다. 귀하가 구매하려는 소파의 제조사는?

〈제조사별 소파 특징〉

구분	특징
A사	• 쿠션재에 스프링을 사용하지 않는 경우에는 이탈리아제의 천을 사용하지 않는다. • 국내산 천을 사용하는 경우에는 커버를 교환 가능하게 하지 않는다.
B사	• 쿠션재에 우레탄을 사용하는 경우에는 국내산 천을 사용한다. • 리클라이닝이 가능하지 않으면 이탈리아제 천을 사용하지 않는다.
C사	• 쿠션재에 패더를 사용하지 않는 경우에는 국내산 천을 사용한다. • 침대 겸용 소파의 경우에는 쿠션재에 패더를 사용하지 않는다.
D사	• 쿠션재에 패더를 사용하는 경우에는 이탈리아제의 천을 사용한다. • 조립이라고 표시된 소파의 경우에는 쿠션재에 우레탄을 사용한다.

① A사 또는 B사
② A사 또는 C사
③ B사 또는 C사
④ B사 또는 D사

CHAPTER 03
수리능력

합격 CHEAT KEY

수리능력은 사칙 연산・통계・확률의 의미를 정확하게 이해하고 이를 업무에 적용하는 능력으로, 기초 연산과 기초 통계, 도표 분석 및 작성의 문제 유형으로 출제된다. 수리능력 역시 채택하지 않는 공사・공단이 거의 없을 만큼 필기시험에서 중요도가 높은 영역이다.

특히, 난이도가 높은 공사・공단의 시험에서는 도표 분석, 즉 자료 해석 유형의 문제가 많이 출제되고 있고, 응용 수리 역시 꾸준히 출제하는 공사・공단이 많기 때문에 기초 연산과 기초 통계에 대한 공식의 암기와 자료 해석 능력을 기를 수 있는 꾸준한 연습이 필요하다.

01 응용 수리의 공식은 반드시 암기하라!

응용 수리는 공사・공단마다 출제되는 문제는 다르지만, 사용되는 공식은 비슷한 경우가 많으므로 자주 출제되는 공식을 반드시 암기하여야 한다. 문제에서 묻는 것을 정확하게 파악하여 그에 맞는 공식을 적절하게 적용하는 꾸준한 노력과 공식을 암기하는 연습이 필요하다.

02 자료의 해석은 자료에서 즉시 확인할 수 있는 지문부터 확인하라!

수리능력 중 도표 분석, 즉 자료 해석 능력은 많은 시간을 필요로 하는 문제가 출제되므로, 증가·감소 추이와 같이 눈으로 확인이 가능한 지문을 먼저 확인한 후 복잡한 계산이 필요한 지문을 확인하는 방법으로 문제를 풀이한다면 시간을 조금이라도 아낄 수 있다. 또한, 여러 가지 보기가 주어진 문제 역시 지문을 잘 확인하고 문제를 풀이한다면 불필요한 계산을 생략할 수 있으므로 항상 지문부터 확인하는 습관을 들여야 한다.

03 도표 작성에서는 지문에 작성된 도표의 제목을 반드시 확인하라!

도표 작성은 하나의 자료 혹은 보고서와 같은 수치가 표현된 자료를 도표로 작성하는 형식으로 출제되는데, 대체로 표보다는 그래프를 작성하는 형태로 많이 출제된다. 지문을 살펴보면 각 지문에서 주어진 도표에도 소제목이 있는 경우가 대부분이다. 이때, 자료의 수치와 도표의 제목이 일치하지 않는 경우 함정이 존재하는 문제일 가능성이 높으므로 도표의 제목을 반드시 확인하는 것이 중요하다.

CHAPTER 01

응용 수리

| 유형분석 |

• 문제에서 제공하는 정보를 파악한 뒤, 사칙연산을 활용하여 계산하는 전형적인 수리문제이다.
• 문제를 풀기 위한 정보가 산재되어 있는 경우가 많으므로 주어진 조건 등을 꼼꼼히 확인해야 한다.

어느 문구점에서 연필 2자루의 가격과 지우개 1개의 가격을 더하면 공책 1권의 가격과 같고, 지우개 1개의 가격과 공책 1권의 가격을 더하면 연필 5자루의 가격과 같다. 이 문구점에서 연필 10자루의 가격과 공책 4권의 가격을 더하면 지우개 몇 개의 가격과 같은가?(단, 이 문구점에서 동일한 종류의 문구 가격은 같은 것으로 한다)

① 15개
② 16개
③ 17개
④ 18개

정답 ②

이 문구점에서 연필, 지우개, 공책의 가격을 각각 x, y, z라고 하자.

$2x+y=z$ … ㉠

$y+z=5x$ … ㉡

㉠을 ㉡에 대입하여 정리하면

$2x+2y=5x \rightarrow x=\frac{2}{3}y,\ z=\frac{7}{3}y$

$10x+4z=\frac{20}{3}y+\frac{28}{3}y=16y$

따라서 연필 10자루의 가격과 공책 4권의 가격을 더하면 지우개 16개의 가격과 같다.

풀이 전략!

문제에서 묻는 바를 정확하게 확인한 후, 필요한 조건 또는 정보를 구분하여 신속하게 풀어 나간다. 단, 계산에 착오가 생기지 않도록 유의한다.

대표기출유형 01 기출응용문제

01 다음 중 서로 다른 3개의 주사위를 동시에 던졌을 때, 나온 숫자의 합이 6이 되는 확률은?

① $\frac{5}{108}$ ② $\frac{11}{216}$
③ $\frac{7}{108}$ ④ $\frac{1}{9}$

02 철수와 만수는 각각 A, B지역으로 출장을 갔다. 출장 업무가 끝난 후 C지역에서 만나기로 했을 때, 만수의 속력을 바르게 구한 것은?

- A지역과 B지역의 거리는 500km이다.
- C지역은 A지역과 B지역 사이에 있으며, A지역과는 200km 떨어져 있다.
- 철수는 80km/h의 속력으로 갔다.
- 둘은 동시에 출발했으며, 만수는 철수보다 2시간 30분 늦게 도착했다.

① 50km/h ② 60km/h
③ 70km/h ④ 80km/h

03 12%의 소금물 600g에 물을 넣어 4% 이하의 소금물을 만들고자 한다. 부어야 하는 물은 최소 몇 g인가?

① 1,150g ② 1,200g
③ 1,250g ④ 1,300g

04 신영이는 제주도로 여행을 갔다. A호텔에서 B공원까지 거리는 지도상에서 10cm이고, 지도의 축척은 1 : 50,000이다. 신영이가 30km/h의 속력으로 자전거를 타고 갈 때, A호텔에서 출발하여 B공원에 도착하는 데 걸리는 시간은?

① 10분
② 15분
③ 20분
④ 25분

05 30명의 남학생 중에서 16명, 20명의 여학생 중에서 14명이 수학여행으로 국외를 선호하였다. 전체 50명의 학생 중 임의로 선택한 한 명이 국내 여행을 선호하는 학생일 때, 이 학생이 남학생일 확률은?

① $\frac{3}{5}$
② $\frac{7}{10}$
③ $\frac{4}{5}$
④ $\frac{9}{10}$

06 K공사에 근무 중인 S사원은 업무 계약 건으로 출장을 가야 한다. 시속 75km로 이동하던 중 점심시간이 되어 전체 거리의 40% 지점에 위치한 휴게소에서 30분 동안 점심을 먹었다. 시계를 확인하니 약속된 시간에 늦을 것 같아 시속 25km를 더 올려 이동하였더니, 출장지까지 총 3시간 20분이 걸려 도착하였다. K공사에서 출장지까지의 거리는?

① 100km
② 150km
③ 200km
④ 250km

07 K식품업체에서 일하고 있는 용선이가 속한 부서는 추석을 앞두고 약 1,200개 제품의 포장 작업을 해야 한다. 손으로 포장하면 하나에 3분이 걸리고 기계로 포장하면 2분이 걸리는데 기계를 이용하면 포장 100개마다 50분을 쉬어야 한다. 만약 휴식 없이 연속해서 작업을 한다고 할 때, 가장 빨리 작업을 마치는 데 시간이 얼마나 필요하겠는가?(단, 두 가지 작업은 병행할 수 있다)

① 24시간 ② 25시간
③ 26시간 ④ 27시간

08 K카페는 평균 고객이 하루에 100명이다. 모든 고객은 음료를 포장을 하거나 카페 내에서 음료를 마신다. 한 사람당 평균 6,400원을 소비하며 카페 내에서 음료를 마시는 고객은 한 사람당 서비스 비용이 평균적으로 1,500원이 들고 가게 유지 비용은 하루에 53만 5천 원이 든다. 이 경우 하루에 수익이 발생할 수 있는 포장 고객은 최소 몇 명인가?

① 28명 ② 29명
③ 30명 ④ 31명

09 경언이는 고향인 진주에서 서울로 올라오려고 한다. 오전 8시에 출발하여 우등버스를 타고 340km를 달려 서울 고속터미널에 도착하였는데, 원래 도착 예정시간보다 2시간이 늦어졌다. 도착 예정시간은 평균 100km/h로 달리고 휴게소에서 30분 쉬는 것으로 계산되었으나 실제로 휴게소에서 36분을 쉬었다고 한다. 이때, 진주에서 서울로 이동하는 동안 경언이가 탄 버스의 평균 속도는?

① 약 49km/h ② 약 53km/h
③ 약 57km/h ④ 약 64km/h

대표기출유형

02 자료 계산

| 유형분석 |

- 문제에 주어진 도표를 분석하여 각 선택지의 값을 계산해 정답 유무를 판단하는 문제이다.
- 주로 그래프와 표로 제시되며, 경영·경제·산업 등과 관련된 최신 이슈를 많이 다룬다.
- 자료 간의 증감률·비율·추세 등을 자주 묻는다.

K통신회사는 휴대전화의 통화시간에 따라 월 2시간까지는 기본요금을 부과하고, 2시간 초과 3시간 미만까지는 분당 a원, 3시간 초과부터는 $2a$원을 부과한다. 다음과 같이 요금이 청구됐을 때, a의 값은 얼마인가?

〈휴대전화 이용요금〉

구분	통화시간	요금
8월	3시간 30분	21,600원
9월	2시간 20분	13,600원

① 50
② 80
③ 100
④ 120

정답 ②

K통신회사의 기본요금을 x원이라 하면 8월과 9월의 요금 계산식은 각각 다음과 같다.

$x+60a+30\times 2a=21,600$ → $x+120a=21,600$ … ㉠

$x+20a=13,600$ … ㉡

㉠－㉡을 하면

$100a=8,000$

$\therefore a=80$

따라서 a의 값은 80이다.

풀이 전략!

선택지를 먼저 읽고 필요한 정보를 도표에서 확인하도록 하며, 계산이 필요한 경우에는 실제 수치를 사용하여 복잡한 계산을 하는 대신, 대소 관계의 비교나 선택지의 옳고 그름만을 판단할 수 있을 정도로 간소화하여 계산해 풀이시간을 단축할 수 있도록 한다.

01 다음은 의료급여진료비 통계에 대한 자료이다. 주어진 상황에 맞는 2025년도 외래 의료급여 예상비용은 얼마인가?(단, 증감율과 비용은 소수점 첫째 자리에서 반올림한다)

〈의료급여진료비 통계〉

구분		환자 수 (천 명)	청구건수 (천 건)	내원일수 (천 일)	의료급여비용 (억 원)
2019년	입원	424	2,267	37,970	28,576
	외래	1,618	71,804	71,472	24,465
2020년	입원	455	2,439	39,314	30,397
	외래	1,503	71,863	71,418	26,005
2021년	입원	421	2,427	40,078	32,333
	외래	1,550	72,037	71,672	27,534
2022년	입원	462	2,620	41,990	36,145
	외래	1,574	77,751	77,347	31,334
2023년	입원	459	2,785	42,019	38,356
	외래	1,543	77,686	77,258	33,003

〈상황〉

K공사의 A사원은 의료급여진료비에 대해 분석을 하고 있다. 표면적으로 2019년부터 매년 입원 환자 수보다 외래 환자 수가 많고, 청구건수와 내원일수도 외래가 더 많았다. 하지만 의료급여비용은 입원 환자에게 들어가는 비용이 여러 날의 입원비로 인해 더 많았다. 의료급여비용이 2024년에는 2023년도 전년 대비 증가율과 같았고, 입원 및 외래 진료비용이 매년 증가하여 A사원은 2025년도 예상비용을 2022년부터 2024년까지 전년 대비 평균 증가율로 계산하여 보고하려고 한다.

① 35,840억 원
② 37,425억 원
③ 38,799억 원
④ 39,678억 원

02 다음은 여러 통화의 원화 환율을 나타낸 자료이다. 〈보기〉의 A ~ D가 외화 환전으로 얻은 이익 중 최대 이익과 최소 이익의 차를 바르게 구한 것은?

〈통화 원화 환율〉

구분	1월 1일	3월 23일	6월 12일
1달러	1,180원	1,215원	1,190원
1유로	1,310원	1,370원	1,340원
1위안	165원	175원	181원
100엔	1,090원	1,105원	1,085원

보기

- A는 1월 1일에 원화를 300달러로 환전하였고, 이 중에서 100달러를 3월 23일에, 나머지 200달러를 6월 12일에 다시 원화로 환전하였다.
- B는 1월 1일에 원화를 3,000엔으로 환전하였고, 이 중에서 1,000엔을 3월 23일에, 나머지 2,000엔을 6월 12일에 원화로 환전하였다.
- C는 1월 1일에 원화를 1,000위안으로 환전하였고, 이 중에서 300위안을 3월 23일에, 나머지 700위안을 6월 12일에 원화로 환전하였다.
- D는 1월 1일에 원화를 400유로로 환전하였고, 이 중에서 200유로를 3월 23일에, 나머지 200유로를 6월 12일에 원화로 환전하였다.

① 16,450원 ② 17,950원
③ 17,500원 ④ 17,750원

03 귀하는 각 생산부서의 사업평가 자료를 취합하였는데 커피를 흘려 자료의 일부가 훼손되었다. 다음 중 빈칸 (가) ~ (라)에 들어갈 수치로 옳은 것은?(단, 인건비와 재료비 이외의 투입요소는 없다)

〈사업평가 자료〉

구분	목표량	인건비	재료비	산출량	효과성 순위	효율성 순위
A부서	(가)	200	50	500	3	2
B부서	1,000	(나)	200	1,500	2	1
C부서	1,500	1,200	(다)	3,000	1	3
D부서	1,000	300	500	(라)	4	4

※ (효과성)=(산출량)÷(목표량)
※ (효율성)=(산출량)÷(투입량)

	(가)	(나)	(다)	(라)
①	300	500	800	800
②	500	800	300	800
③	800	500	300	300
④	500	300	800	800

04 다음은 2024년 우리나라의 LPCD(Liter Per Capita Day)에 대한 자료이다. 1인 1일 사용량에서 영업용 사용량이 차지하는 비중과 1인 1일 가정용 사용량의 하위 두 항목이 차지하는 비중을 순서대로 나열한 것은?(단, 소수점 셋째 자리에서 반올림한다)

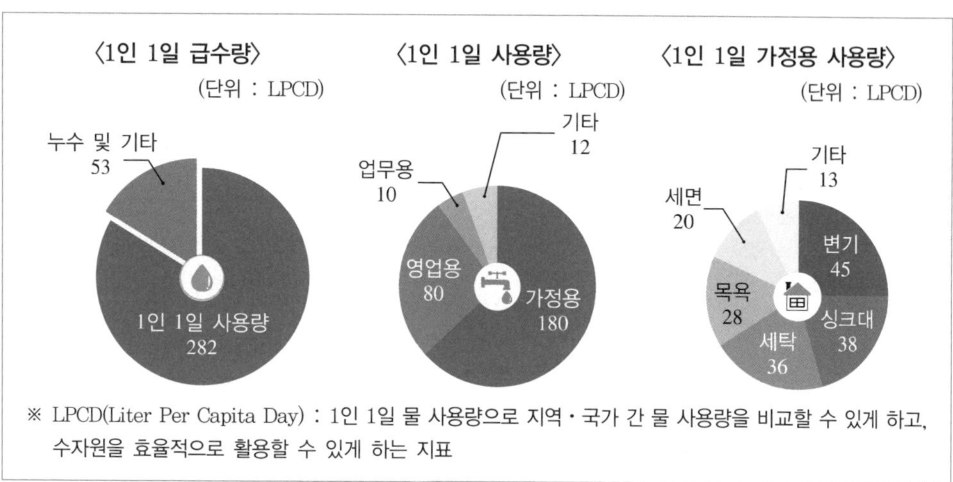

※ LPCD(Liter Per Capita Day) : 1인 1일 물 사용량으로 지역·국가 간 물 사용량을 비교할 수 있게 하고, 수자원을 효율적으로 활용할 수 있게 하는 지표

① 27.57%, 16.25%

② 27.57%, 19.24%

③ 28.37%, 18.33%

④ 28.37%, 19.24%

대표기출유형

03 자료 이해

| 유형분석 |

- 제시된 표를 분석하여 선택지의 정답 유무를 판단하는 문제이다.
- 표의 수치 등을 통해 변화량이나 증감률, 비중 등을 비교하여 판단하는 문제가 자주 출제된다.
- 지원하고자 하는 기업이나 산업과 관련된 자료 등이 문제의 자료로 많이 다뤄진다.

다음은 전통사찰 지정등록 현황에 대한 자료이다. 이에 대한 설명으로 옳은 것은?

〈전통사찰 지정등록 현황〉

(단위 : 개소)

구분	2016년	2017년	2018년	2019년	2020년	2021년	2022년	2023년	2024년
지정등록	17	15	12	7	4	4	2	1	2

① 전통사찰로 지정 등록되는 수는 계속 감소하고 있다.

② 2016년부터 2020년까지 전통사찰로 지정 등록된 수의 평균은 11개소이다.

③ 2018년과 2022년에 지정 등록된 전통사찰 수의 전년 대비 감소폭은 같다.

④ 위의 자료를 통해 2024년 전통사찰 총등록 현황을 파악할 수 있다.

정답 ②

2016 ~ 2020년 전통사찰로 지정 등록된 수의 평균을 구하면 다음과 같다.

$(17+15+12+7+4)\div5=11$

따라서 평균은 11개소이다.

오답분석

① 2024년 전통사찰 지정등록 수는 2023년보다 증가했다.

③ 2018년 전년 대비 지정등록 감소 폭은 3개소, 2022년은 2개소이다.

④ 해당 자료만으로는 전통사찰 총등록 현황을 알 수 없다.

풀이 전략!

자료만 보고도 풀 수 있거나 계산이 필요 없는 선택지를 먼저 해결한다. 또한 평소 변화량이나 증감률, 비중 등을 구하는 공식을 알아두고 있어야 하며, 지원하는 기업이나 산업에 관한 자료 등을 확인하여 비교하는 연습 등을 한다.

대표기출유형 03 기출응용문제

01 다음은 K공사에 근무하는 김유진 대리의 5월 급여명세서이다. 이에 대한 설명으로 옳은 것은?(단, 비율은 소수점 첫째 자리에서 반올림한다)

사번	12343	성명	김유진
소속	법무팀	직급	대리

지급 내역			
지급항목(원)		공제항목(원)	
기본급여	1,000,000	주민세	4,160
시간 외 수당	45,000	고용보험	16,250
직책수당	200,000	건강보험	(　　)
상여금	400,000	국민연금	112,500
특별수당	100,000	장기요양	4,960
교통비	150,000	소득세	41,630
교육지원	0		
식대	50,000		
급여 총액	1,945,000	공제 총액	255,370

① 공제 총액은 기본급여의 30% 이상이다.
② 주민세와 소득세 총액은 국민연금의 35%를 차지한다.
③ 5월의 건강보험료는 75,870원이다.
④ 시간 외 수당은 건강보험료보다 많다.

02 다음은 1974 ~ 2024년의 도시 및 농촌 인구수에 대한 자료이다. 이에 대한 설명으로 옳지 않은 것은?

〈1974 ~ 2024년 도시 및 농촌 인구수〉

(단위 : 천 명)

구분	1974년	1984년	1994년	2004년	2014년	2024년
도시	6,816	16,573	32,250	35,802	36,784	33,561
농촌	28,368	18,831	14,596	12,763	12,402	12,415

① 1974년 농촌 인구수는 도시 인구수의 4배 이상이다.
② 2014년 대비 2024년의 도시 인구수는 감소하였고, 농촌 인구수는 증가하였다.
③ 조사 연도별 도시 인구수와 농촌 인구수의 합은 1984년부터 2014년까지 증가하는 추세였다.
④ 1974년 대비 1984년의 도시 인구수는 100% 이상 증가하였고, 농촌 인구수는 25% 미만 감소했다.

03 다음은 동일한 상품군을 판매하는 백화점과 TV홈쇼핑의 상품군별 2024년 판매수수료율에 대한 자료이다. 〈보기〉 중 이에 대한 설명으로 옳은 것을 모두 고르면?

〈백화점 판매수수료율 순위〉

(단위 : %)

판매수수료율 상위 5개			판매수수료율 하위 5개		
순위	상품군	판매수수료율	순위	상품군	판매수수료율
1	셔츠	33.9	1	디지털기기	11.0
2	레저용품	32.0	2	대형가전	14.4
3	잡화	31.8	3	소형가전	18.6
4	여성정장	31.7	4	문구	18.7
5	모피	31.1	5	신선식품	20.8

〈TV홈쇼핑 판매수수료율 순위〉

(단위 : %)

판매수수료율 상위 5개			판매수수료율 하위 5개		
순위	상품군	판매수수료율	순위	상품군	판매수수료율
1	셔츠	42.0	1	여행패키지	8.4
2	여성캐주얼	39.7	2	디지털기기	21.9
3	진	37.8	3	유아용품	28.1
4	남성정장	37.4	4	건강용품	28.2
5	화장품	36.8	5	보석	28.7

보기

㉠ 백화점과 TV홈쇼핑 모두 셔츠 상품군의 판매수수료율이 전체 상품군 중 가장 높았다.
㉡ 여성정장 상품군과 모피 상품군의 판매수수료율은 TV홈쇼핑이 백화점보다 더 낮았다.
㉢ 디지털기기 상품군의 판매수수료율은 TV홈쇼핑이 백화점보다 더 높았다.
㉣ 여행패키지 상품군의 판매수수료율은 백화점이 TV홈쇼핑의 2배 이상이었다.

① ㉠, ㉡
② ㉠, ㉢
③ ㉡, ㉣
④ ㉠, ㉢, ㉣

04 다음은 민간 분야 사이버 침해사고 발생현황에 대한 자료이다. 〈보기〉 중 이에 대한 설명으로 옳지 않은 것을 모두 고르면?

〈민간 분야 사이버 침해사고 발생현황〉

(단위 : 건)

구분	2021년	2022년	2023년	2024년
홈페이지 변조	6,490	10,148	5,216	3,727
스팸릴레이	1,163	988	731	365
기타 해킹	3,175	2,743	4,126	2,961
단순침입시도	2,908	3,031	3,019	2,783
피싱 경유지	2,204	4,320	3,043	1,854
전체	15,940	21,230	16,135	11,690

보기

ㄱ. 단순침입시도 분야의 침해사고는 매년 스팸릴레이 분야의 침해사고 건수의 두 배 이상이다.
ㄴ. 2021년 대비 2024년 침해사고 건수가 50%p 이상 감소한 분야는 2개 분야이다.
ㄷ. 2023년 홈페이지 변조 분야의 침해사고 건수가 차지하는 비중은 35% 이하이다.
ㄹ. 2022년 대비 2024년은 모든 분야의 침해사고 건수가 감소하였다.

① ㄱ, ㄴ
② ㄱ, ㄹ
③ ㄴ, ㄹ
④ ㄷ, ㄹ

05 다음은 K국의 출생 · 사망 추이를 나타낸 자료이다. 이에 대한 설명으로 옳지 않은 것은?

〈K국의 출생 · 사망 추이〉

구분		2018년	2019년	2020년	2021년	2022년	2023년	2024년
출생아 수(명)		490,543	472,761	435,031	448,153	493,189	465,892	444,849
사망자 수(명)		244,506	244,217	243,883	242,266	244,874	246,113	246,942
기대수명(년)		77.44	78.04	78.63	79.18	79.56	80.08	80.55
수명	남자(년)	73.86	74.51	75.14	75.74	76.13	76.54	76.99
	여자(년)	80.81	81.35	81.89	82.36	82.73	83.29	83.77

① 출생아 수는 2018년 이후 감소하다가 2021년, 2022년에 증가한 이후 다시 감소하고 있다.
② 매년 기대수명은 증가하고 있다.
③ 남자와 여자의 수명은 매년 5년 이상의 차이를 보이고 있다.
④ 매년 출생아 수는 사망자 수보다 20만 명 이상 더 많으므로 매년 총인구는 20만 명 이상씩 증가한다고 볼 수 있다.

PART 2

06 다음은 연령별 선물환거래 금액 비율을 나타낸 자료이다. 이에 대한 설명으로 옳은 것은?

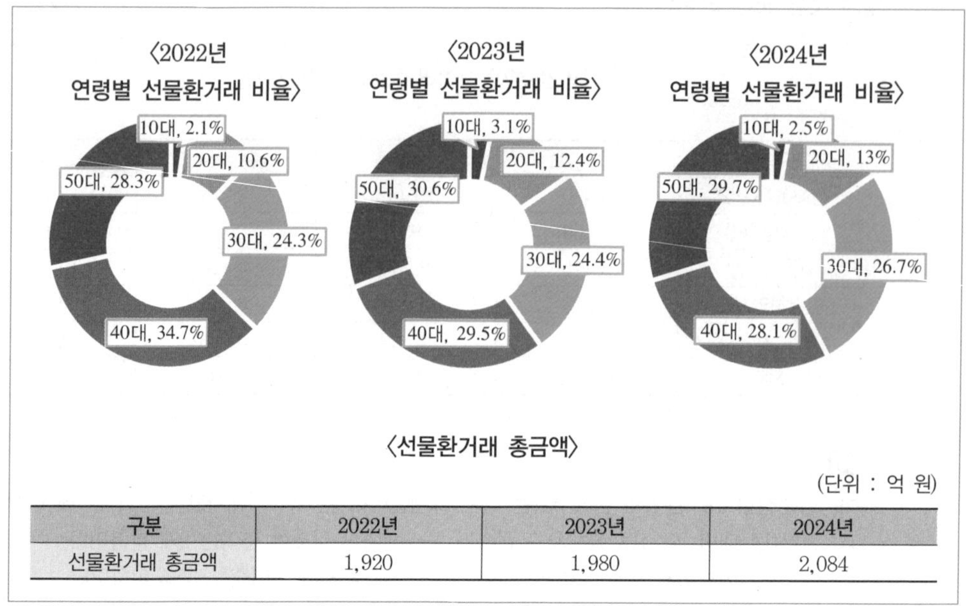

〈선물환거래 총금액〉

(단위 : 억 원)

구분	2022년	2023년	2024년
선물환거래 총금액	1,920	1,980	2,084

① 2023 ~ 2024년의 전년 대비 10대와 20대의 선물환거래 금액 비율 증감 추이는 같다.

② 2023년 대비 2024년의 50대의 선물환거래 금액 증가량은 13억 원 이상이다.

③ 2023 ~ 2024년 동안 전년 대비 매년 40대의 선물환거래 금액은 지속적으로 감소하고 있다.

④ 2024년 10 ~ 40대의 선물환거래 금액 총비율은 2023년 50대의 비율의 2.5배 이상이다.

07 다음은 2024년 하반기 부동산시장 소비심리지수에 대한 자료이다. 이에 대한 설명으로 옳지 않은 것은?

〈2024년 하반기 부동산시장 소비심리지수〉

구분	7월	8월	9월	10월	11월	12월
서울특별시	128.8	130.5	127.4	128.7	113.8	102.8
인천광역시	123.7	127.6	126.4	126.6	115.1	105.6
경기도	124.1	127.2	124.9	126.9	115.3	103.8
부산광역시	126.5	129.0	131.4	135.9	125.5	111.5
대구광역시	90.3	97.8	106.5	106.8	99.9	96.2
광주광역시	115.4	116.1	114.3	113.0	109.3	107.0
대전광역시	115.8	119.4	120.0	126.8	118.5	113.8
울산광역시	101.2	106.0	111.7	108.8	105.3	95.5
강원도	135.3	134.1	128.3	131.4	124.4	115.5
충청북도	109.1	108.3	108.8	110.7	103.6	103.1
충청남도	105.3	110.2	112.6	109.6	102.1	98.0
전라북도	114.6	117.1	122.6	121.0	113.8	106.3
전라남도	121.7	123.4	120.7	124.3	120.2	116.6
경상북도	97.7	100.2	100.0	96.4	94.8	96.3
경상남도	103.3	108.3	115.7	114.9	110.0	101.5

※ 부동산시장 소비심리지수는 0 ~ 200의 값으로 표현되며, 지수가 100을 넘으면 전월에 비해 가격상승 및 거래증가 응답자가 많음을 의미함

① 2024년 7월 소비심리지수가 100 미만인 지역은 두 곳이다.

② 서울특별시의 2024년 7월 대비 2024년 12월의 소비심리지수 감소율은 19% 미만이다.

③ 2024년 11월 모든 지역의 소비심리지수가 전월보다 감소했다.

④ 2024년 9월에 비해 2024년 10월에 가격상승 및 거래증가 응답자가 적었던 지역은 경상북도 한 곳이다.

CHAPTER 04
자원관리능력

합격 CHEAT KEY

자원관리능력은 현재 NCS 기반 채용을 진행하는 많은 공사·공단에서 핵심영역으로 자리 잡아, 일부를 제외한 대부분의 시험에서 출제되고 있다.

세부 유형은 비용 계산, 해외파견 지원금 계산, 주문 제작 단가 계산, 일정 조율, 일정 선정, 행사 대여 장소 선정, 최단거리 구하기, 시차 계산, 소요시간 구하기, 해외파견 근무 기준에 부합하는 또는 부합하지 않는 직원 고르기 등으로 나눌 수 있다.

01 시차를 먼저 계산하라!

시간 자원 관리의 대표유형 중 시차를 계산하여 일정에 맞는 항공권을 구입하거나 회의시간을 구하는 문제에서는 각각의 나라 시간을 한국 시간으로 전부 바꾸어 계산하는 것이 편리하다. 조건에 맞는 나라들의 시간을 전부 한국 시간으로 바꾸고 한국 시간과의 시차만 더하거나 빼면 시간을 단축하여 풀 수 있다.

02 선택지를 잘 활용하라!

계산을 해서 값을 요구하는 문제 유형에서는 선택지를 먼저 본 후 자리 수가 몇 단위로 끝나는지 확인해야 한다. 예를 들어 412,300원, 426,700원, 434,100원인 선택지가 있다고 할 때, 제시된 조건에서 100원 단위로 나올 수 있는 항목을 찾아 그 항목만 계산하는 방법이 있다. 또한, 일일이 계산하는 문제가 많다. 예를 들어 640,000원, 720,000원, 810,000원 등의 수를 이용해 푸는 문제가 있다고 할 때, 만 원 단위를 절사하고 계산하여 64, 72, 81처럼 요약하는 방법이 있다.

03 최적의 값을 구하는 문제인지 파악하라!

물적 자원 관리의 대표유형에서는 제한된 자원 내에서 최대의 만족 또는 이익을 얻을 수 있는 방법을 강구하는 문제가 출제된다. 이때, 구하고자 하는 값을 x, y로 정하고 연립방정식을 이용해 x, y 값을 구한다. 최소 비용으로 목표생산량을 달성하기 위한 업무 및 인력 할당, 정해진 시간 내에 최대 이윤을 낼 수 있는 업체 선정, 정해진 인력으로 효율적 업무 배치 등을 구하는 문제에서 사용되는 방법이다.

04 각 평가항목을 비교하라!

인적 자원 관리의 대표유형에서는 각 평가항목을 비교하여 기준에 적합한 인물을 고르거나, 저렴한 업체를 선정하거나, 총점이 높은 업체를 선정하는 문제가 출제된다. 이런 유형은 평가항목에서 가격이나 점수 차이에 영향을 많이 미치는 항목을 찾아 $1 \sim 2$개의 선택지를 삭제하고, 남은 $3 \sim 4$개의 선택지만 계산하여 시간을 단축할 수 있다.

대표기출유형

시간 계획

| 유형분석 |

- 시간 자원과 관련된 다양한 정보를 활용하여 풀어가는 문제이다.
- 대체로 교통편 정보나 국가별 시차 정보가 제공되며, 이를 근거로 '현지 도착시간 또는 약속된 시간 내에 도착하기 위한 방안'을 고르는 문제가 출제된다.

다음 대화 내용을 읽고 A팀장과 B사원이 함께 시장조사를 하러 갈 수 있는 가장 적절한 시간은 언제인가? (단, 근무시간은 09:00 ~ 18:00, 점심시간은 12:00 ~ 13:00이다)

A팀장 : B씨, 저번에 우리가 함께 진행했던 제품이 오늘 출시된다고 하네요. 시장에서 어떤 반응이 있는지 조사하러 가야 할 것 같아요.
B사원 : 네, 팀장님. 그런데 오늘 갈 수 있을지 의문입니다. 우선 오후 4시에 사내 정기 강연이 예정되어 있고 초청 강사가 와서 시간관리 강의를 한다고 합니다. 아마 두 시간 정도 걸릴 것 같은데, 저는 강연 준비로 30분 정도 일찍 가야 할 것 같습니다. 그리고 부서장님께서 요청하셨던 기획안도 오늘 퇴근 전까지 제출해야 하는데, 팀장님 검토 시간까지 고려하면 두 시간 정도 소요될 것 같습니다.
A팀장 : 오늘도 역시 할 일이 참 많네요. 지금이 11시니까 열심히 업무를 하면 한 시간 정도는 시장에 다녀올 수 있겠네요. 먼저 기획안부터 마무리 짓도록 합시다.
B사원 : 네, 알겠습니다. 팀장님, 오늘 점심은 된장찌개 괜찮으시죠? 바쁘니까 예약해 두겠습니다.

① 11:00 ~ 12:00
② 13:00 ~ 14:00
③ 14:00 ~ 15:00
④ 15:00 ~ 16:00

정답 ③

우선 B사원의 대화 내용을 살펴보면, 16:00부터 사내 정기 강연으로 2시간 정도 소요된다는 것을 알 수 있다. 또한 B사원은 강연 준비로 30분 정도 더 일찍 가야 하므로, 15:30부터는 가용할 시간이 없다. 그리고 기획안 작성 업무는 두 시간 정도 걸릴 것으로 예상되는데, A팀장이 먼저 기획안부터 마무리 짓자고 하였으므로 11:00부터 업무를 시작하는 것으로 볼 수 있다. 그런데 중간에 점심시간이 껴 있으므로, 기획안 업무는 14:00에 완료될 것이다. 따라서 A팀장과 B사원 모두 여유가 되는 시간은 14:00 ~ 15:30이므로 가장 적절한 시간대는 ③이다.

풀이 전략!

문제에서 묻는 것을 정확히 파악한다. 특히 제한사항에 대해서는 빠짐없이 확인해 두어야 한다. 이후 제시된 정보(시차 등)에서 필요한 것을 선별하여 문제를 풀어간다.

대표기출유형 01 기출응용문제

01 K공사 직원인 A씨는 휴가철을 맞아 가족여행을 가고자 한다. K공사는 직원들의 복리 증진을 위하여 휴가철 항공료를 일부 지원해주고 있다. 다음 자료와 〈조건〉을 토대로 A씨가 선택할 여행지와 여행기간이 바르게 짝지어진 것은?

〈여행지별 항공료와 지원율〉

여행지	1인당 편도 항공료	항공료 지원율
중국	130,000원	10%
일본	125,000원	30%
싱가포르	180,000원	35%

※ 갈 때와 올 때 편도 항공료는 동일함

〈8월〉

일	월	화	수	목	금	토
			1	2	3	4
5	6	7	8	9	10	11
12	13	14	15	16	17	18
19	20	21	22	23	24	25
26	27	28	29	30	31	

※ 8월 3~4일은 현장부지 답사로 휴가가 불가능함
※ 8월 15일은 광복절, 24일은 회사 창립기념일로 휴일임

조건

- A씨는 아내와 단둘이 여행할 예정이다.
- A씨는 여행경비 중 항공료로 최대 450,000원을 쓸 수 있다.
- 회사의 항공료 지원은 동반한 직계가족까지 모두 적용된다.

	여행지	여행기간
①	중국	8월 9일~8월 11일
②	일본	8월 3일~8월 6일
③	일본	8월 16일~8월 19일
④	싱가포르	8월 15일~8월 18일

02 K은행의 A지점은 M구의 신규 입주아파트 분양업자와 협약체결을 통해 분양 중도금 관련 집단대출을 전담하게 됐다. A지점에 근무하는 L사원은 한 입주예정자로부터 평일에는 개인사정으로 인해 영업시간 내에 방문하지 못한다는 문의를 받고 입주예정자의 거주지 근처인 G지점에서 대출신청을 진행할 수 있도록 안내했다. 다음 〈조건〉을 토대로 입주예정자의 대출신청을 완료하는 데까지 걸리는 최소시간은 얼마인가?[단, 각 지점 간 숫자는 두 영업점 간의 거리(km)를 의미한다]

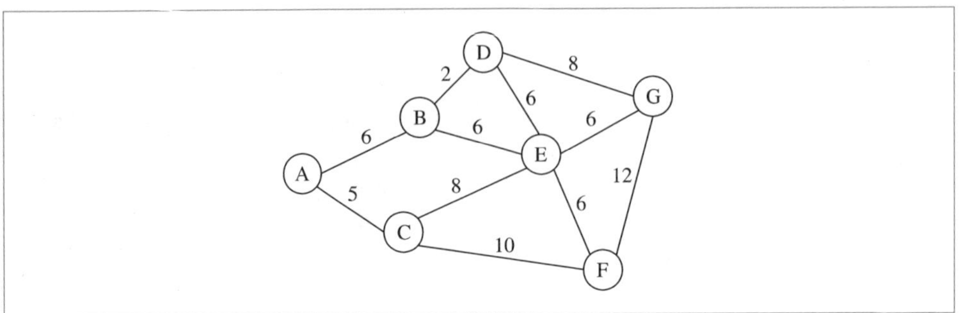

조건

- 대출과 관련한 서류는 A지점에서 G지점까지 행낭을 통해 전달한다.
- 은행 영업점 간 행낭 배송은 시속 60km로 운행하며, 요청에 따라 배송지 순서는 변경(생략)할 수 있다(단, 연결된 구간으로만 운행 가능하다).
- 대출 신청서 등 대출 관련 서류는 입주예정자 본인 또는 대리인이 작성하여야 한다(단, 작성하는 시간은 총 30분이 소요된다).
- 대출 신청 완료는 A지점에 입주예정자가 작성한 신청 서류가 도착했을 때를 기준으로 한다.

① 46분 ② 49분

③ 57분 ④ 1시간 2분

03 자동차 부품을 생산하는 K사는 반자동과 자동 생산라인을 하나씩 보유하고 있다. 최근 일본의 자동차 회사와 수출계약을 체결하여 자동차 부품 34,500개를 납품하였다. 다음 생산조건을 고려할 때, 일본에 납품할 부품을 생산하는 데 소요된 시간은 얼마인가?

〈자동차 부품 생산조건〉

- 반자동라인은 4시간에 300개의 부품을 생산하며, 그중 20%는 불량품이다.
- 자동라인은 3시간에 400개의 부품을 생산하며, 그중 10%는 불량품이다.
- 반자동라인은 8시간마다 2시간씩 생산을 중단한다.
- 자동라인은 9시간마다 3시간씩 생산을 중단한다.
- 불량 부품은 생산 후 폐기하고 정상인 부품만 납품한다.

① 230시간 ② 240시간

③ 250시간 ④ 260시간

04 다음은 K제품의 생산계획을 나타낸 자료이다. 〈조건〉에 따라 공정이 진행될 때, 첫 번째 완제품이 생산되기 위해서는 최소 몇 시간이 소요되는가?

〈K제품 생산계획〉

공정	선행공정	소요시간
A	없음	3
B	A	1
C	B, E	3
D	없음	2
E	D	1
F	C	2

조건

- 공정별로 1명의 작업 담당자가 공정을 수행한다.
- A공정과 D공정의 작업 시점은 같다.
- 공정 간 제품의 이동 시간은 무시한다.

① 6시간
② 7시간
③ 8시간
④ 9시간

PART 2

대표기출유형

02 비용계산

| 유형분석 |

- 예산 자원과 관련된 다양한 정보를 활용하여 풀어가는 문제이다.
- 대체로 한정된 예산 내에서 수행할 수 있는 업무 및 예산 가격을 묻는 문제가 출제된다.

서울에 사는 A씨는 결혼기념일을 맞이하여 가족과 함께 KTX를 타고 부산으로 여행을 다녀왔다. A씨의 가족이 이번 여행에서 지불한 교통비는 모두 얼마인가?

- A씨 부부에게는 만 6세인 아들, 만 3세인 딸이 있다.
- 갈 때는 딸을 무릎에 앉혀 갔고, 돌아올 때는 좌석을 구입했다.
- A씨의 가족은 일반석을 이용하였다.

〈KTX 좌석별 요금〉

구분	일반석	특실
가격	59,800원	87,500원

※ 만 4세 이상 13세 미만 어린이는 운임의 50%를 할인함
※ 만 4세 미만의 유아는 보호자 1명당 2명까지 운임의 75%를 할인함
(단, 유아의 좌석을 지정하지 않을 시 보호자 1명당 유아 1명의 운임을 받지 않음)

① 301,050원 ② 307,000원
③ 313,850원 ④ 313,950원

정답 ④

- A씨 부부의 왕복 비용 : (59,800×2)×2=239,200원
- 만 6세 아들의 왕복 비용 : (59,800×0.5)×2=59,800원
- 만 3세 딸의 왕복 비용 : 59,800×0.25=14,950원

따라서 A씨 가족이 지불한 교통비는 239,200+59,800+14,950=313,950원이다.

풀이 전략!

제한사항인 예산을 고려하여 문제에서 묻는 것을 정확히 파악한 후, 제시된 정보에서 필요한 것을 선별하여 문제를 풀어간다.

대표기출유형 02 기출응용문제

01 다음 자료를 보고 A사원이 6월 출장여비로 받을 수 있는 총액으로 옳은 것은?

〈출장여비 계산기준〉

- 출장여비는 출장수당과 교통비의 합으로 계산한다.
- 출장수당의 경우 업무추진비 사용 시 1만 원을 차감하며, 교통비의 경우 관용차량 사용 시 1만 원을 차감한다.

〈출장지별 출장여비〉

출장지	출장수당	교통비
K시	10,000원	20,000원
K시 이외	20,000원	30,000원

※ K시 이외 지역으로 출장을 갈 경우 13시 이후 출장 시작 또는 15시 이전 출장 종료 시 출장수당에서 1만 원 차감됨

〈A사원의 6월 출장내역〉

출장일	출장지	출장 시작 및 종료 시각	비고
6월 8일	K시	14 ~ 16시	관용차량 사용
6월 16일	S시	14 ~ 18시	–
6월 19일	B시	09 ~ 16시	업무추진비 사용

① 7만 원
② 8만 원
③ 9만 원
④ 10만 원

PART 2

02 K공사는 연말 시상식을 개최하여 한 해 동안 모범이 되거나 훌륭한 성과를 낸 직원을 독려하고자 한다. 상 종류 및 수상 인원, 상품에 대한 정보가 다음과 같을 때, 총상품구입비는 얼마인가?

〈시상 내역〉

상 종류	수상 인원	상품
사내선행상	5명	인당 금 도금 상패 1개, 식기 1세트
사회기여상	1명	인당 은 도금 상패 1개, 신형 노트북 1대
연구공로상	2명	인당 금 도금 상패 1개, 안마의자 1개, 태블릿 PC 1대
성과공로상	4명	인당 은 도금 상패 1개, 만년필 2개, 태블릿 PC 1대
청렴모범상	2명	인당 동 상패 1개, 안마의자 1개

- 상패 제작비용
  - 금 도금 상패 : 개당 55,000원(5개 이상 주문 시 개당 가격 10% 할인)
  - 은 도금 상패 : 개당 42,000원(주문수량 4개당 1개 무료 제공)
  - 동 상패 : 개당 35,000원
- 물품 구입비용(개당)
  - 식기 세트 : 450,000원
  - 신형 노트북 : 1,500,000원
  - 태블릿 PC : 600,000원
  - 만년필 : 100,000원
  - 안마의자 : 1,700,000원

① 14,085,000원

② 15,050,000원

③ 15,534,500원

④ 16,805,000원

03 수인이는 베트남 여행을 위해 K국제공항에서 환전하기로 하였다. 다음은 L환전소의 당일 환율 및 수수료를 나타낸 자료이다. 수인이가 한국 돈으로 베트남 현금 1,670만 동을 환전한다고 할 때, 수수료까지 포함하여 필요한 돈은 얼마인가?(단, 모든 계산 과정에서 구한 값은 일의 자리에서 버림한다)

〈L환전소 환율 및 수수료〉

- 베트남 환율 : 483원/만 동
- 수수료 : 0.5%
- 우대사항 : 50만 원 이상 환전 시 70만 원까지 수수료 0.4%로 인하 적용
  100만 원 이상 환전 시 총금액 수수료 0.4%로 인하 적용

① 808,840원 ② 808,940원
③ 809,840원 ④ 809,940원

04 K씨는 개인사유로 인해 5년간 재직했던 회사를 그만두게 되었다. K씨에게 지급된 퇴직금이 1,900만 원일 때, K씨의 평균 연봉은 얼마인가?[단, 평균 연봉은 (1일 평균임금)×365이고, 천의 자리에서 올림한다]

〈퇴직금 산정 방법〉

▶ 고용주는 퇴직하는 근로자에게 계속근로기간 1년에 대해 30일분 이상의 평균임금을 퇴직금으로 지급해야 합니다.
- ‘평균임금’이란 이를 산정해야 할 사유가 발생한 날 이전 3개월 동안에 해당 근로자에게 지급된 임금의 총액을 그 기간의 총일수로 나눈 금액을 말합니다.
- 평균임금이 근로자의 통상임금보다 적으면 그 통상임금을 평균임금으로 합니다.

▶ 퇴직금 산정공식
(퇴직금)=[(1일 평균임금)×30일×(총계속근로기간)]÷365

① 4,110만 원 ② 4,452만 원
③ 4,650만 원 ④ 4,745만 원

대표기출유형

03 품목 확정

| 유형분석 |

- 물적 자원과 관련된 다양한 정보를 활용하여 풀어가는 문제이다.
- 주로 공정도 · 제품 · 시설 등에 대한 가격 · 특징 · 시간 정보가 제시되며, 이를 종합적으로 고려하는 문제가 출제된다.

K공사에 근무하는 김대리는 사내시험에서 2점짜리 문제를 8개, 3점짜리 문제를 10개, 5점짜리 문제를 6개를 맞혀 총 76점을 맞았다. 다음을 통해 5점짜리 문제의 총개수와 최대리가 맞힌 문제의 총개수를 더하면 몇 개인가?

〈사내시험 규정〉

문제 수 : 43문제
만점 : 141점
- 2점짜리 문제 수는 3점짜리 문제 수보다 12문제 적다.
- 5점짜리 문제 수는 3점짜리 문제 수의 절반이다.

- 최대리가 맞힌 2점짜리 문제의 개수는 김대리와 동일하며, 이는 2점짜리 문제 가운데 80%이다.
- 최대리의 점수는 총 38점이다.

① 23개
② 25개
③ 26개
④ 28개

정답 ②

최대리는 2점짜리 문제를 김대리가 맞힌 개수만큼 맞혔으므로 8개, 즉 16점을 획득했다. 최대리가 맞힌 3점짜리와 5점짜리 문제를 합하면 38－16＝22점이 나와야 한다. 3점과 5점의 합으로 22가 나오기 위해서는 3점짜리는 4문제, 5점짜리는 2문제를 맞혀야 한다. 그러므로 최대리가 맞힌 문제의 총개수는 8개(2점짜리)＋4개(3점짜리)＋2개(5점짜리)＝14개이다. 또한 김대리와 최대리가 맞힌 2점짜리 문제의 개수는 8개이고 이때 8개가 80%라고 했으므로 2점짜리 문제는 모두 10문제이다. 따라서 3점짜리 문제 수는 10＋12＝22개이고, 5점짜리 문제 수는 22×0.5＝11개이다.
따라서 5점짜리 문제의 총개수와 최대리가 맞힌 문제의 총개수를 더하면 11＋14＝25개이다.

풀이 전략!

문제에서 묻고자 하는 바를 정확히 파악하는 것이 중요하다. 문제에서 제시한 물적 자원의 정보를 문제의 의도에 맞게 선별하면서 풀어간다.

대표기출유형 03 기출응용문제

01 신입사원 J씨는 A ~ E 총 5개의 과제 중 어떤 과제를 먼저 수행해야 할지를 결정하기 위해 평가표를 작성하였다. 다음 자료를 근거로 할 때 가장 먼저 수행할 과제는?(단, 평가 항목 점수를 합산하여 최종 점수가 가장 높은 과제부터 수행한다)

〈과제별 평가표〉

(단위 : 점)

구분	A	B	C	D	E
중요도	84	82	95	90	94
긴급도	92	90	85	83	92
적용도	96	90	91	95	83

※ 과제당 다음과 같은 가중치를 별도로 부여하여 계산함
[(중요도)×0.3]+[(긴급도)×0.2]+[(적용도)×0.1]

※ 항목별로 최하위 점수에 해당하는 과제는 선정하지 않음

① A ② B

③ C ④ D

02 K공사에서 근무하는 A사원은 새로 도입되는 교통관련 정책 홍보자료를 만들어서 배포하려고 한다. 다음 중 가장 저렴한 비용으로 인쇄할 수 있는 업체로 옳은 것은?

〈인쇄업체별 비용 견적〉

(단위 : 원)

구분	페이지당 비용	표지 가격		권당 제본 비용	할인
		유광	무광		
A인쇄소	50	500	400	1,500	–
B인쇄소	70	300	250	1,300	–
C인쇄소	70	500	450	1,000	100부 초과 시 초과 부수만 총비용에서 5% 할인
D인쇄소	60	300	200	1,000	–

※ 홍보자료는 관내 20개 지점에 배포하고, 지점마다 10부씩 배포함

※ 홍보자료는 30페이지 분량으로 제본하며, 표지는 유광표지로 함

① A인쇄소 ② B인쇄소

③ C인쇄소 ④ D인쇄소

03 K사 마케팅 팀장은 팀원 50명에게 연말 선물을 하기 위해 물품을 구매하려고 한다. 다음은 업체별 품목 가격과 팀원들의 품목 선호도를 나타낸 자료이다. 〈조건〉에 따라 팀장이 구매할 물품과 업체를 순서대로 바르게 나열한 것은?

〈업체별 품목 가격〉

구분		한 벌당 가격(원)
A업체	티셔츠	6,000
	카라 티셔츠	8,000
B업체	티셔츠	7,000
	후드 집업	10,000
	맨투맨	9,000

〈팀원 품목 선호도〉

순위	품목
1	카라 티셔츠
2	티셔츠
3	후드 집업
4	맨투맨

조건

- 팀원의 선호도를 우선으로 품목을 선택한다.
- 총구매금액이 30만 원 이상이면 총금액에서 5%를 할인해 준다.
- 차순위 품목이 1순위 품목보다 총금액이 20% 이상 저렴하면 차순위를 선택한다.

① 티셔츠, A업체
② 카라 티셔츠, A업체
③ 티셔츠, B업체
④ 후드 집업, B업체

04 K사진관은 올해 찍은 사진을 모두 모아서 한 개의 USB에 저장하려고 한다. 사진의 용량 및 찍은 사진 수가 자료와 같고 USB 한 개에 모든 사진을 저장하려 한다. 다음 중 최소 몇 GB의 USB가 필요한가?(단, 1MB=1,000KB, 1GB=1,000MB이며, USB 용량은 소수점 자리는 버림한다)

〈올해 찍은 사진 자료〉

구분	크기(cm)	용량	개수
반명함	3×4	150KB	8,000개
신분증	3.5×4.5	180KB	6,000개
여권	5×5	200KB	7,500개
단체사진	10×10	250KB	5,000개

① 3GB ② 4GB
③ 5GB ④ 6GB

대표기출유형

04 인원 선발

| 유형분석 |

- 인적 자원과 관련된 다양한 정보를 활용하여 풀어가는 문제이다.
- 주로 근무명단, 휴무일, 업무할당 등의 주제로 다양한 정보를 활용하여 종합적으로 풀어가는 문제가 출제된다.

다음은 K공사 사원들의 주말 당직 일정표이다. 오전 9시부터 오후 4시까지 반드시 한 명 이상이 사무실에 당직을 서야 하며, 한 사람이 토요일과 일요일 연속하여 당직을 설 수는 없다. 또 월 2회 이상 월 최대 10시간 미만으로 당직을 서야 한다. 다음 중 당직 일정을 수정해야 하는 사람은?(단, 점심시간 12 ~ 13시는 당직 시간에서 제외한다)

〈주말 당직 일정표〉

당직일	당직자	당직일	당직자
첫째 주 토요일	유지선 9시 ~ 14시 이윤미 12시 ~ 16시	첫째 주 일요일	임유리 9시 ~ 16시 정지수 13시 ~ 16시 이준혁 10시 ~ 14시
둘째 주 토요일	정지수 9시 ~ 13시 이윤미 12시 ~ 16시 길민성 12시 ~ 15시	둘째 주 일요일	이선옥 9시 ~ 12시 최기태 10시 ~ 16시 김재욱 13시 ~ 16시
셋째 주 토요일	최기태 9시 ~ 12시 김재욱 13시 ~ 16시	셋째 주 일요일	유지선 9시 ~ 12시 서유진 13시 ~ 16시
넷째 주 토요일	이윤미 9시 ~ 13시 임유리 10시 ~ 16시 서유진 9시 ~ 16시	넷째 주 일요일	이선옥 9시 ~ 12시 길민성 9시 ~ 14시 이준혁 14시 ~ 16시

① 유지선 ② 임유리

③ 이준혁 ④ 길민성

정답 ②

임유리 직원은 첫째 주 일요일 6시간, 넷째 주 토요일 5시간으로 월 최대 10시간 미만인 당직 규정에 어긋나므로 당직 일정을 수정해야 한다.

풀이 전략!

문제에서 신입사원 채용이나 인력배치 등의 주제가 출제될 경우에는 주어진 규정 혹은 규칙을 꼼꼼히 확인하여야 한다. 이를 근거로 각 선택지가 어긋나지 않는지 검토하여 문제를 풀어간다.

대표기출유형 04 기출응용문제

01 K공사 인사부의 P사원은 직원들의 근무평정 업무를 수행하고 있다. 다음 가점평정 기준표를 참고할 때, P사원이 Q과장에게 부여해야 할 가점은?

〈가점평정 기준표〉

<table>
<tr><th colspan="2">구분</th><th>내용</th><th>가점</th><th>인정 범위</th><th>비고</th></tr>
<tr><td colspan="2" rowspan="5">근무경력</td><td>본부 근무 1개월(본부, 연구원, 인재개발원 또는 정부부처 파견근무기간 포함)</td><td>0.03점
(최대 1.8점)</td><td>1.8점</td><td>-</td></tr>
<tr><td>지역본부 근무 1개월(지역본부 파견근무기간 포함)</td><td>0.015점
(최대 0.9점)</td><td rowspan="4">1.8점</td><td rowspan="4">가점이 중복될 경우, 원거리, 장거리 및 특수지 근무 가점은 1/2만 인정</td></tr>
<tr><td>원거리 근무 1개월</td><td>0.035점
(최대 0.84점)</td></tr>
<tr><td>장거리 근무 1개월</td><td>0.025점
(최대 0.6점)</td></tr>
<tr><td>특수지 근무 1개월</td><td>0.02점
(최대 0.48점)</td></tr>
<tr><td colspan="2" rowspan="2">내부평가</td><td>내부평가결과 최상위 10%</td><td>월 0.012점</td><td rowspan="2">0.5점</td><td rowspan="2">현 직위에 누적됨
(승진 후 소멸)</td></tr>
<tr><td>내부평가결과 차상위 10%</td><td>월 0.01점</td></tr>
<tr><td rowspan="5">제안</td><td rowspan="3">제안상 결정 시</td><td>금상</td><td>0.25점</td><td rowspan="3">0.5점</td><td rowspan="3">수상 당시 직위에 한정함</td></tr>
<tr><td>은상</td><td>0.15점</td></tr>
<tr><td>동상</td><td>0.1점</td></tr>
<tr><td rowspan="2">시행결과 평가</td><td>탁월</td><td>0.25점</td><td rowspan="2">0.5점</td><td rowspan="2">제안상 수상 당시 직위에 한정함</td></tr>
<tr><td>우수</td><td>0.15점</td></tr>
</table>

〈Q과장 가점평정 사항〉

- 입사 후 36개월 동안 본부에서 연구원으로 근무
- 지역본부에서 24개월 동안 근무
  - 지역본부에서 24개월 동안 근무 중 특수지에서 12개월 동안 파견근무
- 본부로 복귀 후 현재까지 총 23개월 근무
- 팀장(직위 : 과장)으로 승진 후 현재까지 업무 수행 중
  - 내부평가결과 최상위 10% 총 12회
  - 내부평가결과 차상위 10% 총 6회
  - 금상 2회, 은상 1회, 동상 1회 수상
  - 시행결과평가 탁월 2회, 우수 1회

① 3.284점 ② 3.454점

③ 3.604점 ④ 3.854점

PART 2

02 K공사는 동절기에 인력을 감축하여 운영한다. 다음 〈조건〉을 참고할 때, 동절기 업무시간 단축 대상자는?

〈동절기 업무시간 단축 대상자 현황〉

성명	업무성과 평가	통근거리	자녀 유무
최나래	C	3km	×
박희영	B	5km	○
이지규	B	52km	×
박슬기	A	55km	○
황보연	D	30km	○
김성배	B	75km	×
이상윤	C	60km	○
이준서	B	70km	○
김태란	A	68km	○
한지혜	C	50km	×

조건

- K공사의 동절기 업무시간 단축 대상자는 총 2명이다.
- 업무성과 평가에서 상위 40% 이내에 드는 경우 동절기 업무시간 단축 대상자 후보가 된다.
  ※ 단, A>B>C>D 순서로 매기고, 동순위자 발생 시 동순위자를 모두 고려함
- 통근거리가 50km 이상인 경우에만 동절기 업무시간 단축 대상자가 될 수 있다.
- 동순위자 발생 시 자녀가 있는 경우에는 동절기 업무시간 단축 대상 우선순위를 준다.
- 위의 조건에서 대상자가 정해지지 않은 경우, 통근거리가 가장 먼 직원부터 대상자로 선정한다.

① 황보연, 이상윤　　② 박슬기, 김태란

③ 이준서, 김태란　　④ 이준서, 김성배

03 다음은 K학교의 성과급 기준표이다. 이를 적용해 K학교 교사들의 성과급 배점을 계산하고자 할 때, 〈보기〉의 A ~ E교사 중 가장 높은 배점을 받을 교사는?

〈성과급 기준표〉

구분	평가사항	배점기준	
수업 지도	주당 수업시간	24시간 이하	14점
		25시간	16점
		26시간	18점
		27시간 이상	20점
	수업 공개 유무	교사 수업 공개	10점
		학부모 수업 공개	5점
생활 지도	담임 유무	담임교사	10점
		비담임교사	5점
담당 업무	업무 곤란도	보직교사	30점
		비보직교사	20점
경력	호봉	10호봉 이하	5점
		11 ~ 15호봉	10점
		16 ~ 20호봉	15점
		21 ~ 25호봉	20점
		26 ~ 30호봉	25점
		31호봉 이상	30점

※ 수업지도 항목에서 교사 수업 공개, 학부모 수업 공개를 모두 진행했을 경우 10점으로 배점하며, 수업 공개를 하지 않았을 경우 배점은 없음

보기

구분	주당 수업시간	수업 공개 유무	담임 유무	업무 곤란도	호봉
A교사	20시간	–	담임교사	비보직교사	32호봉
B교사	29시간	–	비담임교사	비보직교사	35호봉
C교사	26시간	학부모 수업 공개	비담임교사	보직교사	22호봉
D교사	22시간	교사 수업 공개	담임교사	보직교사	17호봉

① A교사　　② B교사

③ C교사　　④ D교사

CHAPTER 05
기술능력

합격 CHEAT KEY

기술능력은 업무를 수행함에 있어 도구, 장치 등을 포함하여 필요한 기술에 어떠한 것들이 있는지 이해하고, 실제 업무를 수행함에 있어 적절한 기술을 선택하여 적용하는 능력이다.

세부 유형은 기술 이해 · 기술 선택 · 기술 적용으로 나눌 수 있다. 제품설명서나 상황별 매뉴얼을 제시하는 문제 또는 명령어를 제시하고 규칙을 대입할 수 있는지 묻는 문제가 출제되기 때문에 이런 유형들을 공략할 수 있는 전략을 세워야 한다.

01 긴 지문이 출제될 때는 선택지의 내용을 미리 보라!

기술능력에서 자주 출제되는 제품설명서나 상황별 매뉴얼을 제시하는 문제에서는 기술을 이해하고, 상황에 알맞은 원인 및 해결방안을 고르는 문제가 출제된다. 실제 시험장에서 문제를 풀 때는 시간적 여유가 없기 때문에 선택지를 먼저 읽고, 그 다음 긴 지문을 보면서 동시에 선택지와 일치하는 내용이 나오면 확인해 가면서 푸는 것이 좋다.

02 모듈형에도 대비하라!

모듈형 문제의 비중이 늘어나는 추세이므로 공기업을 준비하는 취업준비생이라면 모듈형 문제에 대비해야 한다. 기술능력의 모듈형 이론 부분을 학습하고 모듈형 문제를 풀어보고 여러 번 읽으며 이론을 확실히 익혀두면 실제 시험장에서 이론을 묻는 문제가 나왔을 때 단번에 답을 고를 수 있다.

03 전공 이론도 익혀 두라!

지원하는 직렬의 전공 이론이 기술능력으로 출제되는 경우가 많기 때문에 전공 이론을 익혀두는 것이 좋다. 깊이 있는 지식을 묻는 문제가 아니더라도 출제되는 문제의 소재가 전공과 관련된 내용일 가능성이 크기 때문에 최소한 지원하는 직렬의 전공 용어는 확실히 익혀 두어야 한다.

04 쉽게 포기하지 말라!

직업기초능력에서 주요 영역이 아니면 소홀한 경우가 많다. 시험장에서 기술능력을 읽어보지도 않고 포기하는 경우가 많은데 차근차근 읽어보면 지문만 잘 읽어도 풀 수 있는 문제들이 출제되는 경우가 있다. 이론을 모르더라도 풀 수 있는 문제인지 파악해보자.

대표기출유형

01 기술 이해

| 유형분석 |

- 기술 시스템의 개념과 발전 단계에 대한 지식을 평가한다.
- 각 단계의 순서와 그에 따른 특징을 숙지하여야 한다.
- 단계별로 요구되는 핵심 역할이 다름에 유의한다.

다음 글을 읽고 알 수 있는 기술혁신의 특성으로 옳은 것은?

인간의 개별적인 지능과 창의성, 상호 학습을 통해 발생하는 새로운 지식과 경험은 빠른 속도로 축적되고 학습되지만, 이러한 지식은 문서화되기 어렵기 때문에 다른 사람들에게 쉽게 전파될 수 없다. 따라서 연구개발에 참가한 연구원과 엔지니어들이 그 기업을 떠나는 경우 기술과 지식의 손실이 크게 발생하여 기술개발을 지속할 수 없는 경우가 종종 발생한다.

① 기술혁신은 조직의 경계를 넘나든다.
② 기술혁신은 지식 집약적인 활동이다.
③ 기술혁신은 장기간의 시간을 필요로 한다.
④ 기술혁신은 그 과정 자체가 매우 불확실하다.

정답 ②

연구개발에 참가한 연구원과 엔지니어들이 그 기업을 떠나는 경우 기술과 지식의 손실이 크게 발생하는 점을 볼 때, 기술혁신은 새로운 지식과 경험의 축적으로 나타나는 지식 집약적인 활동으로 볼 수 있다.

기술혁신의 특성

- 기술혁신은 그 과정 자체가 매우 불확실하고 장기간의 시간을 필요로 한다.
- 기술혁신은 지식 집약적인 활동이다.
- 기술혁신 과정의 불확실성과 모호함은 기업 내에서 많은 논쟁과 갈등을 유발할 수 있다.
- 기술혁신은 조직의 경계를 넘나든다.

풀이 전략!

기술 시스템이란 개별 기술들이 네트워크로 결합하여 새로운 기술로 만들어지는 것을 뜻한다. 따라서 개별 기술들이 '개발 → 이전 → 경쟁 → 공고화'의 절차를 가지고 있음을 숙지하여 문제를 풀어야 한다.

대표기출유형 01 기출응용문제

01 다음 〈보기〉 중 기술선택에 대한 설명으로 옳지 않은 것을 모두 고르면?

보기

ㄱ. 상향식 기술선택은 기술경영진과 기술기획자들의 분석을 통해 기업이 필요한 기술 및 기술수준을 결정하는 방식이다.
ㄴ. 하향식 기술선택은 전적으로 기술자들의 흥미 위주로 기술을 선택하여 고객의 요구사항과는 거리가 먼 제품이 개발될 수 있다.
ㄷ. 수요자 및 경쟁자의 변화와 기술 변화 등을 분석해야 한다.
ㄹ. 기술능력과 생산능력, 재무능력 등의 내부 역량을 고려하여 기술을 선택한다.
ㅁ. 기술선택 시 최신 기술로 진부화될 가능성이 적은 기술을 최우선순위로 결정한다.

① ㄱ, ㄴ, ㄹ
② ㄱ, ㄴ, ㅁ
③ ㄴ, ㄷ, ㄹ
④ ㄴ, ㄹ, ㅁ

02 다음 글을 읽고 알 수 있는 기술경영자의 역할로 옳지 않은 것은?

기술경영자에게는 리더십, 기술적인 능력, 행정능력 외에도 다양한 도전을 해결하기 위한 여러 능력들이 요구된다. 기술개발이 결과 지향적으로 수행되도록 유도하는 능력, 기술개발 과제의 세부 사항까지도 파악할 수 있는 능력, 기술개발 과제의 전 과정을 전체적으로 조망할 수 있는 능력이 그것이다. 또한 기술개발은 기계적인 관리보다는 조직 및 인간 행동상의 요인들이 더 중요하게 작용되는 사람 중심의 진행이기 때문에 이 밖에도 기술의 성격 및 이와 관련된 동향·사업 환경 등을 이해할 수 있는 능력과 기술적인 전문성을 갖춰 팀원들의 대화를 효과적으로 이끌어낼 수 있는 능력 등 다양한 능력을 필요로 하고 있다. 이와는 달리 중간급 매니저라 할 수 있는 기술관리자에게는 기술경영자와는 조금 다른 능력이 필요한데, 이는 기술적 능력에 대한 것과 계획서 작성, 인력 관리, 예산 관리, 일정 관리 등 행정능력에 대한 것이다.

① 시스템적인 관점에서 인식하는 능력
② 기술을 효과적으로 평가할 수 있는 능력
③ 조직 내의 기술 이용을 수행할 수 있는 능력
④ 새로운 제품개발 시간을 단축할 수 있는 능력

대 표 기 출 유 형

02 기술 적용

| 유형분석 |

- 주어진 자료를 해석하고 기술을 적용하여 풀어가는 문제이다.
- 꼼꼼하고 분석적인 접근이 필요한 논리연산, 사용설명서 등의 문제들이 출제된다.

PC방에서 근무하는 A군은 모니터에 이상이 있다는 손님의 문의에 대응할 수 있도록 모니터 설명서를 찾아 보았다. 다음 중 화면이 나오지 않는다는 손님의 문의를 받았을 때의 대응 방안으로 적절하지 않은 것은?

고장 내용	확인사항
화면이 나오지 않아요.	• 모니터 전원 코드가 전원과 바르게 연결되어 있는지 확인해 주세요. • 전원 버튼이 꺼져 있는지 확인해 주세요. • [입력] 설정이 바르게 되어 있는지 확인해 주세요. • PC와 모니터가 바르게 연결되어 있는지 확인해 주세요. • 모니터가 절전모드로 전환되어 있는지 확인해 주세요.
'UNKNOWN DEVICE'라는 문구가 뜹니다.	• 자사 홈페이지의 모니터 드라이브를 설치해 주세요. (http://www.*******.**.**)
화면이 흐려요.	• 권장 해상도로 설정되어 있는지 확인해 주세요. • 그래픽카드 성능에 따라 권장 해상도 지원이 불가능할 수 있으니 그래픽카드 제조사에 문의해 주세요.
화면에 잔상이 남아 있어요.	• 모니터를 꺼도 잔상이 남으면 고장신고로 접수해 주세요. (고정된 특정 화면을 장기간 사용하면 모니터에 손상을 줄 수 있습니다) • 몇 개의 빨간색, 파란색, 초록색, 흰색, 검은색 점이 보이는 것은 정상이므로 안심하고 사용하셔도 됩니다.
소리가 나오지 않아요.	• 모니터가 스피커 단자와 바르게 연결되어 있는지 확인해 주세요. • 볼륨 설정이 낮거나 음소거 모드로 되어 있는지 확인해 주세요.

① 모니터 전원이 켜져 있는지 확인한다.

② 모니터 드라이버를 설치한다.

③ 모니터와 PC가 바르게 연결되어 있는지 확인한다.

④ 모니터가 전원에 연결되어 있는지 확인한다.

정답 ②

모니터 드라이버를 설치하는 것은 'UNKNOWN DEVICE'라는 문구가 뜰 때이다.

풀이 전략!

문제 해결을 위해 필요한 정보와 기술능력이 무엇인지 먼저 파악한 후, 제시된 자료를 분석적으로 읽고 문제를 풀이한다.

대표기출유형 02 기출응용문제

01 K사원은 제품 설명서를 토대로 직원들을 위해 '사용 전 꼭 읽어야 할 사항'을 만들려고 한다. 다음 중 작성할 내용으로 적절하지 않은 것은?

> [사용 전 알아두어야 할 사항]
> 1. 물통 또는 제품 내부에 의류 외에 다른 물건을 절대 넣지 마십시오.
> 2. 제품을 작동시키기 전에 문이 제대로 닫혔는지 확인하십시오.
> 3. 필터는 제품 사용 전후로 반드시 청소해 주십시오.
> 4. 제품의 성능 유지를 위해서 물통을 자주 비워 주십시오.
> 5. 겨울철이거나 건조기가 설치된 곳의 기온이 낮을 경우 건조 시간이 길어질 수 있습니다.
> 6. 과도한 건조물을 넣고 기계를 작동시키면 완벽하게 건조되지 않거나 의류에 구김이 생길 수 있습니다. 최대 용량 5kg 이내로 의류를 넣어 주십시오.
> 7. 가죽, 슬립, 전기담요, 마이크로파이버 소재 의류, 이불, 동·식물성 충전재 사용 제품은 사용을 피해 주십시오.
>
> [동결 시 조치 방법]
> 1. 온도가 낮아지게 되면 물통이나 호스가 얼 수 있습니다.
> 2. 동결 시에는 작동 화면에 'ER' 표시가 나타납니다. 이 경우 일시정지 버튼을 눌러 작동을 멈추어 주세요.
> 3. 물통이 얼었다면 물통을 꺼내 따뜻한 물에 20분 이상 담가 주세요.
> 4. 호스가 얼었다면 호스 안의 이물질을 모두 꺼내고, 호스를 따뜻한 물 또는 따뜻한 수건으로 20분 이상 녹여 주세요.

① 사용 전후로 필터는 꼭 청소해 주세요.

② 사용이 불가한 의류 제품 목록을 꼭 확인해 주세요.

③ 화면에 'ER' 표시가 떴을 때는 전원을 끄고 작동을 멈춰 주세요.

④ 호스가 얼었다면, 호스를 따뜻한 물 또는 따뜻한 수건으로 20분 이상 녹여 주세요.

※ K대리는 이번 달 내로 모든 사무실의 복합기를 ★★복합기로 교체하라는 지시를 받았다. 모든 사무실의 복합기를 교체하였지만, 추후 문제가 생길 것을 대비해 신형 복합기의 문제 해결법을 인트라넷에 게시하였다. 이어지는 질문에 답하시오. **[2~3]**

〈문제 해결법〉

Q. 복합기가 비정상적으로 종료됩니다.

A. 제품의 전원 어댑터가 전원 콘센트에 정상적으로 연결되었는지 확인하십시오.

Q. 제품에서 예기치 못한 소음이 발생합니다.

A. 복합기의 자동 서비스 기능으로 프린트 헤드의 수명을 관리할 때에 제품에서 예기치 못한 소음이 발생할 수 있습니다.

▲ 참고

- 프린트 헤드의 손상을 방지하려면, 복합기에서 인쇄하는 동안에는 복합기를 끄지 마십시오.
- 복합기의 전원을 끌 때에는 반드시 전원 버튼을 사용하고, 복합기가 정지할 때까지 기다린 후 전원을 끄십시오.
- 잉크 카트리지를 모두 바르게 장착했는지 확인합니다.
- 잉크 카트리지가 하나라도 없을 경우, 복합기는 프린트 헤드를 보호하기 위해 자동으로 서비스 기능을 수행할 수 있습니다.

Q. 복합기가 응답하지 않습니다(인쇄되지 않음).

A. 1. 인쇄 대기열에 걸려 있는 인쇄 작업이 있는지 확인하십시오.
- 인쇄 대기열을 열어 모든 문서 작업을 취소한 다음 PC를 재부팅합니다.
- PC를 재부팅한 후 인쇄를 다시 시작합니다.

2. ★★소프트웨어 설치를 확인하십시오.
- 인쇄 도중 복합기가 꺼지면 PC 화면에 경고 메시지가 나타납니다.
- 메시지가 나타나지 않을 경우 ★★소프트웨어가 제대로 설치되지 않았을 수 있습니다.
- ★★소프트웨어를 완전히 제거한 다음 다시 설치합니다. 자세한 내용은 [프린터 소프트웨어 삭제하기]를 참고하십시오.

3. 케이블 및 연결 상태를 확인하십시오.

① USB 케이블이 복합기와 PC에 제대로 연결되었는지 확인합니다.
② 복합기가 무선 네트워크에 연결되어 있을 경우 복합기와 PC의 네트워크 연결 상태를 확인합니다.
③ PC에 개인 방화벽 소프트웨어가 설치되어 있는지 확인합니다.
④ 개인 소프트웨어 방화벽은 외부 침입으로부터 PC를 보호하는 보안 프로그램입니다.
⑤ 방화벽으로 인해 PC와 복합기의 통신이 차단될 수 있습니다.
⑥ 복합기와 통신이 문제가 될 경우에는 방화벽을 일시적으로 해제하십시오. 해제 후에도 문제가 발생하면 방화벽에 의한 문제가 아니므로 방화벽을 다시 실행하십시오.

Q. 인쇄 속도가 느립니다.
A. 1. 인쇄 품질 설정을 확인하십시오. • 인쇄 품질(해상도)이 최상 및 최대 DPI로 설정되었을 경우 인쇄 품질이 향상되나 인쇄 속도가 느려질 수 있습니다. 2. 잉크 카트리지의 잉크 잔량을 확인하십시오. • 잉크 카트리지에 남아 있는 예상 잉크량을 확인합니다. • 잉크 카트리지가 소모된 상태에서 인쇄를 할 경우 인쇄 속도가 느려질 수 있습니다. • 위와 같은 방법으로 해결되지 않을 경우 복합기에 문제가 있을 수 있으므로, ★★서비스 센터에 서비스를 요청하십시오.

02 **A사원은 ★★복합기에서 소음이 발생하자 문제 해결법을 통해 복합기의 자동 서비스 기능으로 프린트 헤드의 수명을 관리할 때 소음이 발생할 수 있다는 것을 알았다. 다음 중 A사원이 숙지할 수 있는 참고 사항으로 옳지 않은 것은?**

① 프린트 헤드의 손상을 방지하려면, 복합기에서 인쇄하는 동안에는 복합기를 끄지 않는다.

② 복합기의 전원을 끌 때에는 반드시 전원 버튼을 사용하고, 복합기가 정지할 때까지 기다린 후 전원을 끈다.

③ 잉크 카트리지를 모두 올바르게 장착했는지 확인한다.

④ 프린트 헤드 정렬 및 청소를 불필요하게 실시하면 많은 양의 잉크가 소모된다.

03 **팀장에게 보고서를 제출하기 위해 인쇄를 하려던 Z사원은 보고서가 인쇄되지 않는다는 것을 알았다. 다음 중 Z사원이 복합기 문제를 해결할 수 있는 방안으로 옳지 않은 것은?**

① 인쇄 작업이 대기 중인 문서가 있는지 확인한다.

② 복합기 소프트웨어를 완전히 제거한 다음 다시 설치한다.

③ USB 케이블이 복합기와 PC에 연결이 되어 있는지 확인한다.

④ 잉크 카트리지에 남아 있는 예상 잉크량을 확인한다.

CHAPTER 06

조직이해능력

합격 CHEAT KEY

조직이해능력은 업무를 원활하게 수행하기 위해 조직의 체제와 경영을 이해하고 국제적인 추세를 이해하는 능력이다. 현재 많은 공사·공단에서 출제 비중을 높이고 있는 영역이기 때문에 미리 대비하는 것이 중요하다. 실제 업무 능력에서 조직이해능력을 요구하기 때문에 중요도는 점점 높아 질 것이다.

세부 유형은 조직 체제 이해, 경영 이해, 업무 이해, 국제 감각으로 나눌 수 있다. 조직도를 제시하는 문제가 출제되거나 조직의 체계를 파악해 경영의 방향성을 예측하고, 업무의 우선순위를 파악하는 문제가 출제된다.

01 문제 속에 정답이 있다!

경력이 없는 경우 조직에 대한 이해가 낮을 수밖에 없다. 그러나 문제 자체가 실무적인 내용을 담고 있어도 문제 안에는 해결의 단서가 주어진다. 부담을 갖지 않고 접근하는 것이 중요하다.

02 경영·경제학원론 정도의 수준은 갖추도록 하라!

지원한 직군마다 차이는 있을 수 있으나, 경영·경제이론을 접목시킨 문제가 꾸준히 출제되고 있다. 따라서 기본적인 경영·경제이론은 익혀 둘 필요가 있다.

03 지원하는 공사·공단의 조직도를 파악하라!

출제되는 문제는 각 공사·공단의 세부내용일 경우가 많기 때문에 지원하는 공사·공단의 조직도를 파악해 두어야 한다. 조직이 운영되는 방법과 전략을 이해하고, 조직을 구성하는 체제를 파악하고 간다면 조직이해능력에서 조직도가 나올 때 단기간에 문제를 풀 수 있을 것이다.

04 실제 업무에서도 요구되므로 이론을 익히라!

각 공사·공단의 직무 특성상 일부 영역에 중요도가 가중되는 경우가 있어서 많은 취업준비생들이 일부 영역에만 집중하지만, 실제 업무 능력에서 직업기초능력 10개 영역이 골고루 요구되는 경우가 많고, 현재는 필기시험에서도 조직이해능력을 출제하는 기관의 비중이 늘어나고 있기 때문에 미리 이론을 익혀 둔다면 모듈형 문제에서 고득점을 노릴 수 있다.

대표기출유형

01 경영 전략

| 유형분석 |

- 경영 전략에서 대표적으로 출제되는 문제는 마이클 포터(Michael Porter)의 본원적 경쟁전략이다.
- 경쟁 전략의 기본적인 이해와 구조를 물어보는 문제가 자주 출제되므로 전략별 특징 및 개념에 대한 이론 학습이 요구된다.

다음 사례의 쟁점과 협상전략이 바르게 연결된 것은?

대기업 영업부장인 A씨는 기존 재고를 처리할 목적으로 업체 W사와 협상 중이다. 그러나 W사는 자금 부족을 이유로 이를 거절하고 있다. 하지만 A씨는 자신의 회사에서 물품을 제공하지 않으면 W사가 매우 곤란한 지경에 빠진다는 사실을 알고 있다. 그래서 A씨는 앞으로 W사와 거래하지 않을 것이라는 엄포를 놓았다.

① 자금 부족 – 협력전략
② 재고 처리 – 갈등전략
③ 재고 처리 – 경쟁전략(강압전략)
④ 정보 부족 – 양보전략(유화전략)

정답 ③

제시된 사례의 쟁점은 재고 처리이며, 여기서 A씨는 W사에 대하여 경쟁전략(강압전략)을 사용하고 있다. 강압전략은 'Win–Lose' 전략이다. 즉, 내가 승리하기 위해서 당신은 희생되어야 한다는 전략인 'I Win, You Lose' 전략이다. 명시적 또는 묵시적으로 강압적 위협이나 강압적 설득, 처벌 등의 방법으로 상대방을 굴복시키거나 순응시킨다. 자신의 주장을 확실하게 상대방에게 제시하고 상대방에게 이를 수용하지 않으면 보복이 있을 것이며 협상이 결렬될 것이라는 등의 위협을 가하는 것이다. 즉, 강압전략은 일방적인 의사소통으로 일방적인 양보를 받아내려는 것이다.

풀이 전략!

대부분의 기업들은 마이클 포터의 본원적 경쟁전략을 사용하고 있다. 각 전략에 해당하는 대표적인 기업을 연결하고, 그들의 경영 전략을 상기하며 문제를 풀어보도록 한다.

대표기출유형 01 기출응용문제

01 다음 〈보기〉 중 경영활동을 수행하고 있는 사례로 적절하지 않은 것은?

> **보기**
>
> (가) 다음 시즌 우승을 목표로 해외 전지훈련에 참여하여 열심히 구슬땀을 흘리고 있는 선수단과 이를 운영하는 구단 직원들
>
> (나) 자발적인 참여로 뜻을 같이한 동료들과 함께 매주 어려운 이웃을 찾아다니며 봉사활동을 펼치고 있는 K씨
>
> (다) 교육지원대대장으로서 사병들의 교육이 원활히 진행될 수 있도록 훈련장 관리와 유지에 최선을 다하고 있는 K대령과 참모진
>
> (라) 영화 촬영을 앞두고 시나리오와 제작 콘셉트를 회의하기 위해 모인 감독 및 스태프와 출연 배우들

① (가)　　② (나)
③ (다)　　④ (라)

02 다음은 경영참가제도의 유형에 대한 자료이다. 밑줄 친 ㉠~㉢에 대한 설명으로 옳지 않은 것은?

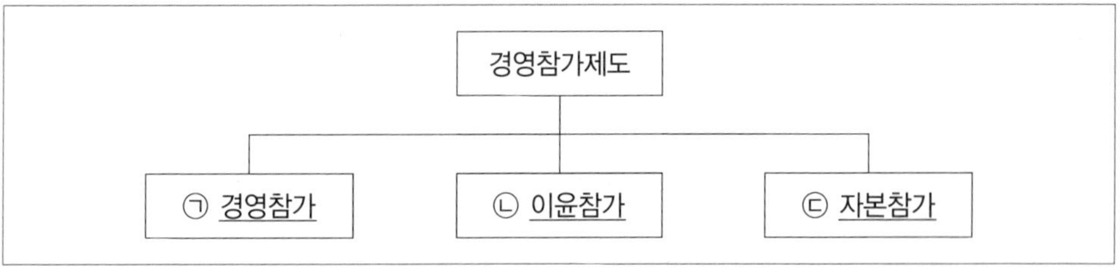

① ㉠의 경우 초기단계에서는 경영자가 경영 관련 정보를 근로자에게 제공한다.
② ㉡은 구성원의 몰입과 관심을 높일 수 있는 방법이다.
③ ㉡은 생산의 판매 가치나 부가가치의 증대를 기준으로 성과배분을 하기도 한다.
④ ㉢의 사례로는 공동의사결정제도와 노사협의회제도를 볼 수 있다.

대표기출유형

02 조직 구조

| 유형분석 |

- 조직 구조 유형에 대한 특징을 물어보는 문제가 자주 출제된다.
- 기계적 조직과 유기적 조직의 차이점과 사례 등을 숙지하고 있어야 한다.
- 조직 구조 형태에 따라 기능적 조직, 사업별 조직으로 구분하여 출제되기도 한다.

다음 중 기계적 조직의 특징으로 옳은 것을 〈보기〉에서 모두 고르면?

보기

㉠ 변화에 맞춰 쉽게 변할 수 있다.
㉡ 상하 간 의사소통이 공식적인 경로를 통해 이루어진다.
㉢ 대표적으로 사내 벤처팀, 프로젝트팀이 있다.
㉣ 구성원의 업무가 분명하게 규정되어 있다.
㉤ 다양한 규칙과 규제가 있다.

① ㉠, ㉡, ㉢　　② ㉠, ㉣, ㉤
③ ㉡, ㉢, ㉣　　④ ㉡, ㉣, ㉤

정답 ④

㉠·㉢ 유기적 조직에 대한 설명이다.

기계적 조직과 유기적 조직

- 기계적 조직
  - 구성원의 업무가 분명하게 규정되어 있다.
  - 많은 규칙과 규제가 있다.
  - 상하 간 의사소통이 공식적인 경로를 통해 이루어진다.
  - 엄격한 위계질서가 존재한다(대표적으로 군대, 정부, 공공기관 등이 있음).
- 유기적 조직
  - 의사결정권한이 조직의 하부 구성원들에게 많이 위임되어 있다.
  - 업무가 고전되지 않아 업무 공유가 가능하다.
  - 비공식적인 상호 의사소통이 원활이 이루어진다.
  - 규제나 통제의 정도가 낮아 변화에 맞춰 쉽게 변할 수 있다.
  - 대표적으로 권한위임을 받아 독자적으로 활동하는 사내 벤처팀, 특정한 과제 수행을 위해 조직된 프로젝트팀이 있다.

풀이 전략!

조직 구조는 유형에 따라 기계적 조직과 유기적 조직으로 나눌 수 있다. 기계적 조직과 유기적 조직은 서로 상반된 특징을 가지고 있으며, 기계적 조직이 관료제의 특징과 비슷함을 파악하고 있다면, 이와 상반된 유기적 조직의 특징도 수월하게 파악할 수 있다.

대표기출유형 02 기출응용문제

01 다음은 H공단의 직업능력개발 사업계획의 일부 내용이다. 〈보기〉를 참고하여 사업계획을 이해한 내용으로 적절하지 않은 것은?

〈직업능력개발 사업계획〉

전략 과제별 사업	20××년	
	목표	예산(백만 원)
사업주 직업능력개발훈련 참여 확대	2,102천 명	434,908
중소기업 훈련지원센터 관리	86,000명	
체계적 현장 훈련 지원	150기업	3,645
학습조직화 지원	150기업	
컨소시엄 훈련 지원	210,000명	108,256
청년취업아카데미 운영 관리	7,650명	3,262
내일이룸학교 운영 지원	240명	
직업방송 제작	2,160편	5,353

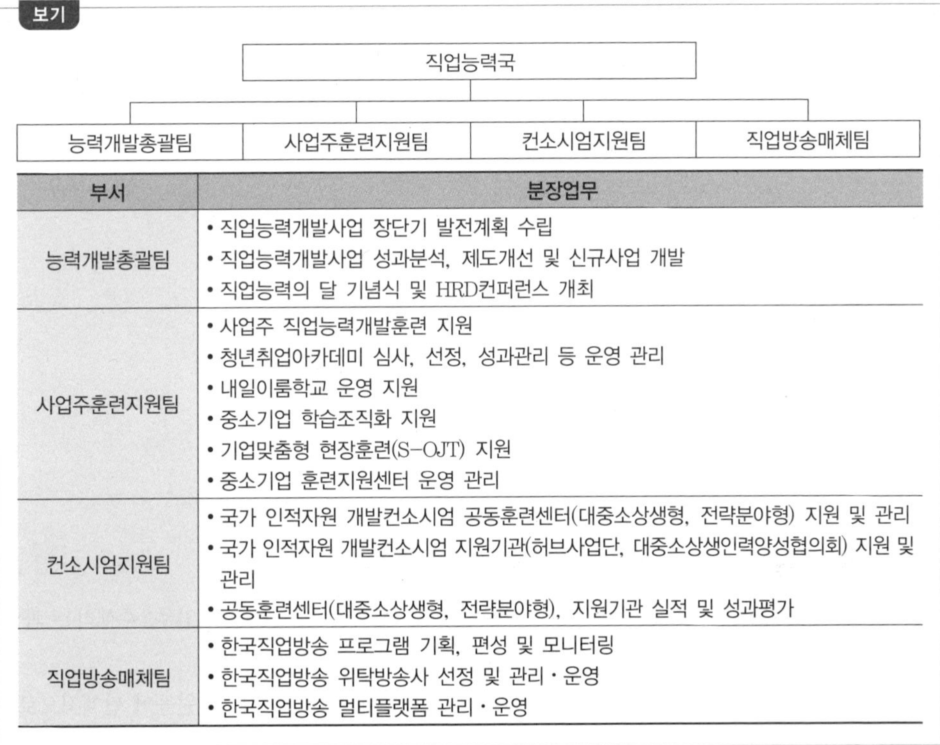

부서	분장업무
능력개발총괄팀	• 직업능력개발사업 장단기 발전계획 수립 • 직업능력개발사업 성과분석, 제도개선 및 신규사업 개발 • 직업능력의 달 기념식 및 HRD컨퍼런스 개최
사업주훈련지원팀	• 사업주 직업능력개발훈련 지원 • 청년취업아카데미 심사, 선정, 성과관리 등 운영 관리 • 내일이룸학교 운영 지원 • 중소기업 학습조직화 지원 • 기업맞춤형 현장훈련(S-OJT) 지원 • 중소기업 훈련지원센터 운영 관리
컨소시엄지원팀	• 국가 인적자원 개발컨소시엄 공동훈련센터(대중소상생형, 전략분야형) 지원 및 관리 • 국가 인적자원 개발컨소시엄 지원기관(허브사업단, 대중소상생인력양성협의회) 지원 및 관리 • 공동훈련센터(대중소상생형, 전략분야형), 지원기관 실적 및 성과평가
직업방송매체팀	• 한국직업방송 프로그램 기획, 편성 및 모니터링 • 한국직업방송 위탁방송사 선정 및 관리·운영 • 한국직업방송 멀티플랫폼 관리·운영

① 직업능력개발 사업계획 수립은 능력개발총괄팀이 담당한다.

② 계획된 사업 중 사업주훈련지원팀이 담당하는 사업의 수가 가장 많다.

③ 계획된 사업 중 컨소시엄지원팀과 직업방송매체팀이 담당하는 사업의 수는 같다.

④ 사업계획상 가장 적은 예산을 사용할 부서는 컨소시엄지원팀이다.

02 **조직구조의 형태 중 사업별 조직구조는 제품이나 고객별로 부서를 구분하는 것이다. 다음 중 사업별 조직구조의 형태로 적절하지 않은 것은?**

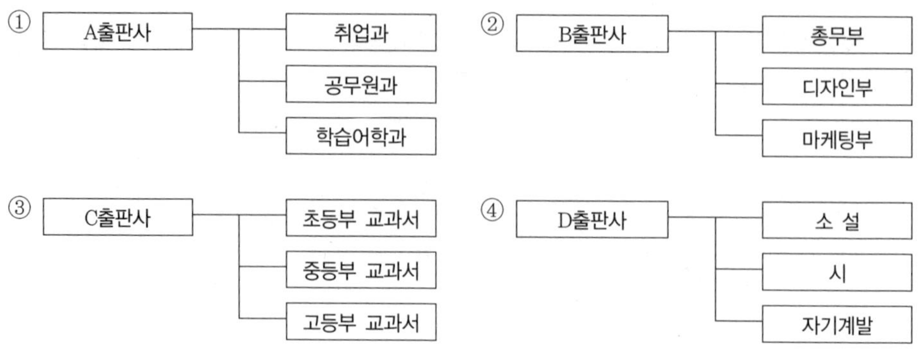

03 **다음 중 조직 구조의 형태에 대한 설명으로 적절하지 않은 것은?**

① 조직도를 통해 조직 내적인 구조를 확인할 수 있지만, 구성원들의 임무, 수행하는 과업, 일하는 장소 등과 같은 일하는 방식과 관련된 체계는 알 수 없다.

② 대부분의 조직은 조직의 CEO가 조직의 최상층에 있고, 조직구성원들이 단계적으로 배열되는 구조를 가지고 있다.

③ 환경이 안정적이거나 일상적인 기술, 조직의 내부 효율성을 중요시하며 기업의 규모가 작을 때에는 업무의 내용이 유사하고 관련성이 있는 것들을 결합해서 기능적 조직구조 형태를 이루었다.

④ 급변하는 환경변화에 효과적으로 대응하고 제품, 지역, 고객별 차이에 신속하게 적응하기 위하여 분권화된 의사결정이 가능한 사업별 조직구조가 나타나게 되었다.

04 다음 〈보기〉의 설명 중 조직구조의 형태에 대한 설명으로 옳지 않은 것을 모두 고른 것은?

보기

㉠ 조직 내부의 효율성을 중시하는 조직은 기능적 조직구조보다는 사업별 조직구조의 형태를 띤다.
㉡ 사업별 조직구조는 안정적인 환경 하에서 대처가 용이한 조직구조이다.
㉢ 기능적 조직구조 하에서는 각 부서가 유사성과 관련성이 높은 업무들을 결합하여 관장하고 있다.
㉣ 환경 변화에 신속히 대처하기 위해서는 집권화된 의사결정 구조보다 분권화된 구조가 유리하다.

① ㉠, ㉡
② ㉠, ㉢
③ ㉡, ㉣
④ ㉢, ㉣

PART 2

대표기출유형

03 업무 종류

| 유형분석 |

- 부서별 주요 업무에 대해 묻는 문제이다.
- 부서별 특징과 담당 업무에 대한 이해가 필요하다.

다음은 K기업의 이팀장이 오전 10시에 강대리에게 남긴 음성메시지이다. 이팀장의 업무 지시에 따라 강대리가 가장 먼저 해야 할 일과 가장 나중에 해야 할 일을 순서대로 바르게 나열한 것은?

강대리님, 저 이팀장입니다. 오늘 중요한 미팅 때문에 강대리님이 제 업무를 조금 도와주셔야 할 것 같습니다. 제가 미팅 후 회식을 가야 하는데 제가 회사 차를 가지고 왔습니다. 이따가 강대리님이 잠깐 들러 회사 차를 반납해 주세요. 아! 차 안에 A은행 김팀장에게 제출해야 할 서류가 있는데 회사 차를 반납하기 전에 그 서류를 대신 제출해 주시겠어요? A은행 김팀장은 4시에 퇴근하니까 3시까지는 A은행으로 가셔야 할 것 같습니다. 그리고 오늘 5시에 팀장 회의가 있는데 제 책상 위의 회의 자료를 영업팀 최팀장에게 전달해 주시겠어요? 최팀장이 오늘 오전 반차를 써서 아마 1시쯤에 출근할 것 같습니다. 급한 사안이니 최대한 빨리 전달 부탁드려요. 그런데 혹시 지금 대표님께서 출근하셨나요? 오전 중으로 대표님께 결재를 받아야 할 사항이 있는데 제 대신 결재 부탁드리겠습니다.

① 대표에게 결재 받기, 최팀장에게 회의 자료 전달
② 대표에게 결재 받기, 회사 차 반납
③ 최팀장에게 회의 자료 전달, A은행 김팀장에게 서류 제출
④ 최팀장에게 회의 자료 전달, 회사 차 반납

정답 ②

이팀장의 지시 사항에 따라 강대리가 해야 할 일은 회사 차 반납, A은행 김팀장에게 서류를 제출, 최팀장에게 회의 자료를 전달, 대표 결재이다. 이 가운데 대표의 결재를 오전 중으로 받아야 하므로 강대리는 가장 먼저 대표에게 결재를 받아야 한다. 이후 1시에 출근하는 최팀장에게 회의 자료를 전달하고, 이팀장에게 들러 회사 차를 찾아 차 안의 서류를 A은행 김팀장에게 제출한 뒤 회사 차를 반납해야 한다. 즉, 강대리가 해야 할 일의 순서를 정리하면 '대표에게 결재 받기 → 최팀장에게 회의 자료 전달 → K은행 김팀장에게 서류 제출 → 회사 차 반납'의 순서가 된다.

풀이 전략!

조직은 목적의 달성을 위해 업무를 효과적으로 분배하고 처리할 수 있는 구조를 확립해야 한다. 조직의 목적이나 규모에 따라 업무의 종류는 다양하지만, 대부분의 조직에서는 총무, 인사, 기획, 회계, 영업으로 부서를 나누어 업무를 담당하고 있다. 따라서 5가지 업무 종류에 대해서는 미리 숙지해야 한다.

대표기출유형 03 기출응용문제

01 K공사에서 근무하는 강과장은 '한여름 밤의 음악회'와 관련하여 유대리에게 다음과 같이 부탁하였다. 유대리가 가장 먼저 처리해야 할 일로 가장 적절한 것은?

> 유대리님, 퇴근하기 전에 음악회 장소를 다시 점검하러 가보셔야 할 것 같아요. 저번에 김과장님이 오른쪽 조명이 깜빡인다고 말씀하시더라고요. △△조명은 11시부터 영업을 시작하고, 음악회 주최 위원들은 점심시간에 오신다고 하니 함께 점심 드시고 오후에 연락하여 점검을 같이 나가자고 연락 드려 주세요. 아, 그리고 제가 지금 외근을 나가야 하는데 오늘 몇 시에 들어올 수 있을지 모르겠어요. 일단 점심 식사 후 음악회 주최 위원들께 음악회 일정표를 전달해주세요. 그리고 조명 점검하시고 꼭 김과장님께 상황 보고해 주세요.

① 한여름 밤의 음악회 장소 점검
② △△조명에 조명 점검 협조 연락
③ 음악회 주최 의원들과 점심
④ 음악회 주최 의원들에게 일정표 전달

02 직무 전결 규정상 전무이사가 전결인 '과장의 국내출장 건'의 결재를 시행하고자 한다. 박기수 전무이사가 해외출장으로 인해 부재중이어서 직무대행자인 최수영 상무이사가 결재하였다. 다음 〈보기〉 중 이에 대한 설명으로 적절하지 않은 것을 모두 고르면?

보기

ㄱ. 최수영 상무이사가 결재한 것은 전결이다.
ㄴ. 공문의 결재표 상에는 '과장 최경옥, 부장 김석호, 상무이사 전결, 전무이사 최수영'이라고 표시되어 있다.
ㄷ. 박기수 전무이사가 출장에서 돌아와서 해당 공문을 검토하는 것은 후결이다.
ㄹ. 위임 전결받은 사항에 대해서는 원결재자인 대표이사에게 후결을 받는 것이 원칙이다.

① ㄱ, ㄴ
② ㄱ, ㄹ
③ ㄱ, ㄴ, ㄹ
④ ㄴ, ㄷ, ㄹ

M E M O

PART 3

최종점검 모의고사

제1회 사무직 최종점검 모의고사

※ 한국중부발전 최종점검 모의고사는 채용공고와 필기 후기를 기준으로 구성한 것으로, 실제 시험과 다를 수 있습니다.

■ 취약영역 분석

번호	O/×	영역
1		의사소통능력
2		
3		
4		
5		
6		
7		
8		
9		
10		
11		
12		
13		
14		
15		
16		수리능력
17		
18		
19		
20		
21		
22		
23		
24		
25		

번호	O/×	영역
26		수리능력
27		
28		
29		
30		
31		
32		
33		
34		
35		
36		자원관리능력
37		
38		
39		
40		
41		
42		
43		
44		
45		
46		
47		
48		
49		
50		

번호	O/×	영역
51		조직이해능력
52		
53		
54		
55		
56		
57		
58		
59		
60		
61		
62		
63		
64		
65		
66		
67		
68		
69		
70		

평가 문항	70문항	평가 시간	50분
시작시간	:	종료시간	:
취약 영역			

모바일 OMR

제1회 사무직 최종점검 모의고사

문항 수 : 70문항 응시시간 : 50분

정답 및 해설 p.042

01 다음 글에서 밑줄 친 ㉠~㉤의 수정 방안으로 적절하지 않은 것은?

> 흔히들 '향토 음식'이라고 하면 옛날부터 전해 내려온 전통 음식을 떠올릴 것이다. ㉠ 그러나 향토 음식은 전통 음식보다 좁은 개념으로, 각 지역의 특산물을 재료로 하여 만들어진 그 지방 고유의 음식을 말한다. ㉡ 해당 지역에서 생산된 재료로 만들 뿐만 아니라 조리 방법에 있어서도 그 지역 사람들이 살아 온 모습을 담고 있기 때문에 향토 음식은 그 지역 고유의 음식 문화를 이룬다고 할 수 있다.
> ㉢ 그리고 요즘 청소년들은 이런 향토 음식에 대해 제대로 알고 있지 못하며 이에 관심을 가질 생각도 없는 것으로 보인다. 지난 달 우리 지역 고등학생을 대상으로 한 향토 음식 선호도 설문 조사에서 "가장 좋아하는 우리 지역 향토 음식이 무엇입니까?"라는 질문에 대해 "우리 지역 향토 음식이 무엇인지 잘 모른다."라고 응답한 학생이 대다수를 차지했던 것이다. 나는 이 결과를 접하고서 이제라도 향토 음식에 관심을 가지고 그것을 배워야겠다는 생각을 하게 되었다.
> 그래서 나는 친구들과 주말에 ○○마을에서 열리는 '향토 음식 요리 교실'에 다니고 있다. ㉣ 주말에 함께 시간을 내는 것은 쉬운 일이 아니다. 지난 주말에는 밀국수 만드는 법을 배우면서, 할머니들로부터 이 지역 밀국수에 대한 이야기를 들을 수 있었다. ○○마을은 지역 특성상 논농사가 어려워 쌀 대신 밀을 많이 먹었고, 이웃과 함께 국수를 만들어 먹으며 정을 나누었다. 또한 양념을 많이 쓰지 않은 자연 그대로의 담백한 맛은 우리 지역 사람들의 ㉤ 활기찬 마음과 닮아 있다고 했다. 우리는 이런 이야기를 들으며, 향토 음식을 배우는 것은 그 지역의 요리만 배우는 것이 아니라 그 지역에서 이어져 온 문화와 정신을 배우는 것임을 알게 되었다.
> 이처럼 우리 청소년들이 향토 음식에 관심을 갖는 것은 사라져 가는 우리의 식문화를 지킴으로써 전통을 계승하는 계기를 마련한다는 데에 의의가 있다. 또한 향토 음식에 대한 관심은 지역 공동체의 조화를 이루어 내는 데에도 기여할 것이다.
> 향토 음식은 우리 전통을 이어 갈 소중한 유산 중 하나이다. 티끌 모아 태산이 되듯 향토 음식에 대한 청소년의 작은 관심들이 모인다면 향토 음식은 우리의 자랑으로 자랄 것이다.

① 내용의 연결이 자연스럽지 못하므로 ㉠과 ㉡의 순서를 서로 바꾼다.
② 접속어의 사용이 잘못되었으므로 ㉢을 '그런데'로 수정한다.
③ 글의 흐름과 어긋나는 문장이므로 ㉣을 삭제한다.
④ 의미상 어울리지 않으므로 ㉤을 '소박한'으로 고친다.

02 다음 글의 내용으로 적절하지 않은 것은?

많은 사람들은 소비에 대한 경제적 결정을 내리기 전에 가격과 품질을 고려한다. 하지만 이러한 결정은 때로는 소비자가 인식하지 못한 다른 요소에 의해 영향을 받는다. 바로 마케팅과 광고의 효과이다. 광고는 제품이나 서비스에 대한 정보를 전달하는 데 사용되는 매개체로 소비자의 구매 결정에 큰 영향을 준다.

마케팅 회사들은 광고를 통해 제품을 매력적으로 보이도록 디자인하고, 소비자들이 해당 제품을 원하도록 만들어 여러 가지 특징들을 강조한다. 예를 들어 소비자가 직면한 문제에 대해 자사의 제품이 효과적인 해결책이라고 제시하거나, 유니크한 디자인, 고급 소재 등을 사용한다고 강조하는 것이다. 이렇게 광고는 소비자들에게 제품에 대한 긍정적인 이미지를 형성하게 하여 구매 욕구를 자극해 제품의 판매량을 증가시키는 데 도움이 된다.

그러므로 현명한 소비를 하기 위해서는 광고에 의해 형성된 이미지에 속지 않고, 실제 제품의 가치와 품질을 충분히 검토해야 한다. 소비를 함에 있어 광고에만 의존한다면 실제로는 자신에게 필요하지 않은 제품이나 서비스를 마치 꼭 필요한 것처럼 착각하여 제품이나 서비스를 구매하게 될 수도 있다. 따라서 경제적인 결정을 내리기 전에 광고 외에도 가격, 품질, 필요성 등 다양한 요소를 종합적으로 고려해야 한다.

① 판매자는 광고를 통해 자사 제품의 긍정적인 이미지를 만들어 낼 수 있다.
② 광고는 현명한 소비를 함에 있어서 도움이 되지 않는다.
③ 제품을 구입할 때 자신에게 꼭 필요한 물건인지 파악하는 것은 현명하게 소비하는 것이다.
④ 광고는 소비자의 구매 결정에 큰 영향을 준다.

03 다음 글을 〈보기〉와 같은 순서로 재구성하려고 할 때, 논리적 순서대로 바르게 나열한 것은?

(가) 최근 전자 상거래 시장에서 소셜 커머스 열풍이 거세게 불고 있다. 할인율 50%라는 파격적인 조건으로 검증된 상품을 구매할 수 있다는 입소문이 나면서 국내 소셜 커머스 시장의 규모가 급성장하고 있다. 시장 규모가 커지다 보니 개설된 소셜 커머스 사이트가 수백 개에 달하고, 소셜 커머스 모임 사이트까지 등장할 정도로 소셜 커머스의 인기가 날로 높아지고 있다.

(나) 현재 국내 소셜 커머스는 일정 수 이상의 구매자가 모일 경우 파격적인 할인가로 상품을 판매하는 방식의 소셜 쇼핑이 주를 이루고 있다. 그러나 소셜 쇼핑 외에도 SNS상에 개인화된 쇼핑 환경을 만들거나 상거래 전용 공간을 여는 방식의 소셜 커머스도 등장하고 있다. 소셜 커머스의 소비자는 판매자(생산자)의 상품을 하는 데서 그치지 않고 판매자들로 하여금 자신들이 원하는 물건을 판매하도록 유도할 수 있으며, 자신들 스스로가 새로운 소비자를 끌어 모을 수도 있다. 이러한 소비자의 변모는 소비자의 역할뿐만 아니라 상거래 지형이 크게 변화할 것임을 시사한다. 소셜 커머스 시대에는 소비자가 상거래의 주도권을 쥐는 일이 가능해진 것이다.

(다) 소셜 커머스란 소셜 네트워크 서비스(SNS)를 통하여 이루어지는 전자 상거래를 가리키는 말이다. 소셜 커머스는 상품의 구매를 원하는 사람들이 항인을 성사하기 위하여 공동 구매자를 모으는 과정에서 주로 SNS를 이용하는 데서 그 명칭이 유래되었다. 소셜 커머스는 2005년 '야후(Yahoo)'의 장바구니 공유 서비스인 '쇼퍼스피어(Shopersphere)'와 같은 사이트를 통하여 처음 소개되었다.

보기

국내 소셜 커머스의 현황 → 소셜 커머스의 명칭 유래 및 등장 배경 → 소셜 커머스의 유형 및 전망

① (나) – (가) – (다)
② (나) – (다) – (가)
③ (가) – (나) – (다)
④ (가) – (다) – (나)

04 다음 글의 내용을 토대로 〈보기〉의 밑줄 친 주장에 대해 반박하려고 할 때, 그 논거로 적절하지 않은 것은?

> 기자 : 교수님, 영국에서 탄생한 복제 양과 우리의 복제 송아지의 차이점은 무엇이라고 생각하시는지요.
>
> 교수 : 두 가지 차원에서 이야기할 수 있습니다. 지금까지는 생명을 복제하기 위해서 반드시 생식 세포를 이용해야 한다는 것이 정설이었습니다. 그런데 복제 양은 생식 세포가 아닌 일반 체세포, 그중에서도 젖샘 세포를 이용했습니다. 이는 노화 등의 이유로 생식 세포가 죽은 개체들로 체세포를 통해 복제가 가능하다는 얘기가 됩니다. 체세포를 통한 복제는 기존 생물학적 개념을 완전히 바꾼 것입니다. 반면 산업적 측면에서는 문제가 있습니다. 동물 복제는 순수 발생학적 관심 못지않게 경제적으로도 중요합니다. 생산력이 뛰어난 가축을 적은 비용으로 복제 생산해야 한다는 것입니다. 이 점에서는 체세포를 통한 복제는 아직 한계가 있습니다. 경제적인 측면에서는 생식 세포를 이용한 복제가 훨씬 효과적입니다.
>
> 기자 : 이런 복제 기술들이 인간에게도 적용이 가능한가요?
>
> 교수 : 기술적으로는 그렇습니다. 그러나 인간에게 적용했을 때는 기존 인간관계의 근간을 파괴하는 사회 문제를 발생시킬 것입니다. 또 생명체 복제 기술의 적용 영역을 확대하다 보면, 자의로 또는 적용 과정에서 우연히 인체에 치명적이거나 통제 불능한 생물체가 만들어질 가능성도 있습니다. 이것을 생물 재해라고 합니다. 생명공학에 종사하는 학자들은 이 두 가지 문제들을 늘 염두에 두어야 합니다. 물론 아직까지는 이런 문제들이 발생하지 않았지만, 어느 국가 또는 특정 집단이 복제 기술을 악용할 위험성을 배제할 수는 없습니다.

보기

> 미국 위스콘신 생명 윤리 연구 센터의 아서더스 박사는, '인간에게 동물 복제 기술을 적용하면 왜 안 되는지에 대한 논리적 이유가 없다.'고 하면서, 인간 복제를 규제한다 하더라도 대단한 재력가나 권력가는 이를 충분히 피해갈 것이라고 말했다.

① 사람들 사이의 신뢰가 무너질 수 있다.
② 범죄 집단에 악용될 위험이 있다.
③ 인구가 폭발적으로 증가할 염려가 있다.
④ 통제 불능한 인간을 만들어 낼 수 있다.

PART 3

05 다음은 금융통화위원회가 과거에 의결한 통화정책 방향에 대한 글이다. 이를 토대로 추론한 내용으로 적절하지 않은 것은?

> 금융통화위원회는 다음 통화정책 방향을 결정할 때까지 한국은행 기준금리를 현 수준(1.50%)에서 유지하여 통화정책을 운용하기로 하였다.
> 세계경제는 성장세가 확대되는 움직임을 나타내었다. 국제금융시장은 주요국 통화정책 정상화 기대 등으로 국채금리가 상승하였으나 주가가 오름세를 이어가는 등 대체로 안정된 모습을 보였다. 앞으로 세계경제의 성장세는 주요국 통화정책 정상화 속도, 미국 정부 정책 방향, 보호무역주의 확산 움직임 등에 영향을 받을 것으로 보인다.
> 국내경제는 투자가 다소 둔화되었으나 수출이 호조를 지속하는 가운데 소비가 완만하게 개선되면서 견실한 성장세를 이어간 것으로 판단된다. 고용 상황은 서비스업 취업자 수 증가폭이 감소하는 등 개선세가 둔화되었다. 국내경제는 금년에도 3% 수준의 성장세를 나타낼 것으로 보인다. 투자가 둔화되겠으나 소비는 가계의 소득 여건 개선 등으로 꾸준한 증가세를 이어가고, 수출도 세계경제의 호조에 힘입어 양호한 흐름을 지속할 것으로 예상된다.
> 소비자물가는 농축수산물 가격의 상승폭 축소, 도시가스요금 인하 등으로 1%대 중반으로 오름세가 둔화되었다. 근원인플레이션율(식료품 및 에너지 제외 지수)은 1%대 중반을 지속하였으며 일반인 기대인플레이션율은 2%대 중반을 유지하였다. 소비자물가 상승률은 당분간 1%대 초중반 수준을 보이다가 하반기 이후 오름세가 확대되면서 목표 수준에 점차 근접하겠으며, 연간 전체로는 1%대 후반을 나타낼 것으로 전망된다. 근원인플레이션율도 완만하게 상승할 것으로 보인다.
> 금융시장은 장기시장금리가 주요국 금리 상승의 영향으로 오름세를 보였으나, 주가는 기업 실적 개선 기대로 상승하는 등 대체로 안정된 모습을 나타내었다. 원/달러 환율은 미 달러화 약세 등으로 하락세를 지속하였다. 가계대출은 증가 규모가 축소되었다. 주택가격은 전반적으로 낮은 오름세를 보였으나 수도권 일부 지역에서 상승세가 확대되었다.
> 금융통화위원회는 앞으로 성장세 회복이 이어지고 중기적 시계에서 물가상승률이 목표 수준에서 안정될 수 있도록 하는 한편 금융안정에 유의하여 통화정책을 운용해 나갈 것이다. 국내경제가 견실한 성장세를 지속하는 가운데 당분간 수요 측면에서의 물가상승 압력은 크지 않을 것으로 전망되므로 통화정책의 완화 기조를 유지해 나갈 것이다. 이 과정에서 향후 성장과 물가의 흐름을 면밀히 점검하면서 완화 정도의 추가 조정 여부를 신중히 판단해 나갈 것이다. 아울러 주요국 중앙은행의 통화정책 변화, 주요국과의 교역 여건, 가계부채 증가세, 지정학적 리스크 등도 주의깊게 살펴볼 것이다.

① 국채금리는 주요국 통화정책의 영향을 받는다.

② 국내 서비스업 취업자 수가 감소하였으나, 국내경제성장률은 큰 변동이 없을 것으로 예측된다.

③ 세계경제는 최근 지속적으로 성장해 왔다.

④ 주택가격과 금융시장은 전반적으로 오름세를 보이고 있다.

06 다음 중 글의 내용과 일치하지 않는 것은?

> 지난해 충남도에서 청년농업인의 맞춤형 스마트팜인 '온프레시팜 1호'가 문을 열었다. 이는 청년농업인이 안정적으로 농업을 경영하여 자리 잡아 살아갈 수 있는 영농 터전을 마련하기 위한 맞춤형 사업으로, 이를 통해 농작물 재배 능력이 낮고 영농 기반이 부족한 청년농업인들이 농촌 안에서 안정적으로 농작물을 생산하고 경제적으로 정착할 수 있을 것으로 기대되고 있다.
> 온프레시팜은 에어로포닉스와 수열에너지를 접목시켜 토양 없이 식물 뿌리와 줄기에 영양분이 가득한 물을 분사해 농작물을 생산하는 방식으로, 화석연료 대비 경제적으로 우수할 뿐만 아니라 병해충의 발생이 적고 시설적으로도 쾌적하다. 또한 토양이 없어 공간 활용에 유리하며 재배 관리 자동화가 가능해 비교적 관리도 수월하다. 하지만 초기 시설비용이 많이 들고 재배 기술의 확보가 어려워 접근이 쉽지 않다.

① 온프레시팜 사업은 청년농업인들이 영농활동을 지속할 수 있도록 지원하는 사업이다.
② 온프레시팜은 기존 농업인이 아닌 농촌에 새로 유입되고 있는 청년농업인을 위한 사업이다.
③ 온프레시팜 방식으로 농작물을 재배할 경우 흙 속에 살고 있는 병해충으로 인해 발생하는 피해는 예방할 수 있다.
④ 청년농업인들은 기존의 농업 방식보다는 자동화 재배 관리가 가능한 온프레시팜 방식의 접근이 더 수월하다.

PART 3

07 다음 중 글의 내용으로 적절한 것은?

> 그녀는 저녁 10시면 잠이 들었다. 퇴근하고 집에 돌아오면 아주 오랫동안 샤워를 했다. 한 달에 수도 요금이 5만 원 이상 나왔고, 생활비를 줄이기 위해 휴대폰을 정지시켰다. 일주일에 한 번씩 고향에 있는 어머니께 전화를 드렸고, 매달 말일에는 고시 공부를 하는 동생에게 50만 원을 온라인으로 송금했다. 의사로부터 신경성 위염이라는 진단을 받은 후로는 밥을 먹을 때 꼭 백 번씩 씹었다. 밥을 먹고 30분 후에는 약을 먹었다. 그녀는 8년째 도서관에서 일했지만, 정작 자신은 책을 읽지 않았다.

① 그녀는 8년째 도서관에서 고시 공부를 하고 있다.
② 그녀는 일주일에 한 번씩 어머니께 온라인으로 용돈을 보내 드렸다.
③ 그녀는 휴대폰 요금이 한 달에 5만 원 이상 나오자 정지시켰다.
④ 그녀는 신경성 위염 때문에 식사 후에는 약을 먹는다.

08 다음 글의 내용으로 가장 적절한 것은?

만우절의 탄생과 관련해서 많은 이야기가 있지만, 가장 많이 알려진 것은 16세기 프랑스 기원설이다. 16세기 이전부터 프랑스 사람들은 3월 25일부터 일주일 동안 축제를 벌였고, 축제의 마지막 날인 4월 1일에는 모두 함께 모여 축제를 즐겼다. 그러나 16세기 말 프랑스가 그레고리력을 받아들이면서 달력을 새롭게 개정했고, 이에 따라 이전의 3월 25일을 새해 첫날(New Year's Day)인 1월 1일로 맞추어야 했다. 결국 기존의 축제는 달력이 개정됨에 따라 사라지게 되었다. 그러나 몇몇 사람들은 이 사실을 잘 알지 못하거나 기억하지 못했다. 사람들은 그들을 가짜 파티에 초대하거나, 그들에게 조롱 섞인 선물을 하면서 놀리기 시작했다. 프랑스에서는 이렇게 놀림감이 된 사람들을 '4월의 물고기'라는 의미의 '푸아송 다브릴(Poisson d'Avril)'이라 불렀다. 갓 태어난 물고기처럼 쉽게 낚였기 때문이다. 18세기에 이르러 프랑스의 관습이 영국으로 전해지면서 영국에서는 이날을 '오래된 바보의 날(All* Fool's Day)'이라고 불렀다.

* All : 'Old'를 뜻하는 'Auld'의 변형 형태(스코틀랜드)

① 만우절은 프랑스에서 기원했다.
② 프랑스는 16세기 이전부터 그레고리력을 사용하였다.
③ 16세기 말 이전 프랑스에서는 3월 25일부터 4월 1일까지 축제가 열렸다.
④ 프랑스에서는 만우절을 '4월의 물고기'라고 불렀다.

09 다음 글의 빈칸에 들어갈 내용을 〈보기〉에서 골라 바르게 나열한 것은?

창은 채광이나 환기를 위해서, 문은 사람들의 출입을 위해서 건물 벽에 설치한 개폐가 가능한 시설이다. 일반적으로 현대적인 건축물에서 창과 문은 각각의 기능이 명확하고 크기와 형태가 달라 구별이 쉽다. 그러나 ＿＿＿＿(가)＿＿＿＿ 그리하여 창과 문을 합쳐서 창호(窓戶)라고 부른다. 이것은 창호가 창과 문의 기능과 미를 공유하고 있다는 것을 의미한다. 그런데 창과 문을 굳이 구별한다면 머름이라는 건축 구성 요소를 통해 가능하다. 머름은 창 아래 설치된 낮은 창턱으로, 팔을 얹고 기대어 앉기에 편안한 높이로 하였다.
공간의 가변성을 특징으로 하는 한옥에서 창호는 핵심적인 역할을 한다. 여러 짝으로 된 큰 창호가 한쪽 벽면 전체를 대체하기도 하는데, 이때 외부에 면한 창호뿐만 아니라 방과 방 사이에 있는 창호를 열면 별개의 공간이 합쳐지면서 넓은 새로운 공간을 형성하게 된다. 창호의 개폐에 의해 안과 밖의 공간이 연결되거나 분리되고 실내 공간의 구획이 변화되기도 하는 것이다. 이처럼 ＿＿＿＿(나)＿＿＿＿
한편, 한옥에서 창호는 건축의 심미성이 잘 드러나는 독특한 요소이다. 창호가 열려 있을 때 바깥에 나무나 꽃과 같은 자연물이 있을 경우 방 안에서 창호와 일정 거리 떨어져 밖을 내다보면 창호를 감싸는 바깥 둘레 안으로 한 폭의 풍경화를 감상하게 된다. 방 안의 사람이 방 밖의 자연과 완전한 소통을 하여 인공의 미가 아닌 자연의 미를 직접 받아들임으로써 한옥의 실내 공간은 자연과 하나된 심미적인 공간으로 탈바꿈한다. 열린 창호가 안과 밖, 사람과 자연 사이의 경계를 없앤 것이다. 창호가 닫혀 있을 때에는 창살 문양과 창호지가 중요한 심미적 기능을 한다. 한옥에서 창호지는 방쪽의 창살에 바른다. 방 밖에서 보았을 때 대칭적으로 배열된 여러 창살들이 서로 어울려 만들어내는 창살 문양은 단정한 선의미를 창출한다. 창살로 구현된 다양한 문양에 따라 집의 표정을 읽을 수 있고 집주인의 품격도 알 수 있다. 방 안에서 보았을 때 창호지에 어리는 햇빛은 이른 아침에 청회색을 띠고, 대낮의 햇빛이 들어올 때는 뽀얀 우윳빛, 하루 일과가 끝날 때쯤이면 석양의 붉은색으로 변한다. 또한 ＿＿＿＿(다)＿＿＿＿ 방 안에서 바깥의 바람과 새의 소리를 들을 수 있고, 화창한 날과 흐린 날의 정서와 분위기를 느낄 수 있다. 창호는 이와 같이 사람과 자연간의 지속적인 소통을 가능케 함으로써 양자가 서로 조화롭게 어울리도록 한다.

보기

㉠ 창호는 한옥의 공간 구성에서 빠트릴 수 없는 중요한 위치를 차지한다.
㉡ 창호지가 얇기 때문에 창호가 닫혀 있더라도 외부와 소통이 가능하다.
㉢ 한국 전통 건축, 곧 한옥에서 창과 문은 그 크기와 형태가 비슷해서 구별하지 않는 경우가 많다.

	(가)	(나)	(다)
①	㉠	㉡	㉢
②	㉡	㉢	㉠
③	㉡	㉠	㉢
④	㉢	㉠	㉡

10 다음 글의 주제로 가장 적절한 것은?

우주 개발이 왜 필요한가에 대한 주장은 크게 다음 세 가지로 구분할 수 있다. 먼저 칼 세이건이 우려하는 것처럼 인류가 혜성이나 소행성의 지구 충돌과 같은 재앙에서 살아남으려면 지구 이외의 다른 행성에 식민지를 건설해야 한다는 것이다. 소행성의 지구 충돌로 절멸한 공룡의 전철을 밟지 않기 위해서 말이다. 여기에는 자원 고갈이나 환경오염과 같은 전 지구적 재앙에 대비하자는 주장도 포함된다. 그 다음으로 우리의 관심을 지구에 한정하다는 것은 인류의 숭고한 정신을 가두는 것이라는 호킹의 주장을 들 수 있다. 지동설, 진화론, 상대성 이론, 양자역학, 빅뱅 이론과 같은 과학적 성과들은 인류의 문명뿐만 아니라 정신적 패러다임의 변화에 지대한 영향을 끼쳤다. 마지막으로 우주 개발의 노력에 따르는 부수적인 기술의 파급 효과를 근거로 한 주장을 들 수 있다. 실제로 우주 왕복선 프로그램을 통해 산업계에 이전된 새로운 기술이 100여 가지나 된다고 한다. 인공심장, 신분 확인 시스템, 비행 추적 시스템 등이 그 대표적인 기술들이다. 그러나 우주 개발에서 얻는 이익이 과연 인류 전체의 이익을 대변할 수 있는가에 대해서는 쉽게 답할 수가 없다. 역사적으로 볼 때 탐사의 주된 목적은 새로운 사실의 발견이라기보다 영토와 자원, 힘의 우위를 선점하기 위한 것이었기 때문이다. 이러한 이유로 우주 개발에 의심의 눈초리를 보내는 사람들도 적지 않다. 그들은 우주 개발에 소요되는 자금과 노력을 지구의 가난과 자원 고갈, 환경 문제 등을 해결하는 데 사용하는 것이 더 현실적이라고 주장한다.

하지만 그 주장을 따른다고 해서 이러한 문제들을 해결할 수 있는가? 인류가 우주 개발에 나서지 않고 지구 안에서 인류의 미래를 위한 노력을 경주한다고 가정해 보자. 그렇더라도 인류가 사용할 수 있는 자원이 무한한 것은 아니며, 인구의 자연 증가를 막을 수 없다는 문제는 여전히 남는다. 지구에 자금과 노력을 투자해야 한다고 주장하는 사람들은 지금 당장은 아니더라도 언젠가는 이러한 문제들을 해결할 수 있다는 논리를 펼지도 모른다. 그러나 이러한 논리는 우주 개발을 지지하는 쪽에서 마찬가지로 내세울 수 있다. 오히려 인류가 미래에 닥칠 문제를 해결할 수 있는 방법은 지구 밖에서 찾게 될 가능성이 더 크지 않을까?

우주를 개발하려는 시도가 최근에 등장한 것은 아니다. 인류가 의식을 갖게 되면서부터 우주를 꿈꾸어 왔다는 증거는 세계 여러 민족의 창세신화에서 발견된다. 수천 년 동안 우주에 대한 인류의 꿈은 식어갈 줄 몰랐다. 그리고 그 결과가 오늘날의 우주 개발이라는 현실로 다가온 것이다. 이제 인류는 우주의 시초를 밝히게 되었고, 우주의 끄트머리를 바라볼 수 있게 되었으며, 우주 공간에 인류의 거주지를 만들 수 있게 되었다. 우주 개발을 해야 할 것이냐 말아야 할 것이냐는 이제 문제의 핵심이 아니다. 우리가 선택해야 할 문제는 우주 개발을 어떻게 해야 할 것인가이다. "달과 다른 천체들은 모든 나라가 함께 탐사하고 이용할 수 있도록 자유 지역으로 남아 있어야 한다. 어느 국가도 영유권을 주장할 수는 없다."라는 린든 B. 존슨의 경구는 우주 개발의 방향을 일러주는 시금석이 되어야 한다.

① 우주 개발의 한계
② 지구의 당면 과제
③ 우주 개발의 정당성
④ 친환경적인 지구 개발

11 다음 글에서 밑줄 친 ㉠～㉣의 수정 사항으로 적절하지 않은 것은?

오늘날 인류가 왼손보다 오른손을 ㉠ 더 선호하는 경향은 어디서 비롯되었을까? 오른손을 귀하게 여기고 왼손을 천대하는 현상은 어쩌면 산업화 이전 사회에서 배변 후 사용할 휴지가 없었다는 사실과 관련이 있을 법하다. 맨손으로 배변 뒤처리를 하는 것은 ㉡ 불쾌할 뿐더러 병균을 옮길 위험을 수반하는 일이었다. 이런 위험의 가능성을 낮추는 간단한 방법은 음식을 먹거나 인사할 때 다른 손을 사용하는 것이었다. 기술 발달 이전의 사회는 대개 왼손을 배변 뒤처리에, 오른손을 먹고 인사하는 일에 사용했다.
나는 이런 배경이 인간 사회에 널리 나타나는 '오른쪽'에 대한 긍정과 '왼쪽'에 대한 ㉢ 반감을 어느 정도 설명해 줄 수 있으리라고 생각한다. 그러나 이 설명은 왜 애초에 오른손이 먹는 일에, 그리고 왼손이 배변 처리에 사용되었는지 설명해주지 못한다. 동서양을 막론하고, 왼손잡이 사회는 확인된 바가 없기 때문이다. ㉣ 하지만 왼손잡이 사회가 존재할 가능성도 있으므로 만약 왼손잡이를 선호하는 사회가 발견된다면 이러한 논란은 종결되고 왼손잡이와 오른손잡이에 대한 새로운 이론이 등장할 것이다. 그러므로 근본적인 설명은 다른 곳에서 찾아야 할 것 같다.
한쪽 손을 주로 쓰는 경향은 뇌의 좌우반구의 기능 분화와 관련되어 있는 것으로 보인다. 보고된 증거에 따르면, 왼손잡이는 읽기와 쓰기, 개념적 · 논리적 사고 같은 좌반구 기능에서 오른손잡이보다 상대적으로 미약한 대신 상상력, 패턴 인식, 창의력 등 전형적인 우반구 기능에서는 상대적으로 기민한 경우가 많다.
나는 이성 대 직관의 힘겨루기, 뇌의 두 반구 사이의 힘겨루기가 오른손과 왼손의 힘겨루기로 표면화된 것이 아닐까 생각한다. 즉, 오른손이 원래 왼손보다 더 능숙했기 때문이 아니라 뇌의 좌반구가 인간의 행동을 지배하는 권력을 갖게 되었기 때문에 오른손 선호에 이르렀다는 생각이다.

① ㉠ : 의미 중복이 일어나므로 '선호하는'으로 수정한다.
② ㉡ : 띄어쓰기가 잘못되었으므로 '불쾌할뿐더러'로 수정한다.
③ ㉢ : 문맥상 어색한 단어이므로 '기시감'으로 수정한다.
④ ㉣ : 전체적인 글의 흐름과 어울리지 않으므로 삭제한다.

PART 3

※ 다음 글을 읽고 이어지는 질문에 답하시오. [12~13]

(가) 인류가 바람을 에너지원으로 사용한 지 1만 년이 넘었고, 풍차는 수천 년 전부터 사용되었다. 풍력발전이 시작된 지도 100년이 넘었지만, 그동안 전력 생산 비용이 저렴하고 사용하기 편리한 화력발전에 밀려 빛을 보지 못하다가 최근 온실가스 배출 등의 환경오염 문제를 해결하는 대안인 신재생에너지로 주목받고 있다.

(나) 풍력발전은 바람의 운동에너지를 회전에너지로 변환하고, 발전기를 통해 전기에너지를 얻는 기술로 공학자들은 계속적으로 높은 효율의 전기를 생산하기 위해 풍력발전 시스템을 발전시켜 나가고 있다. 풍력발전 시스템의 하나인 요우 시스템(Yaw System)은 바람에 따라 풍력발전기의 방향을 바꿔 회전날개가 항상 바람의 정면으로 향하게 하는 것이다. 또 다른 피치 시스템(Pitch System)은 비행기의 날개와 같이 바람에 따라 회전날개의 각도를 변화시킨다. 이 외에도 회전력을 잃지 않기 위해 직접 발전기에 연결하는 방식 등 다양한 방법을 활용한다. 또한 무게를 줄이면 높은 곳에 풍력발전기를 매달 수 있어 더욱 효율적인 발전이 가능해진다.

(다) 풍력발전기를 설치하는 위치도 중요하다. 풍력발전기의 출력은 풍속의 세제곱과 프로펠러 회전 면적의 제곱에 비례한다. 풍속이 빠를수록, 프로펠러의 면적이 클수록 출력이 높아지는 것이다. 지상에서는 바람이 빠르지 않고, 바람도 일정하게 불지 않아 풍력발전의 출력을 높이는 데 한계가 있다. 따라서 풍력발전기는 최대 풍속이 아닌 최빈 풍속에 맞춰 설계된다. 이러한 한계를 극복하기 위해 고고도(High Altitude)의 하늘에 풍력발전기를 설치하려는 노력이 계속되고 있다.

(라) 그렇다면 어떻게 고고도풍(High Altitude Wind)을 이용할까? 방법은 비행선, 연 등에 발전기를 달아 하늘에 띄우는 것이다. 캐나다의 한 회사는 헬륨 가스 비행선에 발전기를 달아 공중에 떠 있는 발전기를 판매하고 있다. 이 발전기는 비행선에 있는 풍선이 바람에 의해 회전하도록 만들어져 있으며, 회전하는 풍선이 발전기와 연결되어 있어 전기를 생산할 수 있다. 또 다른 회사는 이보다 작은 비행선 수십 대를 연결하여 바다 위에 띄우는 방식을 고안하고 있다. 서로 연결된 수십 대의 작은 비행선 앞에 풍차가 붙어 있어 발전할 수 있도록 되어 있다.

고고도풍을 이용한 풍력발전은 결국 대류권 상층부에 부는 초속 30m의 편서풍인 제트기류를 이용하게 될 것이다. 연구에 따르면 최대 초속 100m를 넘는 제트기류를 단 1%만 이용해도 미국에서 사용하는 전기에너지를 모두 충당할 수 있다고 한다. 우리나라 상공도 이 제트기류가 지나가기 때문에 이를 활용할 수 있다면 막대한 전기를 얻을 수 있을 것으로 전망된다.

12 다음 중 (가) 문단을 통해 추론할 수 있는 내용으로 적절하지 않은 것은?

① 풍력에너지는 인류에게 가장 오래된 에너지원이다.

② 화력발전은 풍력발전보다 전력 생산 비용이 낮다.

③ 신재생에너지가 대두되면서 풍력발전이 새롭게 주목받고 있다.

④ 화력발전은 온실가스 배출 등 환경오염 문제를 일으킨다.

13 다음 중 (가) ~ (라) 문단에 대한 주제로 적절하지 않은 것은?

① (가) : 환경오염 문제의 새로운 대안인 풍력발전
② (나) : 바람 에너지를 이용한 다양한 풍력발전 시스템
③ (다) : 풍력발전기 설치 위치의 중요성
④ (라) : 고도도풍을 이용하는 기술의 한계

14 다음 글을 읽고 뒤르켐이 헤겔을 비판할 수 있는 주장으로 가장 적절한 것은?

> 시민 사회라는 용어는 17세기에 등장했지만 19세기 초에 이를 국가와 구분하여 개념적으로 정교화한 인물은 헤겔이다. 그가 활동하던 시기에 유럽의 후진국인 프러시아에는 절대주의 시대의 잔재가 아직 남아 있었다. 산업 자본주의도 미성숙했던 때여서 산업화를 추진하고 자본가들을 육성하며 심각한 빈부 격차나 계급 갈등 등의 사회문제를 해결해야 하는 시대적 과제가 있었다. 그는 사익의 극대화가 국부를 증대해준다는 점에서 공리주의를 긍정했으나, 그것이 시민 사회 내에서 개인들의 무한한 사익 추구가 일으키는 빈부 격차나 계급 갈등을 해결할 수는 없다고 보았다. 그는 시민 사회가 개인들의 사적 욕구를 추구하며 살아가는 생활 영역이자 그 욕구를 사회적 의존 관계 속에서 추구하게 하는 공동체적 윤리성의 영역이어야 한다고 생각했다. 특히 시민 사회 내에서 사익 조정과 공익 실현에 기여하는 직업 단체와 복지 및 치안 문제를 해결하는 복지 행정 조직의 역할을 설정하면서, 이 두 기구가 시민 사회를 이상적인 국가로 이끌 연결고리가 될 것으로 기대했다. 하지만 빈곤과 계급 갈등은 시민 사회 내에서 근원적으로 해결될 수 없는 것이었다. 따라서 그는 국가를 사회문제를 해결하고 공적 질서를 확립할 최종 주체로 설정하면서 시민 사회가 국가에 협력해야 한다고 생각했다.
>
> 한편 1789년 프랑스 혁명 이후 프랑스 사회는 혁명을 이끌었던 계몽주의자들의 기대와는 다른 모습을 보이고 있었다. 사회는 사익을 추구하는 파편화된 개인들의 각축장이 되어 있었고 빈부 격차와 계급 갈등은 격화된 상태였다. 이러한 혼란을 극복하기 위해 노동자 단체와 고용주 단체 모두를 불법으로 규정한 르샤폴리에 법이 1791년부터 약 90년간 시행되었으나, 이 법은 분출되는 사익의 추구를 억제하지도 못하면서 오히려 프랑스 시민 사회를 극도로 위축시켰다.
>
> 뒤르켐은 이러한 상황을 아노미, 곧 무규범 상태로 파악하고 최대 다수의 최대 행복을 표방하는 공리주의가 사실은 개인의 이기심을 전제로 하고 있기에 아노미를 조장할 뿐이라고 생각했다. 그는 사익을 조정하고 공익과 공동체적 연대를 실현할 도덕적 개인주의의 규범에 주목하면서, 이를 수행할 주체로서 직업 단체의 역할을 강조하였다. 뒤르켐은 직업 단체가 정치적 중간 집단으로서 구성원의 이해관계를 국가에 전달하는 한편 국가를 견제해야 한다고 보았던 것이다.

① 직업 단체는 정치적 중간 집단의 역할로 빈곤과 계급 갈등을 근원적으로 해결하지 못한다.
② 직업 단체와 복지 행정 조직이 시민 사회를 이상적인 국가로 이끌어줄 열쇠이다.
③ 국가가 주체이기는 하지만 공동체적 연대의 실현을 수행할 중간 집단으로서의 주체가 필요하다.
④ 국가는 최종 주체로 설정한다면 사익을 조정할 수 있고, 공적 질서를 확립할 수 있다.

15 다음 글에서 〈보기〉의 문장이 들어갈 위치로 가장 적절한 곳은?

자본주의 경제 체제는 이익을 추구하려는 인간의 욕구를 최대한 보장해주고 있다. 기업 또한 이익 추구라는 목적에서 탄생하여, 생산의 주체로서 자본주의 체제의 핵심적 역할을 수행하고 있다. 곧, 이익은 기업가로 하여금 사업을 시작하게 하는 동기가 된다. __(가)__ 이익에는 단기적으로 실현되는 이익과 장기간에 걸쳐 지속적으로 실현되는 이익이 있다. 기업이 장기적으로 존속, 성장하기 위해서는 단기 이익보다 장기 이익을 추구하는 것이 더 중요하다. 실제로 기업은 단기 이익의 극대화가 장기 이익의 극대화와 상충할 때에는 단기 이익을 과감히 포기하기도 한다. __(나)__ 자본주의 초기에는 기업이 단기 이익과 장기 이익을 구별하여 추구할 필요가 없었다. 소자본끼리의 자유 경쟁 상태에서는 단기든 장기든 이익을 포기하는 순간에 경쟁에서 탈락하기 때문이다. 그에 따라 기업은 치열한 경쟁에서 살아남기 위해 주어진 자원을 최대한 효율적으로 활용하여 가장 저렴한 가격으로 좋은 품질의 상품을 소비자에게 공급하게 되었다. __(다)__ 이 단계에서는 기업의 소유자가 곧 경영자였기 때문에, 기업의 목적은 자본가의 이익을 추구하는 것으로 집중되었다.

그러나 기업의 규모가 점차 커지고 경영 활동이 복잡해지면서 전문적인 경영 능력을 갖춘 경영자가 필요하게 되었다. __(라)__ 이에 따라 소유와 경영이 분리되어 경영의 효율성이 높아졌지만, 동시에 기업이 단기 이익과 장기 이익 사이에서 갈등을 겪게 되는 일도 발생하였다. 주주의 대리인으로 경영을 위임 받은 전문 경영인은 기업의 장기적 전망보다 단기 이익에 치중하여 경영 능력을 과시하려는 경향이 있기 때문이다. 주주는 경영자의 이러한 비효율적 경영 활동을 감시함으로써 자신의 이익은 물론 기업의 장기 이익을 극대화하고자 하였다.

보기

이는 기업의 이익 추구가 결과적으로 사회 전체의 이익도 증진시켰다는 의미이다.

① (가)
② (나)
③ (다)
④ (라)

16 다음 〈조건〉을 토대로 A～E점포의 총매출액을 계산한 것은?

> **조건**
> - A점포의 일일 매출액은 B점포의 일일 매출액보다 30만 원 적다.
> - B점포의 일일 매출액은 D점포 일일 매출액의 $\frac{1}{5}$ 수준이다.
> - D점포와 E점포의 일일 매출액을 합한 것은 C가게의 매출액보다 2,450만 원이 모자라다.
> - C점포가 이틀 동안 일한 매출액에서 D점포가 12일 동안 일한 매출액을 빼면 3,500만 원이다.
> - E점포가 30일 동안 거둔 매출액은 9,000만 원이다.

① 3,400만 원
② 3,500만 원
③ 5,500만 원
④ 6,000만 원

PART 3

17 둘레가 600m인 연못을 A와 B가 서로 반대방향으로 걷는다. A는 분당 15m의 속력으로 걷고, B는 A보다 더 빠른 속력으로 걷는다. 두 사람이 같은 위치에서 동시에 출발하여, 1시간 후 5번째로 만났다면 B의 속력은?

① 35m/min
② 30m/min
③ 25m/min
④ 20m/min

18 남학생 5명과 여학생 3명이 운동장에 있다. 남학생 중 2명을 뽑고, 여학생 중 2명을 뽑아 한 줄로 세우는 경우의 수는?

① 720가지
② 360가지
③ 240가지
④ 120가지

19 다음은 2019년부터 2024년까지 주요 국가들의 특허권 및 산업재산권 등록 추이를 조사한 자료이다. 이를 통해 알 수 있는 내용으로 옳은 것은?

〈주요 국가별 특허권 등록 추이〉

(단위 : 건)

국가	2019년	2020년	2021년	2022년	2023년	2024년
미국	101,419	109,646	111,984	147,520	153,487	157,496
일본	109,100	215,100	147,794	141,448	150,059	125,880
독일	56,633	55,444	55,053	51,685	49,548	41,585
프랑스	55,681	49,245	50,448	46,213	44,287	36,404
한국	12,512	16,516	24,579	52,890	62,635	34,956
영국	48,350	44,335	44,754	43,181	40,683	33,756

〈주요 국가별 산업재산권 등록 추이〉

(단위 : 건)

국가	2019년	2020년	2021년	2022년	2023년	2024년
일본	94,804	187,681	129,937	125,704	133,960	112,269
미국	55,739	61,104	61,707	80,292	83,907	85,071
한국	6,575	8,321	14,497	35,900	43,314	22,943
독일	19,727	19,770	19,521	19,271	18,811	16,901
러시아	20,861	16,489	25,644	19,215	15,362	14,444
프랑스	15,299	11,960	13,233	12,068	11,500	10,303

① 특허권 등록건수의 국가별 순위는 매년 바뀌지 않고 일정하였다.
② 매년 특허권과 산업재산권을 가장 많이 등록한 국가는 미국이다.
③ 산업재산권 등록건수의 국가별 순위는 매년 바뀌지 않고 일정하였다.
④ 미국의 특허권 및 산업재산권 등록건수는 매년 증가하였다.

20 W씨는 3명의 친구와 함께 K공사에서 운영하고 있는 강의를 수강하고자 한다. W씨는 첫 번째 친구와 함께 A, C강의를 수강하고 두 번째 친구는 B강의를, 세 번째 친구는 A, B, C 세 강의를 모두 수강하려고 한다. 네 사람이 결제해야 할 총액은?

변경 전	변경 후	비고
모두 5만 원	• A강의 : 5만 원 • B강의 : 7만 원 • C강의 : 8만 원	• 두 강의를 동시 수강할 경우, 금액의 10% 할인 • 세 강의를 모두 수강할 경우, 금액의 20% 할인

① 530,000원
② 464,000원
③ 453,000원
④ 421,700원

21 다음은 2024년 공항철도 여객 수송실적에 대한 자료이다. 이에 대한 설명으로 옳은 것은?

〈2024년 월별 여객 수송실적〉

(단위 : 천 명)

월	수송인원	승차인원	유입인원
1월	5,822	2,843	2,979
2월	5,520	2,703	( )
3월	6,331	3,029	3,302
4월	6,237	3,009	3,228
5월	6,533	3,150	3,383
6월	6,361	3,102	3,259
7월	6,431	3,164	3,267
8월	( )	3,103	3,617
9월	6,333	2,853	3,480
10월	6,875	3,048	3,827
11월	6,717	( )	3,794
12월	6,910	3,010	3,900

※ 유입인원 : 다른 철도를 이용하다가 공항철도로 환승하여 최종 종착지에 내린 승객의 수

※ (수송인원)=(승차인원)+(유입인원)

① 2024년 공항철도의 수송인원은 매월 증가하고 있다.

② 2월 공항철도 유입인원은 1월에 비해 16만 2천 명 감소하였다.

③ 11월은 승차인원이 가장 적은 달로, 6월보다 18만 1천 명 더 적었다.

④ 8월은 수송인원이 가장 많았던 달로, 12월보다 19만 명 더 많았다.

PART 3

22 다음은 2024년 6월부터 10월까지 육량 및 등급별 경락가격에 대한 자료이다. 이에 대한 설명으로 옳은 것을 〈보기〉에서 모두 고르면?

〈2024년 6 ~ 10월 도매시장 육량 및 등급별 경락가격〉

구분		2024년 6월		2024년 7월		2024년 8월		2024년 9월		2024년 10월	
		두수(두)	경락가격(원/kg)	두수(두)	경락가격(원/kg)	두수(두)	경락가격(원/kg)	두수(두)	경락가격(원/kg)	두수(두)	경락가격(원/kg)
전체	A	10,775	20,173	9,250	20,590	8,373	21,160	13,805	20,606	8,011	21,162
	B	21,033	18,149	20,243	18,705	20,654	19,167	30,750	18,751	17,705	19,177
	C	10,246	17,032	10,326	17,455	10,002	17,693	15,087	17,217	9,149	17,729
한우	A	10,165	20,814	8,607	21,412	7,948	21,746	13,000	21,262	7,620	21,726
	B	17,775	19,772	17,311	20,300	18,127	20,479	26,565	20,154	15,270	20,642
	C	8,666	18,471	8,610	19,074	8,344	19,275	12,368	18,867	7,516	19,397
젖소	A	24	6,432	16	6,497	16	6,758	37	6,722	32	6,423
	B	738	6,672	619	6,769	503	6,731	788	6,625	602	6,762
	C	619	6,582	615	6,563	573	6,618	814	6,354	574	6,655
육우	A	586	10,123	627	9,828	409	10,447	768	10,332	359	10,526
	B	2,520	10,315	2,313	10,227	2,024	10,637	3,397	10,702	1,833	10,853
	C	961	10,475	1,101	10,547	1,085	11,002	1,905	10,978	1,059	11,166

보기

ㄱ. 한우의 경우, 2024년 7월에 두수가 많은 등급일수록 전월대비 경락가격의 증가율이 높다.
ㄴ. B등급 젖소의 2024년 6월부터 2024년 9월까지 두수와 경락가격의 전월대비 증감추이는 동일하다.
ㄷ. 2024년 8월과 10월에 C등급 중 가장 많은 비중을 차지하는 육종은 동일하다.
ㄹ. 조사기간 중 한우와 젖소, 육우 A등급의 경락가격이 가장 낮은 시기는 동일하다.
ㅁ. B등급 한우의 2024년 7월 대비 2024년 9월의 두수 증가율은 45% 이상이다.

① ㄱ, ㄹ
② ㄴ, ㄷ
③ ㄷ, ㅁ
④ ㄹ, ㅁ

23 다음은 10대 무역수지 흑자국에 대한 자료이다. 미국의 2022년 대비 2024년의 흑자액 증가율은 얼마인가?(단, 소수점 둘째 자리에서 반올림한다)

〈10대 무역수지 흑자국〉

(단위 : 백만 달러)

순번	2022년		2023년		2024년	
	국가명	금액	국가명	금액	국가명	금액
1	중국	32,457	중국	45,264	중국	47,779
2	홍콩	18,174	홍콩	23,348	홍콩	28,659
3	마셜 제도	9,632	미국	9,413	싱가포르	11,890
4	미국	8,610	싱가포르	7,395	미국	11,635
5	멕시코	6,161	멕시코	7,325	베트남	8,466
6	싱가포르	5,745	베트남	6,321	멕시코	7,413
7	라이베리아	4,884	인도	5,760	라이베리아	7,344
8	베트남	4,780	라이베리아	5,401	마셜 제도	6,991
9	폴란드	3,913	마셜 제도	4,686	브라질	5,484
10	인도	3,872	슬로바키아	4,325	인도	4,793

① 35.1%　　② 37.8%
③ 39.9%　　④ 41.5%

24 다음은 총무업무를 담당하는 A대리의 통화내역이다. 국내통화가 1분당 15원, 국제통화가 1분당 40원이라면 A대리가 사용한 통화요금은 총 얼마인가?

일시	통화내용	시간
4/5(화) 10:00	신규직원 명함 제작 관련 인쇄소 통화	10분
4/6(수) 14:00	임직원 진급선물 선정 관련 거래업체 통화	30분
4/7(목) 09:00	예산편성 관련 해외 출장소 현지 담당자 통화	60분
4/8(금) 15:00	본사 청소용역 관리 관련 제휴업체 통화	30분

① 1,550원　　② 1,800원
③ 2,650원　　④ 3,450원

25 다음은 산업별 경기전망지수를 나타낸 자료이다. 〈조건〉을 참고하여 빈칸 A ~ D에 들어갈 산업을 바르게 짝지은 것은?

〈산업별 경기전망지수〉

(단위 : 점)

구분	2020년	2021년	2022년	2023년	2024년
A	45.8	48.9	52.2	52.5	54.4
B	37.2	39.8	38.7	41.9	46.3
도소매업	38.7	41.4	38.3	41.7	46.2
C	36.1	40.6	44.0	37.1	39.7
D	39.3	41.1	40.2	44.9	48.7

조건

- 2020년부터 2024년까지 보건업의 경기전망지수가 40점 이상인 해는 2개이다.
- 2022년 조선업과 제조업의 경기전망지수는 전년 대비 증가하였다.
- 전년 대비 2021년 해운업의 경기전망지수의 증가율은 5개의 산업 중 가장 낮다.
- 제조업은 매년 5개의 산업 중 경기전망지수가 가장 높다.

	A	B	C	D
①	조선업	보건업	제조업	해운업
②	제조업	조선업	보건업	해운업
③	조선업	제조업	보건업	해운업
④	제조업	보건업	조선업	해운업

26 A씨의 업무시간은 09:00부터 18:00까지이다. 점심시간 1시간을 제외한 하루 일과 중 8분의 1은 주간업무계획을 수립하였고, 5분의 2는 프로젝트 회의를 진행하였다. 그리고 3분의 1은 거래처에 방문하였다. 이 모든 업무를 마무리하고 남은 시간동안 시장조사를 하려고 한다. A씨가 시장조사를 하는 데 쓸 수 있는 시간은?

① 1시간
② 1시간 8분
③ 1시간 15분
④ 1시간 26분

27 다음은 K사의 생산공정 현황이다. 한 공정이 A ~ G단계를 모두 거쳐야 된다고 할 때, 공정이 모두 마무리되려면 최소 며칠이 걸리는가?

〈생산공정 현황〉

구분	소요기간	선행단계
A단계	2일	−
B단계	5일	A
C단계	3일	−
D단계	8일	−
E단계	3일	−
F단계	3일	D
G단계	5일	B

※ 모든 단계는 동시에 시작할 수 있지만, 선행단계가 있는 경우 선행단계가 모두 마무리되어야 다음 단계를 시작할 수 있음

① 8일
② 9일
③ 10일
④ 12일

PART 3

28 철수는 영희네 집으로 $a$km/h의 속도로 가고, 영희는 철수네 집으로 $b$km/h의 속도로 가고 있다. 두 집 사이의 거리를 $x$km라 할 때, 둘이 만나는 데 걸리는 시간은?

① $\frac{2x}{a+b}$시간
② $\frac{2x}{2a+b}$시간
③ $\frac{x}{a+b}$시간
④ $\frac{x}{2a+b}$시간

29 다음은 연도별 아르바이트 소득에 대한 자료이다. 이에 대한 설명으로 옳은 것은?

〈아르바이트 월 소득 및 시급〉

(단위 : 원, 시간)

구분	2020년	2021년	2022년	2023년	2024년
월 평균 소득	805,000	840,000	880,000	930,000	954,500
평균 시급	7,800	8,500	8,700	9,000	9,500
주간 평균 근로시간	24	23.5	22	23	23.4

① 2021 ~ 2024년 동안 전년 대비 월 평균 소득의 증가율이 가장 높은 연도는 2024년이다.
② 2020 ~ 2024년 평균 시급당 월 평균 소득이 가장 적은 연도는 2021년이다.
③ 2022년 전년 대비 평균 시급 증가액은 2024년의 전년 대비 증가액보다 100원 적다.
④ 2020년 월 평균 소득은 2024년 월 평균 소득의 70% 이하이다.

30 다음은 어느 도서관의 도서 대여건수에 대하여 일정기간 동안 작성한 자료이다. 이에 대한 설명으로 옳지 않은 것은?

〈도서 대여건수〉

(단위 : 권)

구분	비소설		소설	
	남자	여자	남자	여자
40세 미만	520	380	450	600
40세 이상	320	400	240	460

① 소설의 전체 대여건수가 비소설의 전체 대여건수보다 많다.
② 40세 미만보다 40세 이상이 대여건수가 더 적다.
③ 소설을 대여한 남자의 수가 소설을 대여한 여자의 수의 70% 이상이다.
④ 전체 40세 미만 대여 수에서 비소설 대여 수가 차지하는 비율은 40%를 넘는다.

PART 3

31 다음은 연구개발비에 대한 자료이다. 이에 대한 설명으로 옳은 것을 〈보기〉에서 모두 고르면?

〈주요 산업국 연도별 연구개발비 추이〉

(단위 : U.S 백만 달러)

구분	2019년	2020년	2021년	2022년	2023년	2024년
한국	23,587	28,641	33,684	31,304	29,703	37,935
중국	29,898	37,664	48,771	66,430	84,933	-
일본	151,270	148,526	150,791	168,125	169,047	-
독일	69,317	73,737	84,148	97,457	92,552	92,490
영국	39,421	42,693	50,016	47,138	40,291	39,924
미국	325,936	350,923	377,594	403,668	401,576	-

보기

ㄱ. 2023년에 전년 대비 연구개발비가 감소한 곳은 4개국이다.
ㄴ. 2019년 대비 2023년의 연구개발비 증가율이 가장 높은 곳은 중국이고, 가장 낮은 곳은 일본이다.
ㄷ. 전년 대비 2021년 한국의 연구개발비 증가율은 독일보다 높고, 중국보다 낮다.

① ㄱ
② ㄴ
③ ㄱ, ㄴ
④ ㄱ, ㄷ

32 다음은 R대리가 부산 출장을 갔다 올 때, 선택할 수 있는 교통편에 대한 자료이다. R대리가 교통편 하나를 선택하여 왕복티켓을 모바일로 예매하려고 할 때, 가장 저렴한 교통편은 무엇인가?

〈출장 시 이용가능한 교통편 현황〉

교통편	종류	비용	기타
버스	일반버스	24,000원	–
	우등버스	32,000원	모바일 예매 1% 할인
기차	무궁화호	28,000원	왕복 예매 시 15% 할인
	새마을호	36,000원	왕복 예매 시 20% 할인
	KTX	58,000원	1+1 이벤트(편도 금액으로 왕복 예매 가능)

① 일반버스 ② 우등버스
③ 무궁화호 ④ 새마을호

33 다음은 전년 동월 대비 2024년 상반기 특허 심사건수 증감 및 등록률 증감 추이를 나타낸 자료이다. 이에 대한 설명으로 옳지 않은 것을 〈보기〉에서 모두 고르면?

〈특허 심사건수 증감 및 등록률 증감 추이(전년 동월 대비)〉

(단위 : 건, %)

구분	2024년 1월	2024년 2월	2024년 3월	2024년 4월	2024년 5월	2024년 6월
심사건수 증감	125	100	130	145	190	325
등록률 증감	1.3	−1.2	−0.5	1.6	3.3	4.2

보기

㉠ 전년 동월 대비 등록률은 2024년 3월에 가장 많이 낮아졌다.
㉡ 2024년 6월의 심사건수는 325건이다.
㉢ 2024년 5월의 등록률은 3.3%이다.
㉣ 2023년 1월의 심사건수가 100건이라면, 2024년 1월의 심사건수는 225건이다.

① ㉠ ② ㉠, ㉡
③ ㉡, ㉣ ④ ㉠, ㉡, ㉢

※ 다음은 2020 ~ 2024년 J사의 차량기지 견학 안전체험 건수 및 인원 현황 자료이다. 이어지는 질문에 답하시오. **[34~35]**

〈차량기지 견학 안전체험 건수 및 인원 현황〉

(단위 : 건, 명)

구분	2020년		2021년		2022년		2023년		2024년		합계	
	건수	인원	건수	인원	건수	인원	건수	인원	건수	인원	건수	인원
고덕	24	611	36	897	33	633	21	436	17	321	131	2,898
도봉	30	644	31	761	24	432	28	566	25	336	138	2,739
방화	64	1,009	(ㄴ)	978	51	978	(ㄹ)	404	29	525	246	3,894
신내	49	692	49	512	31	388	17	180	25	385	171	2,157
천왕	68	(ㄱ)	25	603	32	642	30	566	29	529	184	3,206
모란	37	766	27	643	31	561	20	338	22	312	137	2,620
합계	272	4,588	241	4,394	(ㄷ)	3,634	145	2,490	147	2,408	1,007	17,514

PART 3

34 다음 중 빈칸에 들어갈 수치가 바르게 연결된 것은?

① (ㄱ) – 846
② (ㄴ) – 75
③ (ㄷ) – 213
④ (ㄹ) – 29

35 다음 중 차량기지 견학 안전체험 현황에 대한 설명으로 옳은 것을 〈보기〉에서 모두 고르면?

보기

ㄱ. 방화 차량기지 견학 안전체험 건수는 2021년부터 2024년까지 전년 대비 매년 감소하였다.
ㄴ. 2022년 고덕 차량기지의 안전체험 건수 대비 인원수는 동년 도봉 차량기지의 안전체험 건수 대비 인원수보다 크다.
ㄷ. 2021년부터 2023년까지 고덕 차량기지의 안전체험 건수의 증감추이는 인원수의 증감추이와 동일하다.
ㄹ. 신내 차량기지의 안전체험 인원수는 2024년에 2020년 대비 50% 이상 감소하였다.

① ㄱ, ㄴ
② ㄱ, ㄷ
③ ㄴ, ㄷ
④ ㄴ, ㄹ

36 다음은 K공사의 비품 구매 신청 기준이다. 부서별로 비품 수량 현황과 기준을 참고하여 비품을 신청해야 할 때, 비품 신청 수량이 바르게 연결되지 않은 부서는?

〈비품 구매 신청 기준〉

비품	연필	지우개	볼펜	수정액	테이프
최소 수량	30자루	45개	60자루	30개	20개

• 팀별 비품 보유 수량이 비품 구매 신청 기준 이하일 때, 해당 비품을 신청할 수 있다.
• 각 비품의 신청 가능한 개수는 최소 수량에서 부족한 수량 이상 최소 보유 수량의 2배 이하이다.
[예] 연필 20자루, 지우개 50개, 볼펜 50자루, 수정액 40개, 테이프 30개가 있다면 지우개, 수정액, 테이프는 신청할 수 없고, 연필은 10자루 이상 60자루 이하, 볼펜은 10자루 이상 120자루 이하를 신청할 수 있다.

〈K공사 부서별 비품 수량 현황〉

팀 \ 비품	연필	지우개	볼펜	수정액	테이프
총무팀	15자루	30개	20자루	15개	40개
연구개발팀	45자루	60개	50자루	20개	30개
마케팅홍보팀	40자루	40개	15자루	5개	10개
인사팀	25자루	50개	80자루	50개	5개

	팀	연필	지우개	볼펜	수정액	테이프
①	총무팀	15자루	15개	40자루	15개	0개
②	연구개발팀	0자루	0개	100자루	20개	0개
③	마케팅홍보팀	20자루	10개	50자루	50개	40개
④	인사팀	45자루	0개	0자루	0개	30개

37 K기업에서 부사장이 해외출장에서 귀국하는 날짜가 정해져 8월 5일 이후에 워크숍 날짜를 다시 정하기로 하였다. 〈조건〉에 따라 부서별 과장 이상의 직급인 직원들이 모두 참석하는 날짜로 정한다고 할 때, 다음 중 적절한 기간은?

〈8월 일정표〉

월	화	수	목	금	토	일
						1
2 부사장 귀국	3 차장 이상 오후 회의	4	5 부사장 외부 일정	6 부사장 외부 일정	7 부사장 외부 일정	8
9	10 B부서 과장 연차	11	12	13	14	15
16	17 B부서 부장 연차	18	19	20 A, C부서 전체 회식	21	22
23	24	25	26 C부서 차장 외부 출장	27 A부서 차장 외부 출장	28	29
30	31 부사장 외부 일정					

※ 일정에 제시되지 않은 임직원은 워크숍에 참석할 수 있음

조건

- 워크숍에 참석하는 부서는 A, B, C부서이다.
- A부서는 과장 2명과 차장 1명, B부서와 C부서는 각각 과장 1명, 차장 1명, 부장 1명이 있다.
- 회사 일정이 있는 날과 회식 전날에는 불가능하다.
- 워크숍은 1박 2일 일정이며, 일요일은 제외한다.
- 부사장과 부장이 모두 참석할 수 있는 날짜로 정한다.
- B부서와 C부서의 과장은 워크숍에 참여하지 않는다.

① 8월 6 ~ 7일
② 8월 9 ~ 10일
③ 8월 14 ~ 15일
④ 8월 18 ~ 19일

※ 한국중부발전은 별관 신축을 위한 건설업체를 선정하고자 한다. 입찰에는 A ~ F 여섯 개의 업체가 참여하였다. 다음은 입찰기준에 따라 업체별로 20점 척도로 점수화한 자료와 업체별 비용을 나타낸 자료이다. 이어지는 질문에 답하시오. **[38~39]**

〈업체별 입찰기준 점수〉

업체 \ 입찰기준	경영평가점수	시공실적점수	친환경소재점수
A	18점	11점	15점
B	14점	15점	17점
C	17점	13점	13점
D	16점	12점	14점
E	13점	10점	17점
F	16점	14점	16점

〈업체별 비용〉

구분	A업체	B업체	C업체	D업체	E업체	F업체
비용(억 원)	16.9	17.4	17.1	12.9	14.5	15.2

38 한국중부발전은 비용이 17억 원 이하인 업체 중, 경영평가점수와 시공실적점수의 반영비율을 1:2의 가중치로 합산한 값이 가장 높은 3개 업체를 1차로 선정한다. 1차 선정업체 중 친환경소재점수가 가장 높은 곳을 최종 선정한다고 할 때, 다음 중 최종 선정될 업체는?

① A업체
② B업체
③ D업체
④ F업체

39 한국중부발전이 외부 권고로 인해 선정방식을 변경하였다. 새로운 방식에 따르면, 비용이 17억 2천만 원 이하인 업체 중, 시공실적점수와 친환경소재점수의 반영비율을 3:2의 가중치로 합산한 값이 가장 높은 2개 업체를 1차로 선정한다. 1차 선정업체 중 입찰 비용이 가장 낮은 곳을 최종 선정한다고 할 때, 다음 중 최종 선정될 업체는?

① A업체
② C업체
③ D업체
④ F업체

※ 다음은 한국중부발전의 3월 일정표이다. 이어지는 질문에 답하시오. **[40~41]**

〈3월 일정표〉

월요일	화요일	수요일	목요일	금요일	토요일	일요일
			1 삼일절	2 김사원 휴가	3	4
5 공사 전체회의	6 최사원 휴가	7	8 정대리 휴가	9	10	11
12 최팀장 휴가	13	14 정과장 휴가	15 정과장 휴가	16 김팀장 휴가	17	18
19 유부장 휴가	20	21	22	23 임사원 휴가	24	25
26 박과장 휴가	27 최대리 휴가	28	29 한과장 휴가	30 유부장 휴가	31	

• 소속 부서
- 총무팀 : 최사원, 조대리, 한과장, 최팀장
- 신용팀 : 임사원, 정대리, 박과장, 김팀장
- 경제팀 : 김사원, 최대리, 정과장, 유부장

※ 휴가는 공휴일과 주말을 제외하고 사용하며, 전체 일정이 있는 경우 휴가를 사용하지 않음

40 한국중부발전 직원들은 휴가일이 겹치지 않게 하루 이상 휴가를 쓰려고 한다. 다음 중 총무팀 조대리의 휴가일정으로 가장 적절한 것은?

① 3월 1일
② 3월 5일
③ 3월 9 ~ 10일
④ 3월 21 ~ 22일

41 한국중부발전 직원들이 동일한 일수로 최대한 휴가를 쓴다고 할 때, 한 사람당 며칠까지 휴가를 쓸 수 있겠는가?

① 1일
② 2일
③ 3일
④ 4일

42 K기업은 해외지사와 화상 회의를 1시간 동안 하기로 하였다. 모든 지사의 업무시간은 오전 9시부터 오후 6시까지이며, 점심시간은 오후 12시부터 1시까지이다. 다음 〈조건〉을 고려할 때, 회의가 가능한 시간은?(단, 회의가 가능한 시간은 한국 기준이다)

조건

- 헝가리는 한국보다 7시간 느리고, 현지시간으로 오전 10시부터 2시간 동안 외부출장이 있다.
- 호주는 한국보다 1시간 빠르고, 현지시간으로 오후 2시부터 3시간 동안 회의가 있다.
- 싱가포르는 한국보다 1시간 느리다.
- 헝가리와 호주는 서머타임 +1시간을 적용한다.

① 오전 11시 ~ 오후 12시
② 오후 1 ~ 2시
③ 오후 2 ~ 3시
④ 오후 3 ~ 4시

43 최대리는 노트북을 사고자 K전자제품 홈페이지에 방문하였다. 노트북 4개를 최종 후보로 선정 후 〈조건〉에 따라 점수를 부여하여 점수가 가장 높은 제품을 고를 때, 최대리가 고를 노트북은?

〈노트북 최종 후보〉

구분	A	B	C	D
저장용량 / 저장매체	512GB / HDD	128GB / SSD	1,024GB / HDD	128GB / SSD
배터리 지속시간	최장 10시간	최장 14시간	최장 8시간	최장 13시간
무게	2kg	1.2kg	2.3kg	1.5kg
가격	120만 원	70만 원	135만 원	90만 원

조건

- 항목별로 순위를 정하여 5점 ~ 1점을 순차적으로 부여한다(단, 동일한 성능일 경우 동일한 점수를 부여한다).
- 저장용량은 클수록, 배터리 지속시간은 길수록, 무게는 가벼울수록, 가격은 저렴할수록 높은 점수를 부여한다.
- 저장매체가 SSD일 경우 3점을 추가로 부여한다.

① A ② B
③ C ④ D

※ 다음은 K공사의 프로젝트별 진행 시 세부사항이다. 이어지는 질문에 답하시오. **[44~46]**

〈프로젝트별 진행 시 세부사항〉

구분	필요 인원	소요기간	기간	1인당 인건비	진행비
A프로젝트	46명	1개월	2월	130만 원	20,000만 원
B프로젝트	42명	4개월	2~5월	550만 원	3,000만 원
C프로젝트	24명	2개월	3~4월	290만 원	15,000만 원
D프로젝트	50명	3개월	5~7월	430만 원	2,800만 원
E프로젝트	15명	3개월	7~9월	400만 원	16,200만 원

※ 1인당 인건비는 프로젝트가 끝날 때까지의 1인당 총 인건비를 말함

44 모든 프로젝트를 완료하기 위해 필요한 최소 인원은 몇 명인가?(단, 프로젝트 참여자는 하나의 프로젝트를 끝내면 다른 프로젝트에 참여한다)

① 50명 ② 65명
③ 92명 ④ 107명

45 다음 중 K공사의 A~E프로젝트를 인건비가 가장 적게 드는 순서대로 바르게 나열한 것은?

① A－C－E－D－B ② A－E－C－B－D
③ A－E－C－D－B ④ E－A－C－B－D

46 K공사는 인건비와 진행비를 합하여 프로젝트 비용을 산정하려고 한다. A~E프로젝트를 총 비용이 가장 적게 드는 순서대로 바르게 나열한 것은?

① A－D－C－B－E ② A－E－B－D－C
③ C－D－E－B－A ④ C－E－D－A－B

PART 3

※ A씨는 컨퍼런스 참여를 위해 제주도에 출장을 가게 되었다. 다음 자료를 보고 이어지는 질문에 답하시오. **[47~48]**

〈A씨 출장 일정〉

출장지	제주도	일정	8.9 ~ 8.10
도착시각	9일 11:10	출발시각	10일 16:30

※ 제주공항에 도착 후 수하물을 찾는 데 10분이 소요되며, 서울로 출발 시 수속을 위해 1시간 전에 도착하여야 함

〈주요 렌터카 요금표〉

(단위 : 원)

구분	종류	24시간 기본요금	추가요금		
			3시간 미만	3시간 이상 6시간 미만	6시간 이상 12시간 미만
A렌터카	휘발유	60,000	27,000	32,000	38,000
B렌터카	휘발유	65,000	30,000	35,000	40,000
C렌터카	경유	65,000	29,000	35,000	41,000
D렌터카	경유	67,000	25,000	30,000	35,000

※ 제주공항에서 렌터카를 빌리기까지 10분의 이동시간이 걸림

※ 12시간 초과 시 24시간 요금을 부여함

〈유류비〉

휘발유	1,650원/L	경유	1,350원/L

47 A씨가 출장기간 동안 B렌터카를 사용하였을 때, 다음 중 예상되는 대여비는?

① 81,400원
② 90,600원
③ 100,000원
④ 108,000원

48 A씨가 출장기간 동안 260km를 이동한다고 할 때, 대여비와 유류비가 가장 저렴한 렌터카는?

구분	연비
A렌터카	12.5km/L
B렌터카	12km/L
C렌터카	16km/L
D렌터카	12km/L

① A렌터카
② B렌터카
③ C렌터카
④ D렌터카

49 K공사에 다니는 W사원은 이번 달 영국에서 5일 동안 일을 마치고 한국에 돌아와 일주일 후 스페인으로 다시 4일간의 출장을 간다고 한다. 다음 자료를 참고하여 W사원이 영국과 스페인 출장 시 들었던 총 비용을 A ~ C은행에서 환전할 때, 필요한 원화의 최댓값과 최솟값의 차이는 얼마인가? (단, 출장비는 해외여비와 교통비의 합이다)

〈국가별 1일 여비〉

구분	영국	스페인
1일 해외여비	50파운드	60유로

〈국가별 교통비 및 추가 지급비용〉

구분	영국	스페인
교통비(비행시간)	380파운드(12시간)	870유로(14시간)
초과 시간당 추가 지급비용	20파운드	15유로

※ 교통비는 편도 항공권 비용이며, 비행시간도 편도에 해당함

※ 편도 비행시간이 10시간을 초과하면 시간당 추가 비용이 지급됨

〈은행별 환율 현황〉

구분	매매기준율(KRW)	
	원/파운드	원/유로
A은행	1,470	1,320
B은행	1,450	1,330
C은행	1,460	1,310

① 31,900원
② 32,700원
③ 33,500원
④ 34,800원

50 K공사에서는 A～N직원 중 면접위원을 선발하고자 한다. 면접위원의 구성 조건이 다음과 같을 때 적절하지 않은 것은?

〈면접위원 구성 조건〉

- 면접관은 총 6명으로 구성한다.
- 이사 이상의 직급으로 50% 이상 구성해야 한다.
- 인사팀을 제외한 모든 부서는 두 명 이상 선출할 수 없고, 인사팀은 반드시 두 명 이상을 포함한다.
- 모든 면접위원의 입사 후 경력은 3년 이상으로 한다.

직원	직급	부서	입사 후 경력
A	대리	인사팀	2년
B	과장	경영지원팀	5년
C	이사	인사팀	8년
D	과장	인사팀	3년
E	사원	홍보팀	6개월
F	과장	홍보팀	2년
G	이사	고객지원팀	13년
H	사원	경영지원	5개월
I	이사	고객지원팀	2년
J	과장	영업팀	4년
K	대리	홍보팀	4년
L	사원	홍보팀	2년
M	과장	개발팀	3년
N	이사	개발팀	8년

① L사원은 면접위원으로 선출될 수 없다.

② N이사는 반드시 면접위원으로 선출된다.

③ B과장이 면접위원으로 선출됐다면 K대리도 선출된다.

④ 과장은 두 명 이상 선출되었다.

51 조직의 유지와 발전에 책임을 지는 조직의 경영자는 다양한 역할을 수행해야 한다. 다음 중 조직 경영자의 역할로 적절하지 않은 것은?

① 대외적으로 조직을 대표한다.
② 대외적 협상을 주도한다.
③ 조직 내에서 발생하는 분쟁을 조정한다.
④ 외부 변화에 대한 정보를 기밀로 한다.

PART 3

52 다음 (가)와 (나)의 조직 구조의 형태를 이해한 내용으로 적절하지 않은 것은?

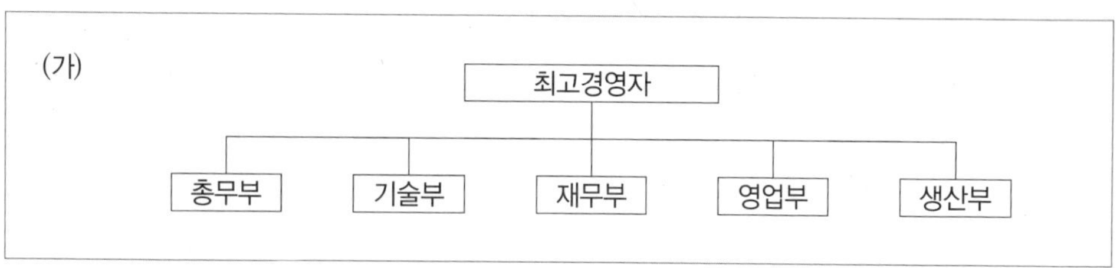

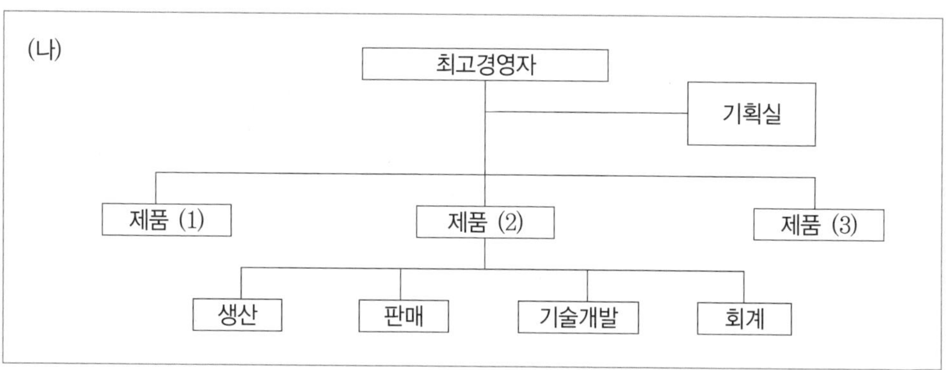

① (가)는 (나)보다 분권화된 의사결정이 가능한 사업별 조직 구조이다.
② (나)는 (가)보다 제품별 차이에 신속하게 적응하기 위한 조직 구조이다.
③ (나)는 (가)보다 급변하는 환경 변화에 효과적으로 대응할 수 있는 조직 구조이다.
④ (가)와 (나) 모두 조직의 CEO가 최상층에 있음을 확인할 수 있다.

53 다음 중 A대리의 조언으로 적절하지 않은 것은?

> A대리 : B씨, 무슨 고민 있어요?
> B사원 : 보고서를 어떻게 풀어가야 할지 생각 중이었습니다. 제가 잘 모르는 내용에 대한 거라 어렵습니다.
> A대리 : 일을 하다 보면 여러 가지 문제를 만나죠. 그럴 때는 유의할 점이 있어요.

① 본인의 편견이나 습관을 조심해야 해요. 문제에 대한 정확한 분석이 되지 않고, 적절한 접근을 방해하기 쉽죠.
② 문제와 관련된 자료를 최대한 많이 모으도록 하세요.
③ 기존의 경험을 조심해야 합니다. 경험은 문제 해결에 도움이 되기도 하지만 선입견을 갖게 할 위험이 있어요.
④ 쉽게 떠오르는 정보로 해결하려고 하다 보면 오류가 생기기 쉽습니다.

54 다음은 K기업의 신제품 관련 회의가 끝난 후 작성된 회의록이다. 이를 이해한 내용으로 적절하지 않은 것은?

〈회의록〉

회의 일시	20××년 ○○월 ○○일	부서	홍보팀, 영업팀, 기획팀
참석자	홍보팀 팀장, 영업팀 팀장, 기획팀 팀장		
회의 안건	신제품 홍보 및 판매 방안		
회의 내용	• 경쟁 업체와 차별화된 마케팅 전략 필요 • 적극적인 홍보 및 판매 전략 필요 • 대리점 실적 파악 및 소비자 반응 파악 필요 • 홍보팀 업무 증가에 따라 팀원 보충 필요		
회의 결과	• 홍보용 보도 자료 작성 및 홍보용 사은품 구매 요청 • 대리점별 신제품 판매량 조사 실시 • 마케팅 기획안 작성 및 공유 • 홍보팀 경력직 채용 공고		

① 이번 회의 안건은 여러 팀의 협업이 필요한 사안이다.
② 기획팀은 마케팅 기획안을 작성하고, 이를 다른 팀과 공유해야 한다.
③ 영업팀은 홍보용 보도 자료를 작성하고, 홍보용 사은품을 구매해야 한다.
④ 홍보팀 팀장은 경력직 채용 공고와 관련하여 인사팀에 업무 협조를 요청해야 한다.

55 다음 K공단 국제인력본부의 조직도를 참고할 때, 외국인력국의 업무로 적절하지 않은 것은?

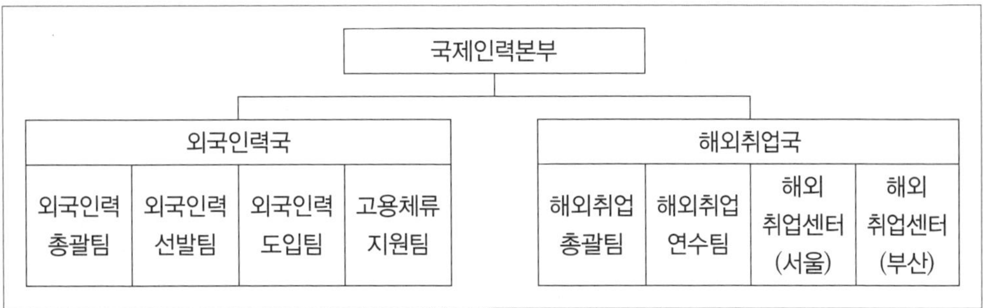

① 근로자 입국지원
② 근로자 고용・체류 지원
③ 한국어능력시험 시행
④ K-Move 취업센터 운영

56 다음 〈보기〉 중 조직의 환경적응에 대한 설명으로 적절하지 않은 것을 모두 고르면?

보기

ㄱ. 세계화의 기업에 대한 영향은 진출시장, 투자대상 확대 등 기업의 대외적 경영 측면으로 국한된다.
ㄴ. 특정 국가에서의 업무 동향 점검 시에는 거래 기업에 대한 정보와 시장의 특성 뿐 아니라 법규에 대하여도 파악하는 것이 필수적이다.
ㄷ. 이문화 이해는 곧 상이한 문화와의 언어적 소통을 가리키므로 현지에서의 인사법 등 예절에 주의하여야 한다.
ㄹ. 이문화 이해는 특정 타 지역에 오랜 기간 형성된 문화를 이해하는 것으로, 단기간에 집중적인 학습으로 신속하게 수월한 언어적 능력을 갖추는 것이 최선이다.

① ㄱ
② ㄱ, ㄷ
③ ㄱ, ㄷ, ㄹ
④ ㄴ, ㄷ, ㄹ

57 사람이 모이면 그 안에는 문화가 생긴다. 즉, 조직을 이루는 구성원 사이에서 공유된 생활양식이나 가치를 '조직문화'라고 한다. 다음 중 조직문화가 갖는 특징으로 적절하지 않은 것은?

① 구성 요소에는 리더십 스타일, 제도 및 절차, 구성원, 구조 등이 있다.
② 조직 구성원들에게 일체감과 정체성을 준다.
③ 조직의 안정성을 유지하는 데 기여한다.
④ 구성원들 개개인의 다양성을 강화해준다.

58 다음 글의 밑줄 친 '마케팅 기법'에 대한 설명으로 적절한 것을 〈보기〉에서 모두 고르면?

> 기업들이 신제품을 출시하면서 한정된 수량만 제작 판매하는 한정판 제품을 잇따라 내놓고 있다. 이번 기회가 아니면 더 이상 구입할 수 없다는 메시지를 끊임없이 던지며 소비자의 호기심을 자극하는 <u>마케팅 기법</u>이다. J자동차 회사는 가죽 시트와 일부 외형을 기존 제품과 다르게 한 모델을 8,000대 한정 판매하였는데, 단기간에 매진을 기록하였다.

보기

ㄱ. 소비자의 충동 구매를 유발하기 쉽다.
ㄴ. 이윤 증대를 위한 경영 혁신의 한 사례이다.
ㄷ. 의도적으로 공급의 가격탄력성을 크게 하는 방법이다.
ㄹ. 소장 가치가 높은 상품을 대상으로 하면 더 효과적이다.

① ㄱ, ㄴ
② ㄱ, ㄷ
③ ㄷ, ㄹ
④ ㄱ, ㄴ, ㄹ

59 티베트에서는 손님이 찻잔을 비우면 주인이 계속 첨잔을 하는 것이 기본예절이며, 손님의 입장에서 주인이 권하는 차를 거절하면 실례가 된다. 티베트에 출장 중인 G사원은 이를 숙지하고 티베트인 집에서 차 대접을 받게 되었다. G사원이 찻잔을 비울 때마다 주인이 계속 첨잔을 하여 곤혹을 겪고 있을 때, G사원의 행동으로 가장 적절한 것은?

① 주인에게 그만 마시고 싶다며 단호하게 말한다.
② 잠시 자리를 피하도록 한다.
③ 차를 다 비우지 말고 입에 살짝 댄다.
④ 힘들지만 계속 마시도록 한다.

60 국제문화에 대한 다음 대화 내용 중 적절하지 않은 말을 한 사람은?

> 철수 : 12월에 필리핀에 흑색경보가 내려져서 안 가길 잘했어. 아직 해제 발표가 없으니 지금도 들어가지 못할 거야.
> 만수 : 요새 환율이 올라서 해외여행을 하기에 좋아.
> 영수 : 환율이 올라서 수출사업하는 사람들이 이득을 보겠네.
> 희수 : 미국에 가고 싶었는데 ESTA 신청을 안 해서 관광을 못 할 것 같아.

① 철수
② 만수
③ 영수
④ 희수

61 4월 15일부터 4월 19일까지 미국 지점 방문을 위해 출장을 가는 박차장은 총무부 이사원으로부터 출장일정과 함께 국제매너가 정리되어 있는 메일을 받았다. 밑줄 친 내용 중 적절하지 않은 것은?

202×-04-09-화 13:30
제목 : 해외 출장일정 및 기타사항
수신 : 박◇◇(nhpark@nh.co.kr)
발신 : 이○○(leenh@nh.co.kr)

안녕하십니까. 저는 총무부 이○○입니다. 4월 15일부터 19일까지 있을 출장일정과 알아두면 좋을 내용까지 함께 정리해서 보냅니다.

◆ 출장일정 및 장소 : 미국, 202×년 4월 15일(월) ~ 4월 19일(금)

일시	장소 및 내용
4월 15일(월) ~ 4월 16일(화)	• 뉴욕(N은행) – 현지영업 수행상태 점검 • 뉴욕(N증권) – 현지영업 수행상태 점검 및 시장조사
4월 17일(수) ~ 4월 18일(목)	• LA(중앙회) – 2021년 상·하반기 농산물 시장개척 활동 지원 확인 – 2021년 상·하반기 정부조사 보고
4월 19일(금)	• 샌프란시스코 – LA(중앙회)·뉴욕(N은행·N증권) 지점장과 함께 만찬

◆ 알아두면 좋은 국제매너

[인사예절]

• 악수방법 : ① 상대방의 눈이나 얼굴을 보면서 오른손으로 상대방의 오른손을 잠시 힘주어서 잡았다가 놓는다.
• 대화법 : 이름이나 호칭을 어떻게 부를지 먼저 물어보는 것의 예의이다.

[시간약속]

② 미국은 시간엄수를 매우 중요하게 생각한다.

[식사예절]

• 수프는 소리 내면서 먹지 않는다.
• ③ 포크와 나이프는 몸에서 가장 안쪽에 있는 것부터 사용한다.
• ④ 뜨거운 수프는 입으로 불어서 식히지 않고 숟가락으로 저어서 식혀야 한다.
• 빵은 수프를 먹고 난 후부터 먹으며, 디저트 직전 식사가 끝날 때까지 먹을 수 있다.
• 스테이크는 잘라가면서 먹는 것이 좋다.
• 생선요리는 뒤집어 먹지 않는다.

62 **K공사 해외사업팀의 조대리는 신규 해외사업을 발굴하는 업무를 담당하고 있다. 조대리는 이러한 업무와 관련하여 국제적인 감각을 키우기 위해 매일 아침 국제 동향을 파악한다. 다음 중 국제 동향을 파악하기 위한 행동으로 적절하지 않은 것은?**

① 해외사이트를 방문하여 최신이슈를 확인한다.
② 매일 아침 신문의 국제면을 읽는다.
③ 업무와 관련된 분야의 국제잡지를 정기 구독한다.
④ 업무와 관련된 국내의 법률, 법규 등을 공부한다.

63 **다음 중 팀에 대한 설명으로 적절하지 않은 것은?**

① 구성원들이 공동의 목표를 성취하기 위하여 서로 기술을 공유하고 공동으로 책임을 지는 집단이다.
② 다른 집단들에 비해 구성원들의 개인적 기여를 강조하지 않으며, 개인적 책임뿐만 아니라 상호 공동책임을 중요시한다.
③ 다른 집단과 비교하여 팀에서는 자율성을 가지고 스스로 관리하는 경향이 있다.
④ 팀은 생산성을 높이고 의사결정을 신속하게 내리며 구성원들의 다양한 창의성 향상을 도모하기 위하여 조직된다.

64 **다음 글에서 설명하고 있는 리더십능력은 무엇인가?**

> 개인이 지닌 능력을 최대한 발휘하여 목표를 이룰 수 있도록 돕는 일로, 커뮤니케이션 과정의 모든 단계에서 활용할 수 있다. 직원들에게 질문을 던지는 한편 직원들의 의견을 적극적으로 경청하고, 필요한 지원을 아끼지 않아 생산성을 높이고 기술 수준을 발전시키며, 자기 향상을 도모하는 직원들에게 도움을 주고 업무에 대한 만족감을 높이는 과정이다. 즉, 관리가 아닌 커뮤니케이션의 도구이다.

① 코칭　　② 티칭
③ 멘토링　　④ 컨설팅

65 다음은 조직 구조에 대한 설명이다. 이에 해당되는 조직 유형은?

> 의사결정 권한이 조직의 상층부에 집중되어 있다. 조직의 규모가 작거나 신설 조직이며 조직의 활동에 많은 예산이 필요할 때, 조직이 위기에 처하거나 직원들의 능력이 부족할 때 장점을 가지게 되는 구조로 행정의 통일성, 빠른 결정 등이 가능하다.

① 분권화
② 집권화
③ 수평적
④ 공식성

66 다음 중 탁월한 조직을 만드는 원칙을 통해 유추할 수 있는 내용으로 적절하지 않은 것은?

> 〈탁월한 조직을 만드는 원칙〉
>
> • 리더의 단결을 구축하고 유지하라.
> • 조직의 비전을 명확히 하라.
> • 조직의 비전에 대해 자주 의사소통하라.
> • 인력시스템 구축으로 조직의 비전을 강화하라.

① 조직의 비전에 관한 내용을 직원들에게 전달할 경우 세부적으로 자세하게 설명해야 한다.
② 조직 구성원 모두에게 필요하다고 판단될 때는 채용되고, 관리되고, 보수를 받고, 해고될 수 있다는 사실을 분명히 밝혀야 한다.
③ '어떤 차별화된 전략으로 사업에 임하고 있는가.'와 같은 질문에 대답할 수 있어야 한다.
④ 비전이 명확한 조직은 구성원들이 회사의 가치관, 목표와 전략 등에 대해 같은 입장을 취한다.

67 다음 글의 빈칸에 들어갈 용어에 대한 설명으로 적절하지 않은 것은?

> 조직과 환경은 영향을 주고받는다. 조직도 환경에 영향을 미치기는 하지만, 환경은 조직의 생성, 지속 및 발전에 지대한 영향력을 가지고 있다. 오늘날 조직을 둘러싼 환경은 급변하고 있으며, 조직은 생존하기 위하여 이러한 환경의 변화를 읽고 적응해 나가야 한다. 이처럼 환경의 변화에 맞춰 조직이 새로운 아이디어나 행동을 받아들이는 것을 ________(이)라고 한다.

① 환경의 변화를 인지하는 데에서 시작된다.
② 조직의 세부목표나 경영방식을 수정하거나, 규칙이나 규정 등을 새로 제정하기도 한다.
③ 조직의 목적과 일치시키기 위해 구성원들의 사고방식 변화를 방지한다.
④ 신기술의 발명을 통해 생산성을 높일 수도 있다.

68 다음 글을 읽고 외부경영활동으로 볼 수 있는 것은?

> 경영활동은 외부경영활동과 내부경영활동으로 구분하여 볼 수 있다. 외부경영활동은 조직외부에서 조직의 효과성을 높이기 위해 이루어지는 활동이다. 다음으로 내부경영활동은 조직 내부에서 자원들을 관리하는 것이다.

① 마케팅 활동
② 직원 부서 배치
③ 직원 채용
④ 직원 교육훈련

69 다음 글을 읽고 브레인스토밍에 대한 설명으로 적절하지 않은 것은?

> 집단에서 의사결정을 하는 대표적인 방법으로 브레인스토밍이 있다. 브레인스토밍은 일정한 테마에 관하여 회의형식을 채택하고, 구성원의 자유발언을 통해 아이디어의 제시를 요구하여 발상을 찾아내려는 방법으로 볼 수 있다.

① 다른 사람이 아이디어를 제시할 때, 비판을 통해 새로운 아이디어를 창출한다.
② 아이디어는 적게 나오는 것 보다는 많이 나올수록 좋다.
③ 자유분방하고 엉뚱하기까지 한 의견을 출발점으로 해서 아이디어를 전개시켜 나갈 수 있다.
④ 문제에 대한 제안은 자유롭게 이루어질 수 있다.

70 직장 내 효과적인 업무 수행을 위해서는 조직의 체제와 경영에 대해 이해하는 조직이해능력이 필요하다. 다음 중 조직이해능력에 대한 설명으로 적절하지 않은 것은?

① 조직을 구성하고 있는 개개인에 대해 정확히 파악하고 있다면 조직의 실체를 완전히 이해할 수 있다.
② 조직의 규모가 커질수록 구성원 간 정보 공유가 어려워지므로 조직이해에 더 많은 시간과 관심을 기울여야 한다.
③ 조직 구성원 간 긍정적 인간관계를 유지하는 것뿐만 아니라 조직의 체제와 경영 원리를 이해하는 것도 중요하다.
④ 사회가 급변하면서 많은 조직들이 생성·변화함에 따라 조직이해능력의 중요성도 커지고 있다.

M E M O

제2회
기계직 / 전기직 / 화학직
최종점검 모의고사

※ 한국중부발전 최종점검 모의고사는 채용공고와 필기 후기를 기준으로 구성한 것으로, 실제 시험과 다를 수 있습니다.

※ 직렬별로 직업기초능력평가 응시과목이 상이하므로 자신이 응시하는 직렬의 영역을 선택하여 학습하기 바랍니다.

■ 취약영역 분석

번호	O/×	영역
1		의사소통능력 (공통)
2		
3		
4		
5		
6		
7		
8		
9		
10		
11		
12		
13		
14		
15		
16		문제해결능력 (공통)
17		
18		
19		
20		
21		
22		
23		
24		
25		

번호	O/×	영역
26		문제해결능력 (공통)
27		
28		
29		
30		
31		
32		
33		
34		
35		
36		기술능력 (공통)
37		
38		
39		
40		
41		
42		
43		
44		
45		
46		
47		
48		
49		
50		

번호	O/×	영역
51		기술능력 (공통)
52		
53		
54		
55		
56		수리능력 (전기직) / 자원관리능력 (기계직 / 화학직)
57		
58		
59		
60		
61		
62		
63		
64		
65		
66		
67		
68		
69		
70		

평가 문항	70문항	평가 시간	50분
시작시간	:	종료시간	:
취약 영역			

모바일 OMR

제2회 기계직 / 전기직 / 화학직 최종점검 모의고사

문항 수 : 70문항 응시시간 : 50분

정답 및 해설 p.057

01 공통

01 다음 글에서 밑줄 친 ㉠ ~ ㉤의 수정 방안으로 적절하지 않은 것은?

> 안녕하세요? 저는 학생 여러분께 건의할 사항이 있어 이 글을 씁니다. 우리 모두가 쾌적한 환경에서 건강하게 학교생활을 할 수 있도록 학생들 모두 실내에서는 실내화를 착용했으면 좋겠습니다. 실내에서는 실내화를 착용하는 것이 원칙이지만 실외화를 신고 다니는 학생들이 너무 많습니다. 이는 교실 청결은 물론 학생들의 호흡기 건강에 매우 ㉠ 나쁜 악영향을 미칩니다. 특히 꽃가루가 날리는 계절이나 미세 먼지가 많을 때, 비가 온 뒤에는 더욱 문제가 됩니다. ㉡ 다만 계단이나 복도에 흙이 많이 떨어져 있어 그곳을 청소하는 학생들이 고생을 합니다. 저 역시 흙이 많이 떨어져 있거나 비가 와 진흙이 묻은 날에는 청소 시간 내에 청소를 다 끝내지 못해 수업 시간에 늦은 적이 있었습니다. ㉢ 따라서 학교에서는 청소 도구를 더 확보해 주셨으면 좋겠습니다.
>
> 실내화 착용에 대한 설문 조사 결과, 전체 학생의 50% 정도가 실내화를 착용하지 않는다고 응답했고, 실내화를 신지 않는 이유에 대해서는 '갈아 신는 것이 귀찮아서'라는 응답이 가장 많았습니다. ㉣ 이처럼 학생 대부분이 필요성을 인식하고 있지만 단지 귀찮다는 이유로 실내화를 착용하지 않는 것은 문제가 있다고 생각합니다. ㉤ 하지만 '실내화 착용이 필요한가?'라는 질문에는 85% 이상의 학생이 필요하다고 응답했습니다.
>
> 쾌적한 학교생활과 학생들의 건강, 청소하는 친구들을 위해서라도 하루빨리 모든 학생들이 실내화를 착용하길 바랍니다. 감사합니다.

① 의미가 중복되었으므로 ㉠은 '나쁜 영향'으로 수정한다.

② 맥락을 고려하여 ㉡을 '그러나'로 수정한다.

③ 글의 핵심 논지에서 벗어난 내용이므로 ㉢은 삭제한다.

④ 내용의 자연스러운 연결을 위해 ㉣과 ㉤의 순서를 맞바꾼다.

02 다음 글의 빈칸에 들어갈 문장을 〈보기〉에서 찾아 순서대로 나열한 것은?

조사 기관에 따르면, 해마다 척추 질환으로 병원을 찾는 청소년들이 연평균 5만 명에 이르며 그 수가 지속적으로 증가하고 있다. 청소년의 척추 질환은 성장을 저해하고 학업의 효율성을 저하시킬 수 있다. ____(가)____ 따라서 청소년 척추 질환의 원인을 알고 예방하기 위한 노력이 필요하다. 전문가들은 앉은 자세에서 척추에 가해지는 하중이 서 있는 자세에 비해 1.4배 정도 크기 때문에 책상 앞에 오래 앉아 있는 청소년들의 경우, 척추 건강에 적신호가 켜질 가능성이 매우 높다고 말한다. 또한 전문가들은 청소년들의 운동 부족도 청소년 척추 질환의 원인이라고 강조한다. 척추 건강을 위해서는 기립근과 장요근 등을 강화하는 근력 운동이 필요하다. 그런데 실제로 질병관리본부의 조사에 따르면, 청소년들 가운데 주 3일 이상 근력 운동을 하고 있다고 응답한 비율은 남성이 약 33%, 여성이 약 9% 정도밖에 되지 않았다.

청소년들이 생활 속에서 비교적 쉽게 척추 질환을 예방할 수 있는 방법은 무엇일까? 첫째, 바른 자세로 책상 앞에 앉아 있는 습관을 들여야 한다. ____(나)____ 또한 책을 보기 위해 고개를 아래로 많이 숙이는 행동은 목뼈가 받는 부담을 크게 늘려 척추 질환을 유발하므로 책상 높이를 조절하여 목과 허리를 펴고 반듯하게 앉아 책을 보는 것이 좋다. 둘째, 틈틈이 척추 근육을 강화하는 운동을 해 준다. ____(다)____

그리고 발을 어깨보다 약간 넓게 벌리고 서서 양손을 허리에 대고 상체를 서서히 뒤로 젖혀 준다. 이러한 동작들은 척추를 지지하는 근육과 인대를 강화시켜 척추가 휘어지거나 구부러지는 것을 막아 준다. 따라서 이런 운동은 척추 건강을 위해 반드시 필요하다.

보기

㉠ 허리를 곧게 펴고 앉아 어깨를 뒤로 젖히고 고개를 들어 하늘을 본다.
㉡ 그렇기 때문에 적절한 대응 방안이 마련되지 않으면 문제가 더욱 심각해질 것이다.
㉢ 의자에 앉아 있을 때는 엉덩이를 의자 끝까지 밀어 넣고 등받이에 반듯하게 상체를 기대 척추를 꼿꼿하게 유지해야 한다.

	(가)	(나)	(다)
①	㉡	㉠	㉢
②	㉡	㉢	㉠
③	㉢	㉠	㉡
④	㉢	㉡	㉠

PART 3

03 다음 글의 내용으로 가장 적절한 것은?

미디어 플랫폼의 다변화로 콘텐츠 이용에 관한 선택권이 다양해졌지만 장애인은 OTT로 콘텐츠 하나 보기가 어려운 현실이다. 지난 장애인 미디어 접근 콘퍼런스에서 최○○ 한국시각장애인연합회 정책팀장은 "올해 한 기사를 보니 한 시각장애인 분이 OTT는 넷플릭스나 유튜브로 보고 있다고 돼 있었는데, 두 가지가 다 외국 플랫폼이었다는 것이 마음이 아팠다. 외국과 우리나라에서 장애인을 바라보는 시각의 차이가 바로 이런 것이구나 생각했다."며 "장애인을 소비자로 보느냐 시혜 대상으로 보느냐, 사업자가 어떤 생각을 갖고 있느냐에 따라 콘텐츠를 어떻게 제작할 것인가의 차이가 있다고 본다."고 말했다.

실제 시각장애인은 OTT의 기본 기능도 이용하기 어렵다. 국내 OTT에서는 동영상 재생 버튼을 설명하는 대체 텍스트(문구)가 제공되지 않아 시각장애인들이 재생 버튼을 선택할 수 없었으며, 동영상 시청 중에는 일시 정지할 수 있는 버튼, 음량 조절 버튼, 설정 버튼 등이 화면에서 사라졌다. 재생 버튼에 대한 설명이 제공되는 넷플릭스도 영상 재생 시점을 10초 앞으로, 또는 뒤로 이동하는 버튼은 이용하기 어렵다.

이에 국내 OTT 업계의 경우 장애인 이용을 위한 기술을 개발·확대한다는 계획을 밝히며 정부 지원이 필요하다고 덧붙였다. 정부도 규제와 의무보다는 사업자의 자율적인 부분을 인정해주고 사업자 노력을 드라이브 걸 수 있는 지원책을 마련하여야 한다. 이는 OTT 시장이 철저한 자본에 의한 경쟁시장이며, 자본이 있는 만큼 서비스가 고도화되고 고도화를 통해 이용자 편의성을 높일 수 있기 때문이다.

① 외국 OTT 플랫폼은 장애인을 위한 서비스를 활발히 제공하고 있다.
② 국내 OTT 플랫폼은 장애인을 위한 서비스를 제공하고 있지 않다.
③ 외국 OTT 플랫폼은 국내 플랫폼보다 장애인을 시혜 대상으로 바라보고 있다.
④ 정부는 OTT 플랫폼에 장애인 편의 기능을 마련할 것을 촉구했지만 지원책은 미비했다.

04 다음 문단을 논리적 순서대로 바르게 나열한 것은?

(가) 이처럼 사대부들의 시조는 심성 수양과 백성의 교화라는 두 가지 주제로 나타난다. 이는 사대부들이 재도지기(載道之器), 즉 문학을 도(道)를 싣는 수단으로 보는 효용론적 문학관에 바탕을 두었기 때문이다. 이때 도(道)란 수기(修己)의 도와 치인(治人)의 도라는 두 가지 의미를 지니는데, 강호가류(江湖歌類)의 시조는 수기의 도를, 오륜가류(五倫歌類)의 시조는 치인의 도를 표현한 것이라 할 수 있다.

(나) 한편, 오륜가류는 백성들에게 유교적 덕목인 오륜(五倫)을 실생활 속에서 실천할 것을 권장하려는 목적으로 창작한 시조이다. 사대부들이 관직에 나아가면 남을 다스리는 치인을 위해 최선을 다했고, 그 방편으로 오륜가류를 즐겨 지었던 것이다. 오륜가류는 쉬운 일상어를 활용하여 백성들이 일상생활에서 마땅히 행하거나 행하지 말아야 할 것들을 명령이나 청유 등의 어조로 노래하였다. 이처럼 오륜가류는 유교적 덕목인 인륜을 실천함으로써 인간과 인간이 이상적 조화를 이루고, 이를 통해 천하가 평화로운 상태까지 나아가는 것을 주요 내용으로 하였다.

(다) 조선시대 시조 문학의 주된 향유 계층은 사대부들이었다. 그들은 '사(士)'로서 심성을 수양하고 '대부(大夫)'로서 관직에 나아가 정치 현실에 참여하는 것을 이상으로 여겼다. 세속적 현실 속에서 나라와 백성을 위한 이념을 추구하면서 동시에 심성을 닦을 수 있는 자연을 동경했던 것이다. 이러한 의식의 양면성에 기반을 두고 시조 문학은 크게 강호가류와 오륜가류의 두 가지 경향으로 발전하게 되었다.

(라) 강호가류는 자연 속에서 한가롭게 지내는 삶을 노래한 것으로, 시조 가운데 작품 수가 가장 많다. 강호가류가 크게 성행한 시기는 사화와 당쟁이 끊이질 않았던 16 ~ 17세기였다. 세상이 어지러워지자 정치적 이상을 실천하기 어려웠던 사대부들은 정치 현실을 떠나 자연으로 회귀하였다. 이때 사대부들이 지향했던 자연은 세속적 이익과 동떨어진 검소하고 청빈한 삶의 공간이자 안빈낙도(安貧樂道)의 공간이었다. 그 속에서 사대부들은 강호가류를 통해 자연과 인간의 이상적 조화를 추구하며 자신의 심성을 닦는 수기에 힘썼다.

① (다) – (나) – (가) – (라)
② (다) – (라) – (나) – (가)
③ (라) – (나) – (가) – (다)
④ (라) – (다) – (나) – (가)

05 다음 글의 밑줄 친 ㉠~㉣ 중 어법상 옳지 않은 것은?

> 훈민정음은 크게 '예의'와 '해례'로 ㉠ <u>나뉘어져</u> 있다. 예의는 세종이 직접 지었는데, 한글을 만든 이유와 한글의 사용법을 간략하게 설명한 글이다. 해례는 한글의 자음과 모음을 만든 원리와 용법을 집현전 학사들이 상세하게 설명한 글이다.
> 서문을 포함한 예의 부분은 무척 간략해 「세종실록」과 「월인석보」 등에도 실리며 전해져 왔지만, 한글 창제 원리가 ㉡ <u>밝혀져</u> 있는 해례는 전혀 알려져 있지 않았다. 그런데 예의와 해례가 모두 실려 있는 훈민정음 정본이 1940년에야 ㉢ <u>발견됐다</u>. 그것이 「훈민정음 해례본」이다. 그러나 이 「훈민정음 해례본」이 대중에게, 그리고 한글학회 간부들에게 공개된 것은 광복 후에 이르러서였다.
> 하나의 나라, 하나의 민족정신을 담는 그릇은 바로 그들의 언어이다. 언어가 사라진다는 것은 세계를 바라보는 방법, 즉 세계관이 사라진다는 것과 ㉣ <u>진배없다</u>. 일제강점기 일제의 민족말살 정책 중 가장 악랄했던 것 중 하나가 바로 우리말과 글에 대한 탄압이었다. 일제는 진정으로 우리말과 글이 사라지길 바랐다. 18세기 조선의 실학 연구자들은 중국의 중화사관에서 탈피하여 우리 고유의 문물과 사상에 대한 연구를 본격화했다. 이때 실학자들의 학문적 성과가 바로 훈민정음 해례를 한글로 풀어쓴 언해본의 발견이었다. 일제는 그것을 18세기에 만들어진 위작이라는 등 허구로 몰아갔고, 해례본을 찾느라 혈안이 되어 있었다. 해례본을 없앤다면 세종의 한글 창제를 완벽히 허구화할 수 있기 때문이었다.

① ㉠

② ㉡

③ ㉢

④ ㉣

06 다음 문단을 논리적 순서대로 바르게 나열한 것은?

(가) 나무를 가꾸기 위해서는 처음부터 여러 가지를 고려해 보아야 한다. 심을 나무의 생육 조건, 나무의 형태, 성목이 되었을 때의 크기, 꽃과 단풍의 색, 식재 지역의 기후와 토양 등을 종합적으로 생각하고 심어야 한다. 나무의 생육 조건은 저마다 다르기 때문에 지역의 환경 조건에 적합한 나무를 선별하여 환경에 적응하도록 해야 한다. 동백나무와 석류, 홍가시나무는 남부 지방에 키우기 적합한 나무로 알려져 있지만 지구온난화로 남부 수종의 생육한계선이 많이 북상하여 중부 지방에서도 재배가 가능한 나무도 있다. 부산의 도로 중앙분리대에서 보았던 잎이 붉은 홍가시나무는 여주의 시골집 마당 양지바른 곳에서 수년째 잘 적응하고 있다.

(나) 더불어 나무의 특성을 외면하고 주관적인 해석에 따라 심었다가는 훗날 낭패를 보기 쉽다. 물을 좋아하는 수국 곁에 물을 싫어하는 소나무를 심었다면 둘 중 하나는 살기 어려운 환경이 조성된다. 나무를 심고 가꾸기 위해서는 전체적인 밑그림을 그려보고 생태적 특징을 살펴본 후에 심는 것이 바람직하다.

(다) 나무들이 밀집해 있으면 나무끼리의 경쟁은 물론 바람과 햇빛의 방해로 성장은 고사하고 병충해에 시달리기 쉽다. 또한 나무들은 성장 속도가 다르기 때문에 항상 다 자란 나무의 모습을 상상하며 나무들 사이의 공간 확보를 염두에 두어야 한다. 그러나 묘목을 심고 보니 듬성듬성한 공간을 메꾸기 위하여 자꾸 나무를 심게 되는 실수를 저지른다.

(라) 식재 계획의 시작은 장기적인 안목으로 적재적소의 원칙을 염두에 두고 나무를 선정하는 것이다. 식물은 햇빛, 물, 바람의 조화를 이루면 잘 산다고 하지 않는가. 그래서 나무의 특성 중에서 햇볕을 좋아하는지 그늘을 좋아하는지, 물을 좋아하는지 여부를 살펴보는 것이 중요하다. 어린 묘목을 심을 경우 실수하는 것은 나무가 자랐을 때의 생육 공간을 생각하지 않고 촘촘하게 심는 것이다.

① (가) – (나) – (다) – (라)
② (가) – (나) – (라) – (다)
③ (가) – (라) – (나) – (다)
④ (가) – (라) – (다) – (나)

※ 다음은 색채심리학을 소개하는 기사이다. 이어지는 질문에 답하시오. [7~8]

색채는 상징성과 이미지를 지니는 동시에 인간과 심리적 교감을 나눈다. 과거 노란색은 중국 황제를 상징했고, 보라색은 로마 황제의 색이었다. 또한 붉은색은 공산주의의 상징이었다. 백의민족이라 불린 우리 민족은 태양의 광명인 흰색을 숭상했던 것으로 보인다. 이처럼 각 색채는 희망·열정·사랑·생명·죽음 등 다양한 상징을 갖고 있다. 여기에 각 색깔이 주는 독특한 자극은 인간의 감성과 심리에 큰 영향을 미치고 있으며, 이는 색채심리학이라는 학문의 등장으로 이어졌다.
색채심리학이란 색채와 관련된 인간의 행동(반응)을 연구하는 심리학을 말한다. 색채심리학에서는 색각(色覺)의 문제로부터, 색채가 가지는 인상·조화감 등에 이르는 여러 문제를 다룬다. 그뿐만 아니라 생리학·예술·디자인·건축 등과도 관계를 가진다. 특히 색채가 어떠하며, 우리 눈에 그것이 어떻게 보이고, 어떤 느낌을 주는지는 색채심리학이 다루는 연구 대상 중 가장 주요한 부분이다.
우리는 보통 몇 가지의 색을 동시에 보게 된다. 이럴 경우 몇 가지의 색이 상호작용을 하므로, 한 가지의 색을 볼 때와는 다른 현상이 일어난다. 그 대표적인 것이 대비(對比) 현상이다. 색채의 대비는 2개 이상의 색을 동시에 보거나, 계속해서 볼 때 일어나는 현상이다. 전자를 '동시대비', 후자를 '계속대비'라 한다. 이때 제시되는 색은 서로 영향을 미치며, 각기 지니고 있는 색의 특성을 더욱더 강조하는 경향이 생긴다.
이러한 색의 대비 현상을 살펴보면, 색에는 색상·명도(색의 밝기 정도)·채도(색의 선명도)의 3가지 속성이 있으며, 이에 따라 색상대비·명도대비·채도대비의 3가지 대비를 볼 수 있다. 색상대비는 색상이 다른 두 색을 동시에 이웃하여 놓았을 때 두 색이 서로의 영향으로 색상 차가 나는 현상이다. 다음으로 명도대비는 명도가 다른 두 색을 이웃하거나 배색하였을 때 밝은 색은 더욱 밝게, 어두운 색은 더욱 어둡게 보이는 현상으로 볼 수 있다. 그리고 채도대비는 채도가 다른 두 색을 인접시켰을 때 서로의 영향을 받아 채도가 높은 색은 더욱 높아 보이고, 채도가 낮은 색은 더욱 낮아 보이는 현상을 말한다.
오늘날 색의 대비 현상은 일상생활에서 많이 활용되고 있다. 색채를 활용하여 먼 거리에서 더 잘 보이게 하거나 뚜렷하게 보이도록 해야 할 때가 있는데, 그럴 경우에는 배경과 그 앞에 놓이는 그림의 속성 차를 크게 해야 한다. 일반적으로 배경색과 그림색의 속성이 다르면 다를수록 그림은 명확하게 인지되고, 멀리서도 잘 보인다. 색의 대비 중 이와 같은 현상에 가장 영향을 미치는 것은 명도대비이며 그다음이 색상대비, 채도대비의 순이다. 특히, 멀리서도 잘 보여야 하는 표지류 등은 대비량이 큰 색을 사용한다.
색이 우리 눈에 보이는 현상으로는 이밖에도 잔상색·순응색 등이 있다. 흰 종이 위에 빨간 종이를 놓고 잠깐 동안 주시한 다음 빨간 종이를 없애면, 흰 종이 위에 빨간 청록색이 보인다. 이것이 이른바 보색잔상으로서 비교적 밝은 면에서 잔상을 관찰했을 때 나타나는 현상이다. 그러나 암흑 속이나 백광색의 자극을 받을 때는 매우 복잡한 양상을 띤다. 또한 조명광이나 물체색(物體色)을 오랫동안 계속 쳐다보고 있으면, 그 색에 순응되어 색의 지각이 약해진다. 그래서 조명에 의해 물체색이 바뀌어도 자신이 알고 있는 고유의 색으로 보이게 되는데, 이러한 현상을 '색순응'이라고 한다.

07 다음 중 기사를 읽고 이해한 내용으로 적절하지 않은 것은?

① 색채의 대비 중 2개 이상의 색을 계속 보는 경우를 '계속대비'라 한다.
② 색을 계속 응시하면 색의 보이는 상태가 변화됨을 알 수 있다.
③ 색채심리학은 색채가 우리에게 어떤 느낌을 주는지도 연구한다.
④ 배경과 그림의 속성 차를 작게 할수록 뚜렷하게 보이는 효과가 있다.

08 다음 중 기사를 읽고 추론한 내용으로 가장 적절한 것은?

① 어두운 밝기의 회색이 검은색 바탕 위에 놓일 경우 밝아 보이는데, 이는 채도대비로 볼 수 있다.

② 연두색 배경 위에 놓인 노란색은 좀 더 붉은 색을 띠게 되는데, 이는 색상대비로 볼 수 있다.

③ 파란색 선글라스를 통해 푸르게 보이던 것이 곧 익숙해져서 본래의 색으로 느끼는 것은 보색잔상으로 볼 수 있다.

④ 색의 물체를 응시한 후 흰 벽으로 눈을 옮기면 전자의 색에 칠하여진 동형의 상을 볼 수 있는데, 이는 색순응으로 볼 수 있다.

PART 3

09 다음 글의 빈칸에 들어갈 내용으로 가장 적절한 것은?

> 미세먼지와 황사는 여러모로 비슷하면서도 뚜렷한 차이점을 지니고 있다. 「삼국사기」에도 기록되어 있는 황사는 중국 내륙 내몽골 사막에 강풍이 불면서 날아오는 모래와 흙먼지를 일컫는데, 장단점이 존재했던 과거와 달리 중국 공업지대를 지난 황사에 미세먼지와 중금속 물질이 더해지며 심각한 환경 문제로 대두되었다. 이와 달리 미세먼지는 일반적으로는 대기오염 물질이 공기 중에 반응하여 형성된 황산염이나 질산염 등 이온 성분, 석탄·석유 등에서 발생한 탄소 화합물과 검댕, 흙먼지 등 금속 화합물의 유해 성분으로 구성된다.
> 미세먼지의 경우 통념적으로는 먼지를 미세먼지와 초미세먼지로 구분하고 있지만, 대기환경과 환경보전을 목적으로 하는 「환경정책기본법」에서는 미세먼지를 PM(Particulate Matter)이라는 단위로 구분한다. 즉, 미세먼지(PM_{10})의 경우 입자의 크기가 $10\mu m$ 이하인 먼지이고, 미세먼지($PM_{2.5}$)는 입자의 크기가 $2.5\mu m$ 이하인 먼지로 정의하고 있다. 이에 비해 황사는 통념적으로는 입자 크기로 구분하지 않으나 주로 지름 $20\mu m$ 이하의 모래로 구분하고 있다. 이 때문에 ______________

① 황사 문제를 해결하기 위해서는 근본적으로 황사의 발생 자체를 억제할 필요가 있다.

② 황사와 미세먼지의 차이를 입자의 크기만으로 구분 짓긴 어렵다.

③ 미세먼지의 역할 또한 분명히 존재함을 기억해야 할 것이다.

④ 황사와 미세먼지의 근본적인 구별법은 그 역할에서 찾아야 할 것이다.

10 다음 중 A의 주장에 효과적으로 반박할 수 있는 진술은?

A : 우리나라는 경제 성장과 국민 소득의 향상으로 매년 전력 소비가 증가하고 있습니다. 이런 와중에 환경 문제를 이유로 발전소를 없앤다는 것은 말도 안 되는 소리입니다. 반드시 발전소를 증설하여 경제 성장을 촉진해야 합니다.
B : 하지만 최근 경제 성장 속도에 비해 전력 소비량의 증가가 둔화되고 있는 것도 사실입니다. 더구나 전력 소비에 대한 시민 의식도 점차 바뀌어가고 있으므로 전력 소비량 관련 캠페인을 실시하여 소비량을 줄인다면 발전소를 증설하지 않아도 됩니다.
A : 의식의 문제는 결국 개인에게 기대하는 것이고, 희망적인 결과만을 생각한 것입니다. 확실한 것은 앞으로 우리나라 경제 성장에 있어 더욱더 많은 전력이 필요할 것이라는 겁니다.

① 친환경 발전으로 환경과 경제 문제를 동시에 해결할 수 있다.
② 경제 성장을 하면서도 전력 소비량이 감소한 선진국의 사례도 있다.
③ 최근 국제 유가의 하락으로 발전 비용이 저렴해졌다.
④ 발전소의 증설이 건설 경제의 선순환 구조를 이룩할 수 있는 것이 아니다.

11 다음 글의 주제로 가장 적절한 것은?

1920년대 세계 대공황의 발생으로 애덤 스미스 중심의 고전학파 경제학자들의 '보이지 않는 손'에 대한 신뢰가 무너지게 되자 경제를 보는 새로운 시각이 요구되었다. 당시 고전학파 경제학자들은 국가의 개입을 철저히 배제하고 '공급이 수요를 창출한다.'는 세이의 법칙을 믿고 있었다. 그러나 이러한 믿음으로는 세계 대공황을 설명할 수 없었다. 이때 새롭게 등장한 것이 케인스의 '유효수요 이론'이다. 유효수요 이론이란 공급이 수요를 창출하는 것이 아니라, 유효수요, 즉 물건을 살 수 있는 확실한 구매력이 뒷받침되는 수요가 공급 및 고용을 결정한다는 이론이다. 케인스는 세계 대공황의 원인이 이 유효수요의 부족에 있다고 보았다. 유효수요가 부족해지면 기업은 생산량을 줄이고, 이것은 노동자의 감원으로 이어지며 구매력을 감소시켜 경제의 악순환을 발생시킨다는 것이다. 케인스는 불황을 해결하기 위해서는 가계와 기업이 소비 및 투자를 충분히 해야 한다고 주장했다. 그는 소비가 없는 생산은 공급 과다 및 실업을 일으키며 궁극적으로는 경기 침체와 공황을 가져온다고 하였다. 절약은 분명 권장되어야 할 미덕이지만 소비가 위축되어 경기 침체와 공황을 불러올 경우, 절약은 오히려 악덕이 될 수도 있다는 것이다.

① 고전학파 경제학자들이 주장한 '보이지 않는 손'
② 세계 대공황의 원인과 해결책
③ '유효수요 이론'의 영향
④ '유효수요 이론'의 정의

12 다음 글의 내용으로 적절하지 않은 것은?

> 계약서란 계약의 당사자 간의 의사 표시에 따른 법률행위인 계약 내용을 문서화한 것으로, 당사자 사이의 권리와 의무 등 법률관계를 규율하고 의사 표시 내용을 항목별로 구분한 후, 구체적으로 명시하여 어떠한 법률행위를 어떻게 하려고 하는지 등의 내용을 특정한 문서이다. 계약서의 작성은 미래에 계약에 관한 분쟁 발생 시 중요한 증빙 자료가 된다.
>
> 계약서의 종류를 살펴보면, 먼저 임대차계약서는 임대인 소유의 부동산을 임차인에게 임대하고, 임차인은 이에 대한 약정을 합의하는 내용을 담고 있다. 임대차는 당사자의 한쪽이 상대방에게 목적물을 사용·수익하게 할 수 있도록 약정하고, 상대방이 이에 대하여 차임을 지급할 것을 약정함으로써 그 효력이 생긴다. 부동산 임대차의 경우 목적 부동산의 전세·월세에 대한 임차보증금 및 월세를 지급할 것을 내용으로 하는 계약이 여기에 해당하며, 임대차계약서는 주택 등 집합건물의 임대차계약을 작성하는 경우에 사용되는 계약서이다. 주택 또는 상가의 임대차계약은 민법에 대한 특례를 규정한 주택임대차보호법 및 상가건물 임대차보호법의 적용을 받으며, 이 법의 적용을 받지 않은 임대차에 관하여는 민법상의 임대차 규정을 적용하고 있다.
>
> 다음으로 근로계약서는 근로자가 회사(근로기준법에서는 '사용자'라고 함)의 지시 또는 관리에 따라 일을 하고 이에 대한 대가로 회사가 임금을 지급하기로 한 내용의 계약서로 유상·쌍무계약을 말한다. 근로자와 사용자의 근로관계는 서로 동등한 지위에서 자유의사에 의하여 결정한 계약에 의하여 성립한다. 이러한 근로관계의 성립은 구술에 의하여 약정되기도 하지만 통상적으로 근로계약서 작성에 의하여 행해지고 있다.
>
> 마지막으로 부동산 매매계약서는 당사자가 계약 목적물을 매매할 것을 합의하고, 매수인이 매도자에게 매매 대금을 지급할 것을 약정함으로 인해 그 효력이 발생한다. 부동산 매매계약서는 부동산을 사고팔기 위하여 매도인과 매수인이 약정하는 계약서로 매매대금 및 지급 시기, 소유권 이전, 제한권 소멸, 제세공과금, 부동산의 인도, 계약의 해제에 관한 사항 등을 약정하여 교환하는 문서이다. 부동산 거래는 상황에 따라 다양한 매매 조건이 수반되기 때문에 획일적인 계약 내용 외에 별도 사항을 기재하는 수가 많으므로 계약서에 서명하기 전에 계약 내용을 잘 확인하여야 한다.
>
> 이처럼 계약서는 계약의 권리와 의무의 발생, 변경, 소멸 등을 도모하는 중요한 문서로 계약서를 작성할 때에는 신중하고 냉철하게 판단한 후, 권리자와 의무자의 관계, 목적물이나 권리의 행사 방법 등을 명확하게 전달할 수 있도록 육하원칙에 따라 간결하고 명료하게 그리고 정확하고 평이하게 작성해야 한다.

① 계약 체결 이후 관련 분쟁이 발생할 경우 계약서가 중요한 증빙 자료가 될 수 있다.
② 주택 또는 상가의 임대차계약은 민법상의 임대차 규정의 적용을 받는다.
③ 근로계약을 통해 근로자와 사용자가 동등한 지위의 근로관계를 성립한다.
④ 부동산 매매계약서는 획일적인 계약 내용 외에 별도 사항을 기재하기도 한다.

※ 다음은 블라인드 채용에 대한 글이다. 이어지는 질문에 답하시오. [13~15]

인사 담당자 또는 면접관이 지원자의 학벌, 출신 지역, 스펙 등을 평가하는 기존 채용 방식에서는 기업 성과에 필요한 직무 능력 외 기타 요인에 의한 불공정한 채용이 만연했다. 한 설문조사에서 구직자의 77%가 불공정한 채용 평가를 경험한 적이 있다고 답했으며, 그에 따라 대다수의 구직자들은 기업의 채용 공정성을 신뢰하지 않는다고 응답했다. 이러한 스펙 위주의 채용으로 기업, 취업 준비생 모두에게 시간적·금전적 비용이 과잉 발생하게 되었고, 직무에 적합한 인성·역량을 보여줄 수 있는 채용 제도인 블라인드 채용이 대두되기 시작했다.

블라인드 채용이란 입사지원서, 면접 등의 채용 과정에서 편견이 개입되어 불합리한 차별을 초래할 수 있는 출신지·가족관계·학력·외모 등의 항목을 걷어내고 실력, 즉 직무 능력만으로 인재를 평가하여 채용하는 방식이다. 서류 전형은 없애거나 블라인드 지원서로 대체하고, 면접 전형은 블라인드 오디션 또는 면접으로 진행함으로써 실제 지원자가 가진 직무 능력을 가릴 수 있는 요소들을 배제하고 직무에 적합한 지식, 기술, 태도 등을 종합적으로 평가한다. 서류 전형에서는 모든 지원자에게 공정한 기회를 제공하고, 필기 및 면접 전형에서는 기존에 열심히 쌓아온 실력을 검증한다. 또한 지원자가 쌓은 경험과 능력, 학교생활을 하며 양성한 지식, 경험, 능력 등이 모두 평가 요소이기에 그간의 노력이 저평가되거나 역차별 요소로 작용하지 않는다.

블라인드 채용의 서류 전형은 무서류 전형과 블라인드 지원서 전형으로 구분된다. 무서류 전형은 채용 절차 진행을 위한 최소한의 정보만을 포함한 입사지원서를 접수하되 이를 선발 기준으로 활용하지 않는 방식이다. 블라인드 지원서 전형에는 입사지원서에 최소한의 정보만 수집하여 선발 기준으로 활용하는 방식과 블라인드 처리되어야 할 정보까지 수집하되 온라인 지원서상 개인정보를 암호화하거나 서면 이력서상 마스킹 처리를 하는 등 채용 담당자는 볼 수 없도록 기술적으로 처리하는 방식이 있다. 면접 전형의 블라인드 면접에는 입사지원서, 인·적성검사 결과 등의 자료 없이 면접을 진행하는 무자료 면접 방식과 면접관의 인지적 편향을 유발할 수 있는 항목을 제거한 자료를 기반으로 면접을 진행하는 방식이 있다. 이와 달리 블라인드 오디션은 오디션으로 작업 표본, 시뮬레이션 등을 수행하도록 함으로써 지원자의 능력과 기술을 평가하는 방식이다.

한편 ㉠ <u>기존 채용</u>, ㉡ <u>국가직무능력표준(NCS) 기반 채용</u>, ㉢ <u>블라인드 채용</u>의 3가지 채용 모두 채용 공고, 서류 전형, 필기 전형, 면접 전형 등으로 채용 프로세스는 같지만 전형별 세부 사항과 취지에 차이가 있다. 기존의 채용은 기업이 지원자에게 자신이 인재임을 스스로 증명하도록 요구해 무분별한 스펙 경쟁을 유발했던 반면, NCS 기반 채용은 기업이 직무별로 원하는 요건을 제시하고 지원자가 자신의 준비 정도를 증명해 목표 지향적인 능력·역량 개발을 촉진한다. 블라인드 채용은 선입견을 품을 수 있는 요소들을 전면 배제해 실력과 인성만으로 평가받도록 구성한 것이다.

13 **다음 중 블라인드 채용의 등장 배경으로 적절하지 않은 것은?**

① 대다수의 구직자들은 기존 채용 방식의 공정성을 신뢰하지 않았다.
② 기존 채용 방식으로는 지원자의 직무에 적합한 인성 • 역량 등을 제대로 평가할 수 없었다.
③ 구직자의 77%가 불공정한 채용 평가를 경험했을 만큼 불공정한 채용이 만연했다.
④ 지원자의 직무 능력을 가릴 수 있는 요소들을 배제하는 기존의 방식이 불합리한 차별을 초래했다.

PART 3

14 **다음 중 블라인드 채용을 이해한 내용으로 가장 적절한 것은?**

① 무서류 전형에서는 입사지원서를 제출할 필요가 없다.
② 블라인드 온라인 지원서의 암호화된 지원자의 개인정보는 채용 담당자만 볼 수 있다.
③ 별다른 자료 없이 진행되는 무자료 면접의 경우에도 인 • 적성검사 결과는 필요하다.
④ 블라인드 면접관은 선입견을 유발하는 항목이 제거된 자료를 기반으로 면접을 진행하기도 한다.

15 **다음 중 윗글의 밑줄 친 ㉠～㉢에 대한 설명으로 적절하지 않은 것은?**

① ㉠의 경우 기업은 지원자에게 자신이 적합한 인재임을 스스로 증명하도록 요구한다.
② ㉠～㉢은 모두 채용 공고, 서류 전형, 필기 전형, 면접 전형 등의 동일한 채용 프로세스로 진행된다.
③ ㉡은 ㉠과 달리 기업이 직무별로 필요한 조건을 제시하면 지원자는 이에 맞춰 자신의 준비 정도를 증명해야 한다.
④ ㉠과 ㉡은 지원자가 자신의 능력을 증명해야 하므로 지원자들의 무분별한 스펙 경쟁을 유발한다.

16 A ~ E는 부산에 가기 위해 서울역에서 저녁 7시에 출발하여 대전역과 울산역을 차례로 정차하는 부산행 KTX 열차를 타기로 했다. 이들 중 2명은 서울역에서 승차하였고, 다른 2명은 대전역에서, 나머지 1명은 울산역에서 각각 승차하였다. 〈보기〉의 대화를 바탕으로 항상 옳은 것은?(단, 같은 역에서 승차한 경우 서로의 탑승 순서는 알 수 없다)

보기

A : 나는 B보다 먼저 탔지만, C보다 먼저 탔는지는 알 수 없어.
B : 나는 C보다 늦게 탔어.
C : 나는 가장 마지막에 타지 않았어.
D : 나는 대전역에서 탔어.
E : 나는 내가 몇 번째로 탔는지 알 수 있어.

① A는 대전역에서 승차하였다.
② B는 C와 같은 역에서 승차하였다.
③ C와 D는 같은 역에서 승차하였다.
④ E는 울산역에서 승차하였다.

17 같은 회사에 근무 중인 L주임, O사원, C사원, J대리가 이번 달 직원 휴게실 청소 당번이 되었다. 서로 역할을 분담한 뒤 결정한 청소 당번 규칙이 다음 〈조건〉과 같을 때, 항상 참이 되는 것은?

조건

- 담당자는 1명이며, 도와주는 사람은 1명 이상이 될 수도 있다.
- 커피를 타는 담당자는 커피 원두를 채우지 않는다.
- 화분 관리를 담당하는 O사원은 주변 정돈을 담당하는 J대리를 도와준다.
- 주변 정돈을 하고 있는 사람은 커피를 타지 않는다.
- C사원은 주변 정돈을 도우면서 커피 원두를 채운다.

① O사원은 커피 원두를 채운다.
② J대리는 O사원의 화분 관리를 도와준다.
③ L주임이 바쁘면 커피를 타지 못한다.
④ C사원은 커피를 탄다.

18 조선시대에는 12시진(정시법)과 초(初), 정(正), 한시진(2시간) 등의 표현을 통해 시간을 나타내었다. 다음 중 조선시대의 시간과 현대의 시간에 대한 비교로 옳지 않은 것은?

〈12시진〉

조선시대 시간		현대 시간	조선시대 시간		현대 시간
자(子)시	초(初)	23시 1분 ~ 60분	오(午)시	초(初)	11시 1분 ~ 60분
	정(正)	24시 1분 ~ 60분		정(正)	12시 1분 ~ 60분
축(丑)시	초(初)	1시 1분 ~ 60분	미(未)시	초(初)	13시 1분 ~ 60분
	정(正)	2시 1분 ~ 60분		정(正)	14시 1분 ~ 60분
인(寅)시	초(初)	3시 1분 ~ 60분	신(申)시	초(初)	15시 1분 ~ 60분
	정(正)	4시 1분 ~ 60분		정(正)	16시 1분 ~ 60분
묘(卯)시	초(初)	5시 1분 ~ 60분	유(酉)시	초(初)	17시 1분 ~ 60분
	정(正)	6시 1분 ~ 60분		정(正)	18시 1분 ~ 60분
진(辰)시	초(初)	7시 1분 ~ 60분	술(戌)시	초(初)	19시 1분 ~ 60분
	정(正)	8시 1분 ~ 60분		정(正)	20시 1분 ~ 60분
사(巳)시	초(初)	9시 1분 ~ 60분	해(亥)시	초(初)	21시 1분 ~ 60분
	정(正)	10시 1분 ~ 60분		정(正)	22시 1분 ~ 60분

① 한 초등학교의 점심 시간이 오후 1시부터 2시까지라면, 조선시대 시간으로 미(未)시에 해당한다.
② 조선시대에 어떤 사건이 인(寅)시에 발생하였다면, 현대 시간으로는 오전 3시와 5시 사이에 발생한 것이다.
③ 현대인이 오후 2시부터 4시 30분까지 운동을 하였다면, 조선시대 시간으로 미(未)시부터 유(酉)시까지 운동을 한 것이다.
④ 축구 경기가 연장 없이 각각 45분의 전반전과 후반전으로 진행되었다면, 조선시대 시간으로 한시진이 채 되지 않은 것이다.

PART 3

19 **다음 <조건>에 따라 교육부, 행정안전부, 보건복지부, 농림축산식품부, 외교부 및 국방부에 대한 국정감사 순서를 정한다고 할 때, 항상 옳은 것은?**

조건

- 행정안전부에 대한 감사는 농림축산식품부와 외교부에 대한 감사 사이에 한다.
- 국방부에 대한 감사는 보건복지부와 농림축산식품부에 대한 감사보다 늦게 시작되지만, 외교부에 대한 감사보다 먼저 시작되어야 한다.
- 교육부에 대한 감사는 아무리 늦어도 보건복지부 또는 농림축산식품부 중 적어도 어느 한 부서에 대한 감사보다는 먼저 시작되어야 한다.
- 보건복지부는 농림축산식품부보다 먼저 감사를 시작한다.

① 교육부는 첫 번째 또는 두 번째에 감사를 시작한다.

② 보건복지부는 두 번째로 감사를 시작한다.

③ 농림축산식품부보다 늦게 감사를 받는 부서의 수가 일찍 받는 부서의 수보다 적다.

④ 국방부는 행정안전부보다 감사를 일찍 시작한다.

20 **K공사에서 근무하는 네 명의 여자 사원 A ~ D와 세 명의 남자 사원 E ~ G는 이번 주에 회식을 진행할 것인지를 두고 토론하고 있다. 네 명은 회식 진행에 찬성하고, 세 명은 회식 진행에 반대한다. 이들의 찬반 성향이 다음 <조건>과 같다고 할 때, 반드시 참이라고 할 수 없는 것은?**

조건

- 남자 사원 가운데 적어도 한 사람은 반대하지만 그들 모두 반대하는 것은 아니다.
- A와 B 가운데 한 사람은 반대한다.
- B가 찬성하면 A와 E는 반대한다.
- B가 찬성하면 C와 D도 찬성하고, C와 D가 찬성하면 B도 찬성한다.
- F가 찬성하면 G도 찬성하고, F가 반대하면 A도 반대한다.

① A와 F는 같은 입장을 취한다.

② B와 F는 서로 다른 입장을 취한다.

③ C와 D는 같은 입장을 취한다.

④ G는 찬성한다.

21 K프랜차이즈 카페에서는 디저트로 빵, 케이크, 마카롱, 쿠키를 판매하고 있다. 최근 각 지점에서 디저트를 섭취하고 땅콩 알레르기가 발생했다는 컴플레인이 제기되었다. 해당 디저트에는 모두 땅콩이 들어가지 않으며, 땅콩을 사용한 제품과 인접 시설에서 제조하고 있다. 다음 자료를 참고할 때, 옳지 않은 것은?

- 땅콩 알레르기 유발 원인이 된 디저트는 빵, 케이크, 마카롱, 쿠키 중 하나이다.
- 각 지점에서 땅콩 알레르기가 있는 손님이 섭취한 디저트와 알레르기 유무는 아래와 같다.

A지점	빵과 케이크를 먹고, 마카롱과 쿠키를 먹지 않은 경우, 알레르기가 발생했다.
B지점	빵과 마카롱을 먹고, 케이크와 쿠키를 먹지 않은 경우, 알레르기가 발생하지 않았다.
C지점	빵과 쿠키를 먹고, 케이크와 마카롱을 먹지 않은 경우, 알레르기가 발생했다.
D지점	케이크와 마카롱을 먹고, 빵과 쿠키를 먹지 않은 경우, 알레르기가 발생했다.
E지점	케이크와 쿠키를 먹고, 빵과 마카롱을 먹지 않은 경우, 알레르기가 발생하지 않았다.
F지점	마카롱과 쿠키를 먹고, 빵과 케이크를 먹지 않은 경우, 알레르기가 발생하지 않았다.

① A, B, D지점의 사례만을 고려하면, 케이크가 알레르기의 원인이다.
② A, C, E지점의 사례만을 고려하면, 빵이 알레르기의 원인이다.
③ B, D, F지점의 사례만을 고려하면, 케이크가 알레르기의 원인이다.
④ C, D, F지점의 사례만을 고려하면, 마카롱이 알레르기의 원인이다.

22 경영학과에 재학 중인 A ~ E는 계절학기 시간표에 따라 요일별로 하나의 강의만 수강한다. 전공 수업을 신청한 C는 D보다 앞선 요일에 수강하고, E는 교양 수업을 신청한 A보다 나중에 수강한다고 할 때, 다음 중 항상 참이 되는 것은?

월	화	수	목	금
전공1	전공2	교양1	교양2	교양3

① A가 수요일에 강의를 듣는다면 E는 교양2 강의를 듣는다.
② B가 전공 수업을 듣는다면 C는 화요일에 강의를 듣는다.
③ C가 화요일에 강의를 듣는다면 E는 교양3 강의를 듣는다.
④ E는 반드시 교양 수업을 듣는다.

23 K공사의 인력 등급별 임금이 다음과 같을 때, 〈조건〉에 따라 K공사가 2주 동안 근무한 근로자에게 지급해야 할 임금의 총액은?

〈인력 등급별 임금〉

구분	초급인력	중급인력	특급인력
시간당 기본임금	45,000원	70,000원	95,000원
주중 초과근무수당	시간당 기본임금의 1.5배		시간당 기본임금의 1.7배

※ 기본 1일 근무시간은 8시간이며, 주말 및 공휴일에는 근무하지 않음

※ 각 근로자가 주중 근무일 동안 결근 없이 근무한 경우, 주당 1일(8시간)의 임금에 해당하는 금액을 주휴수당으로 각 근로자에게 추가로 지급함

※ 주중에 근로자가 기본 근무시간을 초과로 근무하는 경우, 초과한 근무한 시간에 대하여 시간당 주중 초과근무수당을 지급함

조건

- 모든 인력은 결근 없이 근무하였다.
- K공사는 초급인력 5명, 중급인력 3명, 특급인력 2명을 고용하였다.
- 초급인력 1명, 중급인력 2명, 특급인력 1명은 근무기간 동안 2일은 2시간씩 초과로 근무하였다.
- K공사는 1개월 전 월요일부터 그다음 주 일요일까지 2주 동안 모든 인력을 투입하였으며, 근무기간 동안 공휴일은 없다.

① 47,800,000원

② 55,010,500원

③ 61,756,000원

④ 71,080,000원

24 이번 주까지 A가 해야 하는 일들은 총 아홉 가지(a ~ i)가 있고, 일주일 동안 월요일부터 매일 하나의 일을 한다. 다음 〈조건〉을 참고하여 A가 토요일에 하는 일이 b일 때, 화요일에 하는 일은?

조건

- 9개의 할 일 중에서 e와 g는 하지 않는다.
- d를 c보다 먼저 수행한다.
- c는 f보다 먼저 수행한다.
- i는 a와 f보다 나중에 수행한다.
- h는 가장 나중에 수행한다.
- a는 c보다 나중에 진행한다.

① a
② c
③ d
④ f

PART 3

25 K학원에서 10명의 학생(가 ~ 차)을 차례로 한 줄로 세우려고 한다. 다음 〈조건〉을 참고하여 7번째에 오는 학생이 사일 때, 3번째에 올 학생은 누구인가?

조건

- 자 학생과 차 학생은 결석하여 줄을 서지 못했다.
- 가보다 다가 먼저 서 있다.
- 마는 다와 아보다 먼저 서 있다.
- 아는 가와 바 사이에 서 있다.
- 바는 나보다는 먼저 서 있지만, 가보다는 뒤에 있다.
- 라는 사와 나의 뒤에 서 있다.

① 가
② 나
③ 마
④ 바

※ K공사의 ICT 센터는 정보보안을 위해 직원의 컴퓨터 암호를 다음과 같은 규칙으로 지정해두었다. 이어지는 질문에 답하시오. **[26~28]**

〈규칙〉

1. 자음과 모음의 배열은 국어사전의 배열 순서에 따른다.
   - 자음
     - 국어사전 배열 순서에 따라 알파벳 소문자(a, b, c, …)로 치환하여 사용한다.
     - 받침으로 사용되는 자음의 경우 대문자로 구분한다.
     - 겹받침일 경우, 먼저 쓰인 순서대로 알파벳을 나열한다.
   - 모음
     - 국어사전 배열 순서에 따라 숫자(1, 2, 3, …)로 치환하여 사용한다.
2. 비밀번호는 임의의 세 글자로 구성하되 마지막 음절 뒤 한 자리 숫자는 다음의 규칙에 따라 지정한다.
   - 음절에 사용된 각 모음의 합으로 구성한다.
   - 모음의 합이 두 자리 이상일 경우엔 각 자릿수를 다시 합하여 한 자리 수가 나올 때까지 더한다.
   - '–'을 사용하여 단어와 구별한다.

26 김사원 컴퓨터의 비밀번호는 '자전거'이다. 이를 암호로 바르게 치환한 것은?

① m1m3ca5–9
② m1m5Ca5–2
③ n1n5ca3–9
④ m1m3Ca3–7

27 이대리 컴퓨터의 비밀번호는 '마늘쫑'이다. 이를 암호로 바르게 치환한 것은?

① g1c19FN9L–2
② g1C11fN3H–6
③ g1c16FN2N–1
④ g1c19Fn9L–2

28 조사원 컴퓨터의 암호 'e5Ah9Bl21–8'을 바르게 풀이한 것은?

① 매운탕
② 막둥이
③ 떡볶이
④ 떡붕어

29 문제해결절차의 실행 및 평가 단계가 다음과 같은 절차로 진행될 때, 실행계획 수립 단계에서 고려해야 할 사항으로 적절하지 않은 것은?

실행계획 수립 → 실행 → Follow-Up

① 인적자원, 물적자원, 예산, 시간을 고려하여 계획을 세운다.
② 세부 실행내용의 난도를 고려하여 구체적으로 세운다.
③ 해결안별로 구체적인 실행계획서를 작성한다.
④ 실행상의 문제점 및 장애요인을 신속하게 해결하기 위해 모니터링 체제를 구축한다.

PART 3

30 컨설팅 회사에 근무 중인 A사원은 최근 컨설팅 의뢰를 받은 B사진관에 대해 SWOT 분석을 진행하기로 하였다. 다음 ㉠~㉣ 중 SWOT 분석에 들어갈 내용으로 적절하지 않은 것은?

구분	내용
강점(Strength)	• ㉠ <u>넓은 촬영 공간(야외 촬영장 보유)</u> • 백화점 인근의 높은 접근성 • ㉡ <u>다양한 채널을 통한 홍보로 높은 인지도 확보</u>
약점(Weakness)	• ㉢ <u>직원들의 높은 이직률</u> • 회원 관리 능력 부족 • 내부 회계 능력 부족
기회(Opportunity)	• 사진 시장의 규모 확대 • 오프라인 사진 인화 시장의 성장 • ㉣ <u>전문가용 카메라의 일반화</u>
위협(Threat)	• 저가 전략 위주의 경쟁 업체 증가 • 온라인 사진 저장 서비스에 대한 수요 증가

① ㉠
② ㉡
③ ㉢
④ ㉣

31 다음 〈보기〉 중 문제해결절차에 따라 사용되는 문제해결방법을 순서대로 바르게 나열한 것은?

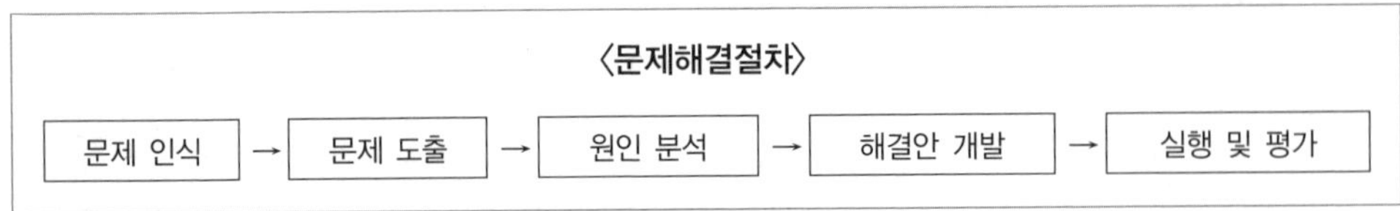

보기

㉠ 주요 과제를 나무 모양으로 분해·정리한다.
㉡ 자사, 경쟁사, 고객사에 대해 체계적으로 분석한다.
㉢ 부분을 대상으로 먼저 실행한 후 전체로 확대하여 실행한다.
㉣ 전체적 관점에서 방향과 방법이 같은 해결안을 그룹화한다.

① ㉠-㉡-㉢-㉣
② ㉠-㉡-㉣-㉢
③ ㉡-㉠-㉢-㉣
④ ㉡-㉠-㉣-㉢

32 발산적 사고를 개발하기 위한 방법으로는 자유연상법, 강제연상법, 비교발상법이 있다. 다음 글에 제시된 보고회에서 사용된 사고 개발 방법으로 가장 적절한 것은?

충남 보령시는 2024년에 열린 보령해양머드박람회와 연계할 사업을 발굴하기 위한 보고회를 개최하였다. 경제적·사회적 파급 효과의 극대화를 통한 성공적인 박람회 개최를 도모하기 위해 마련된 보고회는 각 부서의 업무에 국한하지 않은 채 가능한 많은 양의 아이디어를 자유롭게 제출하는 방식으로 진행됐다.
홍보미디어실에서는 박람회 기간 가상현실(VR)·증강현실(AR) 체험을 통해 사계절 머드 체험을 할 수 있도록 사계절 머드체험센터 조성을, 자치행정과에서는 박람회 임시주차장 조성 및 박람회장 전선 지중화 사업을, 교육체육과에서는 세계 태권도 대회 유치를 제안했다. 또 문화새마을과에서는 KBS 열린음악회 및 전국노래자랑 유치를, 세무과에서는 e-스포츠 전용경기장 조성을, 회계과에서는 해상케이블카 조성 및 폐광지구 자립형 농어촌 숙박단지 조성 등을 제안했다. 사회복지과에서는 여성 친화 플리마켓을, 교통과에서는 장항선 복선전철 조기 준공 및 열차 증편을, 관광과는 체험·놀이·전시 등 보령머드 테마파크 조성 등의 다양한 아이디어를 내놓았다.
보령시는 이번에 제안된 아이디어를 토대로 실현 가능성 등을 검토하고, 박람회 추진에 참고자료로 적극 활용할 계획이다.

① 브레인스토밍
② SCAMPER 기법
③ NM법
④ Synectics법

※ 다음은 2020년 이후 생산된 스마트폰의 시리얼넘버에 대한 자료이다. 이어지는 질문에 답하시오. **[33~34]**

• 스마트폰은 다음과 같이 12자리의 시리얼넘버를 갖는다.

제조공장	생산연도	생산된 주	식별자	색상	용량
AA	BB	CC	DDD	EE	F

〈시리얼넘버 부여코드〉

제조공장	생산연도	생산된 주	식별자	색상	용량
AN : 한국 BA : 중국 CF : 베트남 DK : 인도 EP : 대만	20 : 2020년 21 : 2021년 22 : 2022년 23 : 2023년 ⋮	01 : 첫 번째 주 02 : 두 번째 주 ⋮ 10 : 열 번째 주 ⋮	ADW : 보급 DFH : 일반 BEY : 프리미엄 HQC : 한정판 IOH : 이벤트	UY : 빨강 VS : 검정 EE : 파랑 WA : 하양 ML : 초록	M : 64GB S : 128GB T : 256GB U : 512GB

33 다음 중 한국의 공장에서 2021년 34번째 주에 생산된 하얀색 256GB 프리미엄 스마트폰의 시리얼넘버로 옳은 것은?

① AN2134BEYWAT
② AN2334BEYWAT
③ BA2134BEYWAT
④ AN2134BEYMLT

34 다음 중 A씨가 구매한 스마트폰의 시리얼넘버로 옳은 것은?

> 사진 촬영이 취미인 A씨는 기존에 사용하던 스마트폰의 용량이 부족하여 2020년에 출시된 512GB의 스마트폰을 구입하였다. A씨가 구매한 검정색 스마트폰은 인도의 공장에서 올해 첫 번째 주에 생산된 한정판 제품이다.

① DK2010HQCVSU
② DL2001HQCVSU
③ DK2001HQCVSU
④ DK1001HQCVSU

35 다음은 K기업의 2024년 경영실적에 대한 글이다. 이에 대한 설명으로 옳지 않은 것은?(단, 비율은 소수점 첫째 자리에서 반올림한다)

> K기업은 2024년 연간 26조 9,907억 원의 매출과 2조 7,127억 원의 영업이익을 달성했다고 발표했다. K기업은 지난 한 해 시장 변동에 대응하기 위해 선제적으로 투자와 생산량을 조정하는 등 경영 효율화에 나섰으나 글로벌 무역 갈등으로 세계 경제의 불확실성이 확대되었고, 재고 증가와 고객들의 보수적인 구매 정책으로 수요 둔화와 가격 하락이 이어져 경영실적은 전년 대비 감소했다고 밝혔다.
> 2024년 4분기 매출과 영업이익은 각각 6조 9,271억 원, 2,360억 원(영업이익률 3%)을 기록했다.
> 4분기는 달러화의 약세 전환에도 불구하고 수요 회복에 적극 대응한 결과 매출은 전 분기 대비 소폭 상승했으나, 수요 증가에 대응하기 위해 비중을 확대한 제품군의 수익성이 상대적으로 낮았고, 신규 공정 전환에 따른 초기 원가 부담 등으로 영업이익은 직전 분기 대비 50% 감소했다. 제품별로는 D램 출하량이 전 분기 대비 8% 증가했고, 평균판매가격은 7% 하락했으며, 낸드플래시는 출하량이 10% 증가했고, 평균판매가격은 직전 분기 수준을 유지했다.
> K기업은 올해 D램 시장에 대해 서버 D램의 수요 회복, 5G 스마트폰 확산에 따른 판매량 증가로 전형적인 상저하고의 수요 흐름을 보일 것으로 예상했다. 낸드플래시 시장 역시 PC 및 데이터센터형 SSD 수요가 증가하는 한편, 고용량화 추세가 확대될 것으로 전망했다.
> K기업은 이처럼 최근 개선되고 있는 수요 흐름에 대해서는 긍정적으로 보고 있지만, 과거에 비해 훨씬 높아진 복잡성과 불확실성이 상존함에 따라 보다 신중한 생산 및 투자 전략을 운영할 방침이다. 공정 전환 과정에서도 기술 성숙도를 빠르게 향상시키는 한편, 차세대 제품의 차질 없는 준비로 원가 절감을 가속화한다는 전략이다.
> D램은 10나노급 2세대 제품(1y나노) 비중을 확대하고, 본격적으로 시장 확대가 예상되는 LPDDR5 제품 등의 시장을 적극 공략할 계획이다. 또한 차세대 제품인 10나노급 3세대 제품(1z나노)도 연내 본격 양산을 시작할 예정이다.

① K기업은 고용량 낸드플래시 생산에 대한 투자를 늘릴 것이다.

② 달러화의 강세는 매출액에 부정적 영향을 미친다.

③ 기업이 공정을 전환하는 경우, 이로 인해 원가가 상승할 수 있다.

④ 영업이익률은 매출액 대비 영업이익 비율로 2024년 K기업은 10%를 기록했다.

36 다음 중 미래사회에 유망하다고 판단되는 기술과 산업분야를 바르게 연결한 것은?

① 지능형 로봇 – 화학생명공학
② 하이브리드 자동차 – 전기전자정보공학
③ 지속 가능한 건축시스템 기술 – 건설환경공학
④ 재생에너지 산업 – 기계공학

PART 3

37 다음 중 기술능력에 대한 설명으로 옳지 않은 것은?

① 기술교양은 기술을 사용하고 운영하고 이해하는 능력이다.
② 기술능력이 부족한 사람은 기술적 해결에 대한 효용성을 평가한다.
③ 기술능력이 뛰어난 사람은 주어진 한계 속에서 제한된 자원을 가지고 일한다.
④ 기술능력은 직업인으로서 요구되는 기술적인 요소들을 이해하고, 적절한 기술을 선택하여 적용하는 능력을 말한다.

38 다음은 산업 재해의 어떤 원인인가?

시설물 자체 결함, 전기 시설물의 누전, 구조물의 불안정, 소방기구의 미확보, 안전보호장치 결함, 복장・보호구의 결함, 시설물의 배치 및 장소 불량, 작업 환경 결함, 생산 공정의 결함, 경계 표시 설비의 결함 등

① 교육적 원인
② 기술적 원인
③ 불안전한 행동
④ 불안전한 상태

※ K공사는 사무실이 건조하다는 직원들의 요청으로 에어워셔를 설치하였다. 다음 설명서를 보고 이어지는 질문에 답하시오. [39~41]

■ 안전한 사용법

- 벽면에 가깝게 놓고 사용하지 마세요(제품의 좌・우측, 뒷면은 실내공기가 흡입되는 곳이므로 벽면으로부터 30cm 이상 간격을 두고 사용하세요. 적정 공간을 유지하지 않으면 고장의 원인이 됩니다).
- 바닥이 튼튼하고 평평한 곳에 두고 사용하세요(바닥이 기울어져 있으면 소음이 발생하거나 내부 부품 변형으로 고장의 원인이 될 수 있습니다. 탁자 위보다 바닥에 두는 것이 안전합니다).
- 제품에 앉거나 밟고 올라가지 마세요(제품이 파손되고, 상해를 입을 수도 있습니다).
- 가연성 스프레이를 제품 가까이에서 사용하지 마세요(화재 발생의 위험이 있으며 플라스틱 면이 손상될 수 있습니다).
- 플라스틱에 유해한 물질은 사용하지 마세요(향기 제품 사용 시 플라스틱 부분의 깨짐, 변형 및 고장의 원인이 됩니다).
- 하부 수조에 뜨거운 물을 부어 사용하지 마세요(제품 변형과 고장 발생의 원인이 될 수 있습니다).
- 사용 중인 제품 위에는 옷, 수건 등 기타 물건을 올려놓지 마세요(발열에 의한 화재 원인이 됩니다).
- 운전조작부를 청소할 때는 물을 뿌려 닦지 마세요(감전이나 화재, 제품 고장의 원인이 됩니다).
- 장기간 사용하지 않을 때에는 수조 내부의 물을 완전히 비우고 수조와 디스크에 세제를 풀어 부드러운 솔로 청소하여 건조시킨 후 보관하세요(오염의 원인이 되므로 7일 이상 사용하지 않을 경우 물을 비우고 전원플러그를 빼 두세요).
- 직사광선을 받는 곳, 너무 더운 곳, 전열기와 가까운 곳은 피해 주세요(제품 외관의 변형이 발생하고, 전열기와 너무 가까운 곳에 두면 화재가 발생할 수 있습니다).

■ 서비스 신청 전 확인사항

증상	확인사항	해결방안
소음이 나요.	평평하지 않거나 경사진 곳에서 작동시켰습니까?	평평한 곳을 찾아 제품을 놓아 주세요.
	상부 본체와 하부 수조가 빈틈없이 잘 조립되어 있습니까?	상부 본체와 하부 수조를 잘 맞춰 주세요.
	디스크 캡이 느슨하게 체결되어 있습니까?	디스크 캡을 조여 주세요.
팬이 돌지 않아요.	상부 본체와 하부 수조의 방향이 맞게 조립되어 있습니까?	상부 본체와 하부 수조를 잘 맞춰 주세요.
	상부 본체와 하부 수조가 빈틈없이 잘 조립되어 있습니까?	상부 본체와 하부 수조를 잘 맞춰 주세요.
	표시등에 'E3'이 깜박이고 있습니까?	물을 보충해 주세요.
	팬 주변으로 이물질이 끼어 있습니까?	전원을 차단한 후 이물질을 제거해 주세요.
	표시등에 'E5'가 깜박이고 있습니까?	팬모터 이상으로 전원을 빼고 서비스센터에 문의하세요.
디스크가 돌지 않아요.	상부 본체와 하부 수조의 방향이 맞게 조립되어 있습니까?	상부 본체와 하부 수조를 잘 맞춰 주세요.
	디스크가 정위치에 올려져 있습니까?	디스크가 회전하는 정위치에 맞게 올려 주세요.
	디스크 캡이 풀려 있지 않습니까?	디스크 캡을 다시 조여 주세요.
	자동운전 / 취침운전이 설정되어 있지 않습니까?	자동운전 / 취침운전 시 습도가 60% 이상이면 자동으로 디스크가 정지합니다.

39 '에어워셔'의 사용법을 숙지하지 않으면 감전이나 화재 등의 위험이 따를 수 있다. 다음 중 감전이나 화재에 대한 원인으로 적절하지 않은 것은?

① 가연성 스프레이를 에어워셔 옆에서 뿌렸다.
② 장기간 사용하지 않았으나 물을 비우지 않았다.
③ 히터를 에어워셔 옆에서 작동시켰다.
④ 전원을 켠 상태로 수건을 올려두었다.

PART 3

40 K사원은 '에어워셔' 사용 도중 작동이 원활하지 않아 서비스센터에 수리를 요청하였다. 다음 중 K사원이 서비스센터에 문의한 증상으로 가장 적절한 것은?

① 디스크 캡이 느슨하게 체결되어 있다.
② 표시등에 'E3'이 깜박이고 있다.
③ 팬 주변으로 이물질이 끼어 있다.
④ 표시등에 'E5'가 깜박이고 있다.

41 다음 중 '에어워셔'의 고장 원인으로 볼 수 없는 것은?

① 에어워셔와 벽면과의 좌・우측 간격은 30cm로, 뒷면과의 간격은 10cm로 두었다.
② 하부 수조에 뜨거운 물을 부어 사용하였다.
③ 수조 내부에 물을 뿌리고 부드러운 수세미로 닦아 주었다.
④ 향기 제품을 물에 희석하여 사용하였다.

※ 다음 청소기 제품설명서를 보고 이어지는 질문에 답하시오. [42~46]

〈제품설명서〉

청소기가 제대로 작동하지 않을 경우 아래 사항들을 먼저 확인해 보세요. 그래도 문제가 해결되지 않을 경우 가까운 서비스센터에 문의하세요.

1. 동작 관련

원인	조치
적외선 발신부가 몸에 가려져 있습니다.	적외선 발신부를 몸으로 가리지 말고 사용하세요.
손잡이 리모컨의 건전지 수명이 다하면 동작하지 않습니다.	손잡이 리모컨의 건전지를 교환해 주세요.
전원 플러그가 콘센트에 바르게 꽂혀 있지 않습니다.	전원 플러그를 콘센트에 정확히 꽂아 주세요.

2. 흡입력 약화 관련

원인	조치
출입구, 호스, 먼지통이 큰 이물질로 막혀 있거나 먼지통이 꽉 차 있습니다.	막혀 있는 곳의 이물질을 제거해 주세요.
필터가 더러워졌습니다.	본체에서 먼지통을 꺼낸 후 내부의 모터 보호필터를 청소용 솔로 청소해 주세요.
배기필터가 더러워졌습니다.	본체에서 먼지통을 꺼낸 후 배기필터 윗단 손잡이를 잡고 들어 올려 배기필터를 꺼내 주세요. 그리고 배기필터를 턴 뒤 본체에 밀어 넣은 후 먼지통을 삽입하세요.

3. 기타 문제 관련

증상	원인	조치
사용 중에 갑자기 멈췄어요.	먼지통이 가득 찼을 때 청소기를 동작시켰는지 확인하세요.	제품 내부에 모터 과열 방지 장치가 있어 왼쪽의 경우 제품이 일시적으로 멈출 수 있습니다. 막힌 곳을 손질하시고 2시간 정도 기다렸다가 다시 사용하세요(단, 온도에 따라 달라질 수 있습니다).
	흡입구가 막힌 상태로 청소기를 동작시켰는지 확인하세요.	
	틈새용 흡입구를 장시간 동작시켰는지 확인하세요.	
먼지통에서 '딸그락' 거리는 소리가 나요.	먼지통에 모래, 구슬, 돌 등의 이물질이 있는지 확인하세요.	소음의 원인이 되므로 먼지통을 비워 주세요.
청소기 배기구에서 냄새가 나요.	구입 후 3개월가량은 냄새가 발생할 수 있습니다.	먼지통을 자주 비워 주시고 필터류를 자주 손질해 주세요.
	장기간 사용 시 먼지통에 쌓인 이물질 및 필터류에 낀 먼지로 인해 냄새가 발생할 수 있습니다.	

위의 사항을 모두 확인했음에도 불구하고 고장 증상이 계속된다면 서비스센터에 고장 신고를 해 주세요.

42 다음 중 청소기를 사용하면서 흡입력이 약화되었을 때 가장 먼저 확인해야 하는 사항은?

① 청소기를 장시간 사용한 것이 아닌지 확인한다.

② 전원 플러그가 제대로 꽂혀 있는지 확인한다.

③ 먼지통이 꽉 찼는지 확인한다.

④ 손잡이 리모컨의 건전지를 확인한다.

43 손잡이 리모컨의 건전지 수명이 다했을 때, 어떤 조치를 취해야 하는가?

① 전원 플러그를 콘센트에 제대로 꽂는다.
② 건전지를 교체한다.
③ 건전지 정품 여부를 확인한다.
④ 리모컨을 교체한다.

44 청소기 사용 중 작동이 멈췄을 때, 원인과 관련 없는 것은?

① 먼지통에 먼지가 가득 찼을 경우
② 구입한 지 얼마 안됐을 경우
③ 전원 플러그가 뽑혔을 경우
④ 흡입구가 막혔을 경우

45 배기필터가 더러워졌을 때, 가장 먼저 해야 할 일은?

① 호스 입구의 먼지를 제거한다.
② 본체를 물로 닦는다.
③ 보호필터를 청소용 솔로 청소한다.
④ 본체에서 먼지통을 꺼낸다.

46 배기구에서 냄새가 나서 먼지통을 비워도 같은 상황이 발생한다면 어떻게 해야 하는가?

① 적외선 발신부를 확인한다.
② 구입한 지 3개월이 지났다면 고장 신고를 한다.
③ 배기구 입구를 물로 세척한다.
④ 다시 먼지통을 비운다.

PART 3

※ 다음은 그래프 구성 명령어 실행 예시이다. 이어지는 질문에 답하시오. [47~49]

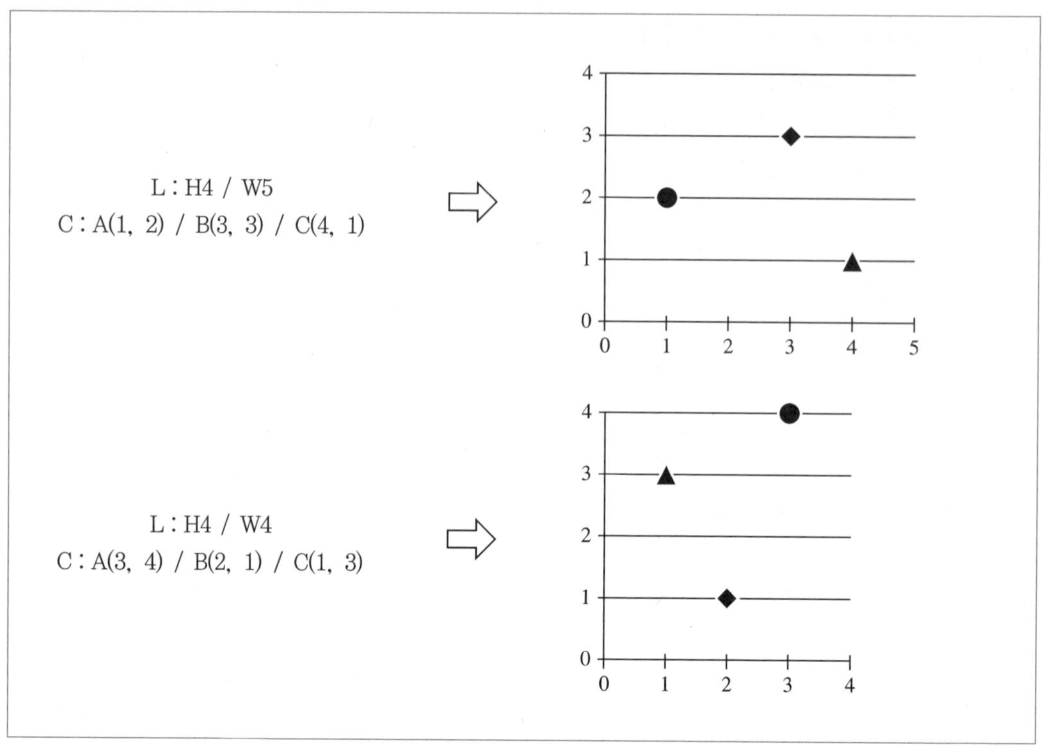

47 다음의 그래프에 알맞은 명령어는 무엇인가?

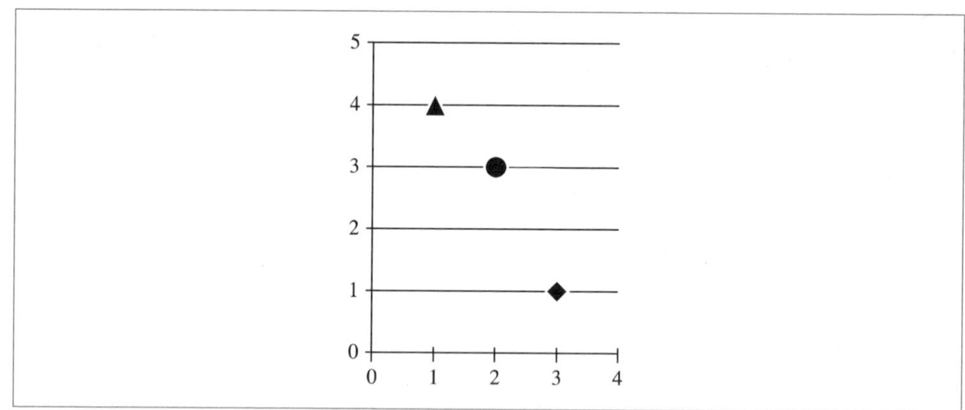

① L : H4 / W5
C : A(3, 2) / B(3, 1) / C(1, 4)

② L : H4 / W5
C : A(2, 3) / B(3, 1) / C(1, 4)

③ L : H5 / W4
C : A(2, 3) / B(1, 4) / C(3, 1)

④ L : H5 / W4
C : A(2, 3) / B(3, 1) / C(1, 4)

48 다음의 그래프에 알맞은 명령어는 무엇인가?

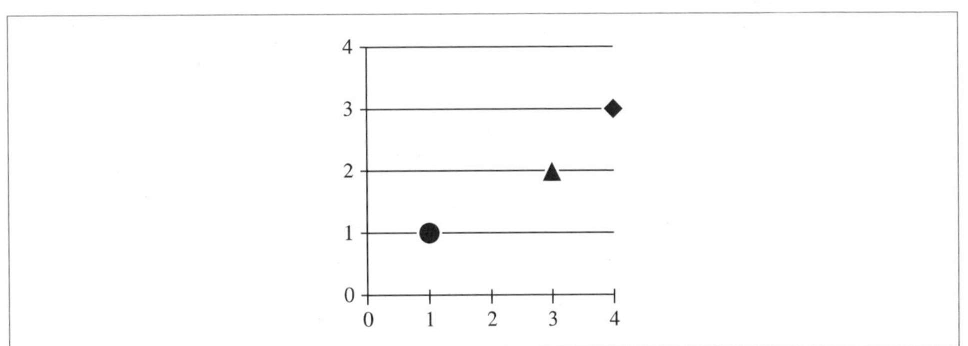

① L : H4 / W4
C : A(1, 1) / B(2, 3) / C(4, 3)

② L : H4 / W4
C : A(1, 1) / B(4, 3) / C(3, 2)

③ L : H4 / W4
C : A(1, 1) / B(3, 2) / C(4, 3)

④ L : H4 / W4
C : A(1, 1) / B(3, 4) / C(3, 2)

49 L : H4 / W4, C : A(2, 2) / B(3, 4) / C(1, 4)의 그래프를 산출할 때, 오류가 발생하여 아래와 같은 그래프가 산출되었다. 다음 중 오류가 발생한 값은?

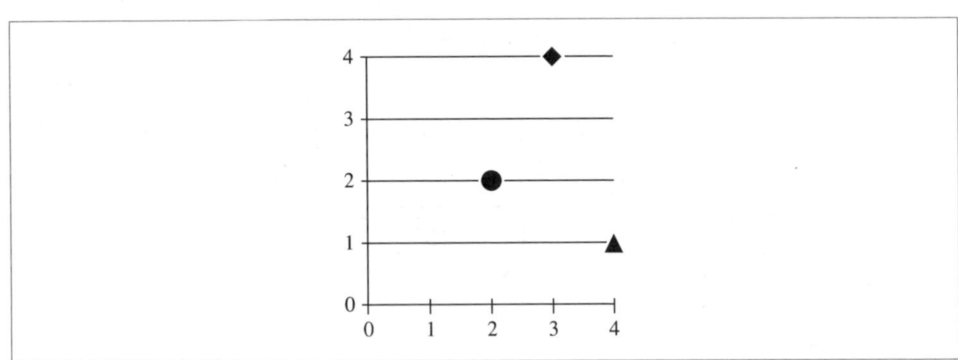

① H4 / W4

② A(2, 2)

③ B(3, 4)

④ C(1, 4)

※ H호텔 뷔페에서는 고객의 취향을 생각하여 3대의 밥솥으로 백미, 잡곡, 현미밥을 제공하고 있다. 이어지는 질문에 답하시오. **[50~52]**

〈밥솥 설명서〉

■ 취사요령

구분	백미	백미쾌속	잡곡	현미	죽	누룽지	만능 찜
취사시간	40 ~ 50분	30 ~ 35분	50 ~ 60분	70 ~ 80분	60분	40분	30분

1) 쌀을 사람 수에 맞게 계량합니다.
2) 쌀을 깨끗이 씻어 물이 맑아질 때까지 헹굽니다.
3) 내솥에 씻은 쌀을 담고 물을 채웁니다.
4) 내솥을 밥솥에 넣고 뚜껑을 닫습니다.
5) 원하는 메뉴를 선택한 뒤 취사 버튼을 누릅니다.

※ 콩은 따로 씻어서 30분 이상 물에 불린 뒤 잡곡에 섞어 취사하도록 함

■ 예약취사 방법

1) 〈예약〉 버튼을 누른 뒤 〈메뉴〉 버튼으로 원하시는 메뉴를 선택합니다.
2) 〈시 / 분〉 버튼을 눌러 시간을 먼저 선택한 뒤, 분을 선택합니다.
3) 시간 설정이 완료되면 〈취사〉 버튼을 눌러 주세요.

※ 예약시간은 완료시간을 기준으로 함(저녁 6시에 12시간 예약을 할 경우 저녁 6시로부터 12시간 후인 아침 6시에 취사가 완료)

■ 문제해결 방법

증상	확인	해결방법
취사 시간이 오래 걸려요.	취사 중 다른 조작을 하지는 않았나요?	취사 중 다른 버튼을 조작하지 마십시오.
뚜껑 틈으로 수증기가 나옵니다.	뚜껑 패킹이 찢어지지는 않았나요?	새 뚜껑 패킹으로 교환해 주세요.
	뚜껑 패킹과 내솥 사이에 이물질이 끼어 있지 않나요?	이물질을 제거해 주세요.
밥물이 넘쳐요.	물의 양이 많지는 않나요?	물 눈금에 맞게 취사해 주세요.
밥 바닥이 눌렀어요.	내솥 바닥에 이물질이 묻어 있지 않나요?	내솥 및 내부 부품을 깨끗하게 닦아 주세요.
예약이 안 돼요.	예약 가능한 메뉴를 확인하셨나요?	예약 가능한 메뉴는 백미, 잡곡, 현미 3가지 메뉴입니다.
취사 후 밥을 뒤집으니 밥 밑면이 누렇게 됐어요.	쌀을 씻을 때 맑은 물이 나올 때까지 씻었나요?	쌀뜨물이 바닥으로 깔려 취사가 누렇게 될 수 있습니다. 맑은 물이 나올 때까지 헹궈 주세요.
	개봉한 지 오래된 쌀로 밥을 하셨나요?	개봉한 지 오래된 쌀은 바닥에 쌀겨가 많이 깔릴 수 있습니다. 맑은 물이 나올 때까지 헹궈 주세요.
보온이 잘 안 돼요.	12시간 이상 장시간 보온하셨나요?	12시간 이내로 보온하세요.
	취사 후 밥을 잘 섞어 주셨나요?	취사 후 밥을 섞어 주세요.

50 **뷔페의 저녁 타임 오픈 시간은 17시이다. 한식 구역을 배정받은 조리사 L씨는 오픈 준비를 위해 취사를 하였다. 다음 중 L씨의 취사 과정으로 옳은 것은?**

① 백미는 40 ~ 50분 소요되므로 15시에 '백미' 모드로 50분을 선택하여 예약하였다.
② 백미를 내솥에 담아 밥물을 맞춘 뒤 15시에 '백미쾌속' 모드로 2시간을 선택하여 예약하였다.
③ 콩은 따로 씻어서 30분 이상 물에 불린 뒤 잡곡에 섞어 '잡곡쾌속' 모드로 취사하였다.
④ 현미를 맑은 물이 나올 때까지 깨끗하게 헹궈서 내솥에 담았다.

51 **취사 도중 뚜껑 틈으로 수증기가 나왔다. 설명서를 참고했을 때, 뚜껑 틈으로 수증기가 나오는 원인이 될 수 있는 것은?**

① 취사 도중 실수로 보온 버튼을 눌렀다.
② 밥물의 양이 많았다.
③ 12시간 이상 보온을 하였다.
④ 뚜껑 패킹과 내솥 사이에 이물질이 끼어 있었다.

52 **뚜껑 틈으로 수증기가 나오는 증상 해결방법에 따라 뚜껑 패킹과 내솥 사이에 끼어 있던 이물질을 제거했지만 여전히 뚜껑 틈으로 수증기가 나왔다. 추가적인 해결방법으로 가장 적절한 것은?**

① 새 뚜껑 패킹으로 교환하였다.
② 내솥 및 내부 부품을 깨끗하게 닦았다.
③ 취사 후 밥을 골고루 섞었다.
④ 서비스센터로 문의하였다.

53 **다음은 산업 재해가 발생한 상황에 대해서 예방 대책을 세운 것이다. 누락되어 보완되어야 할 사항은?**

<table>
<tr><th colspan="3">사고사례</th></tr>
<tr><td colspan="3">B기업 소속 정비공인 피해자 A가 대형 해상크레인의 와이어로프 교체작업을 위해 고소작업대(차량탑재형 이동식크레인) 바스켓에 탑승하여 해상크레인 상부 붐(33m)으로 공구를 올리던 중 해상크레인 붐이 바람과 파도에 의해 흔들려 피해자가 탑승한 바스켓에 충격을 가하였고, 바스켓 연결부(로드셀)가 파손되면서 바스켓과 함께 도크 바닥으로 떨어져 사망한 재해임</td></tr>
<tr><td rowspan="4">재해 예방 대책</td><td>1단계</td><td>사고 조사, 안전 점검, 현장 분석, 작업자의 제안 및 여론 조사, 관찰 및 보고서 연구 등을 통하여 사실을 발견한다.</td></tr>
<tr><td>2단계</td><td>재해의 발생 장소, 재해 형태, 재해 정도, 관련 인원, 직원 감독의 적절성, 공구 장비의 상태 등을 정확히 분석한다.</td></tr>
<tr><td>3단계</td><td>원인 분석을 토대로 적절한 시정책, 즉 기술적 개선, 인사 조정 및 교체, 교육, 설득, 공학적 조치 등을 선정한다.</td></tr>
<tr><td>4단계</td><td>안전에 대한 교육 및 훈련 시행, 안전시설과 장비의 결함 개선, 안전 감독 실시 등의 선정된 시정책을 적용한다.</td></tr>
</table>

① 안전 관리 조직
② 시정책 선정
③ 원인 분석
④ 시정책 적용 및 뒤처리

54 **다음 벤치마킹의 종류에 대한 설명으로 옳은 것은?**

N기업은 가정용 커피머신 시장의 선두주자이다. 이러한 성장 배경에는 기존의 산업 카테고리를 벗어나 L기업, Y기업 등 고급 화장품 업계의 채널 전략을 벤치마킹했다. 고급 화장품 업체들은 독립 매장에서 고객들에게 화장품을 직접 체험할 수 있는 기회를 제공하고, 이를 적극적으로 수요와 연계하고 있었다. N기업은 이를 통해 신규 수요를 창출하기 위해서는 커피머신의 기능을 강조하는 것이 아니라, 즉석에서 추출한 커피의 신선한 맛을 고객에게 체험하게 하는 것이 중요하다는 인사이트를 도출했다. 이후 전 세계 유명 백화점에 오프라인 단독 매장들을 개설해 고객에게 커피를 시음할 수 있는 기회를 제공했다. 이를 통해 N기업의 수요는 급속도로 늘어나 매출 부문에서 30~40%의 고속 성장을 거두게 됐고 전 세계로 확장되며 여전히 높은 성장세를 이어가고 있다.

① 자료 수집이 쉬우며 효과가 크지만 편중된 내부 시각에 대한 우려가 있다는 단점이 있다.
② 비용 또는 시간적 측면에서 상대적으로 많이 절감할 수 있다는 장점이 있다.
③ 문화 및 제도적인 차이에 대한 검토가 부족하면 잘못된 결과가 나올 수 있다.
④ 새로운 아이디어가 나올 가능성이 높지만 가공하지 않고 사용한다면 실패할 수 있다.

55 **다음은 산업 재해를 예방하기 위해 제시되고 있는 하인리히의 법칙이다. 이에 의거하여 보았을 때, 산업 재해의 예방을 위해 조치를 취해야 하는 단계는 무엇인가?**

> 1931년 미국의 한 보험회사에서 근무하던 하인리히는 회사에서 접한 수많은 사고를 분석하여 하나의 통계적 법칙을 발견하였다. '1 : 29 : 300 법칙'이라고도 부르는 이 법칙은 큰 사고로 인해 산업 재해가 발생하면 이 사고가 발생하기 이전에 같은 원인으로 발생한 작은 사고 29번, 잠재적 사고 징후가 300번이 있었다는 것을 나타낸다.
> 하인리히는 이처럼 심각한 산업 재해의 발생 전에 여러 단계의 사건이 도미노처럼 발생하기 때문에 앞 단계에서 적절히 대처한다면 산업 재해를 예방할 수 있다고 주장했다.

① 사회 환경적 문제가 발생한 단계
② 개인 능력의 부족이 보이는 단계
③ 기술적 결함이 나타난 단계
④ 불안전한 행동 및 상태가 나타난 단계

56 서울에서 부산까지의 거리는 400km이고 서울에서 부산까지 가는 기차는 120km/h의 속력으로 달리며, 역마다 10분씩 정차한다. 서울에서 9시에 출발하여 부산에 13시 10분에 도착했다면, 기차는 가는 도중 몇 개의 역에 정차하였는가?

① 4개　　② 5개
③ 7개　　④ 8개

57 A씨는 오후 2시에 예정되어 있는 면접을 보기 위해 집에서 오후 1시에 출발하였다. 시속 80km인 버스를 타고 가다가 1시 30분에 갑자기 사고가 나서 바로 버스에서 내렸다. 집에서 면접 장소까지 50km 떨어져 있고 남은 거리를 뛰어간다고 할 때, 면접 장소까지 늦지 않으려면 최소 몇 km/h로 가야 하는가?

① 10km/h　　② 15km/h
③ 20km/h　　④ 25km/h

58 은탁이는 1, 1, 1, 2, 2, 3을 가지고 여섯 자릿수의 암호를 만들어야 한다. 이때 가능한 암호의 개수는 몇 가지인가?

① 42가지　　② 60가지
③ 72가지　　④ 84가지

59 다음 글을 읽고 〈보기〉의 빈칸에 들어갈 값으로 옳지 않은 것은?

a% 소금물 100g, b% 소금물 100g, c% 소금물 100g이 각각 A, B, C의 라벨이 붙은 비커에 들어 있다. 1시간 경과 후, A라벨 비커의 물은 60g 증발하여 농도가 b%, B라벨 비커의 물은 50g 증발하여 농도가 c%, C라벨 비커의 물은 20g 증발하여 농도가 a의 $\frac{25}{4}$가 되었다. A라벨 비커의 물을 처음부터 80g 증발시켰을 때의 농도가 20%라면 a, b, c의 값은 각각 얼마인가?

보기

1시간 경과 후 각각의 비커의 농도 :

A라벨$=\frac{a}{100-60}\times100=$(㉠)$=b$

B라벨$=\frac{b}{100-50}\times100=$(㉡)$=c$

C라벨=(㉢)$\times100=\frac{5}{4}c$

따라서 $c=5a$, $b=\frac{5}{2}a$이다.

A라벨 비커의 물을 80g 증발시켰을 때의 농도는 (㉣)$\times100=20$이므로 $a=4$이다.

$\therefore$ $a=4$, $b=10$, $c=20$

① ㉠ $\frac{5}{2}a$

② ㉡ $2b$

③ ㉢ $\frac{c}{100-20}$

④ ㉣ $\frac{5}{4}$

PART 3

60 다음은 K지역의 2015년 ~ 2024년 논 면적 및 20kg당 쌀값 변화 추이에 대한 자료이다. 이에 대한 설명으로 옳지 않은 것은?

〈2015 ~ 2024년 논 면적 및 쌀값 변화 추이〉

구분	2015년	2016년	2017년	2018년	2019년
논 면적(ha)	213	193	187	182	179
쌀값(원/20kg)	44,000	42,500	37,500	32,000	39,000
구분	2020년	2021년	2022년	2023년	2024년
논 면적(ha)	173	169	166	159	155
쌀값(원/20kg)	45,000	47,000	50,000	57,000	48,500

※ (전체 쌀값)= $\frac{\text{\{논 1ha당 수확한 쌀의 무게(kg)\}} \times \text{(논 면적)} \times \text{(20kg당 쌀값)}}{20}$

① 논 면적은 매년 감소하였다.
② 논 면적이 가장 많이 감소한 해의 20kg당 쌀값이 가장 비싸다.
③ 2015년부터 2024년까지 5년 연속으로 20kg당 쌀값이 상승하였던 때가 있다.
④ 2015년의 전체 쌀값과 2020년의 전체 쌀값이 같다면 1ha당 수확한 쌀의 양은 2020년이 더 많다.

61 부동산 취득세 세율이 다음과 같을 때, 실 매입비가 6억 7천만 원인 $92m^2$ 아파트의 거래금액은? (단, 만 원 단위 미만은 절사한다)

〈표준세율〉

구분		취득세	농어촌특별세	지방교육세
6억 원 이하 주택	$85m^2$ 이하	1%	비과세	0.1%
	$85m^2$ 초과	1%	0.2%	0.1%
6억 원 초과 9억 원 이하 주택	$85m^2$ 이하	2%	비과세	0.2%
	$85m^2$ 초과	2%	0.2%	0.2%
9억 원 초과 주택	$85m^2$ 이하	3%	비과세	0.3%
	$85m^2$ 초과	3%	0.2%	0.3%

① 65,429만 원
② 65,800만 원
③ 67,213만 원
④ 67,480만 원

62 다음은 국내의 K치료감호소 수용자 현황에 대한 자료이다. 빈칸 (가) ~ (라)에 해당하는 수를 모두 더한 값은?

〈K치료감호소 수용자 현황〉

(단위 : 명)

구분	약물	성폭력	심신장애자	합계
2019년	89	77	520	686
2020년	(가)	76	551	723
2021년	145	(나)	579	824
2022년	137	131	(다)	887
2023년	114	146	688	(라)
2024년	88	174	688	950

① 1,524

② 1,639

③ 1,751

④ 1,763

PART 3

63 다음은 2014 ~ 2024년 국내 5급 공무원과 7급 공무원 채용인원 현황에 대한 자료이다. 이에 대한 설명으로 옳은 것을 〈보기〉에서 모두 고르면?(단, 비율은 소수점 둘째 자리에서 반올림한다)

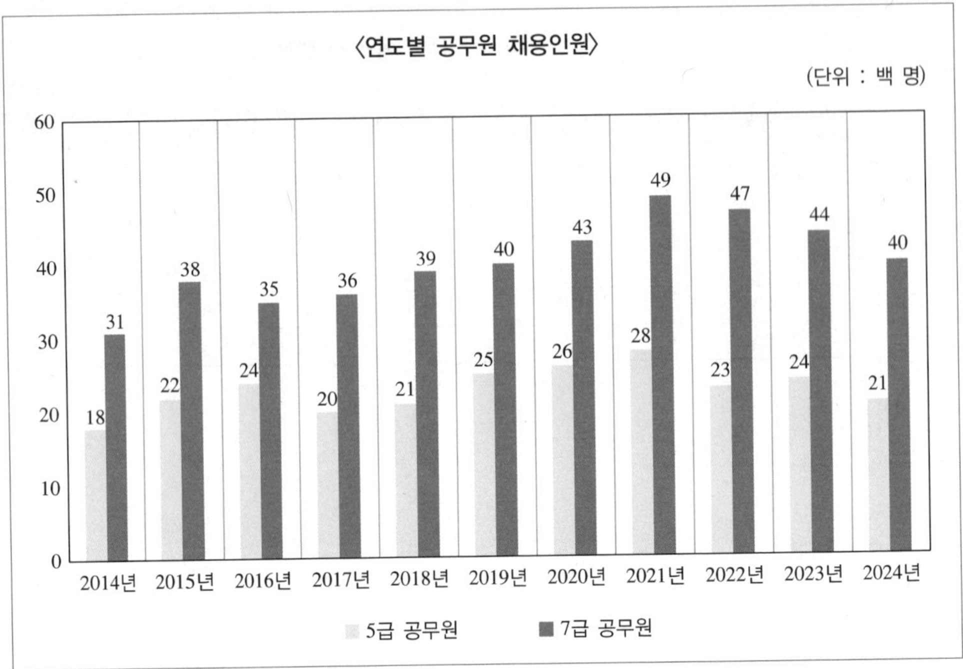

보기

ㄱ. 2017 ~ 2022년 동안 5급 공무원과 7급 공무원 채용인원의 증감추이는 동일하다.

ㄴ. 2014 ~ 2024년 동안 채용인원이 가장 적은 해와 가장 많은 해의 인원 차이는 5급 공무원이 7급 공무원보다 많다.

ㄷ. 2015 ~ 2024년 동안 전년 대비 채용인원의 증감량이 가장 많은 해는 5급 공무원과 7급 공무원 모두 동일하다.

ㄹ. 2014 ~ 2024년 동안 매년 7급 공무원 채용인원이 5급 공무원 채용인원의 2배 미만이다.

① ㄱ
② ㄷ
③ ㄱ, ㄴ
④ ㄱ, ㄹ

64 다음은 엔화 대비 원화 환율과 달러화 대비 원화 환율 추이 자료이다. 이에 대한 설명으로 옳은 것을 〈보기〉에서 모두 고르면?

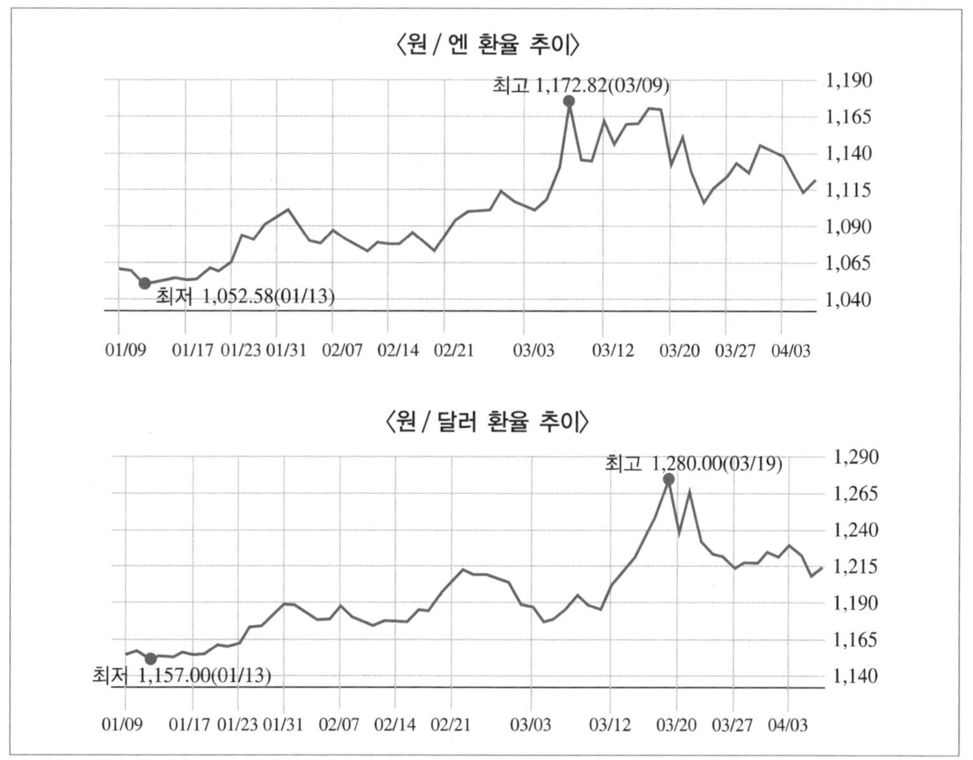

보기

ㄱ. 원/엔 환율은 3월 한 달 동안 1,200원을 상회하는 수준에서 등락을 반복했다.
ㄴ. 2월 21일의 원/달러 환율은 지난주보다 상승하였다.
ㄷ. 3월 12일부터 3월 19일까지 달러화의 강세가 심화되는 추세를 보였다.
ㄹ. 3월 27일의 달러/엔 환율은 3월 12일보다 상승하였다.

① ㄱ, ㄴ　　② ㄱ, ㄷ
③ ㄴ, ㄷ　　④ ㄴ, ㄹ

※ 다음은 연도별 해양사고 발생 현황에 대한 그래프이다. 이어지는 질문에 답하시오. **[65~66]**

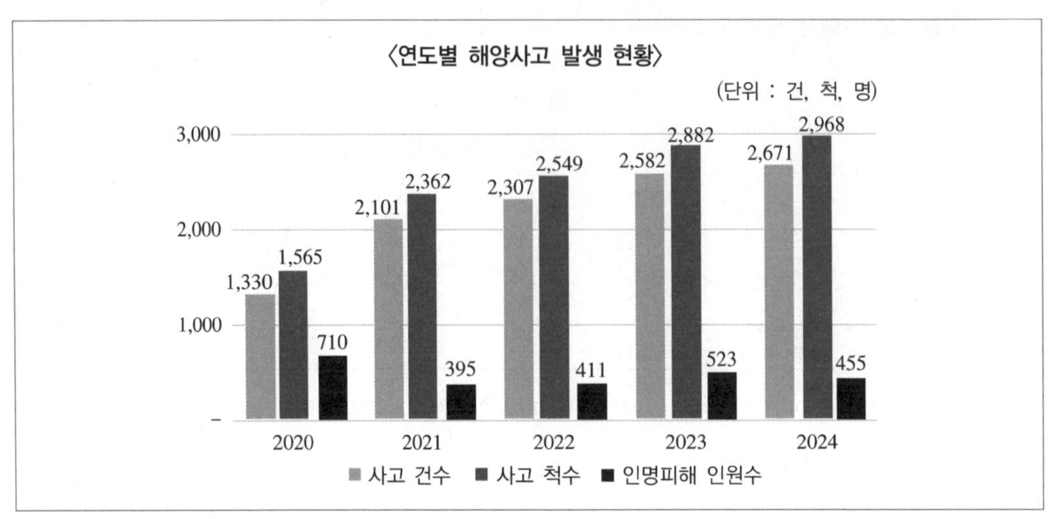

65 다음 중 2020년 대비 2021년 사고 척수의 증가율과 사고 건수의 증가율이 순서대로 나열된 것은? (단, 증가율은 소수점 둘째 자리에서 반올림한다)

① 48.7%, 58.0%
② 48.7%, 61.1%
③ 50.9%, 58.0%
④ 50.9%, 61.1%

66 다음 중 사고 건수당 인명피해의 인원수가 가장 많은 연도는?

① 2020년
② 2021년
③ 2022년
④ 2023년

67 다음은 2024년 9월 28일에 측정한 발전소별 수문 자료이다. 이날 온도가 27℃를 초과한 발전소의 수력발전을 이용해 변환된 전기에너지의 총 출력량은 15,206.08kW였다. 이때 춘천의 분당 유량은?(단, 결과 값은 소수점 이하 첫째 자리에서 반올림한다)

발전소명	저수위(ELm)	유량(m^3/sec)	온도(℃)	강우량(mm)
안흥	375.9	0.0	26.0	7.0
춘천	102.0		27.5	4.0
의암	70.0	282.2	26.0	2.0
화천	176.5	479.9	24.0	6.0
청평	49.5	447.8	27.0	5.0
섬진강	178.6	6.9	29.5	0.0
보성강	126.6	1.1	30.0	0.0
팔당	25.0	1,394.1	25.0	0.5
괴산	132.1	74.2	27.2	90.5

※ P[kW]=9.8×Q[m^3/sec]×H[m]×ζ[P : 출력량, Q : 유량, H : 유효낙차, ζ : 종합효율(수차효율×발전기 효율)]

※ 모든 발전소의 유효낙차는 20m, 종합효율은 90%임

① 4m^3/min

② 56m^3/min

③ 240m^3/min

④ 488m^3/min

PART 3

68 다음은 국가별 연도별 이산화탄소 배출량에 대한 자료이다. 〈조건〉에 따라 빈칸 ㉠~㉣에 해당하는 국가명을 순서대로 나열한 것은?

〈국가별 연도별 이산화탄소 배출량〉

(단위 : 백만 CO_2톤)

구분	1998년	2008년	2018년	2023년	2024년
일본	1,041	1,141	1,112	1,230	1,189
미국	4,803	5,642	5,347	5,103	5,176
㉠	232	432	551	572	568
㉡	171	312	498	535	556
㉢	151	235	419	471	507
독일	940	812	759	764	723
인도	530	890	1,594	1,853	2,020
㉣	420	516	526	550	555
중국	2,076	3,086	7,707	8,980	9,087
러시아	2,163	1,474	1,529	1,535	1,468

조건

- 한국과 캐나다는 제시된 5개 연도의 이산화탄소 배출량 순위에서 8위를 두 번 했다.
- 사우디아라비아의 2023년 대비 2024년의 이산화탄소 배출량 증가율은 5% 이상이다.
- 이란과 한국의 이산화탄소 배출량의 합은 2018년부터 이란과 캐나다의 배출량의 합보다 많아진다.

① 캐나다, 이란, 사우디아라비아, 한국
② 한국, 사우디아라비아, 이란, 캐나다
③ 한국, 이란, 캐나다, 사우디아라비아
④ 한국, 이란, 사우디아라비아, 캐나다

69 다음은 두 국가의 에너지원 수입액에 대한 자료이다. 이에 대한 설명으로 옳은 것은?

〈A, B국의 에너지원 수입액〉

(단위 : 억 달러)

구분	연도	1984년	2004년	2024년
A국	석유	74.0	49.9	29.5
	석탄	82.4	60.8	28.0
	LNG	29.2	54.3	79.9
B국	석유	75	39	39
	석탄	44	19.2	7.1
	LNG	30	62	102

① 1984년 석유 수입액은 A국이 B국보다 많다.
② 2004년 A국의 석유 및 석탄의 수입액의 합은 LNG 수입액의 2배보다 적다.
③ 2024년 A국의 석탄 수입액은 동년의 B국의 4배보다 적다.
④ 1984년 대비 2024년의 LNG 수입액의 증가율은 A국이 B국보다 크다.

70 다음은 세계 주요 터널 화재 사고 A～F에 대한 자료이다. 이에 대한 설명으로 옳은 것은?

〈세계 주요 터널 화재 사고 통계〉

사고	터널 길이(km)	화재 규모(MW)	복구 비용(억 원)	복구 기간(개월)	사망자(명)
A	50.5	350	4,200	6	1
B	11.6	40	3,276	36	39
C	6.4	120	72	3	12
D	16.9	150	312	2	11
E	0.2	100	570	10	192
F	1.0	20	18	8	0

① 터널 길이가 길수록 사망자가 많다.
② 화재 규모가 클수록 복구 기간이 길다.
③ 사고 A를 제외하면 복구 기간이 길수록 복구 비용이 크다.
④ 사망자가 30명 이상인 사고를 제외하면 화재 규모가 클수록 복구 비용이 크다.

56 K공사는 적합한 인재를 채용하기 위하여 NCS 기반 능력중심 공개채용을 시행하였다. 1차 서류전형, 2차 직업기초능력평가, 3차 직무수행능력평가, 4차 면접전형을 모두 마친 면접자들의 평가점수를 '최종 합격자 선발기준'에 따라 판단하여 A～E 중 상위자 2명을 최종 합격자로 선정하고자 한다. 다음 중 최종 합격자들로 바르게 짝지어진 것은?

〈최종 합격자 선발기준〉

평가요소	의사소통	문제해결	조직이해	대인관계	합계
평가비중	40%	30%	20%	10%	100%

〈면접평가 결과〉

구분	A	B	C	D	E
의사소통능력	A^+	A^+	A^+	B^+	C
문제해결능력	B^+	B+5	A^+	B+5	A+5
조직이해능력	A+5	A	C^+	A^+	A
대인관계능력	C	A^+	B^+	C^+	B^++5

※ 등급별 변환 점수 : A^+=100, A=90, B^+=80, B=70, C^+=60, C=50
※ 면접관의 권한으로 등급별 점수에 +5점을 가점할 수 있음

① A, B
② B, C
③ C, D
④ D, E

57 K은행은 '우리 땅, 우리 농산물 소비 촉진'을 위해 3월 한 달간 토요일마다 판매 촉진 이벤트를 하려고 한다. 이에 한 달 동안 팀별로 교대 근무를 해야 할 때, 다음 중 셋째 주 토요일에 근무하는 사람을 모두 고르면?

▲ 팀별 명단

1팀 : 서정훈(팀장), 이광수(주임), 하동훈(주임), 민정훈(사원), 유인영(사원)
2팀 : 강동호(팀장), 김종대(주임), 김종인(사원), 이정은(인턴)
3팀 : 박선미(팀장), 이슬기(주임), 박성인(주임), 정수정(인턴)
4팀 : 이자영(팀장), 신주현(사원), 최안나(인턴)

▲ 토요근무규정

① 각 팀장은 순서대로 한 주에 한 명씩 배치된다(1팀 → 2팀 → 3팀 → 4팀).
② 개인사정으로 인하여 근무가 어려울 경우, 다른 사람과 대체 가능하다.
(같은 팀이든 다른 팀이든 상관없지만 대신 같은 직급 내에서만 대체 가능)
③ 근무를 대체할 근무자는 개인 사유로 해당 주에 근무가 불가한 사람을 우선순위로 정한다.

▲ 토요근무 배치 예정 인원

구분	명단
1주 차(4일)	서정훈, 이광수, 김종인, 정수정
2주 차(11일)	강동호, 하동훈, 민정훈, 이슬기
3주 차(18일)	박선미, 유인영, 김종대, 이정은, 최안나
4주 차(25일)	이자영, 박성인, 신주현

▲ 개인 사유로 불가한 날짜 및 사유

구분	사유
1주 차(4일)	이광수(지인 결혼식), 정수정(개인 사유)
2주 차(11일)	민정훈(건강검진)
3주 차(18일)	김종대(지인 결혼식), 최안나(병원 진료), 박성인(병원 진료)
4주 차(25일)	이광수(병원 진료), 박성인(병원 진료), 신주현(가족 여행)

① 박선미, 김종대, 유인영, 정수정, 신주현
② 박선미, 박성인, 유인영, 최안나, 정수정
③ 박선미, 이광수, 유인영, 이정은, 정수정
④ 박선미, 김종대, 하동훈, 이정은, 이슬기

PART 3

58 K공사의 5명의 직원들(과장 1명, 대리 2명, 사원 2명)이 10월 중에 연차를 쓰려고 한다. 아래 〈조건〉을 참고하여 직원들이 나눈 대화 내용 중 옳지 않은 말을 한 직원을 모두 고르면?

과장 A : 난 9일에 시골 내려가야 해서 10일에 쓰려고 하네. 나머지 사람들은 그날 제외하고 서로 조율해서 신청하면 좋겠네.
대리 A : 저는 10월에 교육받으러 18 ~ 19일에 갈 예정입니다. 그리고 그 다음 주 수요일 날 연차 쓰겠습니다. 그럼 저 교육받는 주에 다른 사람 2명 신청 가능할 것 같은데요.
사원 A : 오, 그럼 제가 15일에 쓰겠습니다.
대리 B : 저는 연이어서 16일에 신청할 수 없으니까 17일에 쓰고, 교육은 11 ~ 12일에 받겠습니다.
사원 B : 저만 정하면 끝나네요. 2일로 하겠습니다.

조건

- 연차는 하루이다.
- 10월 1일은 월요일이며, 3일과 9일은 공휴일이다.
- 대리는 교육을 신청한 주에 연차를 신청할 수 없다.
- 같은 주에 3명 이상 교육 및 연차를 신청하면 안 된다.
- 워크숍은 5주 차 월 · 화이다.
- 연차는 연이어 쓸 수 없다.
- 대리급 교육은 매주 이틀 동안 목 ~ 금에 있으며, 교육은 한 번만 받으면 된다.
- 연차와 교육 신청 순서는 대화 내용에서 말한 차례대로 적용한다.

① 과장 A, 대리 A
② 대리 A, 대리 B
③ 대리 B, 사원 A
④ 사원 A, 사원 B

59 다음은 주중과 주말 교통상황에 대한 자료이다. 이에 대한 설명으로 옳은 것을 〈보기〉에서 모두 고르면?

〈주중 · 주말 예상 교통량〉

(단위 : 만 대)

구분	전국	수도권 → 지방	지방 → 수도권
주말 교통량	490	50	51
주중 교통량	380	42	35

〈대도시 간 예상 최대 소요시간〉

구분	서울 – 대전	서울 – 부산	서울 – 광주	서울 – 강릉	남양주 – 양양
주말	2시간 40분	5시간 40분	4시간 20분	3시간 20분	2시간 20분
주중	1시간 40분	4시간 30분	3시간 20분	2시간 40분	1시간 50분

보기

㉠ 지방에서 수도권으로 가는 주말 예상 교통량은 주중 예상 교통량보다 30% 미만으로 많다.
㉡ 대도시 간 예상 최대 소요시간은 모든 구간에서 주중이 주말보다 적게 걸린다.
㉢ 주중 전국 교통량 중 수도권에서 지방으로 가는 교통량의 비율은 10% 이상이다.
㉣ 서울 – 광주 구간 주중 예상 최대 소요시간은 서울 – 강릉 구간 주말 예상 최대 소요시간과 동일하다.

① ㉠, ㉡
② ㉡, ㉢
③ ㉠, ㉡, ㉣
④ ㉡, ㉢, ㉣

60 K공사 인사관리부에서 근무하는 W대리는 2박 3일간 실시하는 신입사원 연수에 대한 기획안과 예산안을 작성해 제출해야 한다. 그중 식사에 대한 예산을 측정하기 위해 연수원에서 다음과 같이 메뉴별 가격 및 안내문을 받았다. 연수를 가는 신입사원은 총 50명이지만 이 중 15명은 둘째 날 오전 7시에 후발대로 도착할 예정이고, 예산은 최대 금액으로 편성하려 할 때 W대리가 식사비 예산으로 측정할 금액은?

〈메뉴〉

정식 ………… 9,000원
일품 ………… 8,000원
스파게티 ………… 7,000원
비빔밥 ………… 5,000원
낙지덮밥 ………… 6,000원

〈안내문〉

- 식사시간 : (조식) 08:00 ~ 09:00 / (중식) 12:00 ~ 13:00 / (석식) 18:00 ~ 19:00
- 편의를 위하여 도착 후 첫 식사인 중식은 정식, 셋째 날 마지막 식사인 조식은 일품으로 통일한다.
- 나머지 식사는 정식과 일품을 제외한 메뉴에서 자유롭게 선택한다.

① 1,970,000원
② 2,010,000원
③ 2,025,000원
④ 2,070,000원

61 자동차 회사에 근무하고 있는 P씨는 중국 공장에 점검차 방문하기 위해 교통편을 알아보고 있다. 내일 새벽 비행기를 타기 위한 여러 가지 방법 중 가장 적은 비용으로 공항에 도착하는 방법은?

〈숙박요금〉

구분	공항 근처 모텔	공항 픽업 호텔	회사 근처 모텔
요금	80,000원	100,000원	40,000원

〈대중교통 요금 및 소요시간〉

구분	버스	택시
회사 → 공항 근처 모텔	20,000원 / 3시간	40,000원 / 1시간 30분
회사 → 공항 픽업 호텔	10,000원 / 1시간	20,000원 / 30분
회사 → 회사 근처 모텔	근거리이므로 무료	
공항 픽업 호텔 → 공항	픽업으로 무료	
공항 근처 모텔 → 공항		
회사 근처 모텔 → 공항	20,000원 / 3시간	40,000원 / 1시간 30분

※ 소요시간도 금액으로 계산함(30분당 5,000원)

① 회사 근처 모텔에서 숙박 후 버스 타고 공항 이동

② 공항 픽업 호텔로 버스 타고 이동 후 숙박

③ 공항 픽업 호텔로 택시 타고 이동 후 숙박

④ 공항 근처 모텔로 버스 타고 이동 후 숙박

PART 3

62 다음은 K공사의 당직 근무 규칙과 이번 주 당직 근무자들의 일정표이다. 당직 근무 규칙에 따라 이번 주에 당직 근무 일정을 추가해야 하는 사람은?

〈당직 근무 규칙〉

- 1일 당직 근무 최소 인원은 오전 1명, 오후 2명으로 총 3명이다.
- 1일 최대 6명을 넘길 수 없다.
- 같은 날 오전·오후 당직 근무는 서로 다른 사람이 해야 한다.
- 오전 또는 오후 당직을 모두 포함하여 당직 근무는 주당 3회 이상 5회 미만으로 해야 한다.

〈당직 근무 일정〉

성명	일정	성명	일정
공주원	월 오전/수 오후/목 오전	최민관	월 오후/화 오후/토 오전/일 오전
이지유	월 오후/화 오전/금 오전/일 오후	이영유	수 오전/화 오후/금 오후/토 오후
강리환	수 오전/목 오전/토 오후	지한준	월 오전/수 오후/금 오전
최유리	화 오전/목 오후/토 오후	강지공	수 오후/화 오후/금 오후/토 오전
이건율	월 오후/목 오전/일 오전	김민정	월 오전/수 오후/토 오전/일 오후

① 공주원　　② 이지유

③ 최유리　　④ 지한준

63 다음은 4분기 성과급 지급 기준이다. 부서원 A ~ E에 대한 성과평가가 다음과 같을 때, 성과급을 가장 많이 받을 직원 2명은?

〈성과급 지급 기준〉

• 성과급은 성과평가에 따라 다음 기준으로 지급한다.

등급	A	B	C	D
성과급	200만 원	170만 원	120만 원	100만 원

• 성과평가등급은 성과점수에 따라 다음과 같이 산정된다.

성과점수	90점 이상 100점 이하	80점 이상 90점 미만	70점 이상 80점 미만	70점 미만
등급	A	B	C	D

• 성과점수는 개인실적점수, 동료평가점수, 책임점수, 가점 및 벌점을 합산하여 산정한다.
  – 개인실적점수, 동료평가점수, 책임점수는 각각 100점 만점으로 산정된다.
  – 세부 점수별 가중치는 개인실적점수 40%, 동료평가점수 30%, 책임점수 30%이다.
  – 가점 및 벌점은 개인실적점수, 동료평가점수, 책임점수에 가중치를 적용하여 합산한 값에 합산한다.

• 가점 및 벌점 부여기준
  – 분기 내 수상내역 1회, 신규획득 자격증 1개당 가점 2점 부여
  – 분기 내 징계내역 1회당 다음에 따른 벌점 부여

징계	경고	감봉	정직
벌점	1점	3점	5점

〈부서원 성과평가〉

직원	개인실적 점수	동료평가 점수	책임점수	비고
㉮	85	70	80	수상 2회(4분기), 경고 2회(3분기)
㉯	80	80	70	경고 1회(4분기)
㉰	75	85	80	자격증 1개(4분기)
㉱	70	70	90	정직 1회(4분기)
㉲	80	65	75	경고 1회(3분기)

① ㉮, ㉰

② ㉮, ㉲

③ ㉯, ㉰

④ ㉯, ㉱

PART 3

64 다음은 K공사 인사팀의 하계휴가 스케줄이다. A사원은 휴가를 신청하기 위해 하계휴가 스케줄을 확인하였다. 인사팀 팀장인 P부장이 25 ~ 28일은 하계워크숍 기간이므로 휴가 신청이 불가능하며, 하루에 6명 이상은 사무실에 반드시 있어야 한다고 팀원들에게 공지했다. A사원이 휴가를 쓸 수 있는 기간으로 가장 적절한 것은?

구분	8월																			
	3	4	5	6	7	10	11	12	13	14	17	18	19	20	21	24	25	26	27	28
	월	화	수	목	금	월	화	수	목	금	월	화	수	목	금	월	화	수	목	금
P부장	■	■	■																	
K차장								■	■	■										
J과장	■	■	■	■	■															
H대리										■	■	■	■							
S주임														■	■	■				
W주임											■	■	■	■						
A사원																				
B사원						■	■	■												

※ 색칠된 부분은 다른 팀원의 휴가기간임

※ A사원은 4일 이상 휴가를 사용해야 함(토, 일 제외)

① 8월 13 ~ 18일

② 8월 7 ~ 11일

③ 8월 6 ~ 11일

④ 8월 4 ~ 7일

65 다음은 10월 달력이다. 〈조건〉에 맞게 근무를 배정했을 때 대체근무가 필요한 횟수는?

10 | October

일 SUN	월 MON	화 TUE	수 WED	목 THU	금 FRI	토 SAT
						1
2	3 개천절	4	5	6	7	8
9 한글날	10	11	12	13	14	15
16	17	18	19	20	21	22
23 / 30	24 / 31	25	26	27	28	29

조건

- 3조 2교대이며 근무 패턴은 주간1 – 주간2 – 야간1 – 야간2 – 비번 – 휴무이다.
- 1팀은 팀장 1명, 주임 1명, 2팀은 팀장 1명, 주임 1명, 3팀은 팀장 1명, 주임 2명이다.
- 각 팀장과 주임은 한 달에 한 번 지정휴무 1일을 사용할 수 있다.
- 근무마다 최소 팀장 1명, 주임 1명이 유지되어야 한다.
- 10월 1일 1팀은 야간1이었고, 2팀은 비번, 3팀은 주간1이었다.
- 1팀의 팀장은 27일부터 31일까지 여행을 떠난다(근무일에 연차 사용).
- 대체근무의 횟수는 최소화한다.
- 공휴일도 정상 근무일에 포함한다.

① 4번　　② 6번
③ 8번　　④ 9번

PART 3

66 다음은 계절별 전기요금표이다. 7월에 전기 460kWh를 사용하여 전기세가 많이 나오자 10월에는 전기사용량을 줄이기로 하였다. 10월에 사용한 전력이 341kWh이라면, 10월의 전기세로 청구될 금액은 얼마인가?

〈전기요금표〉

• 하계(7. 1 ~ 8. 31)

구간		기본요금(원/호)	전력량 요금(원/kWh)
1단계	300kWh 이하 사용	910	93.3
2단계	301 ~ 450kWh	1,600	187.9
3단계	450kWh 초과	7,300	280.6

• 기타 계절(1. 1 ~ 6. 30, 9. 1 ~ 12. 31)

구간		기본요금(원/호)	전력량 요금(원/kWh)
1단계	200kWh 이하 사용	910	93.3
2단계	201 ~ 400kWh	1,600	187.9
3단계	400kWh 초과	7,300	280.6

• 부가가치세(원 미만 반올림) : 전기요금의 10%
• 전력산업기반기금(10원 미만 절사) : 전기요금의 3.7%
• 전기요금(원 미만 절사) : (기본요금)+(전력량 요금)

※ 전력량 요금은 요금 누진제가 적용된다. 요금 누진제는 사용량이 증가함에 따라 순차적으로 높은 단가가 적용되며, 기타 계절의 요금은 200kWh 단위로 3단계로 운영되고 있음. 예를 들어, 월 300kWh를 사용한 세대는 처음 200kWh에 대해서는 kWh당 93.3원이 적용되고, 나머지 100kWh에 대해서는 187.9원이 적용돼 총 37,450원의 전력량 요금이 부과됨

• 청구금액(10원 미만 절사) : (전기요금)+(부가가치세)+(전력산업기반기금)

① 53,140원 ② 55,270원
③ 57,850원 ④ 64,690원

67 K공사 인재개발원에 근무하고 있는 A대리는 〈조건〉에 따라 신입사원 교육을 위한 스크린을 구매하려고 한다. 다음 중 가장 적절한 제품은 무엇인가?

조건

• 조명도는 5,000lx 이상이어야 한다.
• 예산은 150만 원이다.
• 제품에 이상이 생겼을 때 A/S가 신속해야 한다.
• 위 조건을 모두 충족할 시, 가격이 저렴한 제품을 가장 우선으로 선정한다.

※ lux(럭스) : 조명이 밝은 정도를 말하는 조명도에 대한 실용단위로 기호는 lx임

	제품	가격(만 원)	조명도(lx)	특이사항
①	A	180	8,000	2년 무상 A/S 가능
②	B	120	6,000	해외직구(해외 A/S)
③	C	130	7,000	2년 무상 A/S 가능
④	D	100	3,500	미사용 전시 제품

PART 3

68 직원 수가 100명인 K기업에서 치킨을 주문하려고 한다. 1마리를 시키면 2명이 먹을 수 있다고 할 때, 최소 비용으로 치킨을 먹을 수 있는 방법은?

구분	정가	할인	
		방문 포장 시	단체 주문 시
A치킨	15,000원/마리	35%	5%(단, 50마리 이상 주문 시)
B치킨	16,000원/마리	20%	3%(단, 10마리 이상 주문 시)

※ 방문 포장 시 유류비와 이동할 때의 번거로움 등을 계산하면 A치킨은 50,000원, B치킨은 15,000원의 비용이 듦
※ 중복 할인이 가능하며, 중복 할인 시 할인율을 더한 값으로 계산함

① A치킨과 B치킨에서 전체의 반씩 방문 포장으로 단체 주문 옵션을 선택한다.
② B치킨에서 방문 포장하고 단체 주문 옵션을 선택한다.
③ A치킨에서 배달을 시킨다.
④ A치킨에서 방문 포장하고 단체 주문 옵션을 선택한다.

69 Q물류회사에서 근무 중인 귀하에게 화물운송기사 두 명이 찾아와 운송시간에 대한 질문을 하였다. 주요 도시 간 이동시간 자료를 참고했을 때, 두 기사에게 안내해야 할 시간은?(단, 귀하와 두 기사는 A도시에 위치하고 있다)

> K기사 : 저는 여기서 화물을 싣고 E도시로 운송한 후에 C도시로 가서 다시 화물을 싣고 여기로 돌아와야 하는데 시간이 얼마나 걸릴까요? 최대한 빨리 마무리 지었으면 좋겠는데….
> P기사 : 저는 여기서 출발해서 모든 도시를 한 번씩 거쳐 다시 여기로 돌아와야 해요. 가장 짧은 이동시간으로 다녀오면 얼마나 걸릴까요?

〈주요 도시 간 이동시간〉

(단위 : 시간)

출발도시 \ 도착도시	A	B	C	D	E
A	–	1.0	0.5	–	–
B	–	–	–	1.0	0.5
C	0.5	2.0	–	–	–
D	1.5	–	–	–	0.5
E	–	–	2.5	0.5	–

※ 화물을 싣고 내리기 위해 각 도시에서 정차하는 시간은 고려하지 않음

※ '–' 표시가 있는 구간은 이동이 불가능함

	K기사	P기사
①	4시간	4시간
②	4시간	5시간
③	4.5시간	5시간
④	5.5시간	5시간

70 독일인 A씨는 베를린에서 한국을 경유하여 일본으로 가는 비행기표를 구매하였다. A씨의 일정이 다음과 같을 때, A씨가 인천공항에 도착하는 한국시각과 A씨가 참여했을 환승투어를 바르게 짝지은 것은?(단, 제시된 조건 외에 고려하지 않는다)

〈A씨의 일정〉

한국행 출발시각 (독일시각 기준)	비행시간	인천공항 도착시각	일본행 출발시각 (한국시각 기준)
11월 2일 19:30	12시간 20분		11월 3일 19:30

※ 독일은 한국보다 8시간 느림
※ 비행 출발 1시간 전에는 공항에 도착해야 함

〈환승투어 코스 안내〉

구분	코스	소요시간
엔터테인먼트	• 인천공항 → 파라다이스시티 아트테인먼트 → 인천공항	2시간
인천시티	• 인천공항 → 송도한옥마을 → 센트럴파크 → 인천공항 • 인천공항 → 송도한옥마을 → 트리플 스트리트 → 인천공항	2시간
산업	• 인천공항 → 광명동굴 → 인천공항	4시간
전통	• 인천공항 → 경복궁 → 인사동 → 인천공항	5시간
해안관광	• 인천공항 → 을왕리해변 또는 마시안해변 → 인천공항	1시간

	도착시각	환승투어
①	11월 2일 23:50	산업
②	11월 2일 15:50	엔터테인먼트
③	11월 3일 23:50	전통
④	11월 3일 15:50	인천시티

M E M O

PART 4

채용 가이드

블라인드 채용 소개

1. 블라인드 채용이란?

채용 과정에서 편견이 개입되어 불합리한 차별을 야기할 수 있는 출신지, 가족관계, 학력, 외모 등의 편견요인은 제외하고, 직무능력만을 평가하여 인재를 채용하는 방식입니다.

2. 블라인드 채용의 필요성

- 채용의 공정성에 대한 사회적 요구
  - 누구에게나 직무능력만으로 경쟁할 수 있는 균등한 고용기회를 제공해야 하나, 아직도 채용의 공정성에 대한 불신이 존재
  - 채용상 차별금지에 대한 법적 요건이 권고적 성격에서 처벌을 동반한 의무적 성격으로 강화되는 추세
  - 시민의식과 지원자의 권리의식 성숙으로 차별에 대한 법적 대응 가능성 증가
- 우수인재 채용을 통한 기업의 경쟁력 강화 필요
  - 직무능력과 무관한 학벌, 외모 위주의 선발로 우수인재 선발기회 상실 및 기업경쟁력 약화
  - 채용 과정에서 차별 없이 직무능력중심으로 선발한 우수인재 확보 필요
- 공정한 채용을 통한 사회적 비용 감소 필요
  - 편견에 의한 차별적 채용은 우수인재 선발을 저해하고 외모·학벌 지상주의 등의 심화로 불필요한 사회적 비용 증가
  - 채용에서의 공정성을 높여 사회의 신뢰수준 제고

3. 블라인드 채용의 특징

편견요인을 요구하지 않는 대신 직무능력을 평가합니다.

※ 직무능력중심 채용이란?
기업의 역량기반 채용, NCS기반 능력중심 채용과 같이 직무수행에 필요한 능력과 역량을 평가하여 선발하는 채용방식을 통칭합니다.

4. 블라인드 채용의 평가요소

직무수행에 필요한 지식, 기술, 태도 등을 과학적인 선발기법을 통해 평가합니다.

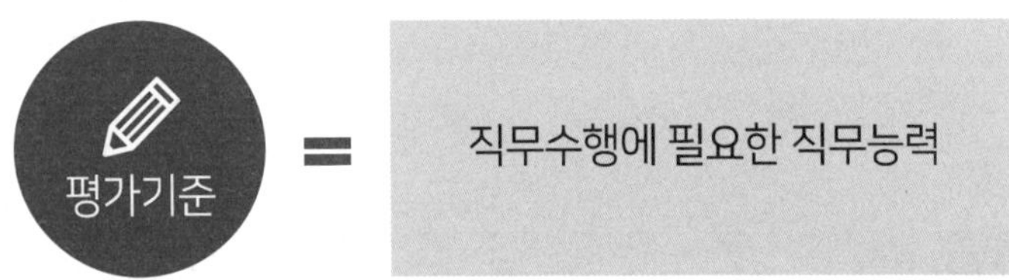

※ 과학적 선발기법이란?
직무분석을 통해 도출된 평가요소를 서류, 필기, 면접 등을 통해 체계적으로 평가하는 방법으로 입사지원서, 자기소개서, 직무수행능력평가, 구조화 면접 등이 해당됩니다.

5. 블라인드 채용 주요 도입 내용

- 입사지원서에 인적사항 요구 금지
  - 인적사항에는 출신지역, 가족관계, 결혼여부, 재산, 취미 및 특기, 종교, 생년월일(연령), 성별, 신장 및 체중, 사진, 전공, 학교명, 학점, 외국어 점수, 추천인 등이 해당
  - 채용 직무를 수행하는 데 있어 반드시 필요하다고 인정될 경우는 제외
    예 특수경비직 채용 시 : 시력, 건강한 신체 요구
    연구직 채용 시 : 논문, 학위 요구 등
- 블라인드 면접 실시
  - 면접관에게 응시자의 출신지역, 가족관계, 학교명 등 인적사항 정보 제공 금지
  - 면접관은 응시자의 인적사항에 대한 질문 금지

6. 블라인드 채용 도입의 효과성

- 구성원의 다양성과 창의성이 높아져 기업 경쟁력 강화
  - 편견을 없애고 직무능력 중심으로 선발하므로 다양한 직원 구성 가능
  - 다양한 생각과 의견을 통하여 기업의 창의성이 높아져 기업경쟁력 강화
- 직무에 적합한 인재선발을 통한 이직률 감소 및 만족도 제고
  - 사전에 지원자들에게 구체적이고 상세한 직무요건을 제시함으로써 허수 지원이 낮아지고, 직무에 적합한 지원자 모집 가능
  - 직무에 적합한 인재가 선발되어 직무이해도가 높아져 업무효율 증대 및 만족도 제고
- 채용의 공정성과 기업이미지 제고
  - 블라인드 채용은 사회적 편견을 줄인 선발 방법으로 기업에 대한 사회적 인식 제고
  - 채용과정에서 불합리한 차별을 받지 않고 실력에 의해 공정하게 평가를 받을 것이라는 믿음을 제공하고, 지원자들은 평등한 기회와 공정한 선발과정 경험

CHAPTER 02 서류전형 가이드

01 채용공고문

1. 채용공고문의 변화

기존 채용공고문	변화된 채용공고문
• 취업준비생에게 불충분하고 불친절한 측면 존재 • 모집분야에 대한 명확한 직무관련 정보 및 평가기준 부재 • 해당분야에 지원하기 위한 취업준비생의 무분별한 스펙 쌓기 현상 발생	• NCS 직무분석에 기반한 채용공고를 토대로 채용전형 진행 • 지원자가 입사 후 수행하게 될 업무에 대한 자세한 정보 공지 • 직무수행내용, 직무수행 시 필요한 능력, 관련된 자격, 직업기초능력 제시 • 지원자가 해당 직무에 필요한 스펙만을 준비할 수 있도록 안내
• 모집부문 및 응시자격 • 지원서 접수 • 전형절차 • 채용조건 및 처우 • 기타사항	• 채용절차 • 채용유형별 선발분야 및 예정인원 • 전형방법 • 선발분야별 직무기술서 • 우대사항

2. 지원 유의사항 및 지원요건 확인

채용 직무에 따른 세부사항을 공고문에 명시하여 지원자에게 적격한 지원 기회를 부여함과 동시에 채용과정에서의 공정성과 신뢰성을 확보합니다.

구성	내용	확인사항
모집분야 및 규모	고용형태(인턴 계약직 등), 모집분야, 인원, 근무지역 등	채용직무가 여러 개일 경우 본인이 해당되는 직무의 채용규모 확인
응시자격	기본 자격사항, 지원조건	지원을 위한 최소자격요건을 확인하여 불필요한 지원을 예방
우대조건	법정・특별・자격증 가점	본인의 가점 여부를 검토하여 가점 획득을 위한 사항을 사실대로 기재
근무조건 및 보수	고용형태 및 고용기간, 보수, 근무지	본인이 생각하는 기대수준에 부합하는지 확인하여 불필요한 지원을 예방
시험방법	서류・필기・면접전형 등의 활용방안	전형방법 및 세부 평가기법 등을 확인하여 지원전략 준비
전형일정	접수기간, 각 전형 단계별 심사 및 합격자 발표일 등	본인의 지원 스케줄을 검토하여 차질이 없도록 준비
제출서류	입사지원서(경력・경험기술서 등), 각종 증명서 및 자격증 사본 등	지원요건 부합 여부 및 자격 증빙서류 사전에 준비
유의사항	임용취소 등의 규정	임용취소 관련 법적 또는 기관 내부 규정을 검토하여 해당여부 확인

02 직무기술서

직무기술서란 직무수행의 내용과 필요한 능력, 관련 자격, 직업기초능력 등을 상세히 기재한 것으로 입사 후 수행하게 될 업무에 대한 정보가 수록되어 있는 자료입니다.

1. 채용분야

설명

NCS 직무분류 체계에 따라 직무에 대한 「대분류 – 중분류 – 소분류 – 세분류」 체계를 확인할 수 있습니다. 채용 직무에 대한 모든 직무기술서를 첨부하게 되며 실제 수행 업무를 기준으로 세부적인 분류정보를 제공합니다.

채용분야	분류체계			
사무행정	대분류	중분류	소분류	세분류
분류코드	02. 경영·회계·사무	03. 재무·회계	01. 재무	01. 예산
				02. 자금
			02. 회계	01. 회계감사
				02. 세무

2. 능력단위

설명

직무분류 체계의 세분류 하위능력단위 중 실질적으로 수행할 업무의 능력만 구체적으로 파악할 수 있습니다.

능력단위			
능력단위	(예산)	03. 연간종합예산수립 05. 확정예산 운영	04. 추정재무제표 작성 06. 예산실적 관리
	(자금)	04. 자금운용	
	(회계감사)	02. 자금관리 05. 회계정보시스템 운용 07. 회계감사	04. 결산관리 06. 재무분석
	(세무)	02. 결산관리 07. 법인세 신고	05. 부가가치세 신고

3. 직무수행내용

설명

세분류 영역의 기본정의를 통해 직무수행내용을 확인할 수 있습니다. 입사 후 수행할 직무내용을 구체적으로 확인할 수 있으며, 이를 통해 입사서류 작성부터 면접까지 직무에 대한 명확한 이해를 바탕으로 자신의 희망직무인지 아닌지, 해당 직무가 자신이 알고 있던 직무가 맞는지 확인할 수 있습니다.

직무수행내용	
직무수행내용	(예산) 일정기간 예상되는 수익과 비용을 편성, 집행하며 통제하는 일
	(자금) 자금의 계획 수립, 조달, 운용을 하고 발생 가능한 위험 관리 및 성과평가
	(회계감사) 기업 및 조직 내·외부에 있는 의사결정자들이 효율적인 의사결정을 할 수 있도록 유용한 정보를 제공, 제공된 회계정보의 적정성을 파악하는 일
	(세무) 세무는 기업의 활동을 위하여 주어진 세법범위 내에서 조세부담을 최소화시키는 조세전략을 포함하고 정확한 과세소득과 과세표준 및 세액을 산출하여 과세당국에 신고·납부하는 일

4. 직무기술서 예시

태도	(예산) 정확성, 분석적 태도, 논리적 태도, 타 부서와의 협조적 태도, 설득력
	(자금) 분석적 사고력
	(회계 감사) 합리적 태도, 전략적 사고, 정확성, 적극적 협업 태도, 법률준수 태도, 분석적 태도, 신속성, 책임감, 정확한 판단력
	(세무) 규정 준수 의지, 수리적 정확성, 주의 깊은 태도
우대 자격증	공인회계사, 세무사, 컴퓨터활용능력, 변호사, 워드프로세서, 전산회계운용사, 사회조사분석사, 재경관리사, 회계관리 등
직업기초능력	의사소통능력, 문제해결능력, 자원관리능력, 대인관계능력, 정보능력, 조직이해능력

5. 직무기술서 내용별 확인사항

항목	확인사항
모집부문	해당 채용에서 선발하는 부문(분야)명 확인 예 사무행정, 전산, 전기
분류체계	지원하려는 분야의 세부직무군 확인
주요기능 및 역할	지원하려는 기업의 전사적인 기능과 역할, 산업군 확인
능력단위	지원분야의 직무수행에 관련되는 세부업무사항 확인
직무수행내용	지원분야의 직무군에 대한 상세사항 확인
전형방법	지원하려는 기업의 신입사원 선발전형 절차 확인
일반요건	교육사항을 제외한 지원 요건 확인(자격요건, 특수한 경우 연령)
교육요건	교육사항에 대한 지원요건 확인(대졸 / 초대졸 / 고졸 / 전공 요건)
필요지식	지원분야의 업무수행을 위해 요구되는 지식 관련 세부항목 확인
필요기술	지원분야의 업무수행을 위해 요구되는 기술 관련 세부항목 확인
직무수행태도	지원분야의 업무수행을 위해 요구되는 태도 관련 세부항목 확인
직업기초능력	지원분야 또는 지원기업의 조직원으로서 근무하기 위해 필요한 일반적인 능력사항 확인

03 입사지원서

1. 입사지원서의 변화

기존지원서		능력중심 채용 입사지원서	
직무와 관련 없는 학점, 개인신상, 어학점수, 자격, 수상경력 등을 나열하도록 구성	VS	해당 직무수행에 꼭 필요한 정보들을 제시할 수 있도록 구성	

기존지원서		능력중심 채용 입사지원서	
직무기술서	→	인적사항	성명, 연락처, 지원분야 등 작성 (평가 미반영)
직무수행내용		교육사항	직무지식과 관련된 학교교육 및 직업교육 작성
요구지식 / 기술		자격사항	직무관련 국가공인 또는 민간자격 작성
관련 자격증		경력 및 경험사항	조직에 소속되어 일정한 임금을 받거나(경력) 임금 없이(경험) 직무와 관련된 활동 내용 작성
사전직무경험			

2. 교육사항

- 지원분야 직무와 관련된 학교 교육이나 직업교육 혹은 기타교육 등 직무에 대한 지원자의 학습 여부를 평가하기 위한 항목입니다.
- 지원하고자 하는 직무의 학교 전공교육 이외에 직업교육, 기타교육 등을 기입할 수 있기 때문에 전공 제한 없이 직업교육과 기타교육을 이수하여 지원이 가능하도록 기회를 제공합니다.
  (기타교육 : 학교 이외의 기관에서 개인이 이수한 교육과정 중 지원직무와 관련이 있다고 생각되는 교육내용)

구분	교육과정(과목)명	교육내용	과업(능력단위)

PART 4

3. 자격사항

- 채용공고 및 직무기술서에 제시되어 있는 자격 현황을 토대로 지원자가 해당 직무를 수행하는 데 필요한 능력을 가지고 있는지를 평가하기 위한 항목입니다.
- 채용공고 및 직무기술서에 기재된 직무관련 필수 또는 우대자격 항목을 확인하여 본인이 보유하고 있는 자격사항을 기재합니다.

자격유형	자격증명	발급기관	취득일자	자격증번호

4. 경력 및 경험사항

- 직무와 관련된 경력이나 경험 여부를 표현하도록 하여 직무와 관련한 능력을 갖추었는지를 평가하기 위한 항목입니다.
- 해당 기업에서 직무를 수행함에 있어 필요한 사항만을 기록하게 되어 있기 때문에 직무와 무관한 스펙을 갖추지 않아도 됩니다.
- 경력 : 금전적 보수를 받고 일정기간 동안 일했던 경우
- 경험 : 금전적 보수를 받지 않고 수행한 활동

※ 기업에 따라 경력 / 경험 관련 증빙자료 요구 가능

구분	조직명	직위 / 역할	활동기간(년 / 월)	주요과업 / 활동내용

Tip

입사지원서 작성 방법

○ 경력 및 경험사항 작성
- 직무기술서에 제시된 지식, 기술, 태도와 지원자의 교육사항, 경력(경험)사항, 자격사항과 연계하여 개인의 직무역량에 대해 스스로 판단 가능

○ 인적사항 최소화
- 개인의 인적사항, 학교명, 가족관계 등을 노출하지 않도록 유의

부적절한 입사지원서 작성 사례
- 학교 이메일을 기입하여 학교명 노출
- 거주지 주소에 학교 기숙사 주소를 기입하여 학교명 노출
- 자기소개서에 부모님이 재직 중인 기업명, 직위, 직업을 기입하여 가족관계 노출
- 자기소개서에 석·박사 과정에 대한 이야기를 언급하여 학력 노출
- 동아리 활동에 대한 내용을 학교명과 더불어 언급하여 학교명 노출

04 자기소개서

1. 자기소개서의 변화

- 기존의 자기소개서는 지원자의 일대기나 관심 분야, 성격의 장・단점 등 개괄적인 사항을 묻는 질문으로 구성되어 지원자가 자신의 직무능력을 제대로 표출하지 못합니다.
- 능력중심 채용의 자기소개서는 직무기술서에 제시된 직업기초능력(또는 직무수행능력)에 대한 지원자의 과거 경험을 기술하게 함으로써 평가 타당도의 확보가 가능합니다.

1. 우리 회사와 해당 지원 직무분야에 지원한 동기에 대해 기술해 주세요.

2. 자신이 경험한 다양한 사회활동에 대해 기술해 주세요.

3. 지원 직무에 대한 전문성을 키우기 위해 받은 교육과 경험 및 경력사항에 대해 기술해 주세요.

4. 인사업무 또는 팀 과제 수행 중 발생한 갈등을 원만하게 해결해 본 경험이 있습니까? 당시 상황에 대한 설명과 갈등의 대상이 되었던 상대방을 설득한 과정 및 방법을 기술해 주세요.

5. 과거에 있었던 일 중 가장 어려웠었던(힘들었었던) 상황을 고르고, 어떤 방법으로 그 상황을 해결했는지를 기술해 주세요.

Tip

자기소개서 작성 방법

① 자기소개서 문항이 묻고 있는 평가 역량 추측하기

예시

- 팀 활동을 하면서 갈등 상황 시 상대방의 니즈나 의도를 명확히 파악하고 해결하여 목표 달성에 기여했던 경험에 대해서 작성해 주시기 바랍니다.
- 다른 사람이 생각해내지 못했던 문제점을 찾고 이를 해결한 경험에 대해 작성해 주시기 바랍니다.

② 해당 역량을 보여줄 수 있는 소재 찾기(시간×역량 매트릭스)

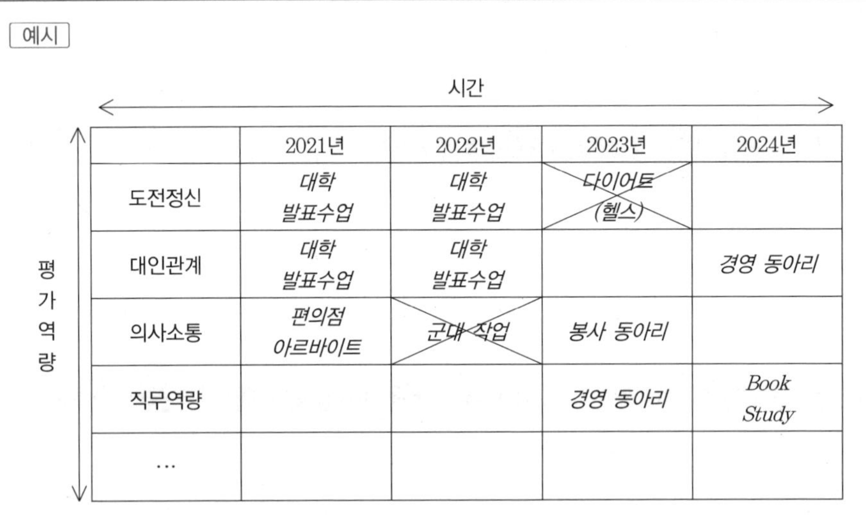
예시

시간

평가역량

	2021년	2022년	2023년	2024년
도전정신	*대학 발표수업*	*대학 발표수업*	~~*다이어트 (헬스)*~~	
대인관계	*대학 발표수업*	*대학 발표수업*		*경영 동아리*
의사소통	*편의점 아르바이트*	~~*군대 작업*~~	*봉사 동아리*	
직무역량			*경영 동아리*	*Book Study*
…				

③ 자기소개서 작성 Skill 익히기

- 두괄식으로 작성하기
- 구체적 사례를 사용하기
- '나'를 중심으로 작성하기
- 직무역량 강조하기
- 경험 사례의 차별성 강조하기

CHAPTER

03 인성검사 소개 및 모의테스트

01 인성검사 유형

인성검사는 지원자의 성격특성을 객관적으로 파악하고 그것이 각 기업에서 필요로 하는 인재상과 가치에 부합하는가를 평가하기 위한 검사입니다. 인성검사는 KPDI(한국인재개발진흥원), K-SAD(한국사회적성개발원), KIRBS(한국행동과학연구소), SHR(에스에이치알) 등의 전문기관을 통해 각 기업의 특성에 맞는 검사를 선택하여 실시합니다. 대표적인 인성검사의 유형에는 크게 다음과 같은 세 가지가 있으며, 채용 대행업체에 따라 달라집니다.

1. KPDI 검사

조직적응성과 직무적합성을 알아보기 위한 검사로 인성검사, 인성역량검사, 인적성검사, 직종별 인적성검사 등의 다양한 검사 도구를 구현합니다. KPDI는 성격을 파악하고 정신건강 상태 등을 측정하고, 직무검사는 해당 직무를 수행하기 위해 기본적으로 갖추어야 할 인지적 능력을 측정합니다. 역량검사는 특정 직무 역할을 효과적으로 수행하는 데 직접적으로 관련 있는 개인의 행동, 지식, 스킬, 가치관 등을 측정합니다.

2. KAD(Korea Aptitude Development) 검사

K-SAD(한국사회적성개발원)에서 실시하는 적성검사 프로그램입니다. 개인의 성향, 지적 능력, 기호, 관심, 흥미도를 종합적으로 분석하여 적성에 맞는 업무가 무엇인가 파악하고, 직무수행에 있어서 요구되는 기초능력과 실무능력을 분석합니다.

3. SHR 직무적성검사

직무수행에 필요한 종합적인 사고 능력을 다양한 적성검사(Paper and Pencil Test)로 평가합니다. SHR의 모든 직무능력검사는 표준화 검사입니다. 표준화 검사는 표본집단의 점수를 기초로 규준이 만들어진 검사이므로 개인의 점수를 규준에 맞추어 해석·비교하는 것이 가능합니다. S(Standardized Tests), H(Hundreds of Version), R(Reliable Norm Data)을 특징으로 하며, 직군·직급별 특성과 선발 수준에 맞추어 검사를 적용할 수 있습니다.

02 인성검사와 면접

인성검사는 특히 면접질문과 관련성이 높습니다. 면접관은 지원자의 인성검사 결과를 토대로 질문을 하기 때문입니다. 일관적이고 이상적인 답변을 하는 것이 가장 좋지만, 실제 시험은 매우 복잡하여 전문가라 해도 일정 성격을 유지하면서 답변을 하는 것이 힘듭니다. 또한, 인성검사에는 라이 스케일(Lie Scale) 설문이 전체 설문 속에 교묘하게 섞여 들어가 있으므로 겉치레적인 답을 하게 되면 회답태도의 허위성이 그대로 드러나게 됩니다. 예를 들어 '거짓말을 한 적이 한 번도 없다.'에 '예'로 답하고, '때로는 거짓말을 하기도 한다.'에 '예'라고 답하여 라이 스케일의 득점이 올라가게 되면 모든 회답의 신빙성이 사라지고 '자신을 돋보이게 하려는 사람'이라는 평가를 받을 수 있으므로 주의해야 합니다. 따라서 모의테스트를 통해 인성검사의 유형과 실제 시험 시 어떻게 문제를 풀어야 하는지 연습해 보고 체크한 부분 중 자신의 단점과 연결되는 부분은 면접에서 질문이 들어왔을 때 어떻게 대처해야 하는지 생각해 보는 것이 좋습니다.

03 유의사항

1. 기업의 인재상을 파악하라!

인성검사를 통해 개인의 성격 특성을 파악하고 그것이 기업의 인재상과 가치에 부합하는지를 평가하는 시험이기 때문에 해당 기업의 인재상을 먼저 파악하고 시험에 임하는 것이 좋습니다. 모의테스트에서 인재상에 맞는 가상의 인물을 설정하고 문제에 답해 보는 것도 많은 도움이 됩니다.

2. 일관성 있는 대답을 하라!

짧은 시간 안에 다양한 질문에 답을 해야 하는데, 그 안에는 중복되는 질문이 여러 번 나옵니다. 이때 앞서 자신이 체크했던 대답을 잘 기억해뒀다가 일관성 있는 답을 하는 것이 중요합니다.

3. 모든 문항에 대답하라!

많은 문제를 짧은 시간 안에 풀려다 보니 다 못 푸는 경우도 종종 생깁니다. 하지만 대답을 누락하거나 끝까지 다 못했을 경우 좋지 않은 결과를 가져올 수도 있으니 최대한 주어진 시간 안에 모든 문항에 답할 수 있도록 해야 합니다.

04 KPDI 모의테스트

※ 모의테스트는 질문 및 답변 유형 연습을 위한 것으로 실제 시험과 다를 수 있습니다.
※ 인성검사는 정답이 따로 없는 유형의 검사이므로 결과지를 제공하지 않습니다.

번호	내용	예	아니요
001	나는 솔직한 편이다.	☐	☐
002	나는 리드하는 것을 좋아한다.	☐	☐
003	법을 어겨서 말썽이 된 적이 한 번도 없다.	☐	☐
004	거짓말을 한 번도 한 적이 없다.	☐	☐
005	나는 눈치가 빠르다.	☐	☐
006	나는 일을 주도하기보다는 뒤에서 지원하는 것을 선호한다.	☐	☐
007	앞일은 알 수 없기 때문에 계획은 필요하지 않다.	☐	☐
008	거짓말도 때로는 방편이라고 생각한다.	☐	☐
009	사람이 많은 술자리를 좋아한다.	☐	☐
010	걱정이 지나치게 많다.	☐	☐
011	일을 시작하기 전 재고하는 경향이 있다.	☐	☐
012	불의를 참지 못한다.	☐	☐
013	처음 만나는 사람과도 이야기를 잘 한다.	☐	☐
014	때로는 변화가 두렵다.	☐	☐
015	나는 모든 사람에게 친절하다.	☐	☐
016	힘든 일이 있을 때 술은 위로가 되지 않는다.	☐	☐
017	결정을 빨리 내리지 못해 손해를 본 경험이 있다.	☐	☐
018	기회를 잡을 준비가 되어 있다.	☐	☐
019	때로는 내가 정말 쓸모없는 사람이라고 느낀다.	☐	☐
020	누군가 나를 챙겨주는 것이 좋다.	☐	☐
021	자주 가슴이 답답하다.	☐	☐
022	나는 내가 자랑스럽다.	☐	☐
023	경험이 중요하다고 생각한다.	☐	☐
024	전자기기를 분해하고 다시 조립하는 것을 좋아한다.	☐	☐

025	감시받고 있다는 느낌이 든다.	☐	☐
026	난처한 상황에 놓이면 그 순간을 피하고 싶다.	☐	☐
027	세상엔 믿을 사람이 없다.	☐	☐
028	잘못을 빨리 인정하는 편이다.	☐	☐
029	지도를 보고 길을 잘 찾아간다.	☐	☐
030	귓속말을 하는 사람을 보면 날 비난하고 있는 것 같다.	☐	☐
031	막무가내라는 말을 들을 때가 있다.	☐	☐
032	장래의 일을 생각하면 불안하다.	☐	☐
033	결과보다 과정이 중요하다고 생각한다.	☐	☐
034	운동은 그다지 할 필요가 없다고 생각한다.	☐	☐
035	새로운 일을 시작할 때 좀처럼 한 발을 떼지 못한다.	☐	☐
036	기분 상하는 일이 있더라도 참는 편이다.	☐	☐
037	업무능력은 성과로 평가받아야 한다고 생각한다.	☐	☐
038	머리가 맑지 못하고 무거운 느낌이 든다.	☐	☐
039	가끔 이상한 소리가 들린다.	☐	☐
040	타인이 내게 자주 고민상담을 하는 편이다.	☐	☐

05 SHR 모의테스트

※ 모의테스트는 질문 및 답변 유형 연습을 위한 것으로 실제 시험과 다를 수 있습니다.
※ 인성검사는 정답이 따로 없는 유형의 검사이므로 결과지를 제공하지 않습니다.

※ 이 성격검사의 각 문항에는 서로 다른 행동을 나타내는 네 개의 문장이 제시되어 있습니다. 이 문장들을 비교하여, 자신의 평소 행동과 가장 가까운 문장을 'ㄱ' 열에 표기하고, 가장 먼 문장을 'ㅁ' 열에 표기하십시오.

01 나는 ______________________

	ㄱ	ㅁ
A. 실용적인 해결책을 찾는다.	☐	☐
B. 다른 사람을 돕는 것을 좋아한다.	☐	☐
C. 세부 사항을 잘 챙긴다.	☐	☐
D. 상대의 주장에서 허점을 잘 찾는다.	☐	☐

02 나는 ______________________

	ㄱ	ㅁ
A. 매사에 적극적으로 임한다.	☐	☐
B. 즉흥적인 편이다.	☐	☐
C. 관찰력이 있다.	☐	☐
D. 임기응변에 강하다.	☐	☐

03 나는 ______________________

	ㄱ	ㅁ
A. 무서운 영화를 잘 본다.	☐	☐
B. 조용한 곳이 좋다.	☐	☐
C. 가끔 울고 싶다.	☐	☐
D. 집중력이 좋다.	☐	☐

04 나는 ______________________

	ㄱ	ㅁ
A. 기계를 조립하는 것을 좋아한다.	☐	☐
B. 집단에서 리드하는 역할을 맡는다.	☐	☐
C. 호기심이 많다.	☐	☐
D. 음악을 듣는 것을 좋아한다.	☐	☐

05 나는 ______________________

	ㄱ	ㅁ
A. 타인을 늘 배려한다.	☐	☐
B. 감수성이 예민하다.	☐	☐
C. 즐겨하는 운동이 있다.	☐	☐
D. 일을 시작하기 전에 계획을 세운다.	☐	☐

06 나는 ______________________

	ㄱ	ㅁ
A. 타인에게 설명하는 것을 좋아한다.	☐	☐
B. 여행을 좋아한다.	☐	☐
C. 정적인 것이 좋다.	☐	☐
D. 남을 돕는 것에 보람을 느낀다.	☐	☐

07 나는 ______________________

	ㄱ	ㅁ
A. 기계를 능숙하게 다룬다.	☐	☐
B. 밤에 잠이 잘 오지 않는다.	☐	☐
C. 한 번 간 길을 잘 기억한다.	☐	☐
D. 불의를 보면 참을 수 없다.	☐	☐

08 나는 ______________________

	ㄱ	ㅁ
A. 종일 말을 하지 않을 때가 있다.	☐	☐
B. 사람이 많은 곳을 좋아한다.	☐	☐
C. 술을 좋아한다.	☐	☐
D. 휴양지에서 편하게 쉬고 싶다.	☐	☐

09 나는 ______________________

	ㄱ	ㅁ
A. 뉴스보다는 드라마를 좋아한다.	☐	☐
B. 길을 잘 찾는다.	☐	☐
C. 주말엔 집에서 쉬는 것이 좋다.	☐	☐
D. 아침에 일어나는 것이 힘들다.	☐	☐

10 나는 ______________________

	ㄱ	ㅁ
A. 이성적이다.	☐	☐
B. 할 일을 종종 미룬다.	☐	☐
C. 어른을 대하는 게 힘들다.	☐	☐
D. 불을 보면 매혹을 느낀다.	☐	☐

11 나는 ______________________

	ㄱ	ㅁ
A. 상상력이 풍부하다.	☐	☐
B. 예의 바르다는 소리를 자주 듣는다.	☐	☐
C. 사람들 앞에 서면 긴장한다.	☐	☐
D. 친구를 자주 만난다.	☐	☐

12 나는 ______________________

	ㄱ	ㅁ
A. 나만의 스트레스 해소 방법이 있다.	☐	☐
B. 친구가 많다.	☐	☐
C. 책을 자주 읽는다.	☐	☐
D. 활동적이다.	☐	☐

CHAPTER

04 면접전형 가이드

01 면접유형 파악

1. 면접전형의 변화

기존 면접전형에서는 일상적이고 단편적인 대화나 지원자의 첫인상 및 면접관의 주관적인 판단 등에 의해서 입사 결정 여부를 판단하는 경우가 많았습니다. 이러한 면접전형은 면접 내용의 일관성이 결여되거나 직무 관련 타당성이 부족하였고, 면접에 대한 신뢰도에 영향을 주었습니다.

기존 면접(전통적 면접)		능력중심 채용 면접(구조화 면접)
• 일상적이고 단편적인 대화 • 인상, 외모 등 외부 요소의 영향 • 주관적인 판단에 의존한 총점 부여 ⇩ • 면접 내용의 일관성 결여 • 직무관련 타당성 부족 • 주관적인 채점으로 신뢰도 저하	VS	• 일관성 – 직무관련 역량에 초점을 둔 구체적 질문 목록 – 지원자별 동일 질문 적용 • 구조화 – 면접 진행 및 평가 절차를 일정한 체계에 의해 구성 • 표준화 – 평가 타당도 제고를 위한 평가 Matrix 구성 – 척도에 따라 항목별 채점, 개인 간 비교 • 신뢰성 – 면접진행 매뉴얼에 따라 면접위원 교육 및 실습

2. 능력중심 채용의 면접 유형

① 경험 면접
- 목적 : 선발하고자 하는 직무 능력이 필요한 과거 경험을 질문합니다.
- 평가요소 : 직업기초능력과 인성 및 태도적 요소를 평가합니다.

② 상황 면접
- 목적 : 특정 상황을 제시하고 지원자의 행동을 관찰함으로써 실제 상황의 행동을 예상합니다.
- 평가요소 : 직업기초능력과 인성 및 태도적 요소를 평가합니다.

③ 발표 면접
- 목적 : 특정 주제와 관련된 지원자의 발표와 질의응답을 통해 지원자 역량을 평가합니다.
- 평가요소 : 직무수행능력과 인지적 역량(문제해결능력)을 평가합니다.

④ 토론 면접
- 목적 : 토의과제에 대한 의견수렴 과정에서 지원자의 역량과 상호작용능력을 평가합니다.
- 평가요소 : 직무수행능력과 팀워크를 평가합니다.

02 면접유형별 준비 방법

1. 경험 면접

① 경험 면접의 특징

- 주로 직업기초능력에 관련된 지원자의 과거 경험을 심층 질문하여 검증하는 면접입니다.
- 직무능력과 관련된 과거 경험을 평가하기 위해 심층 질문을 하며, 이 질문은 지원자의 답변에 대하여 '꼬리에 꼬리를 무는 형식'으로 진행됩니다.

> - 능력요소, 정의, 심사 기준
>   - 평가하고자 하는 능력요소, 정의, 심사기준을 확인하여 면접위원이 해당 능력요소 관련 질문을 제시합니다.
> - Opening Question
>   - 능력요소에 관련된 과거 경험을 유도하기 위한 시작 질문을 합니다.
> - Follow-up Question
>   - 지원자의 경험 수준을 구체적으로 검증하기 위한 질문입니다.
>   - 경험 수준 검증을 위한 상황(Situation), 임무(Task), 역할 및 노력(Action), 결과(Result) 등으로 질문을 구분합니다.

경험 면접의 형태

[면접관 1] [면접관 2] [면접관 3]

[지원자]

〈일대다 면접〉

[면접관 1] [면접관 2] [면접관 3]

[지원자 1] [지원자 2] [지원자 3]

〈다대다 면접〉

② 경험 면접의 구조

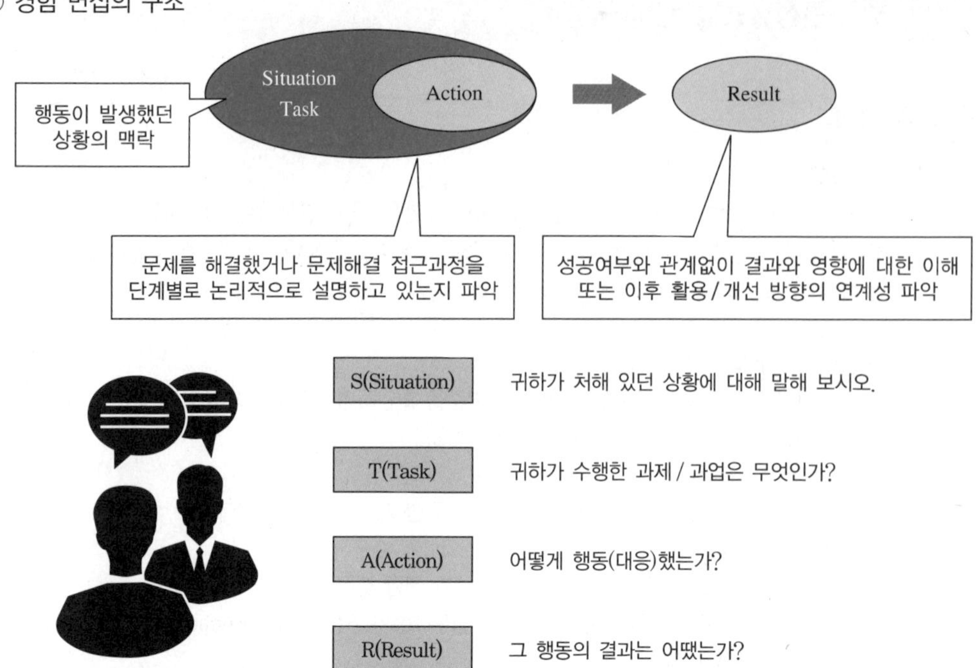

Situation
Task
Action
Result
행동이 발생했던 상황의 맥락
문제를 해결했거나 문제해결 접근과정을 단계별로 논리적으로 설명하고 있는지 파악
성공여부와 관계없이 결과와 영향에 대한 이해 또는 이후 활용/개선 방향의 연계성 파악
S(Situation) 귀하가 처해 있던 상황에 대해 말해 보시오.
T(Task) 귀하가 수행한 과제 / 과업은 무엇인가?
A(Action) 어떻게 행동(대응)했는가?
R(Result) 그 행동의 결과는 어땠는가?

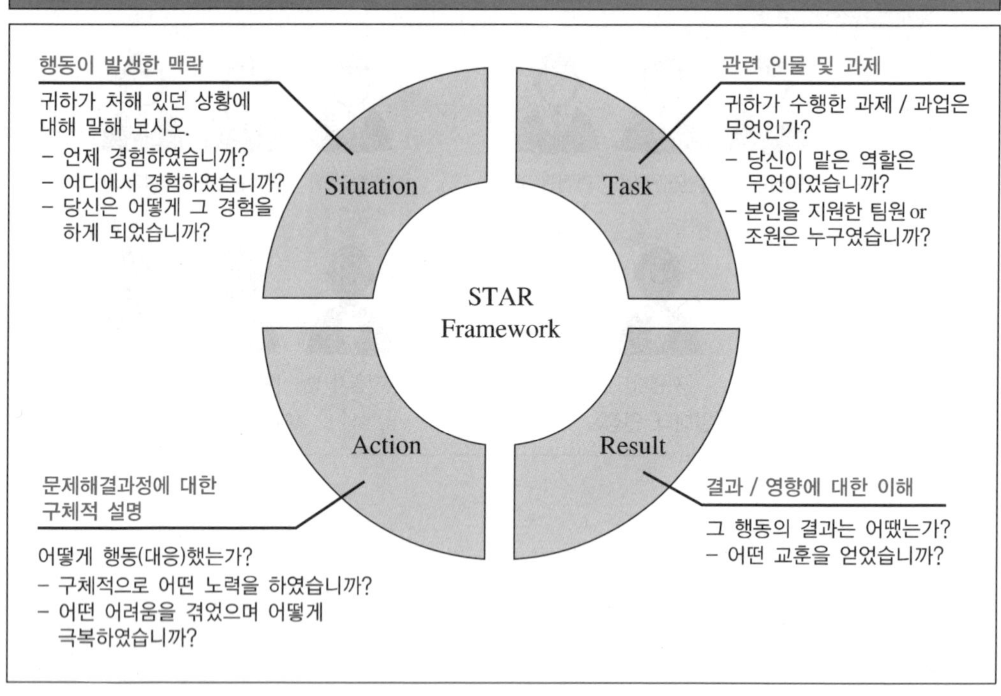

( )에 관한 과거 경험에 대하여 말해 보시오.
행동이 발생한 맥락
귀하가 처해 있던 상황에 대해 말해 보시오.
- 언제 경험하였습니까?
- 어디에서 경험하였습니까?
- 당신은 어떻게 그 경험을 하게 되었습니까?
관련 인물 및 과제
귀하가 수행한 과제 / 과업은 무엇인가?
- 당신이 맡은 역할은 무엇이었습니까?
- 본인을 지원한 팀원 or 조원은 누구였습니까?
Situation
Task
STAR Framework
Action
Result
문제해결과정에 대한 구체적 설명
어떻게 행동(대응)했는가?
- 구체적으로 어떤 노력을 하였습니까?
- 어떤 어려움을 겪었으며 어떻게 극복하였습니까?
결과 / 영향에 대한 이해
그 행동의 결과는 어땠는가?
- 어떤 교훈을 얻었습니까?

③ 경험 면접 질문 예시(직업윤리)

시작 질문	
1	남들이 신경 쓰지 않는 부분까지 고려하여 절차대로 업무(연구)를 수행하여 성과를 낸 경험을 구체적으로 말해 보시오.
2	조직의 원칙과 절차를 철저히 준수하며 업무(연구)를 수행한 것 중 성과를 향상시킨 경험에 대해 구체적으로 말해 보시오.
3	세부적인 절차와 규칙에 주의를 기울여 실수 없이 업무(연구)를 마무리한 경험을 구체적으로 말해 보시오.
4	조직의 규칙이나 원칙을 고려하여 성실하게 일했던 경험을 구체적으로 말해 보시오.
5	타인의 실수를 바로잡고 원칙과 절차대로 수행하여 성공적으로 업무를 마무리하였던 경험에 대해 말해 보시오.

후속 질문		
상황 (Situation)	상황	구체적으로 언제, 어디에서 경험한 일인가?
		어떤 상황이었는가?
	조직	어떤 조직에 속해 있었는가?
		그 조직의 특성은 무엇이었는가?
		몇 명으로 구성된 조직이었는가?
	기간	해당 조직에서 얼마나 일했는가?
		해당 업무는 몇 개월 동안 지속되었는가?
	조직규칙	조직의 원칙이나 규칙은 무엇이었는가?
임무 (Task)	과제	과제의 목표는 무엇이었는가?
		과제에 적용되는 조직의 원칙은 무엇이었는가?
		그 규칙을 지켜야 하는 이유는 무엇이었는가?
	역할	당신이 조직에서 맡은 역할은 무엇이었는가?
		과제에서 맡은 역할은 무엇이었는가?
	문제의식	규칙을 지키지 않을 경우 생기는 문제점 / 불편함은 무엇인가?
		해당 규칙이 왜 중요하다고 생각하였는가?
역할 및 노력 (Action)	행동	업무 과정의 어떤 장면에서 규칙을 철저히 준수하였는가?
		어떻게 규정을 적용시켜 업무를 수행하였는가?
		규정은 준수하는 데 어려움은 없었는가?
	노력	그 규칙을 지키기 위해 스스로 어떤 노력을 기울였는가?
		본인의 생각이나 태도에 어떤 변화가 있었는가?
		다른 사람들은 어떤 노력을 기울였는가?
	동료관계	동료들은 규칙을 철저히 준수하고 있었는가?
		팀원들은 해당 규칙에 대해 어떻게 반응하였는가?
		규칙에 대한 태도를 개선하기 위해 어떤 노력을 하였는가?
		팀원들의 태도는 당신에게 어떤 자극을 주었는가?
	업무추진	주어진 업무를 추진하는 데 규칙이 방해되진 않았는가?
		업무수행 과정에서 규정을 어떻게 적용하였는가?
		업무 시 규정을 준수해야 한다고 생각한 이유는 무엇인가?

결과 (Result)	평가	규칙을 어느 정도나 준수하였는가?
		그렇게 준수할 수 있었던 이유는 무엇이었는가?
		업무의 성과는 어느 정도였는가?
		성과에 만족하였는가?
		비슷한 상황이 온다면 어떻게 할 것인가?
	피드백	주변 사람들로부터 어떤 평가를 받았는가?
		그러한 평가에 만족하는가?
		다른 사람에게 본인의 행동이 영향을 주었다고 생각하는가?
	교훈	업무수행 과정에서 중요한 점은 무엇이라고 생각하는가?
		이 경험을 통해 느낀 바는 무엇인가?

2. 상황 면접

① 상황 면접의 특징

직무 관련 상황을 가정하여 제시하고 이에 대한 대응능력을 직무관련성 측면에서 평가하는 면접입니다.

- 상황 면접 과제의 구성은 크게 2가지로 구분
  - 상황 제시(Description) / 문제 제시(Question or Problem)
- 현장의 실제 업무 상황을 반영하여 과제를 제시하므로 직무분석이나 직무전문가 워크숍 등을 거쳐 현장성을 높임
- 문제는 상황에 대한 기본적인 이해능력(이론적 지식)과 함께 실질적 대응이나 변수 고려능력(실천적 능력) 등을 고르게 질문해야 함

상황 면접의 형태

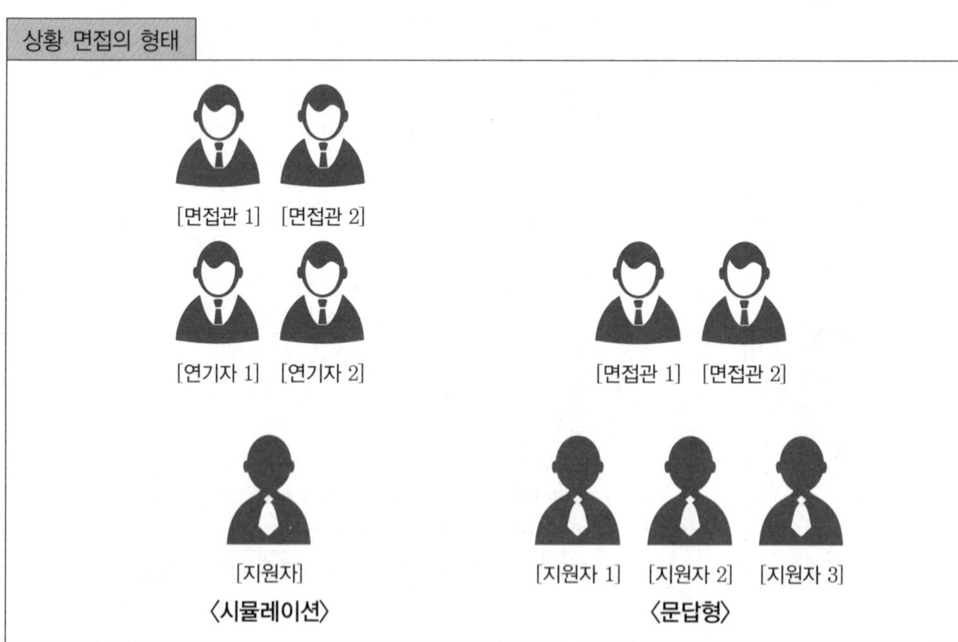

② 상황 면접 예시

상황 제시	인천공항 여객터미널 내에는 다양한 용도의 시설(사무실, 통신실, 식당, 전산실, 창고 면세점 등)이 설치되어 있습니다.	실제 업무 상황에 기반함
	금년에 소방배관의 누수가 잦아 메인 배관을 교체하는 공사를 추진하고 있으며, 당신은 이번 공사의 담당자입니다.	배경 정보
	주간에는 공항 운영이 이루어져 주로 야간에만 배관 교체 공사를 수행하던 중, 시공하는 기능공의 실수로 배관 연결 부위를 잘못 건드려 고압배관의 소화수가 누출되는 사고가 발생하였으며, 이로 인해 인근 시설물에 누수에 의한 피해가 발생하였습니다.	구체적인 문제 상황
문제 제시	일반적인 소방배관의 배관연결(이음)방식과 배관의 이탈(누수)이 발생하는 원인에 대해 설명해 보시오.	문제 상황 해결을 위한 기본 지식 문항
	담당자로서 본 사고를 현장에서 긴급히 처리하는 프로세스를 제시하고, 보수완료 후 사후적 조치가 필요한 부분 및 재발방지 방안에 대해 설명해 보시오.	문제 상황 해결을 위한 추가 대응 문항

3. 발표 면접

① 발표 면접의 특징

- 직무관련 주제에 대한 지원자의 생각을 정리하여 의견을 제시하고, 발표 및 질의응답을 통해 지원자의 직무능력을 평가하는 면접입니다.
- 발표 주제는 직무와 관련된 자료로 제공되며, 일정 시간 후 지원자가 보유한 지식 및 방안에 대한 발표 및 후속 질문을 통해 직무적합성을 평가합니다.

> - 주요 평가요소
>   - 설득적 말하기 / 발표능력 / 문제해결능력 / 직무관련 전문성
> - 이미 언론을 통해 공론화된 시사 이슈보다는 해당 직무분야에 관련된 주제가 발표면접의 과제로 선정되는 경우가 최근 들어 늘어나고 있음
> - 짧은 시간 동안 주어진 과제를 빠른 속도로 분석하여 발표문을 작성하고 제한된 시간 안에 면접관에게 효과적인 발표를 진행하는 것이 핵심

발표 면접의 형태

[면접관 1] [면접관 2]

[면접관 1] [면접관 2]

[지원자]

〈개별 과제 발표〉

[지원자 1] [지원자 2] [지원자 3]

〈팀 과제 발표〉

※ 면접관에게 시각적 효과를 사용하여 메시지를 전달하는 쌍방향 커뮤니케이션 방식

※ 심층면접을 보완하기 위한 방안으로 최근 많은 기업에서 적극 도입하는 추세

② 발표 면접 예시

1. 지시문

당신은 현재 A사에서 직원들의 성과평가를 담당하고 있는 팀원이다. 인사팀은 지난주부터 사내 조직문화관련 인터뷰를 하던 도중 성과평가제도에 관련된 개선 니즈가 제일 많다는 것을 알게 되었다. 이에 팀장님은 인터뷰 결과를 종합하려 성과평가제도 개선 아이디어를 A4용지에 정리하여 신속 보고할 것을 지시하셨다. 당신에게 남은 시간은 1시간이다. 자료를 준비하는 대로 당신은 팀원들이 모인 회의실에서 5분 간 발표할 것이며, 이후 질의응답을 진행할 것이다.

2. 배경자료

〈성과평가제도 개선에 대한 인터뷰〉

최근 A사는 회사 사세의 급성장으로 인해 작년보다 매출이 두 배 성장하였고, 직원 수 또한 두 배로 증가하였다. 회사의 성장은 임금, 복지에 대한 상승 등 긍정적인 영향을 주었으나 업무의 불균형 및 성과보상의 불평등 문제가 발생하였다. 또한 수시로 입사하는 신입직원과 경력직원, 퇴사하는 직원들까지 인원들의 잦은 변동으로 인해 평가해야 할 대상이 변경되어 현재의 성과평가제도로는 공정한 평가가 어려운 상황이다.

[생산부서 김상호]
우리 팀은 지난 1년 동안 생산량이 급증했기 때문에 수십 명의 신규인력이 급하게 채용되었습니다. 이 때문에 저희 팀장님은 신규 입사자들의 이름조차 기억 못할 때가 많이 있습니다. 성과평가를 제대로 하고 있는지 의문이 듭니다.

[마케팅 부서 김흥민]
개인의 성과평가의 취지는 충분히 이해합니다. 그러나 현재 평가는 실적기반이나 정성적인 평가가 많이 포함되어 있어 객관성과 공정성에는 의문이 드는 것이 사실입니다. 이러한 상황에서 평가제도를 재수립하지 않고, 인센티브에 계속 반영한다면, 평가제도에 대한 반감이 커질 것이 분명합니다.

[교육부서 홍경민]
현재 교육부서는 인사팀과 밀접하게 일하고 있습니다. 그럼에도 인사팀에서 실시하는 성과평가제도에 대한 이해가 부족한 것 같습니다.

[기획부서 김경호 차장]
저는 저의 평가자 중 하나가 연구부서의 팀장님인데, 일 년에 몇 번 같이 일하지 않는데 어떻게 저를 평가할 수 있을까요? 특히 연구팀은 저희가 예산을 배정하는데, 저에게는 좋지만….

4. 토론 면접

① 토론 면접의 특징

- 다수의 지원자가 조를 편성해 과제에 대한 토론(토의)을 통해 결론을 도출해가는 면접입니다.
- 의사소통능력, 팀워크, 종합인성 등의 평가에 용이합니다.

> • 주요 평가요소
> – 설득적 말하기, 경청능력, 팀워크, 종합인성
> • 의견 대립이 명확한 주제 또는 채용분야의 직무 관련 주요 현안을 주제로 과제 구성
> • 제한된 시간 내 토론을 진행해야 하므로 적극적으로 자신 있게 토론에 임하고 본인의 의견을 개진할 수 있어야 함

토론 면접의 형태

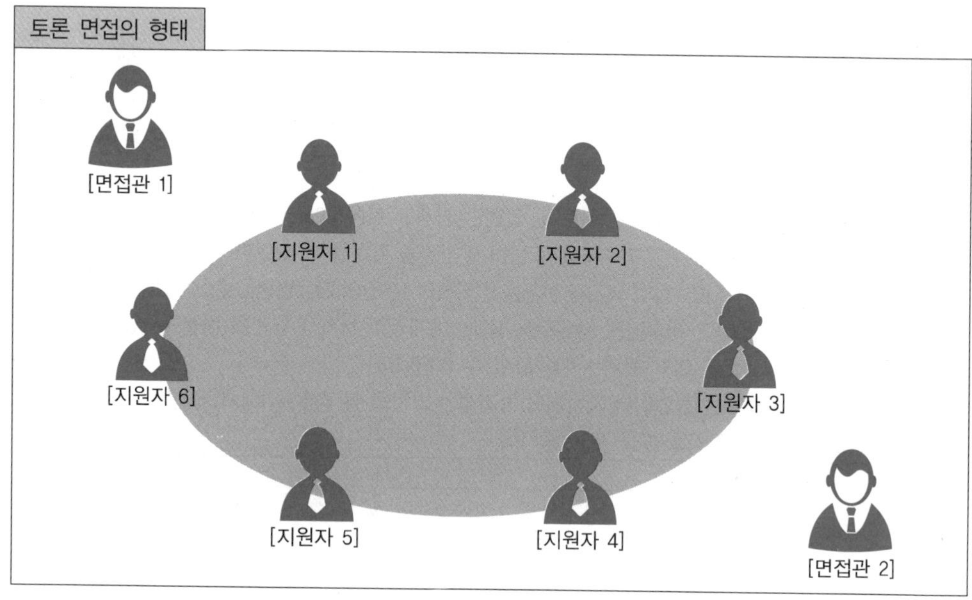

PART 4

② 토론 면접 예시

고객 불만 고충처리
1. 들어가며
최근 우리 상품에 대한 고객 불만의 증가로 고객고충처리 TF가 만들어졌고 당신은 여기에 지원해 배치받았다. 당신의 업무는 불만을 가진 고객을 만나서 애로사항을 듣고 처리해 주는 일이다. 주된 업무로는 고객의 니즈를 파악해 방향성을 제시해 주고 그 해결책을 마련하는 일이다. 하지만 경우에 따라서 고객의 주관적인 의견으로 인해 제대로 된 방향으로 의사결정을 하지 못할 때가 있다. 이럴 경우 설득이나 논쟁을 해서라도 의견을 관철시키는 것이 좋을지 아니면 고객의 의견대로 진행하는 것이 좋을지 결정해야 할 때가 있다. 만약 당신이라면 이러한 상황에서 어떤 결정을 내릴 것인지 여부를 자유롭게 토론해 보시오.
2. 1분 자유 발언 시 준비사항
• 당신은 의견을 자유롭게 개진할 수 있으며 이에 따른 불이익은 없습니다. • 토론의 방향성을 이해하고, 내용의 장점과 단점이 무엇인지 문제를 명확히 말해야 합니다. • 합리적인 근거에 기초하여 개선방안을 명확히 제시해야 합니다. • 제시한 방안을 실행 시 예상되는 긍정적·부정적 영향요인도 동시에 고려할 필요가 있습니다.
3. 토론 시 유의사항
• 토론 주제문과 제공해드린 메모지, 볼펜만 가지고 토론장에 입장할 수 있습니다. • 사회자의 지정 또는 발표자가 손을 들어 발언권을 획득할 수 있으며, 사회자의 통제에 따릅니다. • 토론회가 시작되면, 팀의 의견과 논거를 정리하여 1분간의 자유발언을 할 수 있습니다. 순서는 사회자가 지정합니다. 이후에는 자유롭게 상대방에게 질문하거나 답변을 하실 수 있습니다. • 핸드폰, 서적 등 외부 매체는 사용하실 수 없습니다. • 논제에 벗어나는 발언이나 지나치게 공격적인 발언을 할 경우, 위에서 제시한 유의사항을 지키지 않을 경우 불이익을 받을 수 있습니다.

03 면접 Role Play

1. 면접 Role Play 편성

- 교육생끼리 조를 편성하여 면접관과 지원자 역할을 교대로 진행합니다.
- 지원자 입장과 면접관 입장을 모두 경험해 보면서 면접에 대한 적응력을 높일 수 있습니다.

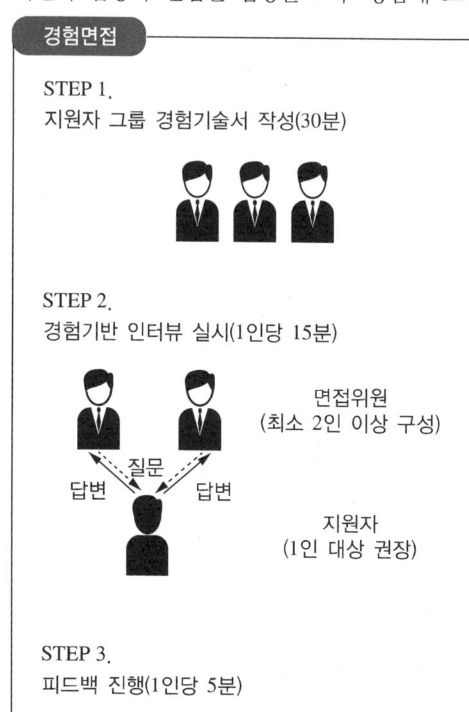

경험면접
STEP 1.
지원자 그룹 경험기술서 작성(30분)
STEP 2.
경험기반 인터뷰 실시(1인당 15분)
면접위원
(최소 2인 이상 구성)
질문
답변
답변
지원자
(1인 대상 권장)
STEP 3.
피드백 진행(1인당 5분)

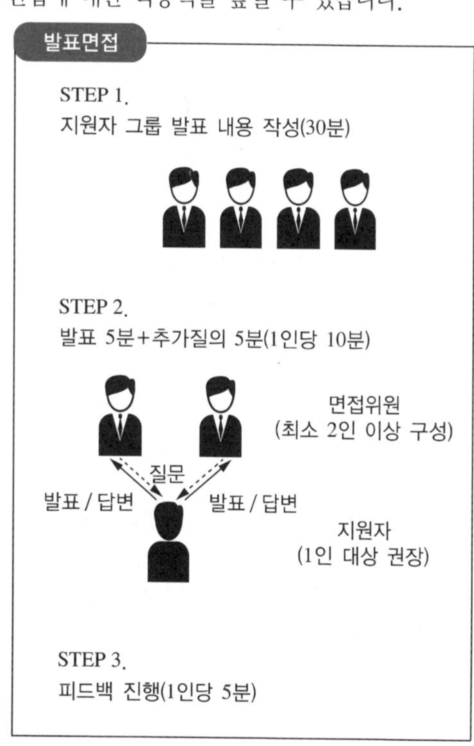

발표면접
STEP 1.
지원자 그룹 발표 내용 작성(30분)
STEP 2.
발표 5분+추가질의 5분(1인당 10분)
면접위원
(최소 2인 이상 구성)
질문
발표 / 답변
발표 / 답변
지원자
(1인 대상 권장)
STEP 3.
피드백 진행(1인당 5분)

Tip

면접 준비하기

1. 면접 유형 확인 필수
   - 기업마다 면접 유형이 상이하기 때문에 해당 기업의 면접 유형을 확인하는 것이 좋음
   - 일반적으로 실무진 면접, 임원면접 2차례에 거쳐 면접을 실시하는 기업이 많고 실무진 면접과 임원 면접에서 평가요소가 다르기 때문에 유형에 맞는 준비방법이 필요
2. 후속 질문에 대한 사전 점검
   - 블라인드 채용 면접에서는 주요 질문과 함께 후속 질문을 통해 지원자의 직무능력을 판단 → STAR 기법을 통한 후속 질문에 미리 대비하는 것이 필요

CHAPTER

05 한국중부발전 면접 기출질문

1. PT면접 / 토론면접

- 발전소에 생길 수 있는 문제점을 전공과 연계하여 제시하고, 어떤 부분을 보완해야 할지 말해 보시오.
- 화력발전소에 열병합 태양광발전기가 몇 개 있는지 알고 있는가?
- 화력발전소에 관한 홍보 방안을 제시해 보시오.
- 작년 한국중부발전의 사업보고서와 분기보고서를 본 적이 있는가?
- 탈황, 탈질설비에 대하여 들어본 적 있는가?
- 한국중부발전 외에 다른 발전소에 대해 아는 게 있다면 말해 보시오.
- 한국중부발전이 친환경 이미지를 구축하기 위해 어떻게 해야 할지 말해 보시오.
- 한국중부발전의 가장 큰 사업을 말해 보시오.
- 한국중부발전이 나아가야 할 방안에 대해 말해 보시오.
- 그린뉴딜에 대해 발표해 보시오.
- 새로운 에너지(신재생에너지) 패러다임을 맞이해 공사의 추구방향, 전략을 제시해 보시오.
- 신재생에너지를 활용한 비즈니스 모델을 제시해 보시오.
- 사내 스마트워크의 실행과 관련한 이슈의 해결방안을 제시해 보시오.
- 발전기 용접부에 누수가 발생하였다면 원인은 무엇이고, 누수를 방치한다면 어떤 문제점이 생기는지에 대해 발표해 보시오.
- 발전소 보일러 효율 저하 원인 점검사항에 대해 말해 보시오.
- 보일러 효율을 높이는 방안에 대해 말해 보시오.
- 친환경정책과 관련된 정부정책을 연관 지어 한국중부발전이 나아가야 할 방향을 토론해 보시오.
- 발전소 부산물의 재활용 방안을 제시해 보시오.
- 미세먼지 감소대책에 대해 토론해 보시오.
- 신재생에너지와 화력 발전소에 대한 미래 방향에 대해 발표해 보시오.
- 한국중부발전의 발전소 안전사고 방지를 위한 대책에 대해 발표해 보시오.
- 한국중부발전의 마이크로그리드 사업방안을 제시해 보시오.
- 한국중부발전에서 빅데이터를 어떻게 적용해야 하며, 적용 전까지 본 공사에서 취해야 할 방안을 말해 보시오.

2. 인성면접

- 취미가 무엇인가? [2025년]
- 본인만의 스트레스 해소 방법이 있는가? [2025년]
- 자소서에 적은 경험에 대해서 좀 더 구체적으로 설명해 줄 수 있는가? [2025년]
- 자소서에 적은 경험을 하면서 어떤 점이 중요했다고 생각하는가? [2025년]
- 자소서에 적은 경험을 통해서 배운 것은 무엇인가? [2025년]
- 본인이 쌓은 경험을 어떤 방식으로 현장에 적용할 수 있겠는가? [2025년]
- 윤리를 위해 반드시 해야 할 것 세 가지와 하지 말아야 할 것 세 가지를 말해 보시오.
- 조직목표 달성을 위해 희생했던 경험이 있다면 말해 보시오.
- 본인이 한국중부발전에 기여할 수 있는 점을 구체적으로 말해 보시오.
- 한국중부발전에 지원한 동기를 말해 보시오.
- 발전업에 관심을 가지게 된 계기를 말해 보시오.
- 가장 싫어하는 소통 방식의 유형은 무엇인가? 상사가 그러한 유형의 소통 방식을 사용한다면 어떻게 대처할 것인가?
- 발전소에서 문제가 발생했을 때 어떻게 처리할 것인지 말해 보시오.
- 리더십을 발휘한 경험이 있는가?
- 존경하는 상사가 있는가? 그 상사의 단점은 무엇이고, 본인에게 동일한 단점이 있다면 이를 어떻게 극복할 것인가?
- 고령의 현직자, 협력업체의 베테랑과의 갈등을 극복하는 노하우를 말해 보시오.
- 협력 업체와의 갈등을 어떻게 해결하겠는가?
- 업무별로 본인이 해당 업무에 적합한 인재인 이유를 설명해 보시오.
- 조직생활에서 중요한 것은 전문성인가 조직 친화력인가?
- 개인의 경험을 토대로 근무에 있어 무엇을 중요하게 생각하는가?
- 상사가 부당한 지시를 할 경우 어떻게 할 것인가?
- 갈등이 생겼던 사례를 말하고, 어떻게 해결하였는지 말해 보시오.
- 여러 사람과 협업하여 업무 처리한 경험과 협업 시 생긴 갈등을 어떻게 해결하였는지 말해 보시오.
- 현 직장에서 이직하려는 이유가 한국중부발전에서도 똑같이 발생한다면 어떻게 하겠는가?
- CPA를 하다가 포기했는데 입사 후에 기회가 되면 다시 준비할 것인가?
- 귀하는 교대근무 상세일정을 작성하는 업무를 담당하고 있다. A선배가 편한 시간대에 근무 배치를 요구할 때, 어떻게 대처하겠는가?(A선배를 편한 시간대에 근무 배치할 때, 후배 사원인 C와 D가 상대적으로 편하지 않은 시간대에 근무를 하게 된다)
- 본인의 장단점에 대해 말해 보시오.
- 우리나라 대학생들이 책을 잘 읽지 않는다는 통계가 있다. 본인이 일 년에 읽는 책의 권수와 최근 가장 감명 깊게 읽은 책을 말해 보시오.
- 이전 직장에서 가장 힘들었던 점은 무엇인가?
- 친구랑 크게 싸운 적이 있는가?
- 노력했던 경험에는 어떤 것이 있는가?
- 한국중부발전의 장단점에 대해 말해 보시오.
- 갈등 상황이 생길 때 어떻게 대처할 것인지 말해 보시오.
- 한국중부발전을 30초 동안 홍보해 보시오.

- 대학 때 인사 관련 활동을 열심히 한 것 같은데, 인사부서에 가면 무엇을 할 것인가?
- 노무부서가 뭘 하는 곳인지 아는가?
- 업무를 진행하는 데 있어 가장 중요한 자세는 무엇이라고 생각하는가?
- 한국중부발전과 관련된 기사에 대해 말해 보시오.
- 여러 발전사가 존재하는 데 왜 꼭 한국중부발전인가?
- 자신이 부족하다고 느껴 무엇인가를 준비하고 공부해 해결해낸 경험이 있는가?
- 입사 10년 후 자신의 모습에 대해 말해 보시오.
- 노조에 대해 어떻게 생각하는가?
- 마지막으로 하고 싶은 말을 해 보시오.
- 삶을 살면서 친구들의 영향도 많이 받지만 부모님의 영향도 많이 받는다. 부모님으로부터 어떤 영향을 받았으며 지금 본인의 삶에 어떻게 나타나는지 말해 보시오.
- 살면서 실패의 가장 쓴맛을 본 경험을 말해 보시오.
- 가정에는 가훈이 있다. 본인의 가훈에 대해 말해 보시오.
- 본인이 어려움을 겪었을 때 다른 사람의 도움으로 극복한 사례를 말해 보시오.
- 귀하가 한국중부발전의 팀장이며, 10명의 부하직원이 있다면 어떻게 팀을 이끌겠는가?
- 지원한 직무에 있어 본인이 부족한 능력은 무엇이며, 어떻게 극복해갈 것인가?
- 공직자에게 중요한 것 세 가지를 말해 보시오.
- 입사해서 가장 먼저 하고 싶은 일에 대해 말해 보시오.
- 전 직장에서 퇴사한 것과 같은 사유가 한국중부발전에서도 발생한다면 어떻게 할 것인가?

M E M O

M E M O

답안채점 • 성적분석 서비스

모바일 OMR

도서 내 모의고사 우측 상단에 위치한 QR코드 찍기

로그인 하기

'시작하기' 클릭

'응시하기' 클릭

나의 답안을 모바일 OMR 카드에 입력

'성적분석 & 채점결과' 클릭

현재 내 실력 확인하기

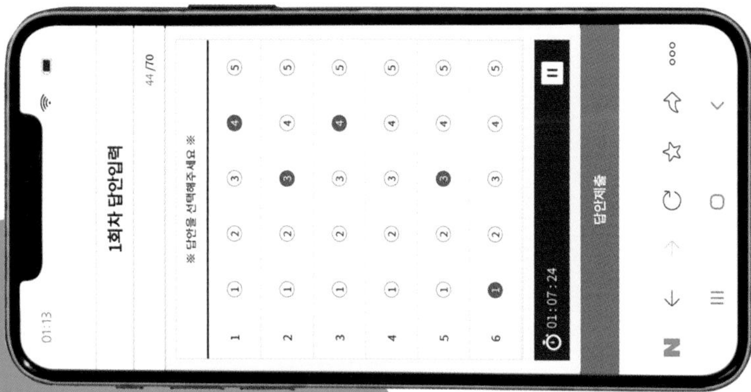

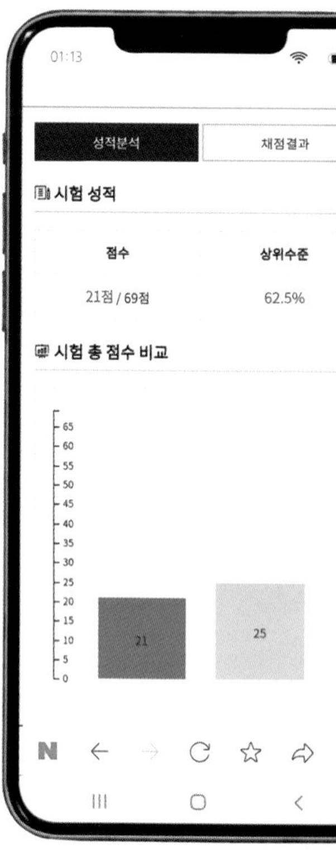

도서에 수록된 모의고사에 대한 객관적인 결과(정답률, 순위)를 종합적으로 분석하여 제공합니다.

OMR 답안채점 / 성적분석 서비스는 등록 후 30일간 사용 가능합니다.

한국 중부발전

정답 및 해설

8개년 기출+NCS+모의고사 3회

편저 | SDC(Sidae Data Center)

기출복원문제부터
대표기출유형 및
모의고사까지

한 권으로 마무리!

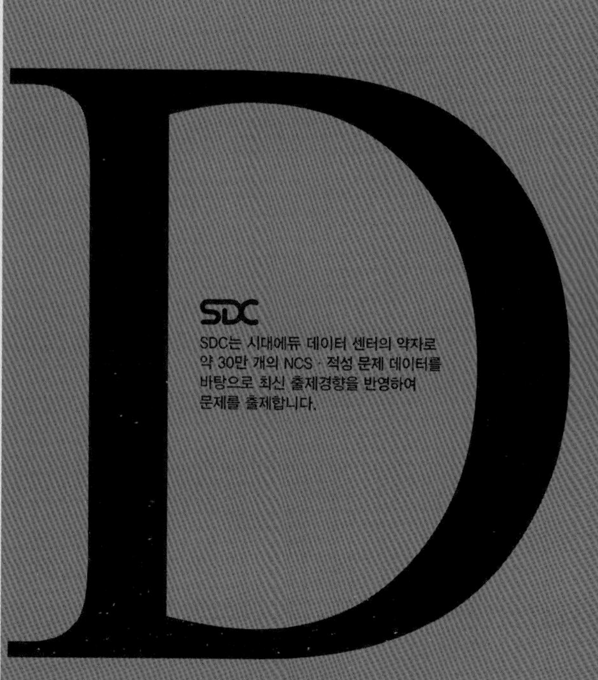

SDC
SDC는 시대에듀 데이터 센터의 약자로
약 30만 개의 NCS · 적성 문제 데이터를
바탕으로 최신 출제경향을 반영하여
문제를 출제합니다.

시대에듀

PART 1

한국중부발전 8개년 기출복원문제

PART

1 8개년 기출복원문제

01	02	03	04	05	06	07	08	09	10	11	12	13	14	15	16	17	18	19	20
①	①	②	②	④	①	③	②	③	①	④	④	①	②	②	③	④	①	④	③
21	22	23	24	25	26	27	28	29	30	31	32	33	34	35	36	37	38	39	40
②	②	②	③	①	②	①	②	④	②	①	④	②	④	②	②	②	③	②	②
41	42	43	44	45	46	47	48	49	50	51	52	53	54	55	56	57	58	59	60
③	①	④	③	③	④	③	④	④	④	④	④	①	③	④	③	③	④	④	①
61	62	63	64	65	66	67	68	69	70	71									
①	③	④	②	④	①	④	③	④	④	③									

01

정답 ①

A씨의 소규모 카페는 잘못된 위치 선정, 치열한 경쟁, 운영 경험 부족 등 여러 위기를 겪게 되었지만, A씨는 위기를 기회로 삼아 성공한 컨설팅 업체라는 좋은 결과를 얻었으므로 '화를 바꾸어 복이 되게 하다.'의 의미를 지닌 '전화위복(轉禍爲福)'이 가장 적절한 한자성어이다.

오답분석

② 사필귀정(事必歸正) : 모든 일은 반드시 바른길로 돌아감
③ 일취월장(日就月將) : 나날이 다달이 자라거나 발전함
④ 우공이산(愚公移山) : 어떤 일이든 끊임없이 노력하면 반드시 이루어짐

02

정답 ①

①의 '차원'은 '물리학적 구성 요소인 시간'을 의미한다. 반면 나머지는 '사물을 보거나 생각하는 처지, 또는 어떤 생각이나 의견 따위를 이루는 사상이나 학식의 수준'을 의미한다.

03

정답 ②

큐비트는 양자 중첩 특성을 가지고 있기 때문에 0과 1의 상태를 동시에 가진다. 반면 기존의 고전적 컴퓨터는 비트(Bit)를 통해 정보를 0과 1의 형태로 나타낸다.

오답분석

①·③ 큐비트는 측정하기 전에는 0과 1의 값을 동시에 지니지만, 측정과 동시에 하나의 값으로 확정된다.
④ 4개의 큐비트를 활용하면 $2^4=16$번의 상태를 동시에 표현할 수 있다.

04

정답 ②

SMR은 다양한 입지 조건에서 설치가 가능하여 전력망이 없는 지역이나 해상에서도 활용할 수 있다. 또한 크기가 작고 유연한 설계 덕분에 다양한 환경에서 활용이 가능하다.

오답분석

① SMR은 방사성 물질의 저장 및 관리 측면에서 유리하지만, 폐기물이 발생하지 않는다고는 서술되어 있지 않다.
③ SMR은 공장에서 모듈화된 기기를 제작하고, 현장으로 운송해 조립하는 방식이다.
④ 한국을 포함한 여러 국가가 SMR 개발에 적극적으로 나서고 있지만, 현재 기존 원전이 SMR로 전환되었는지는 확인할 수 없다.

05

정답 ④

K공사의 비밀번호 규칙을 정리하면 다음과 같다.

- 첫 번째와 아홉 번째 숫자 : 직원 종류별 코드(1 ~ 3)
- 두 번째 ~ 일곱 번째 숫자 : 입사 연, 월, 일(YYMMDD)
- 여덟 번째 문자 : 앞의 숫자를 모두 더하고 2를 뺀 값에 해당하는 알파벳 대문자

위의 규칙에 맞지 않는 비밀번호를 고르면 다음과 같다.

- 1942131Q1 : 월 부분의 숫자가 21로 존재할 수 없다.
- 1241215L2 : 첫 번째와 아홉 번째 숫자가 동일하게 부여되지 않았다.
- 2210830P2 : 여덟 번째 문자가 $2+2+1+0+8+3+0-2=14$번째 알파벳인 N이 부여되어야 한다.
- 4200817T4 : 4는 없는 직원 종류별 코드이다.
- 2191229Z2 : 여덟 번째 문자가 $2+1+9+1+2+2+9-2=24$번째 알파벳인 X가 부여되어야 한다.

따라서 K공사 비밀번호 규칙에 맞지 않는 비밀번호는 모두 5개이다.

06

정답 ①

A씨는 고향 친구의 말끔한 정장을 보고, 부자일 확률보다 부자이면서 좋은 차도 끌고 다닐 확률이 높다고 생각하고 있다. 이는 두 사건(부자, 좋은 차 소유)이 동시에 일어날 확률이 실제로는 각 사건 중 하나가 단독으로 일어날 확률보다 항상 작거나 같음에도 불구하고, 두 사건이 동시에 일어날 확률이 더 높다고 잘못 판단하는 인지적 편향이다. 따라서 A씨의 사례는 결합의 오류(Conjunction Fallacy)에 해당한다.

오답분석

② 무지의 오류 : "담배가 암을 일으킨다는 확실한 증거가 없으므로 정부의 금연 정책은 잘못된 것이다."처럼 어떤 논리가 증명되지 않았다고 해서 그 반대의 주장이 참이라고 단정하는 오류이다.
③ 연역법의 오류 : "TV를 많이 보면 눈이 나빠진다.", "철수는 TV를 많이 보지 않는다.", "따라서 철수는 눈이 나빠지지 않는다."처럼 대전제와 주장이 잘못 연결되었지만, 삼단논법에 의하기 때문에 참이라고 단정하는 오류이다.
④ 과대해석의 오류 : "퇴근길에 조심하세요."라는 말을 퇴근길에만 조심하라는 의미로 받아들이는 것처럼 문맥을 무시하고 과도하게 문구에만 집착하여 발생하는 오류이다.

07

정답 ③

고속국도를 제외하면 본사와 이어지는 길은 A공장과 B공장밖에 없으므로 S대리는 A공장을 처음 방문하고 마지막으로 B공장을 방문하거나, B공장을 처음 방문하고 A공장을 마지막으로 방문해야 한다. 따라서 S대리는 A → D → C → E → B 순서로 방문하거나, 그 반대인 B → E → C → D → A 순서로 방문해야 한다. 두 경로의 길이는 같으므로 본사 → A → D → C → E → B → 본사의 이동 거리를 구하면 $8+14+12+20+10+16=80$km이다.

따라서 S대리가 일반국도만을 이용하여 본사에서 출발해서 모든 부속 공장을 방문하고 본사로 돌아오는 최단거리는 80km이다.

08

정답 ②

고속국도를 이용한다면 본사에서 출발하거나 본사에 도착할 때, 반드시 E공장을 거쳐야 한다. 따라서 S대리는 E → B → C → D → A 또는 A → D → C → B → E 순서로 방문해야 한다. 두 경로의 길이는 같으므로 본사 → E → B → C → D → A → 본사의 이동거리를 구하면 20+10+8+12+14+8=72km이다.

따라서 S대리가 고속국도를 이용할 때의 최단거리는 고속국도를 이용하지 않을 때와 80−72=8km 차이가 난다.

09

정답 ③

문단별 K기업의 기술시스템 발전 단계를 살펴보면 다음과 같다.

- (가) : K기업의 종합관리시스템이 경쟁에서 승리하여 기술표준이 되었으므로 기술 공고화 단계에 해당한다.
- (나) : K기업의 종합관리시스템이 실무적 안정성을 인정받아 다른 분야에서도 차용하였으므로 기술 이전의 단계에 해당한다.
- (다) : K기업의 종합관리시스템이 다른 기술시스템과 경쟁하고 있으므로 기술 경쟁의 단계에 해당한다.
- (라) : K기업의 종합관리시스템이 개발되고 발전한 것이므로 발명, 개발, 혁신의 단계에 해당한다.

기술시스템 발전 단계의 순서는 발명, 개발, 혁신의 단계 → 기술 이전의 단계 → 기술 경쟁의 단계 → 기술 공고화 단계로 진행되므로 K기업 종합관리시스템을 기술시스템의 발전 단계에 따라 순서대로 나열하면 (라) – (나) – (다) – (가)이다.

10

정답 ①

상사가 A주임에게 요청한 작업과 이에 대한 엑셀 단축키는 다음과 같다.

- [F12] 셀에서 왼쪽에 있는 값을 모두 선택하기 : 〈Shift〉+〈Home〉
- 차트 만들기 : 〈Alt〉+〈F1〉
- 오늘 날짜 입력하기 : 〈Ctrl〉+〈;〉

따라서 A주임이 사용하지 않은 단축키는 셀 서식의 단축키인 〈Ctrl〉+〈1〉이다.

11

정답 ④

방대한 데이터를 학습하더라도 왜곡되거나 편향된 정보를 학습했을 가능성이 있고, 실시간으로 생성되는 신규 데이터는 학습이 이루어지지 않아 신뢰도가 높다고 할 수는 없다.

12

정답 ④

사원 4명의 평균 나이는 $\frac{a+b+c+d}{4}$=32세이므로 사원 4명의 나이의 합은 32×4=128세이다.

신입사원 1명의 나이를 x세라고 할 때, 사원 5명의 평균 나이는 다음 식이 성립한다.

$$\frac{a+b+c+d+x}{5}=31$$

$$a+b+c+d+x=155$$

$$\rightarrow x=155-(a+b+c+d)$$

$$\therefore x=155-128=27$$

따라서 신입사원의 나이는 27세이다.

13

정답 ①

앞의 항에 ÷2를 하는 수열이다.

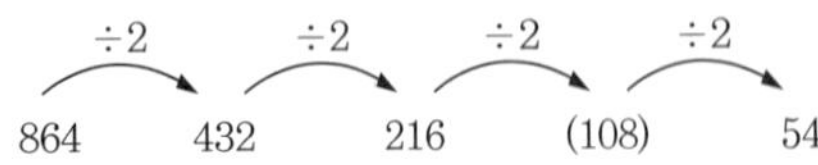

14

정답 ②

앞의 항에 +2를 하는 수열이다.

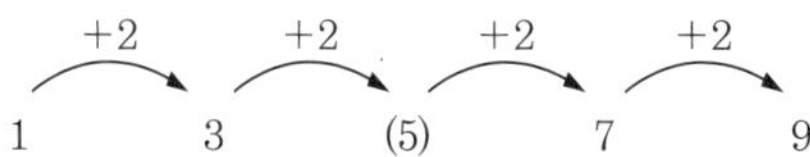

15

정답 ②

스마트 팩토리(Smart Factory)는 제품의 기획 및 설계단계부터 판매까지 이루어지는 모든 공정의 일부 또는 전체에 사물인터넷(IoT), 인공지능(AI), 빅데이터 등과 같은 정보통신기술(ICT)을 적용하여 기업의 생산성과 제품의 품질 등을 높이는 지능형 공장을 의미한다.

PART 1

16

정답 ③

'오래지 않은 동안에 몰라보게 변하여 아주 다른 세상이 된 것 같은 느낌'을 의미하는 '격세지감(隔世之感)'이 가장 적절하다.

오답분석

① 건목수생(乾木水生) : 마른나무에서 물이 난다는 뜻으로, 아무것도 없는 사람에게 무리하게 무엇을 내라고 요구함을 이르는 말
② 견강부회(牽强附會) : 이치에 맞지 않는 말을 억지로 끌어 붙여 자기에게 유리하게 함
④ 독불장군(獨不將軍) : 무슨 일이든 자기 생각대로 혼자서 처리하는 사람

17

정답 ④

'말 속에 뼈가 있다.'는 뜻으로, 예사로운 말 속에 단단한 속뜻이 들어 있음을 이르는 말인 '언중유골(言中有骨)'이 가장 적절하다.

오답분석

① 오비이락(烏飛梨落) : 까마귀 날자 배 떨어진다는 뜻으로, 아무 관계도 없이 한 일이 공교롭게도 때가 같아 억울하게 의심을 받거나 난처한 위치에 서게 됨을 이르는 말
② 중언부언(重言復言) : 이미 한 말을 자꾸 되풀이함. 또는 그런 말
③ 탁상공론(卓上空論) : 현실성이 없는 허황한 이론이나 논의

18

정답 ①

'지나침은 부족함과 마찬가지'라는 뜻인 '과유불급(過猶不及)'이 가장 적절하다.

오답분석

② 소탐대실(小貪大失) : 작은 것을 탐하다가 큰 손실을 입는다는 뜻
③ 안하무인(眼下無人) : 눈 아래 사람이 아무도 없는 것처럼 행동함
④ 위풍당당(威風堂堂) : 위엄이 넘치고 거리낌 없이 떳떳함

19

정답 ④

오답분석

① 아리스토텔레스의 중용은 글의 주제인 서양과 우리의 중용에 대한 차이점을 말하기 위해 언급한 것일 뿐이다.
② 우리는 의학에 있어서도 중용관에 입각했다는 것을 말하기 위해 부연 설명한 것이다.
③ 중용을 바라보는 서양과 우리의 차이점을 말하고 있다.

20

정답 ③

제시문에서는 멸균에 대해 언급하며, 멸균 방법을 물리적 · 화학적으로 구분하여 다양하게 설명하고 있다. 따라서 글의 주제로 ③이 가장 적절하다.

21

정답 ②

RE100은 기업이 사용하는 에너지를 재생에너지로 충당하고자 하는 캠페인이고, 국민들이 사용하는 에너지 또한 재생에너지로 충당하고자 하는지는 언급된 바 없다.

오답분석

① '한국에서 탄소 중립의 실행 방안으로 모색되는 정책으로는 이산화탄소 배출량에 상응하는 만큼의 숲 조성, 화석 연료를 대체할 재생에너지 분야에 투자, 이산화탄소 배출량에 상응하는 탄소배출권 구매 등이 있다.'라고 하였으므로 적절한 내용이다.
③ RE100을 위해서 SK기업 등이 참여하고 있는 점, '탄소 중립은 국가뿐 아니라 개인의 노력도 요구된다.'라고 언급한 점을 통해서 적절한 내용인 것을 알 수 있다.
④ '실질적인 탄소 중립을 위해서는 RE100을 넘어 CF100을 목표로 삼아야 한다는 주장이 제기된다는 점이다.'라는 부분을 통해 적절한 내용인 것을 알 수 있다.

22

정답 ②

(나)에서 '그런데 문제는 정당한 범위 또는 공정한 관행에 관한 해석에 있다.'라는 부분을 먼저 언급하고, (가)에서 '먼저 정당한 범위란 ~'으로 정당한 범위에 관해 설명한 다음, (다)에서 '그리고 공정한 관행이란 ~'으로 마무리하는 것이 가장 자연스러운 흐름이다.

23

정답 ②

2022년 김치 수출액이 3번째로 많은 국가는 홍콩이다. 홍콩의 2021년 대비 2022년 수출액의 증감률은 $\frac{4,285-4,543}{4,543}\times100 \fallingdotseq -5.68$%p이다.

24

정답 ③

호수의 둘레는 A와 B가 움직인 거리의 합이며, A는 4km/h의 속도로 1시간, B는 10km/h의 속도로 30분간 이동하였다. A가 움직인 거리는 4km, B가 움직인 거리는 5km이므로 호수의 둘레는 9km이다. 원의 둘레는 원의 지름에 원주율을 곱한 것이므로, 이 문제에서 주어진 원주율 3을 둘레 9km에서 나누면, 호수의 지름은 3km임을 알 수 있다.

25

정답 ①

(ㄱ) : 2019년 대비 2020년 의료 폐기물의 증감률은 $\frac{48,934-49,159}{49,159}\times100 \fallingdotseq -0.5$%p이다.

(ㄴ) : 2017년 대비 2018년 사업장 배출시설계 폐기물의 증감률은 $\frac{123,604-130,777}{130,777}\times100 \fallingdotseq -5.5$%p이다.

26

정답 ②

• 한국 : $\frac{33.0}{11.0}=3.0$배

• 미국 : $\frac{21.2}{13.1}\fallingdotseq 1.6$배

• 일본 : $\frac{34.5}{23.0}=1.5$배

• 브라질 : $\frac{17.6}{7.0}\fallingdotseq 2.5$배

• 인도 : $\frac{10.2}{5.1}=2.0$배

따라서 2040년의 고령화율이 2010년 대비 2배 이상 증가하는 나라는 한국(3.0배), 브라질(2.5배), 인도(2.0배)이다.

27

정답 ①

$\left(\frac{36,829-29,397}{29,397}\right)\times 100\fallingdotseq 25.3\%$

28

정답 ②

2020 ~ 2022년의 전년 대비 난민 인정자 증감률을 구하면 다음과 같다.

• 2020년

– 남자 : $\frac{35-39}{39}\times 100\fallingdotseq -10.3\%$

– 여자 : $\frac{22-21}{21}\times 100\fallingdotseq 4.8\%$

• 2021년

– 남자 : $\frac{62-35}{35}\times 100\fallingdotseq 77.1\%$

– 여자 : $\frac{32-22}{22}\times 100\fallingdotseq 45.5\%$

• 2022년

– 남자 : $\frac{54-62}{62}\times 100\fallingdotseq 12.9\%$

– 여자 : $\frac{51-32}{32}\times 100\fallingdotseq 59.4\%$

따라서 ②의 2021년과 2022년의 증감률 수치가 잘못 입력되어 있다.

29

정답 ④

1985년 전체 재배면적을 A라 하면, 2022년 전체 재배면적은 1.25A이다.

• 1985년 과실류 재배면적 : 0.018A

• 2022년 과실류 재배면적 : $0.086\times 1.25\text{A}=0.1075\text{A}$

따라서 과실류 재배면적은 $\frac{0.1075\text{A}-0.018\text{A}}{0.018\text{A}}\times 100\fallingdotseq 500\%$ 증가했다.

30

정답 ②

직접비용이란 제품의 생산이나 서비스 창출에 직접적으로 소요된 비용을 말하는 것으로, 재료비, 원료와 장비, 시설비, 인건비 등이 여기에 포함된다. 이와 달리 직접비용의 반대 개념인 간접비용은 제품의 생산이나 서비스 창출에 직접적으로 관여하진 않지만 간접적으로 사용되는 지출인 보험료, 건물관리비, 광고비, 통신비, 사무비품비, 각종 공과금 등이 이에 해당한다. 제시된 자료에서 직접비용 항목만 구분하여 정리하면 다음과 같다.

4월		
번호	항목	금액(원)
1	원료비	680,000
2	재료비	2,550,000
4	장비 대여비	11,800,000
8	사내 인건비	75,000,000
–	–	–
–	합계	90,030,000

5월		
번호	항목	금액(원)
1	원료비	720,000
2	재료비	2,120,000
4	장비 구매비	21,500,000
8	사내 인건비	55,000,000
9	외부 용역비	28,000,000
–	합계	107,340,000

따라서 K사의 4월 대비 5월 직접비용은 17,310,000원 증액되었다.

31

정답 ①

영업1팀과 마케팅3팀이 위·아래로 인접해 있다고 하였으므로, 이 두 팀의 위치를 기준으로 파악해야 한다. 만약 영업1팀이 1층, 마케팅3팀이 2층이라면 3번째·4번째·7번째 조건에 따라 1층에는 영업1·2·3팀과 총무팀, 개발팀이 모두 위치해야 하는데, 개발팀의 한쪽 옆이 비어있어야 하므로 조건에 맞지 않는다. 따라서 마케팅3팀이 1층, 영업1팀이 2층인 경우의 수만 따져가며 모든 조건을 조합하면 다음과 같이 두 가지 경우의 수가 있음을 알 수 있다.

2층	영업1팀	영업3팀	영업2팀	총무팀	
1층	마케팅3팀	마케팅1팀	개발팀		마케팅2팀

2층		영업2팀	총무팀	영업3팀	영업1팀
1층	마케팅2팀		개발팀	마케팅1팀	마케팅3팀

따라서 두 가지 경우에서 총무팀과 영업3팀은 인접할 수도, 그렇지 않을 수도 있으므로 ①은 옳지 않다.

32

정답 ④

모든 조건을 조합하면 다음과 같이 두 가지 경우의 수가 있음을 알 수 있다.

1)

A팀

벽	김팀장					복
	강팀장	이대리	유사원	김사원	박사원	이사원	도

2)

B팀

벽	김팀장					복
	강팀장	이대리	김사원	박사원	이사원	유사원	도

따라서 두 가지 경우에서 강팀장과 이대리는 항상 인접하므로 항상 옳은 것은 ④이다.

오답분석

① 두 가지 경우에서 유사원과 이대리는 인접할 수도, 그렇지 않을 수도 있다.
② 두 가지 경우에서 박사원의 자리는 유사원의 자리보다 왼쪽에 있을 수도, 그렇지 않을 수도 있다.
③ 두 가지 경우에서 이사원은 복도 옆에 위치할 수도, 그렇지 않을 수도 있다.

33

정답 ②

다섯 번째와 여섯 번째 조건에 따라 D는 해외취업국, E는 외국인력국에 배치된다. 네 번째 조건에 따라 B, C, F가 모두 외국인력국에 배치된다면 해외취업국에 배치될 수 있는 직원은 A와 D뿐이므로 두 번째 조건을 충족하지 못하게 된다. 따라서 B, C, F는 D와 함께 해외취업국에 배치되며, A는 세 번째 조건에 따라 E와 함께 외국인력국에 배치된다.

오답분석

ㄱ. B는 해외취업국에 배치된다.
ㄴ. A는 외국인력국, D는 해외취업국으로, 각각 다른 부서에 배치된다.

34

정답 ④

제시된 조건에서 대우와 삼단논법을 통해 도출할 수 있는 결론은 다음과 같다.

- 토끼를 선호하는 사람 → 강아지를 선호하지 않는 사람
- 토끼를 선호하지 않는 사람 → 고양이를 선호하지 않는 사람
- 고양이를 선호하는 사람 → 토끼를 선호하는 사람 → 강아지를 선호하지 않는 사람
- 강아지를 선호하는 사람 → 토끼를 선호하지 않는 사람 → 고양이를 선호하지 않는 사람

35

정답 ②

시트에서 실적 수당 중 가장 작은 값을 구하려면 MIN(범위에 있는 값 중 가장 작은 값을 찾아서 반환함) 함수를 사용해야 하므로 「=MIN(C2:C7)」을 입력해야 한다.

36

정답 ②

제시문에서 모듈 성능 저하 등 운영 결함은 없었다고 하였으므로 적절하지 않은 설명이다.

오답분석

① 국내 염전 중 85%는 전라남도에 밀집해 있다.
③ 중국, 인도, 프랑스, 이탈리아 등은 천일염 방식으로 소금을 생산한다.
④ 추가적인 부지 확보 없이 염전에서 태양광 전력을 생산할 수 있다.

37

정답 ②

태양광 발전으로 전기와 소금을 동시에 생산한다는 의미이므로, 한 가지 일로써 두 가지 이익을 얻는다는 뜻을 가진 '일거양득(一擧兩得)'이 빈칸에 들어가야 한다.

오답분석

① 아전인수(我田引水) : 자기의 이익을 먼저 생각하고 행동함
③ 토사구팽(兎死狗烹) : 필요할 때 요긴하게 써 먹고 쓸모가 없어지면 가혹하게 버림
④ 백척간두(百尺竿頭) : 백 자나 되는 높은 장대 위에 올라섰다는 뜻으로, 위태로움이 극도에 달함

38

정답 ③

제시문에 따르면 수력발전으로 전기를 생산하기 위해서는 거대한 댐을 건설해야 하는데 이 댐을 건설할 때 많은 이산화탄소가 발생한다. 따라서 수력발전을 통해 이산화탄소를 배출시키지 않고 전기를 생산할 수 있다는 장점이 있는 반면, 댐을 건설할 때 이산화탄소가 발생하는 단점도 있다는 의미의 '일장일단(一長一短)'이 제시문과 가장 관련이 있다.

오답분석

① 고식지계(姑息之計) : 당장의 편안함만을 꾀하는 일시적인 방편
② 결자해지(結者解之) : 일을 저지른 사람이 그 일을 해결해야 함
④ 과유불급(過猶不及) : 모든 사물이 정도를 지나치면 미치지 못한 것과 같음

39

정답 ②

수력발전이 이산화탄소를 배출하는 것이 아니라, 수력발전을 위한 댐을 건설할 때 이산화탄소가 배출된다.

오답분석

① 메탄이 지구온난화에 미치는 영향은 이산화탄소의 20배에 달한다.
③ 댐이 건설되면서 저수지에 갇힌 유기물들이 부패 과정에서 이산화탄소는 물론 메탄을 생성한다.
④ 반론을 제기한 학자들은 메탄 배출은 댐 운영 첫해에만 발생하는 현상이라고 주장한다.

40

정답 ②

아르바이트생들이 고된 노동과 감정 노동을 수행하고 있지만, 제시문에서는 감정 노동자가 아니라 청년 아르바이트생의 고충에 관한 내용을 담고 있으므로 ②는 적절하지 않다.

41

정답 ③

제시문에서는 다문화를 이해하는 것의 중요성을 말하고 있다. 따라서 단일문화를 지향해야 한다는 내용은 적절하지 않다.

42

정답 ①

제시문은 '틱톡'을 예시로 들며, 1인 미디어의 유행으로 새로운 플랫폼이 등장하는 현상을 설명하고 있다.

오답분석

② 1인 크리에이터가 새로운 사회적 이슈가 된다고 나와 있지만, 돈을 벌고 있다는 내용은 제시문에서 확인할 수 없다.
③ 틱톡이 인기를 끄는 이유는 알 수 있지만, 1인 미디어가 인기를 끄는 이유가 양질의 정보를 전달하기 때문인지는 알 수 없다.
④ 1인 미디어의 문제와 규제에 대해서는 제시문에서 확인할 수 없다.

43

정답 ④

1챕터의 시작이 12p이므로 정리를 하면 다음과 같다.

• 화요일 : 1챕터, 12 ~ 14p
• 수요일 : 2챕터, 15 ~ 18p
• 목요일 : 3챕터, 19 ~ 23p
• 금요일 : 4챕터, 24 ~ 26p
• 화요일 : 5챕터, 27 ~ 30p
• 수요일 : 6챕터, 31 ~ 35p

따라서 수요일에 6챕터를 읽게 되고, 책갈피는 6챕터의 시작 부분인 31p와 32p 사이에 꽂혀 있다.

PART 1

44

정답 ③

B팀장은 단합대회에 참석하지 않는다는 의사표시를 한 것이 아니라 A부장이 갑작스럽게 단합대회 날짜를 정하게 된 이유를 듣고, 일정을 조율해 보겠다는 의미의 대답을 한 것이다.

45

정답 ③

벤치마킹은 모방과는 달리 성공한 상품, 우수한 경영 방식 등의 장점을 배우고 자사 등의 환경에 맞추어 재창조하는 것을 말한다.

오답분석

① 벤치마킹이란 외부의 기술을 받아들이는 것이 아닌 받아들인 기술을 자신의 환경에 적합한 기술로 재창조하는 것을 말한다.
② 벤치마킹이란 특정 분야에서 뛰어난 업체나 상품, 기술, 경영 방식 등을 배워 합법적으로 응용하는 것을 의미한다.
④ 간접적 벤치마킹에 대한 설명이다. 직접적 벤치마킹은 벤치마킹 대상을 직접 방문하여 수행하는 방법이다.

46

정답 ④

'호연지기(浩然之氣)'란 온 세상에 가득 찬 넓고 큰 기운이라는 뜻으로, 도의에 근거하여 굽히지 않고 흔들리지 않는 바르고 큰 마음 또는 공명정대하여 조금도 부끄럼 없는 용기 등을 의미한다.

오답분석

① 소탐대실(小貪大失) : 작은 것을 탐하다가 큰 손실을 입음
② 일장춘몽(一場春夢) : 한바탕의 봄 꿈처럼 헛된 영화나 덧없는 일
③ 선견지명(先見之明) : 미리 앞을 내다보고 아는 지혜

47

정답 ③

'밖에'는 '그것 말고는', '그것 이외에는', '기꺼이 받아들이는', '피할 수 없는'의 뜻을 나타내는 보조사이므로 앞말과 붙여 쓴다.

오답분석

① '만'은 '앞말이 가리키는 횟수를 끝으로'의 뜻을 나타내는 의존 명사로 사용되었으므로 '열 번 만에'와 같이 앞말과 띄어 써야 한다.
② '만큼'은 앞말과 비슷한 정도나 한도임을 나타내는 격조사로 사용되었으므로 '아빠만큼'과 같이 앞말에 붙여 써야 한다.
④ '뿐'은 '그것만이고 더는 없음'을 의미하는 보조사로 사용되었으므로 '너뿐만'과 같이 앞말에 붙여 써야 한다.

48

정답 ④

'각축(角逐)하다'는 '서로 이기려고 다투며 덤벼들다.'는 의미의 한자어이므로 '서로 버티어 승부를 다투다.'는 의미의 순우리말인 '겨루다'로 바꾸어 사용할 수 있다.

오답분석

① 얽히다 : 1. 노끈이나 줄 따위가 이리저리 걸리다.
 2. 이리저리 관련이 되다.
② 대들다 : 요구하거나 반항하느라고 맞서서 달려들다.
③ 붐비다 : 1. 좁은 공간에 많은 사람이나 자동차 따위가 들끓다.
 2. 어떤 일 따위가 복잡하게 돌아가다.

49

정답 ④

회전 대응 보관의 원칙이란 입・출하 빈도의 정도에 따라 보관 장소를 결정해야 한다는 것으로, 입・출하 빈도가 높은 물품일수록 출입구에 가까운 장소에 보관해야 한다는 의미이다.

오답분석

① 네트워크 보관의 원칙 : 물품 정리 및 이동 거리 최소화를 지원하는 방식으로, 출하 품목의 연대적 출고가 예상되는 제품을 한데 모아 정리하고 보관하는 방식이다.
② 형상 특성의 원칙 : 화물의 형상에 따라 보관 방법을 변경하는 방식으로, 표준화된 제품은 랙에, 비표준화된 제품은 형상에 맞게 보관하는 방식이다.
③ 통로 대면의 원칙 : 물품의 입・출고를 용이하게 하고, 창고 내의 원활한 물품 흐름과 활성화를 위하여 벽면이 아닌 통로면에 보관하는 방식이다.

50

정답 ④

먼저 세 번째 조건에 따라 3팀은 3호실에 위치하고, 네 번째 조건에 따라 8팀과 2팀은 4호실 또는 8호실에 각각 위치한다. 이때, 두 번째 조건에 따라 2팀과 5팀은 앞뒤로 나란히 위치해야 하므로 결국 2팀과 5팀이 각각 8호실과 7호실에 나란히 위치하고, 4호실에는 8팀이 위치한다. 또한 첫 번째 조건에 따라 1팀과 7팀은 1호실 또는 5호실에 각각 위치하는데, 마지막 조건에서 4팀은 1팀과 5팀 사이에 위치한다고 하였으므로 4팀이 5팀 바로 앞인 6호실에 위치하고, 1팀은 5호실에 위치한다. 따라서 1호실에는 7팀이 위치하고, 바로 뒤 2호실에는 6팀이 위치한다. 이를 종합하여 기획1 ~ 8팀의 사무실을 배치하면 다음과 같다.

창고	입구	계단
기획7팀	복도	기획1팀
기획6팀		기획4팀
기획3팀		기획5팀
기획8팀		기획2팀

따라서 기획4팀과 기획6팀은 복도를 사이에 두고 마주한다.

오답분석

① 창고 뒤에는 기획7팀의 사무실이 위치하며, 기획1팀의 사무실은 계단 쪽 라인에 위치한다.
② 기획2팀의 사무실은 8호실에 위치한다.
③ 기획3팀과 5팀은 복도를 사이에 두고 마주한다.

51

정답 ④

식사 시 포크와 나이프는 바깥쪽에 놓인 것부터 순서대로 사용한다.

국제 식사예절
- 포크와 나이프는 바깥쪽에 놓인 것부터 순서대로 사용한다.
- 수프는 소리 내면서 먹지 않으며, 몸쪽에서 바깥쪽으로 숟가락을 사용한다.
- 뜨거운 수프는 입으로 불어서 식히지 않고 숟가락으로 저어서 식힌다.
- 빵은 수프를 먹고 난 후부터 먹으며 디저트 직전 식사가 끝날 때까지 먹을 수 있다.
- 빵은 칼이나 치아로 자르지 않고 손으로 떼어 먹는다.
- 생선 요리는 뒤집어 먹지 않는다.
- 스테이크는 처음에 다 잘라놓지 않고 잘라가면서 먹는 것이 좋다.

52

정답 ④

제시문에서는 스마트폰 생산에 필요한 콜탄으로 인해 콩고의 내전이 끊이지 않고 있음을 이야기한다. 특히 (나) 문단에서는 콜탄이 콩고의 내전 장기화에 많은 영향을 끼치고 있음을 이야기하며, 이를 '휴대폰 이용자들이 기기를 바꿀 때마다 콩고 주민 수십 명이 죽는다는 말도 있다.'고 표현한다. 따라서 기사의 표제로 ④가 가장 적절함을 알 수 있다.

53

정답 ①

(가) 문단에서는 스마트폰 생산에 사용되는 탄탈럼을 언급하며, 탄탈럼의 원석인 콜탄의 소비량 증가와 가격 상승으로 인해 전 세계 콜탄의 70 ~ 80%가 매장되어 있는 콩고에서 전쟁이 그치지 않고 있음을 이야기하고 있다. 따라서 사람들의 스마트폰 사용 현황과 콜탄의 가격 상승을 보여주는 그래프와 콜탄 채굴 현황을 나타내는 표는 모두 (가) 문단의 내용을 효과적으로 나타내고 있다.

54

정답 ③

제5조에 따르면 운영부서는 증빙자료와 함께 마일리지 적립현황을 분기마다 주관부서에 제출해야 하며, 주관부서는 이를 확인하여 매년 12월 31일까지 감사실에 제출해야 한다고 명시되어 있다. 따라서 청렴마일리지 제도를 잘못 이해하고 있는 사람은 C주임이다.

오답분석

① 제4조 제4호에 따라 반부패·청렴 교육을 이수한 경우 청렴마일리지를 부여받을 수 있다. 그러나 A사원은 청렴마일지리를 받지 못했으므로 제6조 제2항에 따라 감사실장에 이의신청을 할 수 있다.
② 제7조 제1항에 따르면 적립된 청렴마일리지는 개인 및 부서별 포상에 활용할 수 있다.
④ 제6조 제1항에 따르면 감사실장은 신고된 내용에 대하여 사실 여부를 확인한 후 청렴마일리지를 부여한다.

55

정답 ④

경청의 5단계
㉠ 무시(0%)
㉡ 듣는 척하기(30%)
㉢ 선택적 듣기(50%)
㉣ 적극적 듣기(70%)
㉤ 공감적 듣기(100%)

56

정답 ③

대·중소기업 동반녹색성장의 추진절차에 따르면 사업 설명회는 참여기업이 확정되기 전에 개최된다. 즉, 사업 설명회를 통해 참여를 원하는 기업의 의견을 수렴한 뒤 참여기업을 확정한다.

57

정답 ③

제시문에 따르면 젊은 사람들의 경우 장시간 전자 기기를 사용하는 근거리 작업과 전자 기기에서 나오는 블루라이트 등으로 인해 노안 발생률이 증가하고 있다. 따라서 노안을 예방하기 위해서는 전자 기기 사용을 줄이고 블루라이트 차단 제품을 사용하며, 눈에 충분한 휴식을 주어 눈의 부담을 덜어주어야 한다. 그러나 눈 운동과 관련된 내용은 제시문에서 찾아볼 수 없다.

58

정답 ④

ㄴ. 전자기기의 블루라이트 불빛은 노안의 원인이 되므로 장시간 스마트폰을 사용한다면 노안을 의심해 볼 수 있다.
ㅁ. 노안이 발생하면 수정체의 조절 능력이 저하되어 가까운 거리의 시야가 흐리게 보인다.
ㅂ. 노안의 대표적인 증상이다.

오답분석

ㄱ. 안경 착용은 노안과 관계가 없다.
ㄷ. 책을 읽거나 컴퓨터 작업을 할 때 두통이 발생한다면 노안을 의심할 수 있지만, 평상시의 갑작스러운 두통이나 어지럼증은 노안의 증상으로 보기 어렵다.
ㄹ. 최신 스마트폰 사용은 노안과 관계가 없으며, 스마트폰의 장시간 사용이 노안의 발생 원인이 된다.

59

정답 ④

'다듬-'+'-이'의 경우, 어간에 '-이'가 붙어서 명사로 된 것은 그 어간의 원형을 밝히어 적는다는 한글맞춤법 규정에 따라 '다듬이'가 올바른 표기이다.

오답분석

① 먼저 자리를 잡은 사람이 뒤에 들어오는 사람에 대하여 가지는 특권 의식, 또는 뒷사람을 업신여기는 행동의 의미인 '텃세'가 올바른 표기이다. '텃새'는 철을 따라 자리를 옮기지 아니하고 거의 한 지방에서만 사는 새를 의미한다.
② '금시에'가 줄어든 말로 '지금 바로'의 의미를 나타내는 '금세'가 올바른 표기이다. '금새'는 물건의 값을 의미한다.
③ '잎'+'-아리'의 경우, '-이' 이외의 모음으로 시작된 접미사가 붙어서 된 말은 그 명사의 원형을 밝혀 적지 않는다는 한글맞춤법 규정에 따라 '이파리'가 올바른 표기이다.

60

정답 ①

헌법에서는 모든 의사표현의 매개체를 언론과 출판의 자유에 의한 보호대상으로 삼고 있다. 즉, TV를 통한 방송광고의 경우에도 보호대상에 해당하므로 A씨는 언론과 출판의 자유가 침해되었다고 주장할 수 있다. 언론과 출판의 자유는 국가권력에 의하여 자유를 제한받지 않을 권리인 자유권에 해당한다.

오답분석

② 평등권 : 모든 인간을 원칙적으로 평등하게 다룰 것과 국가로부터 차별대우를 받지 아니하도록 요구하는 권리이다.
③ 참정권 : 주권자로서의 국민이 정치에 참여할 수 있는 권리이다.
④ 청구권 : 권리가 침해되었을 때 국가에 대하여 일정한 요구를 할 수 있는 권리이다.

61

정답 ①

논증의 결론 자체를 전제의 일부로 받아들이는 순환논증의 오류를 범하고 있다.

오답분석

② 무지의 오류 : 증명할 수 없거나 알 수 없음을 들어 거짓이라고 추론하는 오류이다.
③ 논점 일탈의 오류 : 논점과 관계없는 것을 제시하여 무관한 결론에 이르게 되는 오류이다.
④ 대중에 호소하는 오류 : 군중 심리를 자극하여 논지를 받아들이게 하는 오류이다.

62

정답 ③

주어진 조건에 따르면 (B, E), (A, G), (C, F)는 각각 같은 팀임을 알 수 있다. 이때 D와 다른 팀인 (C, F)가 (B, E) 또는 (A, G)와 같은 팀이라면, C가 속한 팀의 직원 수는 항상 4명이 되므로 C와 F는 누구와 같은 팀이 되든 인사팀임을 알 수 있다. 한편, (B, E), (A, G)는 각각 (C, F)와 함께 인사팀이 될 수도 있고 (C, F)와 떨어져 회계팀이 될 수도 있으므로 주어진 조건만으로는 어떤 팀에서 근무하는지 정확히 알 수 없다.

63

정답 ④

ㄴ. BCG 매트릭스는 시장성장율과 상대적 시장점유율을 기준으로 4개의 영역으로 나눠 사업의 상대적 위치를 파악한다.
ㄹ. GE – 맥킨지 매트릭스의 산업매력도는 시장규모, 시장 잠재력, 경쟁구조, 재무・경제・사회・정치 요인과 같은 광범위한 요인에 의해 결정된다.
ㅁ. GE – 맥킨지 매트릭스는 반영 요소가 지나치게 단순하다는 BCG 매트릭스의 단점을 보완하기 위해 개발되었다.

오답분석

ㄱ. BCG 매트릭스는 미국의 보스턴컨설팅그룹이 개발한 사업포트폴리오 분석 기법이다.
ㄷ. GE – 맥킨지 매트릭스는 산업매력도와 사업경쟁력을 고려하여 사업의 형태를 9개 영역으로 나타낸다.

64

정답 ②

여성은 매년 30명씩 증가했으므로 2018년 여성 신입사원은 260+30=290명이고, 남성 신입사원은 500−290=210명이다. 따라서 남녀 성비는 $\frac{210}{290}\times100 \fallingdotseq 72.4\%$이다.

65

정답 ④

A씨가 이번 달에 내야 하는 전기료는 (200×100)+(150×200)=50,000원이다. 이때 B씨가 내야 하는 전기료는 A씨의 2배인 10만 원이므로 전기 사용량은 400kWh를 초과했음을 알 수 있다.
B씨가 사용한 전기량을 $(400+x)$kWh로 정하고 전기료에 대한 방정식을 풀면 다음과 같다.

$(200\times100)+(200\times200)+(x\times400)=100,000$

$\rightarrow x\times400=100,000-60,000$

$\therefore x=100$

따라서 B씨가 사용한 전기량은 총 400+100=500kWh이다.

66

정답 ①

K사 전체 팀 수를 x팀이라 하면 다음과 같은 식이 성립한다.

$3x+5=5(x-2)+3$

→ $2x=12$

∴ $x=6$

K사 전체 팀 수는 6팀이고, 복사용지박스 개수는 $3\times6+5=23$박스이다.

따라서 전체 팀 수와 복사용지박스 개수의 합은 $6+23=29$이다.

67

정답 ④

어떤 직사각형의 가로 길이를 $x$cm라고 하자. 세로가 120cm이므로 둘레의 길이는 $2(x+120)$cm이다. 이때, 직사각형 둘레의 길이가 330cm 이상 440cm 이하이므로

$330\leq2(x+120)\leq440$

→ $165\leq x+120\leq220$

∴ $45\leq x\leq100$

따라서 가로의 길이가 될 수 있는 것은 90cm이다.

68

정답 ③

서울건설본부는 세계 최초 도심 지하에 800MW급 복합화력발전소를 건설하므로 글로벌 에너지의 자질을 갖추고 있으나 '글로벌 에너지 리더'로 일반화하기에는 적절하지 않다. 따라서 서울건설본부의 상징문구로는 '우리나라 전력산업의 살아있는 역사', '세계 최초 도심 지하에 대규모 복합화력발전소 건설' 등이 적절하다.

69

정답 ④

발전소 CCS설비에서 포집한 이산화탄소를 온실에 주입하여 작물의 광합성 촉진 및 생장속도를 가속화하였으며, 이는 결국 이산화탄소 배출 절감을 의미한다.

오답분석

① 에코팜 사업은 발전소의 냉각수가 아니라 온배수와 이산화탄소를 활용한 스마트 시스템 온실을 개발하는 사업이다.
② 온배수, 석탄재, 이산화탄소는 발전소에서 생산되는 주된 에너지가 아니다. 발전소에서 에너지를 생산한 뒤 발생하는 부산물로 폐자원이다.
③ 온배수의 열을 이용하여 온실의 에너지를 86%까지 절감하였고, 발전소의 석탄재를 비닐하우스 부지정리에 활용하여 폐기물의 자원화에 기여하였다.

70

정답 ④

WO전략은 약점을 극복함으로써 기회를 활용할 수 있는 전략으로, 내부 약점을 보완해 좀 더 효과적으로 시장 기회를 추구한다. 따라서 바로 옆에 유명한 프랜차이즈 레스토랑이 생겼다는 사실을 이용하여 홍보가 미흡한 점을 보완할 수 있도록 레스토랑과 제휴하여 레스토랑 내에 홍보물을 비치하는 방법은 WO전략으로 적절하다.

71

정답 ③

SO전략은 강점을 살려 기회를 포착하는 전략이다. 따라서 TV프로그램에 출연하여 좋은 품질의 재료만 사용한다는 점을 홍보하는 것은 SO전략으로 적절하다.

PART 2

직업기초능력평가

CHAPTER 01 의사소통능력

CHAPTER 02 문제해결능력

CHAPTER 03 수리능력

CHAPTER 04 자원관리능력

CHAPTER 05 기술능력

CHAPTER 06 조직이해능력

CHAPTER

01 의사소통능력

대표기출유형 01 기출응용문제

01

정답 ①

제6조에 따르면 지역본부장은 부당이득 관리를 수관한 1월 3일에 납입고지를 하여야 하며, 이 경우 납부기한은 1월 13일에서 2월 2일 중에 해당될 것이므로 A는 늦어도 2월 2일까지는 납부하여야 한다.

오답분석

ㄴ. 제7조에 따르면 지역본부장은 4월 16일 납부기한 내에 완납하지 않은 B에 대하여 납부기한으로부터 10일 이내인 4월 26일까지 독촉장을 발급하여야 한다. 이 독촉장에 따른 납부기한은 5월 6일에서 5월 16일 중에 해당될 것이므로 B는 늦어도 5월 16일까지 납부하여야 한다.

ㄷ. 제9조에 따르면 체납자가 주민등록지에 거주하지 않는 경우, 관계공부열람복명서를 작성하거나 체납자 주민등록지 관할 동장의 행방불명확인서를 발급받는 주체는 지역본부장이 아닌 담당자이다.

ㄹ. 제10조 제1항에 따르면 관할 지역본부장은 체납정리의 신속 및 업무폭주 등을 방지하기 위하여 재산 및 행방에 대한 조사업무를 체납 발생 시마다 수시로 실시하여야 한다.

02

정답 ③

네 번째 문단과 다섯 번째 문단에서 디지털 영상 안정화 기술은 소프트웨어를 이용하여 프레임 간 피사체의 위치 차이를 줄여 영상을 보정한다고 하였으므로 옳은 내용이다.

오답분석

① 두 번째 문단의 '화소마다 빛의 세기에 비례하여 발생한 전기 신호가 저장 매체에 영상으로 저장된다.'라는 문장과 '이미지 센서 각각의 화소에 닿는 빛의 세기'라는 문장을 통해, 디지털 카메라의 저장 매체에는 이미지 센서 각각의 화소에서 발생하는 전기 신호가 영상으로 저장된다는 것을 알 수 있다.

② 첫 번째 문단에서 '손의 미세한 떨림으로 인해 영상이 번져 흐려지고'라고 하였고, 두 번째 문단에서 '카메라가 흔들리면 이미지 센서 각각의 화소에 닿는 빛의 세기가 변한다.'라고 하였으므로, 보정 기능이 없는 상태에서 손 떨림이 있으면 이미지 센서 각각의 화소에 닿는 빛의 세기가 변한다는 것을 알 수 있다.

④ 두 번째 문단에서 '일반적으로 카메라는 렌즈를 통해 들어온 빛이 이미지 센서에 닿아 피사체의 상이 맺히고'라고 하였으므로, 광학 영상 안정화 기술을 사용하지 않는 일반적인 카메라에도 이미지 센서가 필요함을 알 수 있다.

03

정답 ④

두 번째 문단에 따르면 OIS 기술이 작동되면 자이로 센서가 카메라의 움직임을 감지하여 방향과 속도를 제어 장치에 전달한다.

오답분석

① 세 번째 문단에 따르면 카메라가 흔들리면 이미지 센서가 아니라 제어 장치에 의해 코일에 전류가 흐른다.

② 네 번째 문단에 따르면 OIS 기술은 렌즈의 이동 범위에 한계가 있어 보정할 수 있는 움직임의 폭이 좁다.

③ 세 번째 문단에 따르면 카메라가 흔들리면 자기장과 전류의 직각 방향으로 전류의 크기에 비례하는 힘이 발생한다.

04

정답 ④

높은 물가 상승률은 이자율의 상승과 함께 대출 조건을 악화시키므로 기업들은 생산 비용 상승과 이로 인한 이윤 감소에 직면하게 된다.

오답분석

① 높은 물가는 가계의 실질 소비력을 약화시키므로 소비 심리를 위축시켜 경기 둔화를 초래할 수 있다.
②·③ 세금 조정, 통화량 조절, 금리 조정 등 여러 금융 정책의 목적은 물가 상승률을 통제하여 안정성을 확보하는 것이다.

대표기출유형 02 기출응용문제

01

정답 ③

제시문은 자동차 에어컨 필터의 역할, 교체 주기, 교체 방법, 주행 환경에 따른 필터의 선택 등 자동차 에어컨 필터를 관리하는 방법에 대해 포괄적으로 설명하고 있다. 따라서 가장 적절한 제목은 '자동차 에어컨 필터의 관리 방법'이다.

오답분석

①·② 일부 문단의 중심 내용으로 글 전체를 포함하는 제목이 아니다.
④ 첫 번째 문단에서 여름철 자동차 에어컨 사용 시 필터를 주기적으로 교체해 주어야 한다고 설명하지만, 자동차 에어컨 취급 유의사항에 대한 내용은 없다.

02

정답 ①

제시문은 대출을 받아 내집을 마련한 사람들이 대출금리 인상으로 인해 이로 인한 경제적 부담을 감당하지 못해 어렵게 마련한 집이 다시 경매로 나가는 상황에 대해 다루고 있다.

오답분석

② 마지막 문단에 따르면, 대출금리 인상으로 인해 부동산 매수자가 줄어든 것은 맞지만, 글의 전체적인 내용은 대출금리 인상으로 집을 사지 못하는 것이 아닌, 대출금리 인상으로 이미 산 집을 포기할 수밖에 없는 상황에 대해 다루고 있다. 따라서 제시문의 주제로는 적절하지 않다.
③ 마지막 문단에 따르면, 매도량은 늘어나지만 매수량이 없어 이전보다 고를 수 있는 부동산의 선택지가 늘어난 것은 맞지만, 글의 전체적인 내용은 단순히 늘어난 부동산 매물이 아닌 대출금리 인상으로 인해 어쩔 수 없이 시장으로 나온 부동산 매물에 대해 다루고 있으므로 제시문의 주제로는 적절하지 않다.
④ 제시문의 내용으로 볼 때 부동산 경기 침체로 인해 매물로 나온 부동산은 늘어나고 있지만, 매수량은 없어 부동산 경매시장이 활발해졌다고 보기는 어렵다.

03

정답 ④

안전속도 5030에 대한 장점들과 효과에 대해 말하고 있으므로 안전속도 5030을 시행하게 된 배경으로 보는 것이 글의 주제로 가장 적절하다.

04

정답 ④

(라) 문단에서는 부패를 개선하기 위한 정부의 제도적 노력에도 불구하고 반부패정책 대부분이 효과가 없었음을 이야기하고 있다. 따라서 부패인식지수의 개선방안이 아닌 '정부의 부패인식지수 개선에 대한 노력의 실패'가 (라) 문단의 주제로 적절하다.

대표기출유형 03 기출응용문제

01

정답 ④

먼저 글의 서두에는 흥미를 유도하거나 환기시킬 수 있는 내용이 적절하다. 따라서 영국의 보고서의 내용인 (나) 또는 OECD 조사 내용인 (다)가 글의 서두에 오는 것이 적절하다. 하지만 (나)의 경우 첫 문장에서의 '또한'이라는 접속부사를 통해 앞선 글이 있었음을 알 수 있다. 따라서 글의 서두에 오는 것이 가장 적절한 문단은 (다)이다. 다음으로는 (다)의 내용에 이어 (나)가 오는 것이 적절하다. 다음으로 이어질 문단은 앞선 문단에서 다룬 성별 간 임금 격차의 이유에 해당하는 (라)가 이어지고 이에 대한 구체적 내용인 (가)가 오는 것이 가장 적절할 것이다.

02

정답 ②

제시문은 강이 붉게 물들고 산성으로 변화하는 이유인 티오바실러스와 강이 붉어지는 것을 막기 위한 방법에 대하여 설명하고 있다. 따라서 (가) 철2가 이온(Fe^{2+})과 철3가 이온(Fe^{3+})의 용해도가 침전물 생성에 중요한 역할을 함 → (라) 티오바실러스가 철2가 이온(Fe^{2+})을 산화시켜 만든 철3가 이온(Fe^{3+})이 붉은 침전물을 만듦 → (나) 티오바실러스는 이황화철(FeS_2)을 산화시켜 철2가 이온(Fe^{2+}), 철3가 이온(Fe^{3+})을 얻음 → (다) 티오바실러스에 의한 이황화철(FeS_2)의 가속적인 산화를 막기 위해서는 광산의 밀폐가 필요함의 순서대로 나열하는 것이 적절하다.

03

정답 ②

제시된 단락에서는 휘슬블로어를 소개하며, 휘슬블로어가 집단의 부정부패를 고발하는 것이 쉽지 않다는 점을 언급하고 있으므로, 뒤이어 내부고발이 어려운 이유를 설명하는 문단이 와야 한다. 따라서 (다) 내부고발이 어려운 이유와 휘슬블로어가 겪는 여러 사례 → (나) 휘슬블로우의 실태와 법적인 보호의 필요성 제기 → (라) 휘슬블로우를 보호하기 위한 법의 실태 설명 → (가) 법 밖에서도 보호받지 못하는 휘슬블로어의 순서대로 나열하는 것이 적절하다.

대표기출유형 04 기출응용문제

01

정답 ③

보기의 내용은 독립신문이 일반 민중들을 위해 순 한글을 사용해 배포됐고, 상하귀천 없이 누구나 새로운 소식을 전달해준다는 내용이다. 따라서 ③이 가장 적절하다.

02

정답 ④

화폐 통용을 위해서는 화폐가 유통될 수 있는 시장이 성장해야 하고, 농업생산력이 발전해야 한다. 그러나 서민들은 물품화폐를 더 선호하였고, 일부 계층에서만 화폐가 유통되었다. 따라서 광범위한 동전 유통이 실패한 것이다. 화폐수요량에 따른 공급은 화폐가 유통된 이후의 조선 후기에 해당하는 내용이다.

03

정답 ②

제시문에서는 수요 탄력성이 완전 비탄력적인 상품은 가격이 하락하면 지출액이 감소하며, 수요 탄력성이 완전 탄력적인 상품은 가격이 하락하면 지출액이 늘어난다고 설명하고 있다. 그러므로 소비자의 지출액을 줄이려면 수요 탄력성이 낮은 생필품의 가격은 낮추고, 수요 탄력성이 높은 사치품은 가격을 높여야 한다고 추론할 수 있다.

대표기출유형 05 기출응용문제

01

정답 ④

미생물을 끓는 물에 노출하면 영양세포나 진핵포자는 죽일 수 있으나, 세균의 내생포자는 사멸시키지 못한다. 멸균은 포자, 박테리아, 바이러스 등을 완전히 파괴하거나 제거하는 것이므로 물을 끓여서 하는 열처리 방식으로는 멸균이 불가능함을 알 수 있다. 따라서 빈칸에 들어갈 내용으로는 소독은 가능하지만, 멸균은 불가능하다는 ④가 가장 적절하다.

02

정답 ④

빈칸의 전 문단에서 '보존 입자는 페르미온과 달리 파울리의 배타원리를 따르지 않는다. 따라서 같은 에너지 상태를 지닌 입자라도 서로 겹쳐서 존재할 수 있다. 만져지지 않는 에너지 덩어리인 셈이다.'라고 하였고, 빈칸 다음 문장에서 '빛은 실험을 해보면 입자의 특성을 보이지만, 질량이 없고 물질을 투과하며 만져지지 않는다.'라고 하였다. 또한 마지막 문장에서 '포논은 광자와 마찬가지로 스핀이 0인 보존 입자다.'라고 하였으므로 광자는 스핀이 0인 보존 입자라는 것을 알 수 있다. 따라서 빈칸에 들어갈 내용으로는 ④가 가장 적절하다.

오답분석

① 광자가 파울리의 배타원리를 따른다면, 파울리의 배타원리에 따라 페르미온 입자로 이뤄진 물질은 우리가 손으로 만질 수 있어야 한다. 그러나 광자는 질량이 없고 물질을 투과하며 만져지지 않는다고 하였으므로 적절하지 않은 내용이다.
② '포논은 광자와 마찬가지로 스핀이 0인 보존 입자다.'라는 문장에서 광자는 스핀 상태에 따라 분류할 수 있는 입자임을 알 수 있다.
③ 스핀이 1/2의 홀수배인 입자들은 페르미온이라고 하였고, 광자는 스핀이 0인 보존 입자이므로 적절하지 않은 내용이다.

03

정답 ③

빈칸 뒤의 문장은 최근 선진국에서는 스마트팩토리로 인해 해외로 나간 자국 기업들이 다시 본국으로 돌아오는 현상인 '리쇼어링'이 가속화되고 있다는 내용이다. 즉, 스마트팩토리의 발전이 공장의 위치를 해외에서 본국으로 변화시키고 있으므로 빈칸에는 ③이 가장 적절하다.

대표기출유형 06 기출응용문제

01

정답 ②

용해는 '물질이 액체 속에서 균일하게 녹아 용액이 만들어지는 현상'이고, 융해는 '고체에 열을 가했을 때 액체로 되는 현상'을 의미한다. 따라서 글의 맥락상 '용해되지'가 적절하다.

02

정답 ③

8번의 '우 도로명주소' 항목에 따르면 우편번호를 먼저 기재한 다음, 행정기관이 위치한 도로명 및 건물번호 등을 기재해야 한다.

오답분석

① 6번 항목에 따르면 직위가 있는 경우에는 직위를 쓰고, 직위가 없는 경우에는 직급을 온전하게 써야 한다.
② 7번 항목에 따르면 시행일과 접수일란에 기재하는 연월일은 각각 마침표(.)를 찍어 숫자로 기재하여야 한다.
④ 11번 항목에 따르면 전자우편주소는 행정기관에서 공무원에게 부여한 것을 기재하여야 한다.

03

정답 ④

한글 맞춤법 규정에 따르면 '초점(焦點)'의 경우 고유어가 들어 있지 않으므로 사이시옷이 들어가지 않는다. 따라서 '초점'이 옳은 표기이다.

CHAPTER

02 문제해결능력

대표기출유형 01 기출응용문제

01

정답 ③

A사와 B사의 제품 판매가를 x원이라 하고, 두 번째 조건에 따라 A사와 B사의 어제 판매수량을 각각 $4y$개, $3y$개라 하면, 세 번째 조건에 의하여 오늘 A사와 B사의 제품 판매가는 각각 x원, $0.8x$원이고, 네 번째 조건에 의하여 오늘 A사의 판매수량은 $4y$개, B사의 판매수량은 $(3y+150)$개이다. 그리고 다섯 번째 조건에 의하여 두 회사의 오늘 전체 판매액은 동일하므로 다음이 성립한다.

$4xy=0.8x(3y+150)$

$\rightarrow 4y=0.8(3y+150)$

$\therefore y=75$

따라서 오늘 B사의 판매수량은 $3\times75+150=375$개이다.

오답분석

① A사의 제품 판매 단가는 구할 수 없다.
② 오늘 A사의 판매수량은 $4\times75=300$개이다. 어제 B사의 판매수량은 $3\times75=225$개이다.
  ∴ 오늘 A사의 판매수량과 어제 B사의 판매수량의 차 : $300-225=75$개
④ 오늘 A사와 B사의 판매수량 비는 300 : 375=4 : 5이므로 동일하지 않다.

02

정답 ④

일곱 번째 조건에 따라 지영이는 대외협력부에서 근무하고, 다섯 번째 조건의 대우에 따라 유진이는 감사팀에서 근무한다. 그러므로 재호는 마케팅부에서 근무하며, 여섯 번째 조건에 따라 혜인이는 회계부에서 근무를 할 수 없다. 세 번째 조건에 의해 성우가 비서실에서 근무하게 되면, 희성이는 회계부에서 근무하고, 혜인이는 기획팀에서 근무하게 되며, 세 번째 조건의 대우에 따라 희성이가 기획팀에서 근무하면, 성우는 회계부에서 근무하고, 혜인이는 비서실에서 근무하게 된다. 이를 정리하면 다음과 같다.

감사팀	대외협력부	마케팅부	비서실	기획팀	회계부
유진	지영	재호	성우, 혜인	혜인, 희성	희성, 성우

따라서 반드시 참인 명제는 '혜인이는 회계팀에서 근무하지 않는다.'이다.

오답분석

① 재호는 마케팅부에서 근무한다.
② 희성이는 회계부에서 근무할 수도 있다.
③ 성우는 비서실에서 근무할 수도 있다.

03

정답 ④

D팀은 파란색을 선택하였으므로 보라색을 사용하지 않고, B팀과 C팀도 보라색을 사용한 적이 있으므로 A팀은 보라색을 선택한다. B팀은 빨간색을 사용한 적이 있고, 파란색과 보라색은 사용할 수 없으므로 노란색을 선택한다. C팀은 나머지 빨간색을 선택한다.

A팀	B팀	C팀	D팀
보라색	노란색	빨간색	파란색

따라서 항상 참인 것은 ④이다.

오답분석

①·③ 주어진 조건만으로는 판단하기 힘들다.
② A팀의 상징색은 보라색이다.

04

정답 ③

주어진 조건을 토대로 다음과 같이 정리해 볼 수 있다. 원형 테이블은 회전시켜도 좌석 배치는 동일하므로 좌석에 1 ~ 7번으로 번호를 붙이고, A가 1번 좌석에 앉았다고 가정하여 배치하면 다음과 같다.

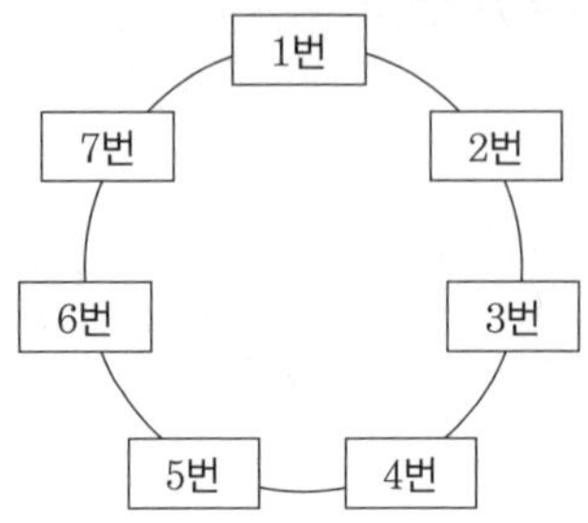

첫 번째 조건에 따라 2번에는 부장이, 7번에는 차장이 앉게 된다.
세 번째 조건에 따라 부장과 이웃한 자리 중 비어 있는 3번 자리에 B가 앉게 된다.
네 번째 조건에 따라 7번에 앉은 사람은 C가 된다.
다섯 번째 조건에 따라 5번에 과장이 앉게 되고, 과장과 차장 사이인 6번에 G가 앉게 된다.
여섯 번째 조건에 따라 A와 이웃한 자리 중 직원명이 정해지지 않은 2번 부장 자리에 D가 앉게 된다.
일곱 번째 조건에 따라 4번 자리에는 대리, 3번 자리에는 사원이 앉는 것을 알 수 있으며, 3번 자리에 앉은 B가 사원 직급임을 알 수 있다.
두 번째 조건에 따라 E는 사원과 이웃하지 않았고 직원명이 정해지지 않은 5번 과장 자리에 해당하는 것을 알 수 있다.
이를 정리하면 다음과 같은 좌석 배치가 되며, F는 이 중 유일하게 빈자리인 4번 대리 자리에 해당한다.

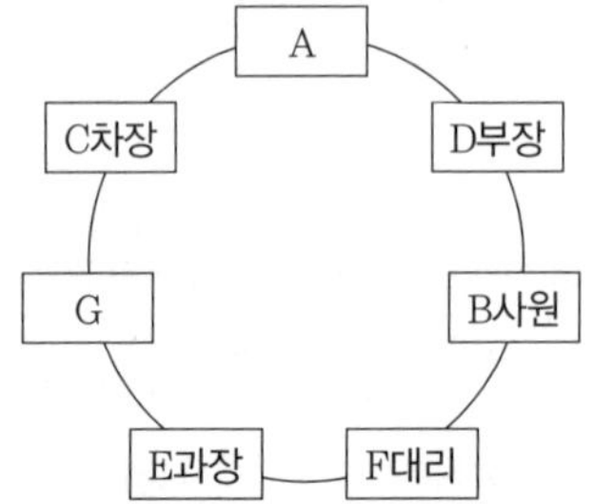

그러므로 사원 직급은 B, 대리 직급은 F가 해당하는 것을 도출할 수 있다.

05

정답 ④

주어진 조건에 따라 엘리베이터 검사 순서를 추론해 보면 다음과 같다.

첫 번째	5호기
두 번째	3호기
세 번째	1호기
네 번째	2호기
다섯 번째	6호기
여섯 번째	4호기

따라서 1호기 다음은 2호기, 그 다음이 6호기이고, 6호기는 5번째로 검사한다.

06

정답 ③

을과 무의 진술이 모순되므로 둘 중 한 명은 참, 다른 한 명은 거짓이다. 여기서 을의 진술이 참일 경우 갑의 진술도 거짓이 되어 두 명이 거짓을 진술한 것이 되므로 문제의 조건에 위배된다. 따라서 을의 진술이 거짓, 무의 진술이 참이다. 그러므로 A강좌는 을이, B와 C강좌는 갑과 정이, D강좌는 무가 담당하고, 병은 강좌를 담당하지 않는다.

대표기출유형 02 기출응용문제

01

정답 ④

재고 코드 '5rUSA2'는 '상품유형'이 '약품(5)'이고, '보관유형'은 '냉장필요(r)'이며, '생산국가'는 '미국(USA)'이고, '유통기한'은 '3개월 미만(2)'인 제품을 뜻한다.

오답분석

① '화학품'을 뜻하는 '상품유형' 코드는 '4'이다.
② '러시아'를 뜻하는 '생산국가' 코드는 'RUS'이다.
③ '각도조정 필요'를 뜻하는 '보관유형' 코드는 't'이다.

02

정답 ①

조건에 따라 소괄호 안에 있는 부분을 순서대로 풀이하면 '1 A 5'에서 A는 좌우의 두 수를 더하는 것이지만, 더한 값이 10 미만이면 좌우에 있는 두 수를 곱해야 한다. 1+5=6으로 10 미만이므로 두 수를 곱하여 5가 된다.
'3 C 4'에서 C는 좌우의 두 수를 곱하는 것이지만, 곱한 값이 10 미만이면 좌우에 있는 두 수를 더한다. 이 경우 3×4=12로 10 이상이므로 12가 된다.
중괄호를 풀어보면 '5 B 12'이다. B는 좌우에 있는 두 수 가운데 큰 수에서 작은 수를 빼는 것이지만, 두 수가 같거나 뺀 값이 10 미만이면 두 수를 곱한다. 12−5=7로 10 미만이므로 두 수를 곱해야 한다. 따라서 60이 된다.
'60 D 6'에서 D는 좌우에 있는 두 수 가운데 큰 수를 작은 수로 나누는 것이지만, 두 수가 같거나 나눈 값이 10 미만이면 두 수를 곱해야 한다. 이 경우 나눈 값이 60÷6=10이므로 답은 10이다.

03

정답 ③

가장 먼저 살펴볼 것은 '3번 전구'인데, 이에 대해 언급된 사람은 A와 C 두 사람이다. 먼저 C는 3번 전구를 그대로 둔다고 하였고, A는 이 전구가 켜져 있다면 전구를 끄고, 꺼진 상태라면 그대로 둔다고 하였다. 그리고 B는 3번 전구에 대해 어떠한 행동도 취하지 않는다. 즉 3번 전구에 영향을 미치는 사람은 A뿐이며 이를 통해 3번 전구는 A, B, C가 방에 출입한 순서와 무관하게 최종적으로 꺼지게 된다는 것을 알 수 있다.
그렇다면 나머지 1, 2, 4, 5, 6이 최종적으로 꺼지게 되는 순서를 찾으면 된다. C의 단서에 이 5개의 전구가 모두 꺼지는 상황이 언급되어 있으므로, C를 가장 마지막에 놓고 A−B−C와 B−A−C를 판단해 보면 다음과 같다.
먼저 A−B−C의 순서로 판단해 보면, 아래와 같은 결과를 얻게 되어 답이 되지 않음을 알 수 있다.

전구 번호	1	2	3	4	5	6
상태	○	○	○	×	×	×
A	○	○	×	×	×	×
B	○	×	×	○	×	○
C	○	×	×	×	×	×

PART 2

다음으로 B－A－C의 순서로 판단해 보면, 다음과 같은 결과를 얻게 된다.

전구 번호	1	2	3	4	5	6
상태	○	○	○	×	×	×
B	○	×	○	○	×	○
A	○	×	×	○	×	×
C	×	×	×	×	×	×

따라서 답은 ③이다.

04

정답 ④

발행형태가 4로 전집이기 때문에 한 권으로만 출판된 것이 아님을 알 수 있다.

오답분석

① 국가번호가 05(미국)로 미국에서 출판되었다.
② 서명식별번호가 1011로 1011번째 발행되었다. 441은 발행자 번호로 이 책을 발행한 출판사의 발행자번호가 441이라는 것을 의미한다.
③ 발행자번호는 441로 세 자리로 이루어져 있다.

대표기출유형 03 기출응용문제

01

정답 ②

오답분석

① 어린이도서관 대출 도서 수가 2권이므로 교내 도서관 대출 수는 2권 이상이어야 참가가 가능하다.
③ 교내 도서관 대출 도서 수가 2권이므로 어린이 도서관 대출 수는 2권 이상이어야 참가가 가능하다.
④ 어린이도서관 대출 도서 수가 1권이므로 교내 도서관 대출 수는 4권 이상이여야 참가가 가능하다.

02

정답 ②

입찰에 참여한 각 업체가 받은 등급을 토대로 점수를 산출하면 다음과 같다.

(단위 : 점)

업체	가격 평가등급	품질 평가등급	생산속도 평가등급
가	30	27	10
나	20	30	30
다	15	25	20
라	20	18	30

산출된 점수에 가중치를 적용하여 업체별로 최종점수를 도출하면 다음과 같다.

- 가 : (30×2)+(27×3)+(10×1)=151점
- 나 : (20×2)+(30×3)+(30×1)=160점
- 다 : (15×2)+(25×3)+(20×1)=125점
- 라 : (20×2)+(18×3)+(30×1)=124점

따라서 최종점수가 160점으로 가장 높은 나 업체가 선정된다.

03

정답 ③

제시된 직원 투표 결과를 정리하면 다음과 같다.

여행상품	1인당 비용	총무팀	영업팀	개발팀	홍보팀	공장1	공장2	합계
A	500,000원	2표	1표	2표	0표	15표	6표	26표
B	750,000원	1표	2표	1표	1표	20표	5표	30표
C	600,000원	3표	1표	0표	1표	10표	4표	19표
D	1,000,000원	3표	4표	2표	1표	30표	10표	50표
E	850,000원	1표	2표	0표	2표	5표	5표	15표
합계		10표	10표	5표	5표	80표	30표	140표

㉠ 가장 인기 높은 여행상품은 D이다. 그러나 공장1의 고려사항은 회사에 손해를 줄 수 있으므로, 2박 3일 여행상품이 아닌 1박 2일 여행상품 중 가장 인기 있는 B가 선택된다. 따라서 750,000×140=105,000,000원이 필요하므로 옳다.

㉢ 공장1의 A, B 투표 결과가 바뀐다면 여행상품 A, B의 투표 수가 각각 31, 25표가 되어 선택되는 여행상품이 A로 변경된다.

오답분석

㉡ 가장 인기 높은 여행상품은 D이므로 옳지 않다.

04

정답 ③

ㄱ. 인천에서 중국을 경유해서 베트남으로 가는 경우에는 (210,000+310,000)×0.8=416,000원이 들고, 싱가포르로의 직항의 경우에는 580,000원이 든다. 따라서 164,000원이 더 저렴하다.

ㄷ. 갈 때는 직항으로 가는 것이 가장 저렴하여 341,000원 소요되고, 올 때도 직항이 가장 저렴하여 195,000원이 소요되므로, 최소 총비용은 536,000원이다.

오답분석

ㄴ. 태국은 왕복 298,000+203,000=501,000원, 싱가포르는 580,000+304,000=884,000원, 베트남은 341,000+195,000=536,000원이 소요되기 때문에 가장 비용이 적게 드는 태국을 선택할 것이다.

05

정답 ②

직항이 중국을 경유하는 것보다 소요 시간이 적으므로 직항 경로별 소요 시간을 도출하면 다음과 같다.

여행지	경로	왕복 소요 시간
베트남	인천 → 베트남(5시간 20분) 베트남 → 인천(2시간 50분)	8시간 10분
태국	인천 → 태국(5시간) 태국 → 인천(3시간 10분)	8시간 10분
싱가포르	인천 → 싱가포르(4시간 50분) 싱가포르 → 인천(3시간)	7시간 50분

따라서 소요 시간이 가장 짧은 싱가포르로 여행을 갈 것이며, 7시간 50분이 소요될 것이다.

06

정답 ③

구매하려는 소파의 특징에 맞는 제조사를 찾기 위해 제조사별 특징을 대우로 정리하면 다음과 같다.

- A사 : 이탈리아제 천을 사용하면 쿠션재에 스프링을 사용한다. 커버를 교환 가능하게 하면 국내산 천을 사용하지 않는다. → ×
- B사 : 국내산 천을 사용하지 않으면 쿠션재에 우레탄을 사용하지 않는다. 이탈리아제의 천을 사용하면 리클라이닝이 가능하다. → ○
- C사 : 국내산 천을 사용하지 않으면 쿠션재에 패더를 사용한다. 쿠션재에 패더를 사용하면 침대 겸용 소파가 아니다. → ○
- D사 : 이탈리아제 천을 사용하지 않으면 쿠션재에 패더를 사용하지 않는다. 쿠션재에 우레탄을 사용하지 않으면 조립이라고 표시된 소파가 아니다. → ×

따라서 B사 또는 C사의 소파를 구매할 것이다.

CHAPTER

03 수리능력

대표기출유형 01 기출응용문제

01

정답 ①

먼저 세 자연수의 합이 6이 되는 경우의 수를 구하여야 한다.

- 자연수의 합이 6이 되는 경우는 $4+1+1$, 또는 $2+2+2$, 또는 $3+2+1$이 있다.
- 3개의 주사위를 던졌을 때 나올 수 있는 모든 사건의 수는 $6\times6\times6=216$이다.
- 주사위의 합이 $4+1+1$로 표현되는 것은 (1, 1, 4), (1, 4, 1), (4, 1, 1)로 모두 3개가 있고, 주사위를 던져 $2+2+2$가 나올 수 있는 것은 (2, 2, 2)로 1개가 있다.
- 주사위를 던져 $3+2+1$이 나올 수 있는 것은 (1, 2, 3), (1, 3, 2), (2, 1, 3), (2, 3, 1), (3, 1, 2), (3, 2, 1)로 총 $3!=6$개가 있다.

따라서 3개의 주사위를 동시에 던질 때 나온 숫자의 합이 6이 되는 확률은 $\frac{10}{216}=\frac{5}{108}$이다.

02

정답 ②

철수가 A지역에서 C지역까지 가는 데 걸린 시간은 $\frac{200}{80}=2$시간 30분이다.

만수는 철수보다 2시간 30분 늦게 도착했으므로 걸린 시간은 5시간이다.

따라서 만수의 속력은 $\frac{300}{5}=60\text{km/h}$이다.

03

정답 ④

부어야 하는 물의 양을 xg이라 하면 다음과 같은 식이 성립한다.

$$\frac{\frac{12}{100}\times600}{600+x}\times100\le4$$

$\rightarrow 7,200\le2,400+4x$

$\therefore\ x\ge1,200\text{g}$

따라서 최소 1,200g의 물을 부어야 한다.

04

정답 ①

지도의 축척이 1 : 50,000이므로, A호텔에서 B공원까지 실제 거리는 10×50,000=500,000cm=5km이다.

따라서 신영이가 A호텔에서 출발하여 B공원에 도착하는 데 걸리는 시간은 $\frac{5}{30}=\frac{1}{6}$=10분이다.

05

정답 ②

- 국내 여행을 선호하는 남학생 수 : 30−16=14명
- 국내 여행을 선호하는 여학생 수 : 20−14=6명

따라서 국내 여행을 선호하는 학생 수는 14+6=20명이므로 구하는 확률은 $\frac{14}{20}=\frac{7}{10}$이다.

06

정답 ④

K공사에서 출장지까지의 거리를 $x$km라 하자.

이때 K공사에서 휴게소까지의 거리는 $\frac{4}{10}x=\frac{2}{5}x$km, 휴게소에서 출장지까지의 거리는 $\left(1-\frac{2}{5}\right)x=\frac{3}{5}x$km이다.

$\left(\frac{2}{5}x\times\frac{1}{75}\right)+\frac{30}{60}+\left(\frac{3}{5}x\times\frac{1}{75+25}\right)=\frac{200}{60}$

→ $\frac{2}{375}x+\frac{3}{500}x=\frac{17}{6}$

→ $8x+9x=4,250$

∴ $x=250$

따라서 K공사에서 출장지까지의 거리는 250km이다.

07

정답 ④

먼저 시간을 최소화하기 위해서는 기계를 이용한 포장과 손으로 포장하는 작업을 함께 병행해야 한다. 100개 제품을 포장하는 데 손으로 하는 포장은 300분이 걸리고 기계로 하는 포장은 200분에 휴식 50분을 더해 250분이 걸린다. 300분과 250분의 최소공배수 1,500분을 기준으로 계산하면 손의 경우 500개, 기계의 경우 600개를 만들 수 있다. 그러므로 1,500분 동안 1,100개를 만들 수 있다. 손은 6분에 2개를 포장하고 기계는 3개를 포장하므로 6분에 5개를 포장할 수 있고, 100개를 포장하는 데는 120분이 걸린다. 따라서 총 1,620분이 걸리므로 1,620÷60=27시간이 걸린다.

08

정답 ④

음료를 포장해 가는 고객의 수를 n명이라고 하면 카페 내에서 이용하는 고객의 수는 (100−n)명이다. 포장을 하는 고객은 6,400원의 수익을 주지만 카페 내에서 이용하는 고객은 서비스 비용인 1,500원을 제외한 4,900원의 수익을 준다.

즉, 고객에 대한 수익은 $6,400n+4,900(100-n)$ → $1,500n+490,000$이고,

가게 유지 비용에 대한 손익은 $1,500n+490,000-535,000$ → $1,500n-45,000$이다.

이 값이 0보다 커야 수익이 발생하므로 $1,500n-45,000>0$ → $1,500n>45,000$

∴ $n>30$

따라서 최소 31명이 음료 포장을 이용해야 수익이 발생하게 된다.

09

정답 ④

340km를 100km/h로 달리면 3.4시간이 걸린다. 휴게소에서 쉰 시간 30분(0.5시간)을 더해 원래 예정에는 3.9시간 뒤에 서울 고속터미널에 도착해야 한다. 하지만 도착 예정시간보다 2시간 늦게 도착했으므로 실제 걸린 시간은 5.9시간이 되고, 휴게소에서 예정인 30분보다 6분(0.1시간)을 더 쉬었으니 쉬는 시간을 제외한 버스의 이동시간은 5.3시간이다. 그러므로 실제 경언이가 탄 버스의 평균 속도는 340÷5.3≒64km/h이다.

대표기출유형 02 기출응용문제

01

정답 ②

2022년과 2023년 외래 의료급여비용의 전년 대비 증가율은 각각 $\frac{31,334-27,534}{27,534}\times100 \fallingdotseq 14\%$, $\frac{33,003-31,334}{31,334}\times100 \fallingdotseq 5\%$이다. 2022년부터 2024년까지 전년 대비 평균 증가율은 $\frac{14+5+5}{3}=8\%$이므로 2025년 외래 의료급여 예상비용은 $33,003\times1.05\times1.08 \fallingdotseq 37,425$억 원이다.

02

정답 ②

A～D가 외화 환전으로 얻은 이익은 다음과 같다.

- A
  - 1월 1일에 300달러 환전에 사용된 원화는 1,180×300=354,000원이다.
  - 3월 23일 받은 원화는 1,215×100=121,500원이고, 6월 12일에 받은 원화는 1,190×200=238,000원이다.
  - 사용한 원화가 354,000원이고, 받은 원화가 359,500원이므로 이익은 5,500원이다.
- B
  - 1월 1일에 3,000엔 환전에 사용된 원화는 1,090×30=32,700원이다.
  - 3월 23일 받은 원화는 1,105×10=11,050원이고, 6월 12일에 받은 원화는 1,085×20=21,700원이다.
  - 사용한 원화가 32,700원이고, 받은 원화가 32,750원이므로 이익은 50원이다.
- C
  - 1월 1일에 1,000위안 환전에 사용된 원화는 165×1,000=165,000원이다.
  - 3월 23일 받은 원화는 175×300=52,500원이고, 6월 12일에 받은 원화는 181×700=126,700원이다.
  - 사용한 원화가 165,000원이고, 받은 원화가 179,200원이므로 이익은 14,200원이다.
- D
  - 1월 1일에 400유로 환전에 사용된 원화는 1,310×400=524,000원이다.
  - 3월 23일 받은 원화는 1,370×200=274,000원이고, 6월 12일에 받은 원화는 1,340×200=268,000원이다.
  - 사용한 원화가 524,000원이고, 받은 원화가 542,000원이므로 이익은 18,000원이다.

따라서 최대 이익(D)과 최소 이익(B)의 차는 18,000−50=17,950원이다.

03

정답 ④

정확한 값을 계산하기보다 우선 자료에서 해결 실마리를 찾아, 적절하지 않은 선택지를 제거하는 방식으로 접근하는 것이 좋다.
먼저 효과성을 기준으로 살펴보면, 1순위인 C부서의 효과성은 3,000÷1,500=2이고, 2순위인 B부서의 효과성은 1,500÷1,000=1.5이다. 따라서 3순위 A부서의 효과성은 1.5보다 낮아야 한다는 것을 알 수 있다. 그러므로 A부서의 목표량 (가)는 500÷(가)<1.5 → (가)>333.3…으로 적어도 333보다는 커야 한다. 따라서 (가)가 300인 ①은 제외된다.
효율성을 기준으로 살펴보면, 2순위인 A부서의 효율성은 500÷(200+50)=2이다. 따라서 1순위인 B부서의 효율성은 2보다 커야 한다는 것을 알 수 있다. 그러므로 B부서의 인건비 (나)는 1,500÷[(나)+200]>2 → (나)<550으로 적어도 550보다는 작아야 한다. 따라서 (나)가 800인 ②는 제외된다.
남은 것은 ③과 ④인데, 먼저 ③부터 대입해보면 C부서의 효율성이 3,000÷(1,200+300)=2로 2순위인 A부서의 효율성과 같다. 따라서 정답은 ④이다.

04

정답 ③

- 1인 1일 사용량에서 영업용 사용량이 차지하는 비중 : $\frac{80}{282}\times100 \fallingdotseq 28.37\%$
- 1인 1일 가정용 사용량의 하위 두 항목이 차지하는 비중 : $\frac{20+13}{180}\times100 \fallingdotseq 18.33\%$

대표기출유형 03 기출응용문제

01

정답 ③

건강보험료는 $255,370-(4,160+16,250+112,500+4,960+41,630)=75,870$원이다.

오답분석

① 공제 총액은 기본급여의 $\frac{255,370}{1,000,000}\times100≒26\%$이다.

② 주민세와 소득세 총액은 국민연금의 $\frac{4,160+41,630}{112,500}\times100≒41\%$이다.

④ 시간 외 수당은 45,000원이므로 건강보험료 75,870원보다 적다.

02

정답 ④

- 1974년 대비 1984년의 도시 인구수 증가율 : $\frac{16,573-6,816}{6,816}\times100≒143\%$
- 1974년 대비 1984년의 농촌 인구수 감소율 : $\frac{28,368-18,831}{28,368}\times100≒34\%$

따라서 1974년 대비 1984년 도시 인구수는 100% 이상 증가하였고, 농촌 인구수는 25% 이상 감소하였다.

오답분석

① $6,816\times4=27,264<28,368$이므로 1974년의 농촌 인구수는 도시 인구수의 4배 이상이다.
② 2014년 대비 2024년의 도시 인구수는 감소하였고, 농촌 인구수는 증가하였다.
③ 조사 연도별 전체 인구수는 다음과 같다.
  - 1974년 : $6,816+28,368=35,184$천 명
  - 1984년 : $16,573+18,831=35,404$천 명
  - 1994년 : $32,250+14,596=46,846$천 명
  - 2004년 : $35,802+12,763=48,565$천 명
  - 2014년 : $36,784+12,402=49,186$천 명
  - 2024년 : $33,561+12,415=45,976$천 명

  따라서 전체 인구수는 1894년부터 2014년까지 증가하였고, 2024년에 감소하였다.

03

정답 ④

㉠·㉢ 제시된 자료를 통해 확인할 수 있다.
㉣ TV홈쇼핑 판매수수료율 순위 자료를 보면 여행패키지의 판매수수료율은 8.4%이다. 반면, 백화점 판매수수료율 순위 자료에 여행패키지 판매수수료율이 제시되지 않았지만 상위 5위와 하위 5위의 판매수수료율을 통해 여행패키지 판매수수료율은 20.8%보다 크고 31.1%보다 낮다는 것을 추론할 수 있다. 즉, $8.4\times2=16.8<20.8$이므로 여행패키지 상품군의 판매수수료율은 백화점이 TV홈쇼핑의 2배 이상이라는 설명은 옳다.

오답분석

㉡ 백화점 판매수수료율 순위 자료를 보면 여성정장과 모피의 판매수수료율은 각각 31.7%, 31.1%이다. 반면, TV홈쇼핑 판매수수료율 순위 자료에는 여성정장과 모피의 판매수수료율이 제시되지 않았다. 상위 5위와 하위 5위의 판매수수료율을 통해 제시되지 않은 상품군의 판매수수료율은 28.7%보다 높고 36.8%보다 낮은 것을 추측할 수 있다. 즉, TV홈쇼핑의 여성정장과 모피의 판매수수료율이 백화점보다 높은지 낮은지 판단할 수 없다.

04

정답 ③

ㄴ. 2021년 대비 2024년 모든 분야의 침해사고 건수는 감소하였으나, 50%p 이상 줄어든 것은 스팸릴레이 한 분야이다.
ㄹ. 기타 해킹 분야의 2024년 침해사고 건수는 2022년 대비 증가했으므로 옳지 않은 설명이다.

오답분석

ㄱ. 단순침입시도 분야의 침해사고는 매년 스팸릴레이 분야의 침해사고 건수의 두 배 이상인 것을 확인할 수 있다.
ㄷ. 2023년 홈페이지 변조 분야의 침해사고 건수가 차지하는 비중은 $\frac{5,216}{16,135}\times100 \fallingdotseq 32.3\%$로, 35% 이하이다.

05

정답 ④

2020년과 2024년에는 출생아 수와 사망자 수의 차이가 20만 명이 되지 않는다.

06

정답 ②

2023년의 50대 선물환거래 금액은 1,980억×0.306=605.88억 원이며, 2024년은 2,084억×0.297=618.948억 원이다. 따라서 2023년 대비 2024년의 50대 선물환거래 금액 증가량은 618.948−605.88=13.068억 원이므로 13억 원 이상이다.

오답분석

① 2023 ~ 2024년의 전년 대비 10대의 선물환거래 금액 비율 증감 추이는 '증가 – 감소'이고, 20대는 '증가 – 증가'이다.
③ 2022 ~ 2024년의 40대 선물환거래 금액은 다음과 같다.
- 2022년 : 1,920억×0.347=666.24억 원
- 2023년 : 1,980억×0.295=584.1억 원
- 2024년 : 2,084억×0.281=585.604억 원

따라서 2024년의 40대 선물환거래 금액은 전년 대비 증가했으므로 40대의 선물환거래 금액은 지속적으로 감소하고 있지 않다.
④ 2024년의 10 ~ 40대 선물환거래 금액 총비율은 2.5+13+26.7+28.1=70.3%로, 2023년의 50대 비율의 2.5배인 30.6%×2.5=76.5%보다 낮다.

07

정답 ②

2024년 7월 서울특별시의 소비심리지수는 128.8이고, 2024년 12월 서울특별시의 소비심리지수는 102.8이다. 따라서 2024년 7월 대비 2024년 12월의 소비심리지수 감소율은 $\frac{128.8-102.8}{128.8}\times100 \fallingdotseq 20.19\%$이다.

오답분석

① 2024년 7월 소비심리지수가 100 미만인 지역은 대구광역시, 경상북도 두 곳이다.
③ 표를 통해 확인할 수 있다.
④ 2024년 9월에 비해 2024년 10월에 가격상승 및 거래증가 응답자가 적었던 지역은 97.7 → 96.4로 감소한 경상북도 한 곳이다.

CHAPTER

04 자원관리능력

대표기출유형 01 기출응용문제

01

정답 ③

A씨가 쓸 수 있는 항공료는 최대 450,000원이다. 항공료 지원율을 반영해 실제 쓸 돈을 계산하면

- 중국 : 130,000×2×2×0.9=468,000원
- 일본 : 125,000×2×2×0.7=350,000원
- 싱가포르 : 180,000×2×2×0.65=468,000원

따라서 A씨는 일본 여행만 가능하다.

제시된 자료에서 8월 3～4일은 휴가가 불가능하다고 하였으므로, A씨가 선택할 여행기간은 16～19일이다.

02

정답 ④

행낭 배송 운행속도는 시속 60km로 일정하므로, A지점에서 G지점까지의 최단거리를 구한 뒤 소요 시간을 구하면 된다. 우선 배송 요청에 따라 지점 간의 순서 변경과 생략을 할 수 있으므로 거치는 지점을 최소화하여야 한다. 이를 고려하여 최단거리를 구하면 A → B → D → G ⇒ 6+2+8=16 ⇒ 16분(∵ 60km/h=1km/min)이다.

따라서 대출신청 서류가 A지점에 다시 도착할 최소시간은 16분(A → G)+30분(서류 작성)+16분(G → A)=62분=1시간 2분이다.

03

정답 ③

자동차 부품 생산조건에 따라 반자동라인과 자동라인의 시간당 부품 생산량을 구해보면 다음과 같다.

- 반자동라인 : 4시간에 300개의 부품을 생산하므로, 8시간에 300개×2=600개의 부품을 생산한다. 하지만 8시간마다 2시간씩 생산을 중단하므로, 8+2=10시간에 600개의 부품을 생산하는 것과 같다. 따라서 시간당 부품 생산량은 $\frac{600\text{개}}{10\text{시간}}=60\text{개}$이다.
  이때 반자동라인에서 생산된 부품의 20%는 불량이므로, 시간당 정상 부품 생산량은 60개×(1−0.2)=48개이다.
- 자동라인 : 3시간에 400개의 부품을 생산하므로, 9시간에 400개×3=1,200개의 부품을 생산한다. 하지만 9시간마다 3시간씩 생산을 중단하므로, 9+3=12시간에 1,200개의 부품을 생산하는 것과 같다. 따라서 시간당 부품 생산량은 $\frac{1{,}200\text{개}}{12\text{시간}}=100\text{개}$이다.
  이때 자동라인에서 생산된 부품의 10%는 불량이므로, 시간당 정상 제품 생산량은 100개×(1−0.1)=90개이다.

따라서 반자동라인과 자동라인에서 시간당 생산하는 정상 제품의 생산량은 48+90=138개이므로, 34,500개를 생산하는 데 $\frac{34{,}500\text{개}}{138\text{개/h}}=250\text{시간}$이 소요되었다.

04

정답 ④

공정별 순서는 A → B ↘ / D → E ↗ C → F이고, C공정을 시작하기 전에 B공정과 E공정이 선행되어야 하는데 B공정까지 끝나려면 4시간이 소요되고 E공정까지 끝나려면 3시간이 소요된다. 선행작업이 완료되어야 이후 작업을 할 수 있으므로, C공정을 진행하기 위해서는 최소 4시간이 걸린다. 따라서 완제품은 F공정이 완료된 후 생산되므로 첫 번째 완제품 생산의 소요시간은 9시간이다.

대표기출유형 02 기출응용문제

01

정답 ④

- 6월 8일

  출장지는 K시이므로 출장수당은 10,000원이고, 교통비는 20,000원이다. 그러나 관용차량을 사용했으므로 교통비에서 10,000원이 차감된다. 즉, 6월 8일의 출장여비는 10,000+(20,000−10,000)=20,000원이다.
- 6월 16일

  출장지는 S시이므로 출장수당은 20,000원이고, 교통비는 30,000원이다. 그러나 출장 시작 시각이 14시이므로 10,000원이 차감된다. 즉, 6월 16일의 출장여비는 (20,000−10,000)+30,000=40,000원이다.
- 6월 19일

  출장지는 B시이므로 출장비는 20,000원이고, 교통비는 30,000원이다. 이때, 업무추진비를 사용했으므로 10,000원이 차감된다. 즉, 6월 19일의 출장여비는 (20,000−10,000)+30,000=40,000원이다.

따라서 A사원이 6월 출장여비로 받을 수 있는 총액은 20,000+40,000+40,000=100,000원이다.

02

정답 ③

연상별로 수상 인원을 고려하여, 상패 및 물품별 총수량과 비용을 계산하면 다음과 같다.

상패 또는 물품	총수량(개)	개당 가격(원)	총비용(원)
금 도금 상패	7	49,500원(10% 할인)	7×49,500=346,500
은 도금 상패	5	42,000	42,000×4(1개 무료)=168,000
동 상패	2	35,000	35,000×2=70,000
식기 세트	5	450,000	5×450,000=2,250,000
신형 노트북	1	1,500,000	1×1,500,000=1,500,000
태블릿 PC	6	600,000	6×600,000=3,600,000
만년필	8	100,000	8×100,000=800,000
안마의자	4	1,700,000	4×1,700,000=6,800,000
합계	−	−	15,534,500

03

정답 ④

수인이가 베트남 현금 1,670만 동을 환전하기 위해 필요한 한국 돈은 수수료를 제외하고 1,670만 동×483원/만 동=806,610원이다. 우대사항에서 50만 원 이상 환전 시 70만 원까지 수수료가 0.4%로 낮아진다. 70만 원의 수수료는 0.4%가 적용되고 나머지는 0.5%가 적용되어 총수수료를 구하면 700,000×0.004+(806,610−700,000)×0.005=2,800+533.05≒3,330원이다.
따라서 수인이가 원하는 금액을 환전하기 위해서 필요한 총액은 806,610+3,330=809,940원임을 알 수 있다.

04

정답 ④

1일 평균임금을 x원이라 놓고 퇴직금 산정공식을 이용하여 계산하면 다음과 같다.

1,900만 원=[30x×(5×365)]÷365

→ 1,900만=150x

∴ x≒13만(∵ 천의 자리에서 올림)

따라서 1일 평균임금이 13만 원이므로, K씨의 평균 연봉을 계산하면 13만×365=4,745만 원이다.

대표기출유형 03 기출응용문제

01

정답 ③

각 과제의 최종 점수를 구하기 전에 항목별로 최하위 점수가 부여된 과제는 제외하므로, 중요도에서 최하위 점수가 부여된 B, 긴급도에서 최하위 점수가 부여된 D, 적용도에서 최하위 점수가 부여된 E를 제외한다. 나머지 두 과제에 대하여 주어진 조건에 따라 최종 점수를 구해보면 다음과 같다. 가중치는 별도로 부여되므로 추가 계산한다.

- A : (84+92+96)+(84×0.3)+(92×0.2)+(96×0.1)=325.2점
- C : (95+85+91)+(95×0.3)+(85×0.2)+(91×0.1)=325.6점

따라서 최종 점수가 높은 C를 가장 먼저 수행해야 한다.

02

정답 ④

20×10=200부이며, 200×30=6,000페이지이다. 이를 활용하여 업체당 인쇄비용을 구하면 다음과 같다.

구분	페이지 인쇄 비용	유광표지 비용	제본 비용	할인을 적용한 총비용
A	6,000×50=30만 원	200×500=10만 원	200×1,500=30만 원	30+10+30=70만 원
B	6,000×70=42만 원	200×300=6만 원	200×1,300=26만 원	42+6+26=74만 원
C	6,000×70=42만 원	200×500=10만 원	200×1,000=20만 원	42+10+20=72만 원 → 200부 중 100부 5% 할인 → (할인 안 한 100부 비용)+(할인한 100부 비용) =36+(36×0.95)=70만 2천 원
D	6,000×60=36만 원	200×300=6만 원	200×1,000=20만 원	36+6+20=62만 원

따라서 가장 저렴한 비용으로 인쇄할 수 있는 업체는 D인쇄소이다.

03

정답 ①

두 번째 조건에서 총구매금액이 30만 원 이상이면 총금액에서 5%를 할인해 주므로 한 벌당 가격이 300,000÷50=6,000원 이상인 품목은 할인적용이 들어간다. 업체별 품목 금액을 보면 모든 품목이 6,000원 이상이므로 5% 할인 적용대상이다. 따라서 모든 품목에 할인이 적용되어 정가로 비교가 가능하다.

세 번째 조건에서 차순위 품목이 1순위 품목보다 총금액이 20% 이상 저렴한 경우 차순위를 선택한다고 했으므로 한 벌당 가격으로 계산하면 1순위인 카라 티셔츠의 20% 할인된 가격은 8,000×0.8=6,400원이다. 정가가 6,400원 이하인 품목은 A업체의 티셔츠이므로 팀장은 1순위인 카라 티셔츠보다 2순위인 A업체의 티셔츠를 구입할 것이다.

04

정답 ③

사진별로 개수에 따른 총용량을 구하면 다음과 같다.

- 반명함 : 150×8,000=1,200,000KB(1,200MB)
- 신분증 : 180×6,000=1,080,000KB(1,080MB)
- 여권 : 200×7,500=1,500,000KB(1,500MB)
- 단체사진 : 250×5,000=1,250,000KB(1,250MB)

모든 사진의 총용량을 더하면 1,200+1,080+1,500+1,250=5,030MB이다.

5,030MB는 5.030GB이므로, 필요한 USB 최소 용량은 5GB이다.

대표기출유형 04 기출응용문제

01

정답 ②

- 본부에서 36개월 동안 연구원으로 근무 → 0.03×36=1.08점
- 지역본부에서 24개월 근무 → 0.015×24=0.36점
- 특수지에서 12개월 동안 파견근무(지역본부 근무경력과 중복되어 절반만 인정) → 0.02×12÷2=0.12점
- 본부로 복귀 후 현재까지 총 23개월 근무 → 0.03×23=0.69점
- 현재 팀장(과장) 업무 수행 중
  - 내부평가결과 최상위 10% 총 12회 → 0.012×12=0.144점
  - 내부평가결과 차상위 10% 총 6회 → 0.01×6=0.06점
  - 금상 2회, 은상 1회, 동상 1회 수상 → (0.25×2)+(0.15×1)+(0.1×1)=0.75점 → 0.5점(∵ 인정 범위 조건)
  - 시행결과평가 탁월 2회, 우수 1회 → (0.25×2)+(0.15×1)=0.65점 → 0.5점(∵ 인정 범위 조건)

따라서 Q과장에게 부여해야 할 가점은 3.454점이다.

02

정답 ③

최나래, 황보연, 이상윤, 한지혜는 업무성과 평가에서 상위 40%(인원이 10명이므로 4명) 이내에 해당하지 않으므로 대상자가 아니다. 업무성과 평가 결과에서 40% 이내에 드는 사람은 4명까지이지만, B를 받은 사람 4명을 동순위자로 보아 6명이 대상자 후보가 된다. 6명 중 박희영은 통근거리가 50km 미만이므로 대상자에서 제외된다. 나머지 5명 중에서 자녀가 없는 김성배, 이지규는 우선순위에서 밀려나고, 나머지 3명 중에서는 통근거리가 가장 먼 순서대로 이준서, 김태란이 동절기 업무시간 단축 대상자로 선정된다.

03

정답 ④

성과급 기준표를 토대로 A～D교사에 대한 성과급 배점을 정리하면 다음과 같다.

구분	주당 수업시간	수업 공개 유무	담임 유무	업무 곤란도	호봉	합계
A교사	14점	–	10점	20점	30점	74점
B교사	20점	–	5점	20점	30점	75점
C교사	18점	5점	5점	30점	20점	78점
D교사	14점	10점	10점	30점	15점	79점

따라서 D교사가 가장 높은 배점을 받게 된다.

CHAPTER

05 기술능력

대표기출유형 01 기출응용문제

01

정답 ②

ㄱ. 하향식 기술선택에 대한 설명이다.
ㄴ. 상향식 기술선택에 대한 설명이다.
ㅁ. 기술선택을 위한 우선순위는 다음과 같다.
ⓐ 제품의 성능이나 원가에 미치는 영향력이 큰 기술
ⓑ 기술을 활용한 제품의 매출과 이익 창출 잠재력이 큰 기술
ⓒ 쉽게 구할 수 없는 기술
ⓓ 기업 간 모방이 어려운 기술
ⓔ 기업이 생산하는 제품 및 서비스에 보다 광범위하게 활용할 수 있는 기술
ⓕ 최신 기술로 진부화될 가능성이 적은 기술

02

정답 ①

시스템적인 관점에서 인식하는 능력은 기술적 능력에 대한 것으로, 기술경영자의 역할보다는 기술관리자의 역할에 해당한다.

대표기출유형 02 기출응용문제

01

정답 ③

제시문의 동결 시 조치 방법에서는 화면에 'ER' 표시가 나타나면 전원 버튼이 아닌 일시정지 버튼을 눌러 작동을 멈추라고 설명했다.

오답분석

① 필터는 제품 사용 전후로 반드시 청소해 주라고 설명했다.
② 건조기 사용이 불가한 제품 목록이 설명되어 있다.
④ 호스가 얼면 호스 안의 이물질을 모두 꺼내고, 호스를 따뜻한 물 또는 따뜻한 수건으로 20분 이상 녹여 주라고 설명했다.

02

정답 ④

④에 대한 내용은 문제 해결법에 나와 있지 않다.

03

정답 ④

잉크 카트리지에 남아 있는 예상 잉크량 확인은 인쇄 속도가 느릴 때 해결할 수 있는 방안이다.

CHAPTER

06 조직이해능력

대표기출유형 01 기출응용문제

01

정답 ②

경영활동을 구성하는 요소는 경영목적, 인적자원, 자금, 경영전략이다. (나)의 경우와 같이 봉사활동을 수행하는 일은 목적과 인력, 자금 등이 필요한 일이지만, 정해진 목표를 달성하기 위한 조직의 관리, 전략, 운영활동이라고 볼 수 없으므로 경영활동이 아니다.

02

정답 ④

근로자대표가 기업의 의사결정구조에 사용자와 대등한 지분을 가지고 참여하는 공동의사결정제도와 근로자와 사용자가 상호 협조하여 근로자의 복지증진과 기업의 건전한 발전을 목적으로 구성하는 노사협의회제도는 경영참가의 사례로 볼 수 있다. 자본참가의 경우 근로자가 경영방침에 따라 회사의 주식을 취득하는 종업원지주제도, 노동제공을 출자의 한 형식으로 간주하여 주식을 제공하는 노동주제도 등을 사례로 볼 수 있다.

대표기출유형 02 기출응용문제

01

정답 ④

직업방송매체팀은 계획된 사업 중 직업방송 제작 사업을 담당하며, 해당 사업의 예산은 5,353백만 원으로 다른 부서에 비해 가장 적은 예산을 사용한다. 컨소시엄지원팀이 담당하는 컨소시엄훈련지원 사업의 예산은 108,256백만 원으로 두 번째로 많은 예산을 사용한다.

오답분석

① 보기의 분장업무에 따르면 능력개발총괄팀은 능력개발사업 장단기 발전계획 수립 업무를 담당한다.
② 사업주훈련지원팀은 사업주 직업능력개발훈련 지원, 중소기업 학습조직화 지원, 기업맞춤형 현장훈련 지원, 청년취업아카데미 운영 관리, 내일이룸학교 운영 지원, 중소기업 훈련지원센터 운영 관리 등 총 6개 사업을 담당한다.
③ 컨소시엄지원팀은 컨소시엄훈련지원을, 직업방송매체팀은 직업방송 제작을 담당하므로 담당 사업의 수는 같다.

02

정답 ②

②는 업무의 내용이 유사하고 관련성이 있는 업무들을 결합해서 구분한 것으로, 기능식 조직구조의 형태로 볼 수 있다. 기능식 구조의 형태는 재무부, 영업부, 생산부, 구매부 등의 형태로 구분된다.

03

정답 ①

조직도를 살펴보면 조직 내적인 구조는 볼 수 없지만, 구성원들의 임무, 수행하는 과업, 일하는 장소 등과 같은 일하는 방식과 관련된 체계를 알 수 있으므로 한 조직을 이해하는 데 유용하다.

04

정답 ①

㉠ 환경이 안정적이거나 일상적인 기술, 조직의 내부 효율성을 중요시하는 기업은 기능적 조직구조 형태를 띠고 있다.
㉡ 사업별 조직 구조는 주로 안정적인 환경이 아니라 급변하는 환경에의 효과적 대응가 용이한 조직구조이다.

오답분석

㉢ 기능적 조직구조 형태는 업무의 내용이 유사하고 관련성이 있는 것들을 결합하여 부서를 조직한 방식이다.
㉣ 변화하는 환경에 효과적으로 대응하고 제품, 지역, 고객별 차이에 신속하게 적응하기 위해서는 분권화된 의사결정이 가능한 사업별 조직 구조가 유리하다.

PART 2

대표기출유형 03 기출응용문제

01

정답 ③

유대리가 처리해야 할 일의 순서는 다음과 같다.

음악회 주최 의원들과 점심 → 음악회 주최 의원들에게 일정표 전달(점심 이후) → △△조명에 조명 점검 협조 연락(오후) → 한여름 밤의 음악회 장소 점검(퇴근 전) → 김과장에게 상황 보고

따라서 가장 먼저 해야 할 일은 '음악회 주최 의원들과 점심'이다.

02

정답 ③

ㄱ. 최수영 상무이사가 결재한 것은 대결이다. 대결은 결재권자가 출장, 휴가, 기타 사유로 상당기간 부재중일 때 긴급한 문서를 처리하고자 할 경우 결재권자의 차하위 직위의 결재를 받아 시행하는 것을 말한다.
ㄴ. 대결 시에는 기안문의 결재란 중 대결한 자의 란에 '대결'을 표시하고 서명 또는 날인한다.
ㄹ. 전결 사항은 전결권자에게 책임과 권한이 위임되었으므로 중요한 사항이라면 원결재자에게 보고하는 데 그친다.

담당	과장	부장	상무이사	전무이사
아무개	최경옥	김석호	대결 최수영	전결

오답분석

ㄷ. 대결의 경우 원결재자가 문서의 시행 이후 결재하며, 이를 후결이라 한다.

M E M O

PART 3

최종점검 모의고사

제1회 사무직 최종점검 모의고사

01	02	03	04	05	06	07	08	09	10	11	12	13	14	15	16	17	18	19	20
①	②	④	③	②	④	④	③	④	③	③	①	④	③	③	②	①	①	④	②
21	22	23	24	25	26	27	28	29	30	31	32	33	34	35	36	37	38	39	40
②	③	①	④	④	②	④	③	②	③	④	③	④	④	③	③	②	④	④	④
41	42	43	44	45	46	47	48	49	50	51	52	53	54	55	56	57	58	59	60
①	④	②	③	③	④	③	③	①	③	④	①	②	③	④	③	④	④	③	②
61	62	63	64	65	66	67	68	69	70										
③	④	②	①	②	①	③	①	①	①										

01 문서 수정

정답 ①

㉠ 앞의 문장에서 '향토 음식'에 대한 일반적인 통념을 제시하고 ㉠에서 전통 음식과 구별되는 향토 음식의 '좁은 개념'을 제시하기 때문에 자연스러운 흐름이다. 또한 ㉡의 '해당 지역에서 생산된 재료'는 ㉠의 '각 지역의 특산물'과 연결되며, ㉡은 '향토 음식은 그 지역 고유의 음식 문화를 이룬다고 할 수 있다.'며 ㉠을 보충 설명한다. 따라서 ㉠과 ㉡의 순서를 바꾸지 않는 것이 적절하다.

오답분석

② ㉢ 앞의 문단은 향토 음식의 개념과 가치를, ㉢을 포함한 문단은 향토 음식에 대한 청소년들의 무관심을 다룬다. 따라서 앞뒤 문단을 연결하려면 화제를 앞의 내용과 관련시키면서 다른 방향으로 전환할 때 쓰는 접속어 '그런데'가 필요하다.
③ ㉣에서 '주말에 (친구들과) 함께 시간을 내는 것은 쉽지 않다.'는 것은 ㉣을 포함한 문단에서 말하는 '향토 음식 요리 교실'에 참여해 '그 지역에서 이어져 온 문화와 정신'을 배우는 경험과 직접적인 관련이 없으므로 삭제한다.
④ ㉤ 앞의 '양념을 많이 쓰지 않은 자연 그대로의 담백한 맛'은 꾸밈이나 거짓이 없고 수수하다는 뜻의 형용사 '소박하다'와 잘 어울린다.

02 문서 내용 이해

정답 ②

광고는 해당 제품이 가진 여러 가지 정보를 담고 있다. 따라서 현명한 소비를 하기 위해서 광고에 의존해서는 안 되지만, 기본적인 정보 습득에 있어 전혀 도움이 되지 않는 것은 아니다.

오답분석

① 광고는 제품에 대한 긍정적인 이미지를 형성하여 소비자의 구매 욕구를 자극한다.
③ 현명한 소비를 하기 위해서는 광고에 의해 형성된 이미지에 속지 않고, 가격, 품질, 필요성 등 다양한 요소를 종합적으로 고려해야 한다.
④ 광고는 제품이나 서비스에 대한 정보를 전달하는 데 사용되는 매개체로 소비자의 구매 결정에 큰 영향을 준다.

03 문단 나열

정답 ④

(가) 문단에서는 전자 상거래 시장에서 소셜 커머스 열풍이 불고 있다는 내용을 소개하고 국내 소셜 커머스 현황을 제시하고 있다. (다) 문단은 소셜 커머스가 주로 SNS를 이용해 공동 구매자를 모으는 것에서 그 명칭이 유래되었다고 언급하며, (나) 문단은 소셜 쇼핑과 개인화된 쇼핑 등 소셜 커머스의 유형과 향후 전망을 제시하였다.

04 반박

정답 ③

밑줄 친 부분을 반박하는 주장은 '인간에게 동물의 복제 기술을 적용해서는 안 된다.'이므로, 이를 뒷받침하는 근거이되 인터뷰의 내용과 부합하지 않는 것이 문제가 요구하는 답이다. 인터뷰에서 복제 기술을 인간에게 적용했을 때 발생할 수 있는 문제점으로 지적한 것은, '기존 인간관계의 근간을 파괴하는 사회 문제'와 '바이러스 등 통제 불능한 생물체가 만들어질 가능성', 그리고 '어느 국가 또는 특정 집단이 복제 기술을 악용할 위험성' 등이다. 그러나 ③의 내용은 인간에게 복제 기술을 적용했을 때 나타날 수 있는 부작용인지를 판단할 자료가 인터뷰에 제시되지 않았다. 또한 상식적인 수준에서도 생산되는 복제 인간의 수는 통제할 수 있으므로 밑줄 친 부분을 반박할 근거로는 부적절하다.

05 내용 추론

정답 ②

세 번째 문단에서 국내 서비스업 취업자 수가 감소한 것이 아니라, 증가폭이 감소하였다는 내용이므로 ②는 틀린 추론이다.

오답분석

① 두 번째 문단을 보면 주요국 통화정책 정상화 기대 등으로 국채금리가 상승하였다고 하였으므로, 국채금리는 주요국 통화정책의 영향을 받는다는 것을 알 수 있다.
③ 두 번째 문단에 따르면 세계경제의 성장세가 확대되는 움직임을 나타내고 있으므로 최근 세계경제가 지속적으로 성장해 왔음을 추론할 수 있다.
④ 다섯 번째 문단에 따르면 금융시장은 오름세를 보이고 있으며, 주택가격 또한 오름세를 보이고 있음을 알 수 있다.

06 문서 내용 이해

정답 ④

농작물 재배 능력이 낮고 영농 기반이 부족한 청년농업인들에게는 기존의 농업 방식보다는 자동화 재배 관리가 가능한 온프레시팜 방식이 농작물 재배에 더 용이할 수는 있으나, 초기 시설비용이 많이 들고 재배 기술의 확보가 어려워 접근이 더 수월하다고 볼 수는 없다.

07 문서 내용 이해

정답 ④

오답분석

① 그녀는 8년째 도서관에서 일한다.
② 그녀는 동생에게 매달 50만 원을 송금했다.
③ 그녀는 생활비를 줄이기 위해 휴대폰을 정지시켰다.

08 문서 내용 이해

정답 ③

16세기 말 그레고리력이 도입되기 전 프랑스 사람들은 3월 25일부터 4월 1일까지 일주일 동안 축제를 벌였다.

오답분석

① 만우절이 프랑스에서 기원했다는 이야기는 많은 기원설 중의 하나일 뿐, 정확한 기원은 알려지지 않았다.
② 프랑스는 16세기 말 그레고리력을 받아들이면서 달력을 새롭게 개정하였다.
④ 프랑스에서는 만우절에 놀림감이 된 사람들을 '4월의 물고기'라고 불렀다.

09 빈칸 삽입

정답 ④

(가) : 빈칸 앞 문장은 현대적인 건축물에서 창과 문이 명확히 구별된다는 내용이고, 빈칸 앞 접속어가 역접 기능의 '그러나'이므로 이와 상반된 내용이 빈칸에 들어가야 한다. 따라서 ㉢이 가장 적절하다.
(나) : 빈칸이 포함된 문단의 첫 문장에서는 한옥에서 창호가 핵심적인 역할을 한다고 하였고, 이어지는 내용은 이를 뒷받침하는 내용이다. 따라서 '이처럼'으로 연결된 빈칸에는 문단 전체의 내용을 요약·강조하는 ㉠이 가장 적절하다.
(다) : 빈칸을 포함한 문단의 마지막 문장에 창호가 '지속적인 소통'을 가능케 한다고 하였으므로 ㉡이 가장 적절하다.

10 글의 주제

정답 ③

제시문에서는 인류의 발전과 미래에 인류에게 닥칠 문제를 해결하기 위해 우주 개발이 필요하다는, 우주 개발의 정당성에 대해 말하고 있다.

11 문서 수정

정답 ③

제시문에 따르면 인류는 오른손을 선호하는 반면 왼손을 선호하지 않는 경향이 있다. '기시감'은 처음 보는 인물이나 처음 겪는 일을 어디서 보았거나 겪었던 것처럼 느끼는 것을 말하므로 '기시감'으로 수정하는 것은 적절하지 않다.

오답분석

① '선호하다'에 이미 '다른 요소들보다 더 좋아하다.'라는 의미가 있으므로 '더'를 함께 사용하는 것은 의미상 중복이다. 따라서 '선호하는' 또는 '더 좋아하는'으로 수정해야 한다.

② '-ㄹ뿐더러'는 하나의 어미이므로 앞말에 붙여 쓴다.

④ 제시문은 인류가 오른손을 선호하고 왼손을 선호하지 않는 이유에 대한 글이다. 따라서 ㉣과 같이 왼손잡이를 선호하는 사회가 발견된다면 새로운 이론이 등장할 것이라는 내용이 글의 중간에 등장하는 것은 일관성을 해칠 뿐만 아니라, '이러한 논란'이 가리키는 바도 제시되지 않았다.

12 내용 추론

정답 ①

(가) 문단에서는 인류가 바람을 에너지원으로 사용한 지 1만 년이 넘었다고 제시되어 있을 뿐이므로, 이를 통해 인류에게 풍력에너지가 가장 오래된 에너지원인지는 추론할 수 없다.

13 글의 주제

정답 ④

(라) 문단은 비행선 등을 활용하여 고고도풍(High Altitude Wind)을 이용하는 발전기 회사의 사례를 제시하고 있지만, 그 기술의 한계에 대한 내용은 언급하고 있지 않다.

14 비판

정답 ③

헤겔은 국가를 사회 문제를 해결하고 공적 질서를 확립할 최종 주체로 설정했고, 뒤르켐은 사익을 조정하고 공익과 공동체적 연대를 실현할 도덕적 개인주의의 규범에 주목하면서, 이를 수행할 주체로서 직업 단체의 역할을 강조하였다. 즉, 직업 단체가 정치적 중간 집단으로서 구성원의 이해관계를 국가에 전달하는 한편 국가를 견제해야 한다고 보았다.

오답분석

① 뒤르켐이 주장하는 직업 단체는 정치적 중간 집단의 역할로 빈곤과 계급 갈등의 해결을 수행할 주체이다.

②·④ 헤겔의 주장이다.

15 빈칸 삽입

정답 ③

보기에 주어진 문장의 '이'는 앞 문장의 내용을 가리키므로, 기업의 이익 추구가 사회 전체의 이익과 관련된 결과를 가져왔다는 내용이 앞에 와야 한다. 이는 (다) 앞의 '가장 저렴한 가격으로 상품 공급'이 '사회 전체의 이익'과 연관되므로, 보기의 문장은 (다)에 들어가는 것이 가장 적절하다.

16 응용 수리

정답 ②

각 점포의 일일 매출액을 a, b, c, d, e만 원이라고 하면, 주어진 조건을 다음과 같이 나타낼 수 있다.

- $a=b-30$ … ㉠
- $b=d\div 5$ … ㉡
- $d+e+2,450=c$ … ㉢
- $2c-12d=3,500$ … ㉣
- $30e=9,000$ … ㉤ → $e=300$

e를 ㉢에 대입하면, $c-d=2,750$이므로 ㉣과 연립하면, $d=200$, $c=2,950$이므로 ㉡에서 $b=40$, ㉠에서 $a=10$임을 알 수 있다.

따라서 총매출액은 $10+40+2,950+200+300=3,500$만 원이다.

17 응용 수리

정답 ①

B의 속력을 xm/min라 하자.

서로 반대 방향으로 걸으므로 한 번 만날 때 두 사람은 연못을 1바퀴 걸은 것이다.

1시간 동안 5번을 만났다면 두 사람의 이동거리 합은 다음과 같다.

$600\times 5=3,000$m

즉, $3,000=60\times 15+60x$

$60x=2,100$

$\therefore x=35$

18 응용 수리

정답 ①

남학생 5명 중 2명을 선택하는 경우의 수 : ${}_5C_2$

여학생 3명 중 2명을 선택하는 경우의 수 : ${}_3C_2$

이 4명을 한 줄로 세우는 경우의 수 : 4!

${}_5C_2\times{}_3C_2\times 4!=10\times 3\times 24=720$

따라서 구하고자 하는 경우의 수는 720가지이다.

19 자료 이해

정답 ④

미국의 특허권 건수와 산업재산권 건수는 기간 중에 해마다 증가하고 있다.

오답분석

① 특허권 등록건수의 국가별 순위에는 몇 번의 변동이 있었다. 예를 들면, 2019년부터 2021년 사이에는 일본이 1위였으나, 2022년부터는 미국이 1위를 차지했다. 또한 한국은 2021년까지는 5위 안에 들지 못하였으나 2022년과 2023년에는 3위로 상승하였으며 2024년에는 다시 5위로 하락하였다.

② 미국은 산업재산권 등록건수에 있어서 항상 일본보다 낮은 수준이었다. 또한 특허권 등록건수에 있어서도 2019 ~ 2021년 사이에는 일본보다 낮은 수준이었다.

③ 산업재산권 등록건수 순위의 경우, 매년 일본이 1위, 미국이 2위를 차지하였으나 3위 이하의 순위에 있어서는 몇 번의 변동이 있었다. 예를 들어 3위 국가를 보면, 2019년에는 러시아, 2020년에는 독일, 2021년에는 러시아, 그리고 2022년 이후에는 한국이었다.

20 자료 계산

정답 ②

먼저 W씨와 첫 번째 친구가 선택한 A, C강의의 수강료는 [(50,000+80,000)×0.9]×2=234,000원이다. 두 번째 친구의 B강의 수강료는 70,000원이고, 모든 강의를 수강하는 세 번째 친구의 수강료는 (50,000+70,000+80,000)×0.8=160,000원이다. 따라서 네 사람이 결제해야 할 총액은 234,000+70,000+160,000=464,000원이다.

21 자료 이해

정답 ②

2월의 유입인원은 5,520−2,703=2,817천 명으로 1월보다 2,979−2,817=162천 명 감소하였다.

오답분석

① 수송인원은 증가와 감소 모두 나타나고 있다.
③ 11월의 승차인원은 6,717−3,794=2,923천 명이다. 6월의 승차인원보다 3,102−2,923=179천 명 적다.
④ 8월의 수송인원은 6,720천 명이므로 12월의 수송인원(6,910천 명)보다 190천 명 적다.

22 자료 이해

정답 ③

ㄷ. C등급 중 가장 많은 비중을 차지한 육종은 곧 C등급의 두수가 가장 많은 육종이다. 8월의 경우에도 한우, 10월의 경우에도 한우의 두수가 가장 많으므로 옳은 설명이다.
ㅁ. B등급 한우의 2024년 7월 대비 2024년 9월의 두수 증가율은 $\frac{26,565-17,311}{17,311}\times 100 \fallingdotseq 53.5\%$로 45% 이상이다.

오답분석

ㄱ. 2024년 7월에 한우 중 두수가 가장 많은 등급은 B등급이나, B등급의 전월대비 경락가격 증가율은 $\frac{20,300-19,772}{19,772}\times 100 \fallingdotseq 2.67\%$인 반면, C등급은 $\frac{19,074-18,471}{18,471}\times 100 \fallingdotseq 3.26\%$로 더 높다.
ㄴ. B등급 젖소의 두수는 7월에 전월 대비 감소한 반면, 경락가격은 증가하였다.
ㄹ. 한우와 젖소, 육우 A등급의 경락가격이 가장 낮은 시기는 각각 6월, 10월, 7월이다.

23 자료 계산

정답 ①

2022년 8,610백만 달러에서 2024년 11,635백만 달러로 증가했으므로 증가율은 (11,635−8,610)÷8,610×100≒35.1%이다.

24 자료 계산

정답 ④

통화 내역을 통해 국내통화인지 국제통화인지 구분한다.

- 국내통화 : 4/5(화), 4/6(수), 4/8(금) → 10+30+30=70분
- 국제통화 : 4/7(목) → 60분

∴ 70×15+60×40=3,450원

25 자료 이해

정답 ④

㉠ 2020 ~ 2024년 동안 경기전망지수가 40점 이상인 것은 B산업 또는 C산업이다.
㉡ 2022년에 경기전망지수가 전년 대비 증가한 산업은 A산업과 C산업이다.
㉢ 산업별 전년 대비 2021년 경기전망지수의 증가율은 다음과 같다.

- A : $\frac{48.9-45.8}{45.8}\times 100 \fallingdotseq 6.8\%$
- B : $\frac{39.8-37.2}{37.2}\times 100 \fallingdotseq 7.0\%$

- C : $\frac{40.6-36.1}{36.1}\times100 ≒ 12.5\%$
- D : $\frac{41.1-39.3}{39.3}\times100 ≒ 4.6\%$

따라서 D산업의 전년 대비 2021년 경기전망지수의 증가율이 가장 낮다.

ⓔ 매년 5개의 산업 중 경기전망지수가 가장 높은 산업은 A산업이다.

따라서 A산업 – 제조업, B산업 – 보건업, C산업 – 조선업, D산업 – 해운업이다.

26 응용 수리

정답 ②

A씨의 업무시간은 점심시간 1시간을 제외하면 8시간이다. 주간업무계획 수립으로 8시간$\times\frac{1}{8}$=1시간을, 프로젝트 회의로 8시간$\times\frac{2}{5}$=192분=3시간 12분을, 거래처 방문으로 8시간$\times\frac{1}{3}$=160분=2시간 40분을 보냈다. 따라서 남은 시간은 8시간−(1시간+3시간 12분+2시간 40분)=1시간 8분이다.

27 자료 계산

정답 ④

<table>
<tr><td>1일</td><td>2일</td><td>3일</td><td>4일</td><td>5일</td><td>6일</td><td>7일</td><td>8일</td><td>9일</td><td>10일</td><td>11일</td><td>12일</td></tr>
<tr><td colspan="2">A</td><td colspan="5">B</td><td colspan="5">G</td></tr>
<tr><td colspan="12"></td></tr>
<tr><td colspan="3">C</td><td></td><td></td><td></td><td></td><td></td><td></td><td></td><td></td><td></td></tr>
<tr><td colspan="12"></td></tr>
<tr><td colspan="8">D</td><td colspan="3">F</td><td></td></tr>
<tr><td colspan="12"></td></tr>
<tr><td colspan="3">E</td><td></td><td></td><td></td><td></td><td></td><td></td><td></td><td></td><td></td></tr>
</table>

따라서 공정이 모두 마무리되려면 최소 12일이 걸린다.

28 응용 수리

정답 ③

둘이 만나는 데 걸리는 시간을 y시간이라고 하자.

$ay+by=x$

→ $(a+b)y=x$

$\therefore\ y=\frac{x}{a+b}$

따라서 둘이 만나는 데 걸리는 시간은 $\frac{x}{a+b}$시간이다.

29 자료 이해

정답 ②

평균 시급 대비 월 평균 소득은 월 근로시간으로 나타낼 수 있다.

- 2020년 : $\frac{805,000}{7,800}$ ≒ 103시간
- 2021년 : $\frac{840,000}{8,500}$ ≒ 99시간
- 2022년 : $\frac{880,000}{8,700}$ ≒ 101시간
- 2023년 : $\frac{930,000}{9,000}$ ≒ 103시간
- 2024년 : $\frac{954,500}{9,500}$ ≒ 100시간

따라서 월 근로시간이 가장 적은 연도는 약 99시간인 2021년이다.

오답분석

① 전년 대비 월 평균 소득 증가율은 다음과 같다.

- 2021년 : $\frac{840,000-805,000}{805,000}\times 100 ≒ 4.3\%$
- 2022년 : $\frac{880,000-840,000}{840,000}\times 100 ≒ 4.8\%$
- 2023년 : $\frac{930,000-880,000}{880,000}\times 100 ≒ 5.7\%$
- 2024년 : $\frac{954,500-930,000}{930,000}\times 100 ≒ 2.6\%$

따라서 2023년의 월 평균 소득 증가율이 가장 높다.

③ 2022년의 전년 대비 평균 시급 증가액은 8,700−8,500=100원이고 2024년에 9,500−9,000=500원이다. 따라서 400원 더 적다.

④ 2024년 월 평균 소득 대비 2020년 월 평균 소득 비율은 $\frac{805,000}{954,500}$ ≒ 84.3%으로 70% 이상이다.

30 자료 이해

정답 ③

소설을 대여한 남자는 690건이고, 소설을 대여한 여자는 1,060건이므로 $\frac{690}{1,060}\times 100 ≒ 65.1\%$이다.

오답분석

① 소설의 전체 대여건수는 450+600+240+460=1,750건이고, 비소설의 전체 대여건수는 520+380+320+400=1,620건이므로 옳은 설명이다.

② 40세 미만 대여건수는 520+380+450+600=1,950건, 40세 이상 대여건수는 320+400+240+460=1,420건이므로 옳은 설명이다.

④ 전체 40세 미만 대여 수는 1,950건이고, 그중 비소설 대여는 900건이므로 $\frac{900}{1,950}\times 100 ≒ 46.2\%$이므로 옳은 설명이다.

31 자료 이해

정답 ④

ㄱ. 한국, 독일, 영국, 미국이 전년 대비 감소했다.

ㄷ. 한국, 중국, 독일의 전년 대비 2021년 연구개발비 증가율을 각각 구하면 다음과 같다.

- 한국 : $\frac{33,684-28,641}{28,641}\times 100=\frac{5,043}{28,641}\times 100 ≒ 17.6\%$
- 중국 : $\frac{48,771-37,664}{37,664}\times 100=\frac{11,107}{37,664}\times 100 ≒ 29.5\%$
- 독일 : $\frac{84,148-73,737}{73,737}\times 100=\frac{10,441}{73,737}\times 100 ≒ 14.2\%$

따라서 중국, 한국, 독일 순서로 증가율이 높다.

오답분석

ㄴ. 2019년 대비 2023년 연구개발비 증가율은 중국이 3배가량 증가하여 가장 높고, 일본은 $\frac{169,047-151,270}{151,270}\times 100 \fallingdotseq 11.8\%$이고, 영국은 $\frac{40,291-39,421}{39,421}\times 100 \fallingdotseq 2.2\%$이다.
따라서 영국의 연구개발비 증가율이 가장 낮다.

32 자료 계산

정답 ③

다음은 R대리가 각 교통편 종류를 택할 시 왕복 교통비용이다.

• 일반버스 : 24,000×2=48,000원
• 우등버스 : 32,000×2×0.99=63,360원
• 무궁화호 : 28,000×2×0.85=47,600원
• 새마을호 : 36,000×2×0.8=57,600원
• KTX : 58,000원

따라서 무궁화호가 47,600원으로 가장 저렴하다.

33 자료 이해

정답 ④

㉠ 전년 동월 대비 등록률은 2024년 2월에 가장 많이 낮아진 것을 확인할 수 있다.
㉡ 제시된 자료의 심사건수는 전년 동월 대비 325건 증가하였다는 의미이므로 2024년 6월의 심사건수는 알 수 없다.
㉢ 제시된 자료의 등록률은 전년 동월 대비 3.3%p 증가하였다는 의미이므로 2024년 5월의 등록률은 알 수 없다.

오답분석

㉣ 2023년 1월의 심사건수가 100건이라면, 2024년 1월의 심사건수는 전년 동월 대비 125건이 증가했으므로 100+125=225건이다.

34 자료 계산

정답 ④

빈칸의 수치는 다음과 같다.

• (ㄱ) : 4,588−766−692−1,009−644−611=866
• (ㄴ) : 241−36−31−49−25−27=73
• (ㄷ) : 33+24+51+31+32+31=202
• (ㄹ) : 145−21−28−17−30−20=29

따라서 빈칸에 들어갈 수치가 바르게 연결된 것은 ④이다.

35 자료 이해

정답 ③

ㄴ. 2022년 고덕 차량기지의 안전체험 건수 대비 인원수는 $\frac{633}{33} \fallingdotseq 19.2$로, 도봉 차량기지의 안전체험 건수 대비 인원수인 $\frac{432}{24}=18$보다 크다.
ㄷ. 2021년부터 2023년까지 고덕 차량기지의 안전체험 건수와 인원수는 동일하게 감소추이를 보이고 있다.

오답분석

ㄱ. 2024년에 방화 차량기지 견학 안전체험 건수는 2023년과 동일한 29건이므로 전년 대비 동일하다.
ㄹ. 2024년 신내 차량기지의 안전체험 인원수는 385명이다. 2020년 신내 차량기지의 안전체험 인원수 692명의 약 55%로, 인원수는 50% 미만 감소했다.

PART 3

36 품목 확정

정답 ③

• 총무팀 : 연필, 지우개, 볼펜, 수정액의 수량이 기준 수량보다 적다.
  – 최소 주문 수량 : 연필 15자루, 지우개 15개, 볼펜 40자루, 수정액 15개
  – 최대 주문 수량 : 연필 60자루, 지우개 90개, 볼펜 120자루, 수정액 60개
• 연구개발팀 : 볼펜, 수정액의 수량이 기준 수량보다 적다.
  – 최소 주문 수량 : 볼펜 10자루, 수정액 10개
  – 최대 주문 수량 : 볼펜 120자루, 수정액 60개
• 마케팅홍보팀 : 지우개, 볼펜, 수정액, 테이프의 수량이 기준 수량보다 적다.
  – 최소 주문 수량 : 지우개 5개, 볼펜 45자루, 수정액 25개, 테이프 10개
  – 최대 주문 수량 : 지우개 90개, 볼펜 120자루, 수정액 60개, 테이프 40개
• 인사팀 : 연필, 테이프의 수량이 기준 수량보다 적다.
  – 최소 주문 수량 : 연필 5자루, 테이프 15개
  – 최대 주문 수량 : 연필 60자루, 테이프 40개

따라서 비품 신청 수량이 바르지 않은 팀은 마케팅홍보팀이다.

37 시간 계획

정답 ②

8월 10일에 B부서의 과장이 연차이지만 마지막 조건에 따라 B부서와 C부서의 과장은 워크숍에 참여하지 않는다. 따라서 워크숍 기간으로 적절한 기간은 8월 9 ~ 10일이다.

오답분석

① 부사장의 외부 일정으로 불가능하다.
③ 네 번째 조건을 보면 일요일(8월 15일)은 워크숍 일정에 들어갈 수 없다.
④ 8월 19일은 회식 전날이므로 불가능하다.

38 품목 확정

정답 ④

비용이 17억 원 이하인 업체는 A, D, E, F업체이며, 이 중 1차로 선정할 업체를 구하기 위해 가중치를 적용한 점수는 다음과 같다.

• A업체 : (18×1)+(11×2)=40점
• D업체 : (16×1)+(12×2)=40점
• E업체 : (13×1)+(10×2)=33점
• F업체 : (16×1)+(14×2)=44점

따라서 1차로 선정될 업체는 40점인 A, D업체와 44점인 F업체이며, 이 중 친환경소재점수가 가장 높은 업체는 F업체이다.

39 품목 확정

정답 ④

비용이 17억 2천만 원 이하인 업체는 A, C, D, E, F업체이며, 이 중 1차로 선정할 업체를 구하기 위해 가중치를 적용한 점수는 다음과 같다.

• A업체 : (11×3)+(15×2)=63점
• C업체 : (13×3)+(13×2)=65점
• D업체 : (12×3)+(14×2)=64점
• E업체 : (10×3)+(17×2)=64점
• F업체 : (14×3)+(16×2)=74점

따라서 1차로 선정될 업체는 65점인 C업체와 74점인 F업체이며, 이 중 입찰 비용이 더 낮은 업체는 F업체이다.

40 시간 계획

정답 ④

다른 직원들과 휴가 일정이 겹치지 않고, 주말과 공휴일이 아닌 평일이며, 전체 일정도 없는 3월 21 ~ 22일이 적절하다.

오답분석

① 3월 1일은 공휴일이므로 휴가일로 적절하지 않다.
② 3월 5일은 한국중부발전 전체회의 일정이 있어 휴가를 사용하지 않는다.
③ 3월 10일은 주말이므로 휴가일로 적절하지 않다.

41 시간 계획

정답 ①

전체회의 일정과 공휴일(삼일절), 주말을 제외하면 3월에 휴가를 사용할 수 있는 날은 총 20일이다. 직원이 총 12명이므로 한 명당 2일 이상 휴가를 사용할 수 없다.

42 시간 계획

정답 ④

시차 문제 유형은 시간 차이를 나라별로 따져가며 계산을 해도 되지만, 각 선택지를 기준으로 하나씩 소거해나가는 것도 방법이다. 이때 모든 나라를 검토하는 것이 아니라 한 나라라도 안 되는 나라가 있으면 답이 될 수 없으므로, 다음 선택지로 넘어간다.

- 헝가리 : 서머타임을 적용해 한국보다 6시간 느리다.
- 호주 : 서머타임을 적용해 한국보다 2시간 빠르다.
- 싱가포르 : 한국보다 1시간 느리다.

오답분석

① 헝가리가 오전 5시로 업무 시작 전이므로 회의가 불가능하다.
② 헝가리가 오전 7시로 업무 시작 전이므로 회의가 불가능하다.
③ 헝가리가 오전 8시로 업무 시작 전이므로 회의가 불가능하다.

PART 3

43 품목 확정

정답 ②

구분	A	B	C	D
저장용량	4점	2+3=5점	5점	2+3=5점
배터리 지속시간	2점	5점	1점	4점
무게	2점	5점	1점	4점
가격	2점	5점	1점	3점
합계	4+2+2+2=10점	5+5+5+5=20점	5+1+1+1=8점	5+4+4+3=16점

따라서 점수가 가장 높은 B노트북을 고른다.

44 인원 선발

정답 ③

매월 각 프로젝트에 필요한 인원은 다음과 같다.

- 2월 : A·B프로젝트 46+42=88명
- 3 ~ 4월 : B·C프로젝트 42+24=66명
- 5월 : B·D프로젝트 42+50=92명
- 6월 : D프로젝트 50명
- 7월 : D·E프로젝트 50+15=65명
- 8 ~ 9월 : E프로젝트 15명

따라서 5월에 가장 많은 92명이 필요하므로 모든 프로젝트를 완료하기 위해서는 최소 92명이 필요하다.

45 품목 확정

정답 ③

프로젝트별 총 인건비를 계산하면 다음과 같다.

- A프로젝트 : 46×130=5,980만 원
- B프로젝트 : 42×550=23,100만 원
- C프로젝트 : 24×290=6,960만 원
- D프로젝트 : 50×430=21,500만 원
- E프로젝트 : 15×400=6,000만 원

따라서 A ~ E프로젝트를 인건비가 가장 적게 드는 것부터 나열한 순서는 A－E－C－D－B이다.

46 품목 확정

정답 ④

총인건비와 진행비를 합한 각 프로젝트에 들어가는 총비용은 다음과 같다.

프로젝트	총 인건비	진행비	프로젝트 총 비용
A	5,980만 원	20,000만 원	25,980만 원
B	23,100만 원	3,000만 원	26,100만 원
C	6,960만 원	15,000만 원	21,960만 원
D	21,500만 원	2,800만 원	24,300만 원
E	6,000만 원	16,200만 원	22,200만 원

따라서 총비용이 가장 적게 드는 것부터 나열한 순서는 C－E－D－A－B이다.

47 비용 계산

정답 ③

제주도에 도착하여 짐을 찾고 렌터카를 빌리기까지 시간은 20분이 걸린다. 그리고 다음 날 서울행 비행기 출발시각 1시간 전인 15시 30분까지 도착해야 하므로 대여시간은 9일 11시 30분부터 10일 15시 20분까지이고, 총 대여시간은 1일 3시간 50분이다. 12시간 이상 사용하므로 24시간 기본요금 65,000원과 나머지 3시간 50분을 사용하므로 35,000원을 추가로 지불한다.

따라서 대여비는 65,000+35,000=100,000원이다.

48 품목 확정

정답 ③

각 렌터카의 대여비와 유류비를 합한 비용은 다음과 같다.

- A렌터카 : $60,000+32,000+1,650\times\frac{260}{12.5}=92,000+34,320=126,320$원
- B렌터카 : $65,000+35,000+1,650\times\frac{260}{12}=100,000+35,750=135,750$원
- C렌터카 : $65,000+35,000+1,350\times\frac{260}{16}=100,000+21,937.5\fallingdotseq 121,938$원
- D렌터카 : $67,000+30,000+1,350\times\frac{260}{12}=97,000+29,250=126,250$원

따라서 C렌터카가 가장 저렴하다.

49 비용 계산

정답 ①

W사원이 영국 출장 중에 받는 해외여비는 50×5=250파운드이고, 스페인은 60×4=240유로이다. 항공권은 편도 금액이므로 왕복으로 계산하면 영국은 380×2=760파운드, 스페인 870×2=1,740유로이며, 영국과 스페인의 비행시간 추가비용은 각각 20×(12－10)×2=80파운드, 15×(14－10)×2=120유로이다. 따라서 영국 출장 시 드는 비용은 250+760+80=1,090파운드, 스페인 출장은 240+1,740+120=2,100유로이다.

은행별 환율을 이용하여 출장비를 원화로 계산하면 다음과 같다.

구분	영국	스페인	총비용
A은행	1,090×1,470=1,602,300원	2,100×1,320=2,772,000원	4,374,300원
B은행	1,090×1,450=1,580,500원	2,100×1,330=2,793,000원	4,373,500원
C은행	1,090×1,460=1,591,400원	2,100×1,310=2,751,000원	4,342,400원

따라서 A은행의 비용이 가장 많이 들고, C은행이 비용의 가장 적으므로 두 은행의 총 비용 차이는 4,374,300－4,342,400=31,900원이다.

50 인원 선발

정답 ③

먼저 모든 면접위원의 입사 후 경력은 3년 이상이어야 한다는 조건에 따라 A, E, F, H, I, L직원은 면접위원으로 선정될 수 없다. 이사 이상의 직급으로 6명 중 50% 이상 구성되어야 하므로 자격이 있는 C, G, N은 반드시 면접위원으로 포함한다. 다음으로 인사팀을 제외한 부서는 두 명 이상 구성할 수 없으므로 이미 N이사가 선출된 개발팀은 더 선출할 수 없고, 인사팀은 반드시 2명을 포함해야 하므로 D과장은 반드시 선출된다. 이를 정리하면 다음과 같다.

구분	1	2	3	4	5	6
경우 1	C이사	D과장	G이사	N이사	B과장	J과장
경우 2	C이사	D과장	G이사	N이사	B과장	K대리
경우 3	C이사	D과장	G이사	N이사	J과장	K대리

따라서 B과장이 면접위원으로 선출됐더라도 K대리가 선출되지 않는 경우도 있다.

51 경영 전략

정답 ④

조직의 경영자는 조직을 둘러싼 외부 환경에 대해 항상 관심을 가져야 하며, 외부 환경에 변화가 생겼을 경우 이를 조직에 전달하여야 한다.

경영자의 역할
- 대인적 역할 : 조직의 대표자, 조직의 리더, 상징자·지도자
- 정보적 역할 : 외부 환경 모니터, 변화 전달, 정보전달자
- 의사결정적 역할 : 문제 조정, 대외적 협상 주도, 분쟁조정자·자원배분자·협상가

52 조직 구조

정답 ①

분권화된 의사결정이 가능한 사업별 조직 구조는 (가)보다 (나)의 조직 구조로 볼 수 있다.
(가)의 조직 구조는 업무의 내용이 유사하고 관련성이 있는 것들을 결합해서 기능적 조직 구조 형태를 이룬 것으로, 환경이 안정적이거나 일상적인 기술, 조직의 내부 효율성을 중요시할 때 나타난다.
(나)의 조직 구조는 급변하는 환경 변화에 효과적으로 대응하고 제품, 지역, 고객별 차이에 신속하게 적응하기 위하여 분권화된 의사결정이 가능한 사업별 조직 구조의 형태를 이룬 것이다. 이를 통해 (나)의 조직 구조는 개별 제품, 서비스, 제품 그룹, 주요 프로젝트나 프로그램 등에 따라 조직화된다.

53 업무 종류

정답 ②

문제 해결에 도움이 될 만한 자료를 모으는 것은 필수이다. 그러나 자료를 모으는 데만 너무 신경을 쓰면 정작 어떤 것이 쓸모 있고 적절한 자료인지 혼동하기 쉽다. 그리고 문제 해결을 위한 시간은 한계가 있는데, 자료를 모으는 데 너무 시간을 쓰면 자료를 활용해서 문제 해결을 할 시간은 당연히 줄어들 수밖에 없다. 그러므로 자료를 모을 때는 자신이 무엇 때문에 자료를 모으는지 유의해야 하며, 양에 집착할 필요는 없다.

54 업무 종류

정답 ③

홍보용 보도 자료 작성은 주로 홍보팀의 업무이며, 물품 구매는 주로 총무팀의 업무이다. 즉, 영업팀이 아닌 홍보팀이 홍보용 보도 자료를 작성해야 하며, 홍보용 사은품 역시 직접 구매하는 것이 아니라 홍보팀이 총무팀에 업무 협조를 요청하여 총무팀이 구매하도록 하여야 한다.

55 업무 종류

정답 ④

외국인력국은 외국인 근로자의 입국을 지원하고, 입국 초기 외국인 근로자를 모니터링 하는 등 외국인 근로자의 국내 체류를 돕는다. 또한 외국인 근로자 고용허가제의 일환인 한국어능력시험을 시행하는 등 주로 외국인 근로자의 고용 지원 업무를 담당한다. 따라서 청년들의 해외 취업을 지원하는 프로그램인 K-Move 취업센터 운영은 해외취업국이 담당하므로 외국인력국의 업무와 거리가 멀다.

56 국제 동향

정답 ③

ㄱ. 세계화는 조직 구성원들의 근무환경 등 개인 삶에도 직·간접적으로 영향을 주기 때문에 구성원들은 의식 및 태도, 지식습득에 있어서 적응이 필요하다. 따라서 기업의 대외적 경영 측면 뿐 아니라 대내적 관리에도 영향을 준다.
ㄷ. 이문화 이해는 언어적 소통 및 비언어적 소통, 문화, 정서의 이해를 모두 포괄하는 개념이다. 따라서 이문화 이해가 곧 언어적 소통이 되는 것이 아니다.
ㄹ. 문화란 장시간에 걸쳐 무의식적으로 형성되는 영역으로 단기간에 외국문화를 이해하는 것은 한계가 있으므로 지속적인 학습과 노력이 요구된다.

오답분석

ㄴ. 대상국가의 법규 및 제도 역시 기업이 적응해야 할 경영환경이다.

57 조직 구조

정답 ④

조직문화는 구성원 개개인의 개성을 인정하고 그 다양성을 강화하기보다는 구성원들의 행동을 통제하는 기능을 한다. 즉, 구성원을 획일화·사회화시킨다.

58 경영 전략

정답 ④

제시된 기업은 '한정 판매 마케팅 기법'이다. 이 기법은 한정판 제품의 공급을 통해 의도적으로 공급의 가격탄력성을 0에 가깝게 조정한 것으로, 판매 기업의 입장에서는 이윤 증대를 위한 경영 혁신이지만 소비자의 합리적 소비를 저해할 수 있다.

59 국제 동향

정답 ③

티베트의 문화를 존중하고, 대접을 받는 손님의 입장에서 볼 때, 차를 마실 때 다 비우지 말고 입에 살짝 대는 것이 가장 적절한 행동이다.

오답분석

① 주인이 권하는 차를 거절하면 실례가 되므로 적절하지 않다.
② 대접받는 손님의 입장에서 자리를 피하는 것은 적절하지 않다.
④ 힘들다는 자신의 감정이 드러날 수 있으므로 적절하지 않다.

60 국제 동향

정답 ②

환율이 상승하면 원화가치가 하락하기 때문에 해외여행자 수는 감소한다.

여행경보제도

1. 여행 유의(남색경보) : 신변안전 유의
2. 여행 자제(황색경보) : 신변안전 특별유의, 여행 필요성 신중 검토
3. 철수 권고(적색경보) : 긴급용무가 아닌 한 귀국, 가급적 여행 취소·연기
4. 여행 금지(흑색경보) : 즉시 대피·철수, 방문 금지

미국 정부의 전자여행허가제(ESTA)

대한민국 국민으로서 관광 및 상용 목적으로 90일 이내 기간 동안 미국을 방문하고자 하는 경우, 2008년 11월 17일부터 원칙적으로 비자 없이 미국 입국이 가능하지만 미 정부의 전자여행허가제에 따라 승인을 받아야만 한다.

61 국제 동향

정답 ③

포크와 나이프는 몸에서 가장 바깥쪽에 있는 것부터 사용한다.

62 국제 동향

정답 ④

국제 동향을 파악하기 위해서는 국제적인 법규나 규정을 숙지해야 한다. 우리나라에서는 합법적인 행동이 다른 나라에서는 불법적일 수 있기 때문에 국제적인 업무를 수행하기 전에 반드시 숙지하여 피해를 방지해야 한다. 국내의 법률, 법규 등을 공부하는 것은 국제 동향을 파악하는 행동으로 적절하지 않다.

63 조직 구조

정답 ②

다른 집단들에 비해 구성원들의 개인적 기여를 강조하고, 개인적 책임뿐만 아니라 상호 공동책임을 중요시하며, 공동목표의 추구를 위해 헌신해야 한다는 의식을 공유한다.

64 경영 전략

정답 ①

일반적으로 코칭은 문제 및 진척 상황을 직원들과 함께 자세하게 살피고 지원을 아끼지 않으며, 지도 및 격려를 하는 활동을 의미한다. 직원들을 코칭하는 리더는 직원 자신이 권한과 목적의식을 가지고 있는 중요한 사람이라는 사실을 느낄 수 있도록 이끌어 주어야 한다. 또한 직원들이 자신만의 장점과 성공 전략을 활용할 수 있도록 적극적으로 도와야 한다.

오답분석

② 티칭 : 학습자에게 지식이나 기술을 전달하고, 제능력(諸能力)이나 가치관을 형성시키는 교육활동이다.
③ 멘토링 : 경험과 지식이 풍부한 사람이 지도와 조언을 하여 받는 사람의 실력과 잠재력을 개발하는 것이다.
④ 컨설팅 : 어떤 분야에 전문적인 지식을 가진 사람이 고객을 상대로 상세하게 상담하고 도와주는 것이다.

65 조직 구조

정답 ②

오답분석

① 분권화 : 의사결정 권한이 하급기관에 위임되는 조직 구조이다.
③ 수평적 : 부서의 수가 증가하는 것으로 조직 구조의 복잡성에 해당된다.
④ 공식성 : 조직 구성원의 행동이 어느 정도의 규칙성, 몰인격성을 갖는지에 대한 정도를 말한다.

66 조직 구조

정답 ①

조직의 비전에 대해 자주 의사소통하기 위해서는 조직의 비전을 수립하고, 그 내용을 전 직원에게 정확히 전달해야 한다. 이때 메시지는 간단명료해야 하고, 다양한 매체를 통해 반복적으로 전달하는 것이 좋다.

67 조직 구조

정답 ③

빈칸에 들어갈 용어는 '조직변화' 또는 '조직혁신'으로 볼 수 있다. 조직변화는 구성원들의 사고방식이나 가치체계를 변화시키는 것이다. 즉 조직의 목적과 구성원들의 사고방식을 일치시키기 위해 변화를 유도하는 문화 변화의 모습을 가진다.

68 경영 전략

정답 ①

외부경영활동은 조직 외부에서 이루어지는 활동임을 볼 때, 기업의 경우 주로 시장에서 이루어지는 활동으로 볼 수 있다. 마케팅 활동은 시장에서 상품 혹은 용역을 소비자에게 유통시키는 데 관련된 대외적 이윤추구 활동이므로 외부경영활동으로 볼 수 있다.

오답분석

②·③·④ 인사관리에 해당되는 활동으로 내부경영활동이다.

69 경영 전략

정답 ①

브레인스토밍에서는 어떠한 내용의 발언이라도 그에 대한 비판을 해서는 안 되는 것이 규칙이다.

브레인스토밍 규칙

- 다른 사람이 아이디어를 제시할 때에는 비판하지 않는다.
- 문제에 대한 제안은 자유롭게 이루어질 수 있다.
- 아이디어는 많이 나올수록 좋다.
- 모든 아이디어들이 제안되고 나면 이를 결합하고 해결책을 마련한다.

70 경영 전략

정답 ①

조직을 구성하고 있는 개개인을 안다고 해서 조직의 실체를 완전히 알 수 있는 것은 아니다. 구성원들을 연결하는 조직의 목적, 구조, 환경 등을 함께 알아야 조직을 제대로 이해할 수 있다.

제2회 기계직 / 전기직 / 화학직 최종점검 모의고사

01	02	03	04	05	06	07	08	09	10	11	12	13	14	15	16	17	18	19	20
②	②	④	②	①	④	④	②	②	②	②	②	④	④	④	④	③	③	①	③
21	22	23	24	25	26	27	28	29	30	31	32	33	34	35	36	37	38	39	40
④	④	③	②	①	②	④	③	④	④	④	①	①	③	②	③	②	④	②	④
41	42	43	44	45	46	47	48	49	50	51	52	53	54	55	56	57	58	59	60
③	③	②	②	④	②	④	②	④	④	④	①	①	④	④	②	③	②	④	②
61	62	63	64	65	66	67	68	69	70										
①	④	①	③	③	①	③	④	③	④										

01 공통

01 문서 수정

정답 ②

글쓴이는 쾌적한 환경에서 건강하게 학교생활을 할 수 있도록 실내에서는 실내화를 착용하자고 주장한다. ㉡은 문맥상 '그러나'가 아니라 '또한'으로 수정하는 것이 적절하다.

오답분석

① '악영향'의 '악(惡)-'은 '나쁜'의 뜻을 더하는 한자 접두사이므로 ㉠은 의미가 중복된다.
③ 제시문은 실내에서 실내화의 착용을 주장한다. 그러나 ㉢에서 말하는 '청소 도구 확보'는 논지에서 벗어나 있다.
④ ㉣에서 말하는 '학생 대부분'은 ㉤의 '85% 이상의 학생'을 가리킨다. 따라서 ㉣과 ㉤의 순서를 맞바꿔야 한다.

02 빈칸 삽입

정답 ②

- (가) : 청소년의 척추 질환을 예방하는 대응 방안과 관련된 ㉡이 적절하다.
- (나) : 책상 앞에 앉아 있는 바른 자세와 관련된 ㉢이 적절하다.
- (다) : 틈틈이 척추 근육을 강화하는 운동을 해 주는 것과 관련된 자세인 ㉠이 적절하다.

03 문서 내용 이해

정답 ④

마지막 문단의 '정부도 규제와 의무보다는 사업자의 자율적인 부분을 인정해주고 사업자 노력을 드라이브 걸 수 있는 지원책을 마련하여야 한다.'라는 내용을 통해 정부는 OTT 플랫폼에 장애인 편의 기능과 관련한 규제와 의무를 부과했지만, 이에 대한 지원책은 없었음을 유추할 수 있다.

오답분석

① 두 번째 번째 문단의 '재생 버튼에 대한 설명이 제공되는 넷플릭스도 영상 재생 시점을 10초 앞으로, 또는 뒤로 이동하는 버튼은 이용하기 어렵다.'라는 내용을 통해 국내 OTT 플랫폼보다는 장애인을 위한 서비스 기능이 더 제공되고 있지만, 여전히 충분히 제공되고 있지 않음을 알 수 있다.
② 두 번째 문단에서 장애인들의 국내 OTT 플랫폼의 이용이 어려움을 짐작할 수는 있지만, 제공하는지의 여부는 확인하기 어렵다.
③ 외국 OTT 플랫폼은 국내 OTT 플랫폼보다 상대적으로 장애인 편의 기능을 더 제공하고 있는 것으로 보아 장애인을 수동적인 시혜자가 아닌 능동적인 소비자로 보고 있음을 알 수 있다.

04 문단 나열

정답 ②

시조 문학이 발전한 배경 설명과 함께, 두 경향인 강호가류(江湖歌類)와 오륜가류(五倫歌類)를 소개하고 있는 (다)가 맨 처음에 와야 한다. 다음으로 강호가류에 대하여 설명하는 (라)나 오륜가류에 대하여 설명하는 (나)가 와야 하는데, (나)가 전환 기능의 접속어 '한편'으로 시작하므로 (라) – (나)가 되고, 강호가류와 오륜가류에 대한 설명을 마무리하며 사대부들의 문학관을 설명하는 (가)가 마지막으로 온다.

05 맞춤법

정답 ①

'나뉘다'는 '나누다'의 피동형으로 피동을 만드는 접사인 '–어지다'를 결합할 경우 이중피동이 되므로 옳은 표현은 '나뉘어'이다.

06 문단 나열

정답 ④

제시문은 나무를 가꾸기 위해 고려해야 하는 사항에 대해 서술하는 글이다. 먼저 나무를 가꾸기 위해 고려해야 할 사항들을 나열하고 그중 제일 먼저 생육 조건에 대해 설명하는 (가)가 첫 부분으로 적절하다. 그 다음으로 나무를 양육할 때 주로 저지르는 실수로 나무 간격을 촘촘하게 심는 것을 언급한 (라)와 그 이유를 설명하는 (다)가 이어지는 것이 자연스럽다. 그리고 (나)는 또 다른 식재 계획 시 주의점에 대해서 이야기하고 있으므로 (다) 뒤에 나열하는 것이 적절한 순서이다.

07 문서 내용 이해

정답 ④

색채를 활용하여 먼 거리에서 더 잘 보이게 하거나 뚜렷하게 보이도록 해야 할 때가 있다. 그럴 경우에는 배경과 그 앞에 놓이는 그림의 속성 차를 크게 해야 한다.

오답분석

① 색채의 대비는 2개 이상의 색을 동시에 보거나 계속해서 볼 때 일어나는 현상이다. 전자를 '동시대비', 후자를 '계속대비'라 한다.
② 어떤 색을 계속 응시하면 시간의 경과에 따라 그 색의 보이는 상태가 변화한다.
③ 색채가 어떠하며, 우리 눈에 그것이 어떻게 보이고, 어떤 느낌을 주는지는 색채심리학이 다루는 연구 대상 중 가장 주요한 부분이다.

08 내용 추론

정답 ②

연두색과 노란색과 같이 색상이 다른 두 색을 동시에 나란히 놓았을 때 서로의 영향으로 색상 차가 나는 것은 색상대비로 볼 수 있다.

오답분석

① 명도대비에 대한 내용이다.
③ 색순응에 대한 내용이다.
④ 보색잔상에 대한 내용이다.

09 빈칸 삽입

정답 ②

미세먼지의 경우 최소 10μm 이하의 먼지로 정의되고 있지만, 황사의 경우 주로 지름 20μm 이하의 모래로 구분하되 통념적으로는 입자 크기로 구분하지 않는다. 따라서 10μm 이하의 황사의 경우 크기만으로 미세먼지와 구분 짓기는 어렵다.

오답분석

① 제시문을 통해서 알 수 없는 내용이다.
③ 미세먼지의 역할에 대한 설명을 찾을 수 없다.
④ 제시문에서 설명하는 황사와 미세먼지의 근본적인 구별법은 구성 성분의 차이이다.

10 반박

정답 ②

A는 경제 성장에 많은 전력이 필요하다는 것을 전제로, 경제 성장을 위해서 발전소를 증설해야 한다고 주장한다. 이러한 A의 주장을 반박하기 위해서는 근거로 제시하고 있는 전제를 부정하는 것이 효과적이므로 경제 성장에 많은 전력이 필요하지 않음을 입증하는 ②를 통해 반박하는 것이 효과적이다.

11 글의 주제

정답 ②

제시문은 세계 대공황의 원인으로 작용한 '보이지 않는 손'과 그에 대한 해결책으로 새롭게 등장한 케인스의 '유효수요 이론'을 설명하고 있다. 따라서 제시문의 주제는 '세계 대공황의 원인과 해결책'이다.

오답분석

① 고전학파 경제학자들이 주장한 '보이지 않는 손'은 세계 대공황의 원인에 해당하는 부분이므로 글 전체의 주제가 될 수 없다.
③·④ 유효수요 이론은 해결책 중 하나로 언급되었으며, 일부에 지나지 않으므로 글 전체의 주제가 될 수 없다.

12 문서 내용 이해

정답 ②

주택 또는 상가의 임대차계약은 민법에 대한 특례를 규정한 주택임대차보호법 및 상가건물 임대차보호법의 적용을 받는다.

13 내용 추론

정답 ④

지원자의 직무 능력을 가릴 수 있는 요소들을 배제하는 것은 기존의 채용 방식이 아니라 블라인드 채용 방식으로, 이를 통해 직무 능력만으로 인재를 평가할 수 있다. 따라서 ④는 블라인드 채용의 등장 배경으로 적절하지 않다.

14 문서 내용 이해

정답 ④

블라인드 면접의 경우 자료 없이 면접을 진행하는 무자료 면접 방식과 면접관의 인지적 편향을 유발할 수 있는 항목을 제거한 자료를 기반으로 면접을 진행하는 방식이 있다.

오답분석

① 무서류 전형은 최소한의 정보만을 포함한 입사지원서를 접수하되 이를 선발 기준으로 활용하지 않는 방식이다.
② 블라인드 처리되어야 할 정보를 수집할 경우, 온라인 지원서상 개인정보를 암호화하여 채용 담당자는 이를 볼 수 없도록 기술적으로 처리한다.
③ 무자료 면접 방식은 입사지원서, 인·적성검사 결과 등의 자료 없이 면접을 진행한다.

15 내용 추론

정답 ④

㉠은 지원자들의 무분별한 스펙 경쟁을 유발하는 한편, ㉡은 지원자의 목표 지향적인 능력과 역량 개발을 촉진한다.

16 명제 추론

정답 ④

A ~ E의 진술을 차례대로 살펴보면, A는 B보다 먼저 탔으므로 서울역 또는 대전역에서 승차했다. 이때 A는 자신이 C보다 먼저 탔는지 알지 못하므로 C와 같은 역에서 승차했음을 알 수 있다. 다음으로 B는 A와 C보다 늦게 탔으므로 첫 번째 승차 역인 서울역에서 승차하지 않았으며, C는 가장 마지막에 타지 않았으므로 마지막 승차 역인 울산역에서 승차하지 않았다. 한편, D가 대전역에서 승차하였으므로 같은 역에서 승차하는 A와 C는 서울역에서 승차했음을 알 수 있다. 또한 마지막 역인 울산역에서 혼자 승차하는 경우에만 자신의 정확한 탑승 순서를 알 수 있으므로 자신의 탑승 순서를 아는 E가 울산역에서 승차했다. 이를 표로 정리하면 다음과 같다.

구분	서울역		대전역		울산역
탑승객	A	C	B	D	E

따라서 'E는 울산역에서 승차하였다.'는 항상 참이 된다.

오답분석

① A는 서울역에서 승차하였다.
② B는 대전역, C는 서울역에서 승차하였으므로 서로 다른 역에서 승차하였다.
③ C는 서울역, D는 대전역에서 승차하였으므로 서로 다른 역에서 승차하였다.

17 명제 추론

정답 ③

역할을 분담하여 정한 청소 당번 규칙에 따라 O사원은 화분 관리, J대리는 주변 정돈, C사원은 커피 원두 채우기를 각각 담당하고 있으므로 L주임이 커피를 타는 담당자임을 알 수 있다. 또한 세 번째 조건에 따라 주변 정돈을 하고 있는 사람은 커피를 타지 않는다고 하였는데, O사원과 C사원은 J대리를 도와 주변 정돈을 하므로 이 셋은 커피를 타지 않음을 알 수 있다. 따라서 커피를 타는 사람은 L주임 혼자이므로 항상 참이 되는 것은 ③이다.

오답분석

① 커피 원두를 채우는 담당자는 C사원이며, 주어진 조건만으로는 O사원이 커피 원두를 채우는지 알 수 없다.
② 두 번째 조건에 따라 O사원이 J대리를 도와주고 있음을 알 수 있지만, J대리가 O사원을 도와주는지는 알 수 없다.
④ 세 번째 조건에 따라 주변 정돈을 하고 있는 사람은 커피를 타지 않으므로 주변 정돈을 돕고 있는 C사원은 커피를 타지 않는다.

18 자료 해석

정답 ③

조선시대의 미(未)시는 오후 1시 ~ 3시를, 유(酉)시는 오후 5시 ~ 7시를 나타낸다. 오후 2시부터 4시 30분까지 운동을 하였다면, 조선시대 시간으로 미(未)시 정(正)부터 신(申)시 정(正)까지 운동을 한 것이 되므로 옳지 않다.

오답분석

① 초등학교의 점심 시간이 오후 1시부터 2시까지라면, 조선시대 시간으로 미(未)시(1 ~ 3시)에 해당한다.
② 조선시대의 인(寅)시는 현대 시간으로 오전 3 ~ 5시를 나타낸다.
④ 축구 경기가 전반전 45분과 후반전 45분으로 총 90분 동안 진행되었으므로 조선시대 시간으로 한시진(2시간)이 되지 않는다.

19 명제 추론

정답 ①

구분	첫 번째	두 번째	세 번째	네 번째	다섯 번째	여섯 번째
경우 1	교육	보건	농림	행정	국방	외교
경우 2	교육	보건	농림	국방	행정	외교
경우 3	보건	교육	농림	행정	국방	외교
경우 4	보건	교육	농림	국방	행정	외교

오답분석

② 경우 3, 4에서 보건복지부는 첫 번째로 감사를 시작한다.
③ 농림축산식품부보다 늦게 감사를 받는 부서는 3개, 일찍 받는 부서는 2개로, 늦게 감사를 받는 부서의 수가 많다.
④ 경우 1, 3에서 국방부는 행정안전부보다 감사를 늦게 받는다.

20 명제 추론

 ③

• A가 찬성, B가 반대인 경우 : 다섯 번째 조건과 대우 명제에 의해 F와 G가 찬성한다. 그러면 첫 번째 조건에 의해 E는 반대한다. 또한 문제에서 네 명이 찬성이라고 했기 때문에 C와 D 중 한 명은 찬성, 한 명은 반대를 한다.
∴ 찬성 – A, C(D), F, G, 반대 – B, D(C), E

• A가 반대, B가 찬성인 경우 : 세 번째, 네 번째 조건에 의해 E는 반대, C, D는 찬성한다. 다섯 번째 조건에 의해 F가 찬성을 하면 G도 찬성을 해서 찬성자가 다섯 명이 되므로 F는 반대, G는 찬성을 한다.
∴ 찬성 – B, C, D, G, 반대 – A, E, F

그러므로 C와 D는 같은 입장을 취할 수도, 아닐 수도 있다.

21 자료 해석

정답 ④

C, D, F지점의 사례만 고려하면, F지점에서 마카롱과 쿠키를 함께 먹었을 때 알레르기가 발생하지 않았으므로 마카롱은 알레르기 발생 원인이 될 수 없으며, 빵 또는 케이크가 알레르기 발생 원인이 될 수 있다. 따라서 ④는 반드시 거짓이 된다.

오답분석

① A, B, D지점의 사례만 고려한 경우 : 빵과 마카롱을 함께 먹은 경우에는 알레르기가 발생하지 않았으므로, 케이크가 알레르기 발생 원인이 된다.
② A, C, E지점의 사례만 고려한 경우 : 케이크와 쿠키를 함께 먹은 경우에는 알레르기가 발생하지 않았으므로, 빵이 알레르기 발생 원인이 된다.
③ B, D, F지점의 사례만 고려한 경우 : 빵과 마카롱 또는 마카롱과 쿠키를 함께 먹은 경우에 알레르기가 발생하지 않았으므로, 케이크가 알레르기 발생 원인이 된다.

22 명제 추론

정답 ④

E는 교양 수업을 신청한 A보다 나중에 수강한다고 하였으므로 목요일 또는 금요일에 강의를 들을 수 있다. 이때, 목요일과 금요일에는 교양 수업이 진행되므로 'E는 반드시 교양 수업을 듣는다.'의 ④는 항상 참이 된다.

오답분석

① A가 수요일에 강의를 듣는다면 E는 교양2 또는 교양3 강의를 들을 수 있다.
② B가 수강하는 전공 수업의 정확한 요일을 알 수 없으므로 C는 전공1 또는 전공2 강의를 들을 수 있다.
③ C가 화요일에 강의를 듣는다면 D는 교양 강의를 듣는다. 이때, 교양 수업을 듣는 A는 E보다 앞선 요일에 수강하므로 E는 교양2 또는 교양3 강의를 들을 수 있다.

구분	월(전공1)	화(전공2)	수(교양1)	목(교양2)	금(교양3)
경우 1	B	C	D	A	E
경우 2	B	C	A	D	E
경우 3	B	C	A	E	D

23 자료 해석

정답 ③

구분	초급인력	중급인력	특급인력
기본임금 총계	45,000×5×8×(10+2) =21,600,000원	70,000×3×8×(10+2) =20,160,000원	95,000×2×8×(10+2) =18,240,000원
초과근무수당 총계	(45,000×1.5)×1×4 =270,000원	(70,000×1.5)×2×4 =840,000원	(95,000×1.7)×1×4 =646,000원
합계	21,600,000+270,000 =21,870,000원	20,160,000+840,000 =21,000,000원	18,240,000+646,000 =18,886,000원
임금 총액	21,870,000+21,000,000+18,886,000=61,756,000원		

따라서 K공사가 근로자들에게 지급해야 할 임금의 총액은 61,756,000원이다.

24 명제 추론

정답 ②

주어진 조건에 따라 A가 해야 할 일의 순서를 배치해보면 다음 표와 같이 두 가지 경우가 가능하다.

1)

월	화	수	목	금	토	일
d	c	f	a	i	b	h

2)

월	화	수	목	금	토	일
d	c	a	f	i	b	h

따라서 화요일에 하게 될 일은 c이다.

25 명제 추론

정답 ①

주어진 조건에 따라 학생 순서를 배치해보면 다음 표와 같다.

1번째	2번째	3번째	4번째	5번째	6번째	7번째	8번째
마	다	가	아	바	나	사	라

따라서 3번째에 올 학생은 가이다.

[26~28]

※ 자음과 모음을 규칙에 따라 치환한 것은 아래와 같다.

1. 자음

ㄱ	ㄲ	ㄴ	ㄷ	ㄸ	ㄹ	ㅁ	ㅂ	ㅃ	ㅅ	ㅆ	ㅇ	ㅈ	ㅉ	ㅊ	ㅋ	ㅌ	ㅍ	ㅎ
a	b	c	d	e	f	g	h	i	j	k	l	m	n	o	p	q	r	s

2. 모음

ㅏ	ㅐ	ㅑ	ㅒ	ㅓ	ㅔ	ㅕ	ㅖ	ㅗ	ㅘ	ㅙ	ㅚ	ㅛ	ㅜ	ㅝ	ㅞ	ㅟ	ㅠ	ㅡ	ㅢ	ㅣ
1	2	3	4	5	6	7	8	9	10	11	12	13	14	15	16	17	18	19	20	21

26 규칙 적용

정답 ②

- 자 : m1
- 전 : m5C
- 거 : a5
- 1+5+5=11 → 1+1=2

27 규칙 적용

정답 ④

- 마 : g1
- 늘 : c19F
- 쫑 : n9L
- 1+19+9=29 → 2+9=11 → 1+1=2

28 규칙 적용

정답 ③

- e5A : 떡
- h9B : 볶
- l21 : 이

29 문제 유형

정답 ④

실행계획 수립은 무엇을, 어떤 목적으로, 언제, 어디서, 누가, 어떤 방법으로의 물음에 대한 답을 가지고 계획하는 단계이다. 자원을 고려하여 수립해야 하며, 세부 실행내용의 난도를 고려하여 가급적 구체적으로 세우는 것이 좋으며, 해결안별로 구체적인 실행계획서를 작성함으로써 실행의 목적과 과정별 진행내용을 일목요연하게 파악하도록 하는 것이 필요하다.

30 SWOT 분석

정답 ④

전문가용 카메라가 일반화됨에 따라 사람들은 사진관을 이용하지 않고도 고화질의 사진을 촬영할 수 있게 되었다. 따라서 전문가용 카메라의 일반화는 사진관을 위협하는 외부환경에 해당한다.

SWOT 분석

기업의 내부환경과 외부환경을 분석하여 강점(Strength), 약점(Weakness), 기회(Opportunity), 위협(Threat) 요인을 규정하고 이를 토대로 경영전략을 수립하는 기법

- 강점(Strength) : 내부환경(자사 경영자원)의 강점
- 약점(Weakness) : 내부환경(자사 경영자원)의 약점
- 기회(Opportunity) : 외부환경(경쟁, 고객, 거시적 환경)에서 비롯된 기회
- 위협(Threat) : 외부환경(경쟁, 고객, 거시적 환경)에서 비롯된 위협

PART 3

31 문제 유형

정답 ④

㉠은 Logic Tree 방법에 대한 설명으로, 문제 도출 단계에서 사용되며, ㉡은 3C 분석 방법에 대한 설명으로, 문제 인식 단계의 환경 분석 과정에서 사용된다. ㉢은 Pilot Test에 대한 설명으로, 실행 및 평가 단계에서 사용된다. 마지막으로 ㉣ 해결안을 그룹화하는 방법은 해결안을 도출하는 해결안 개발 단계에서 사용된다. 따라서 문제해결절차에 따라 문제해결방법을 나열하면 ㉡ → ㉠ → ㉣ → ㉢의 순서가 된다.

32 창의적 사고

정답 ①

브레인스토밍은 자유연상법의 한 유형으로, 어떤 문제의 해결책을 찾기 위해 여러 사람이 생각나는 대로 아이디어를 제안하는 방식으로 진행된다. 보령시에서 개최한 보고회는 각 부서의 업무에 국한하지 않고 가능한 많은 양의 아이디어를 자유롭게 제출하는 방식으로 진행되었으므로 브레인스토밍 방법이 사용되었음을 알 수 있다.

오답분석

② SCAMPER 기법 : 아이디어를 얻기 위해 의도적으로 시험할 수 있는 대체, 결합, 적용, 변경, 제거, 재배치, 다른 용도로 활용 등 7가지 규칙이다.
③ NM법 : 비교발상법의 한 유형으로, 대상과 비슷한 것을 찾아내 그것을 힌트로 새로운 아이디어를 생각해내는 방법이다.
④ Synectics법 : 비교발상법의 한 유형으로, 서로 관련이 없어 보이는 것들을 조합하여 새로운 것을 도출해내는 아이디어 발상법이다.

33 규칙 적용

정답 ①

AN(한국) – 21(2021년) – 34(34번째 주) – BEY(프리미엄) – WA(하양) – T(256GB)

오답분석

② AN2334BEYWAT : 2023년에 생산된 스마트폰이다.
③ BA2134BEYWAT : 중국에서 생산된 스마트폰이다.
④ AN2134BEYMLT : 초록색 스마트폰이다.

34 규칙 적용

정답 ③

DK(인도) – 20(2020년) – 01(첫 번째 주) – HQC(한정판) – VS(검정) – U(512GB)

오답분석

① DK2010HQCVSU : 열 번째 주에 생산된 스마트폰이다.
② DL2001HQCVSU : DL은 잘못된 제조공장 번호이다.
④ DK1001HQCVSU : 2020년은 20으로 나타내야 한다.

35 자료 해석

정답 ②

두 번째 문단의 '달러화의 약세 전환에도 불구하고'라는 말을 통해 달러화의 약세 매출에 부정적 영향을 미침을 알 수 있다. 따라서 달러화의 강세는 반대로 매출액에 부정적 영향이 아니라 긍정적 영향을 미칠 것임을 알 수 있다.

오답분석

① 세 번째 문단에 따르면 S기업은 낸드플래시 시장에서 고용량화 추세가 확대될 것으로 보고 있으므로 시장에서의 수요에 대응하기 위해 고용량 낸드플래시 생산에 대한 투자를 늘릴 것이다.
③ 두 번째 문단의 두 번째 문장에 따르면 기업이 신규 공정으로 전환하는 경우, 이로 인해 원가 부담이 발생한다는 내용이 나와 있다. 기업 입장에서 원가 부담은 원가의 상승을 나타내므로 옳은 설명이다.
④ 첫 번째 문단에서 매출액은 26조 9,907억 원이고, 영업이익은 2조 7,127억 원이다. 따라서 영업이익률은 $\frac{27,127}{269,907}\times 100 \fallingdotseq$ 10%이다.

36 기술 이해

정답 ③

오답분석

① 지능형 로봇 – 전기전자정보공학
② 하이브리드 자동차 – 기계공학
④ 재생에너지 산업 – 화학생명공학

37 기술 이해

정답 ②

기술능력이 뛰어난 사람은 기술적 해결에 대한 효용성을 평가한다.

기술능력이 뛰어난 사람의 특징

- 실질적 해결을 필요로 하는 문제를 인식한다.
- 인식된 문제를 위해 다양한 해결책을 개발하고 평가한다.
- 실제적 문제를 해결하기 위해 지식이나 기타 자원을 선택하고 최적화시키며 적용한다.
- 주어진 한계 속에서 그리고 제한된 자원을 가지고 일한다.
- 기술적 해결에 대한 효용성을 평가한다.
- 여러 상황 속에서 기술의 체계와 도구를 사용하고 배울 수 있다.

38 산업 재해

정답 ④

산업 재해의 기본적 원인

- 교육적 원인 : 안전 지식의 불충분, 안전 수칙의 오해, 경험이나 훈련의 불충분과 작업관리자의 작업 방법 교육 불충분, 유해 · 위험 작업 교육 불충분 등이 있다.
- 기술적 원인 : 건물 · 기계 장치의 설계 불량, 구조물의 불안정, 재료의 부적합, 생산 공정의 부적당, 점검 · 정비 · 보존의 불량 등이 있다.
- 작업 관리상 원인 : 안전 관리 조직의 결함, 안전 수칙 미제정, 작업 준비 불충분, 인원 배치 및 작업 지시 부적당 등이 있다.

산업 재해의 직접적 원인

- 불안전한 행동 : 위험 장소 접근, 안전 장치 기능 제거, 보호 장비의 미착용 및 잘못된 사용, 운전 중인 기계의 속도 조작, 기계·기구의 잘못된 사용, 위험물 취급 부주의, 불안전한 상태 방치, 불안전한 자세와 동작, 감독 및 연락 잘못 등이 있다.
- 불안전한 상태 : 시설물 자체 결함, 전기 시설물의 누전, 구조물의 불안정, 소방기구의 미확보, 안전 보호 장치 결함, 복장·보호구의 결함, 시설물의 배치 및 장소 불량, 작업 환경 결함, 생산 공정의 결함, 경계 표시 설비의 결함 등이 있다.

39 기술 적용

정답 ②

에어워셔를 장기간 사용하지 않을 때, 수조 내부의 물을 완전히 비우고 수조와 디스크를 청소하여 건조시킨 후 보관하는 것은 오염을 막기 위함이다. 따라서 ②를 감전이나 화재에 대한 원인으로 보는 것은 적절하지 않다.

40 기술 적용

정답 ④

'E5' 표시는 팬모터 이상을 나타내므로 전원을 빼고 서비스센터에 문의하여야 한다.

오답분석

① 디스크 캡이 느슨하게 체결되어 있다면, 디스크 캡을 조여주면 된다.
② 'E3' 표시는 물이 부족하다는 것으로 물을 보충해주면 된다.
③ 팬 주변으로 이물질이 끼어 있으면, 전원을 차단한 후 이물질을 제거하면 된다.

41 기술 적용

정답 ③

운전조작부를 청소할 때는 물을 뿌려 닦으면 안 되나, 수조 내부의 경우 장기간 사용하지 않을 때에는 물을 완전히 비우고, 수조와 디스크에 세제를 풀어 부드러운 솔로 청소하여 건조시킨 후 보관하여야 한다.

오답분석

① 벽면과는 좌·우측 30cm, 뒷면과도 30cm 간격을 유지하여야 한다.
② 하부 수조에 뜨거운 물을 부어 사용하는 것은 고장의 원인이 될 수 있다.
④ 향기 제품 사용 시 플라스틱 부분의 깨짐, 변형 및 고장의 원인이 될 수 있다.

42 기술 적용

정답 ③

오답분석

① 사용 중에 갑자기 멈췄을 경우
②·④ 동작이 되지 않을 경우

43 기술 적용

정답 ②

동작 관련하여 원인이 손잡이 리모컨의 건전지 수명이 다하여 동작하지 않았을 때의 조치는 손잡이 리모컨의 건전지를 교환하는 것이다.

44 기술 적용

정답 ②

청소기 배수구에서 냄새가 날 수 있다.

오답분석

①·④ 사용 중에 갑자기 멈출 수 있다.
③ 동작이 되지 않는다.

45 기술 적용

정답 ④

오답분석

③ 필터가 더러워졌을 경우

46 기술 적용

정답 ②

오답분석

① 동작이 되지 않는 경우

④ 사용 중 갑자기 멈추는 경우, 먼지통에서 소리가 나는 경우, 청소기 배기구에서 냄새가 나는 경우

47 논리 연산

정답 ④

H□/W○는 가로축이 ○까지, 세로축이 □까지 있음을 나타낸다. 괄호 앞의 각 문자는 도형의 모양을 나타낸다. 즉, A는 원, B는 마름모, C는 삼각형이다. 괄호 안의 숫자는 도형의 위치를 나타낸다. 즉, (1, 2)는 가로축에서 1과 세로축에서 2가 만나는 위치이다.

- 가로축이 4까지, 세로축이 5까지 있다. → H5 / W4
- A는 가로축 2와 세로축 3이 만나는 위치이다. → A(2, 3)
- B는 가로축 3과 세로축 1이 만나는 위치이다. → B(3, 1)
- C는 가로축 1과 세로축 4가 만나는 위치이다. → C(1, 4)

따라서 L : H5 / W4, C : A(2, 3) / B(3, 1) / C(1, 4)가 답이다.

48 논리 연산

정답 ②

H□/W○는 가로축이 ○까지, 세로축이 □까지 있음을 나타낸다. 괄호 앞의 각 문자는 도형의 모양을 나타낸다. 즉, A는 원, B는 마름모, C는 삼각형이다. 괄호 안의 숫자는 도형의 위치를 나타낸다. 즉, (1, 2)는 가로축에서 1과 세로축에서 2가 만나는 위치이다.

- 가로축이 4까지, 세로축이 4까지 있다. → H4 / W4
- A는 가로축 1과 세로축 1이 만나는 위치이다. → A(1, 1)
- B는 가로축 4와 세로축 3이 만나는 위치이다. → B(4, 3)
- C는 가로축 3과 세로축 2가 만나는 위치이다. → C(3, 2)

따라서 L : H4 / W4, C : A(1, 1) / B(4, 3) / C(3, 2)가 답이다.

49 논리 연산

정답 ④

C(1, 4)는 가로축 1과 세로축 4가 만나는 위치에 있음을 나타낸다. 그러나 산출된 그래프에서는 C가 (4, 1)에 위치해 있다.

50 기술 적용

정답 ④

쌀을 제대로 씻지 않을 경우 쌀뜨물이 바닥으로 깔려 취사 후 밥 밑면이 누렇게 될 수 있으므로 취사 전 맑은 물이 나올 때까지 헹궈주어야 한다.

오답분석

① 소요되는 취사시간과 상관없이 예약은 완료되는 시간을 기준으로 한다. 따라서 17시가 오픈이므로 15시에는 2시간으로 설정하여 예약하면 된다.

② '백미쾌속' 모드는 예약이 되지 않는다. 예약 가능한 메뉴는 백미, 잡곡, 현미 3가지 메뉴이다.

③ '잡곡쾌속' 모드는 취사 모드에 없다. 취사 가능 모드는 백미, 백미쾌속, 잡곡, 현미, 죽, 누룽지, 만능 찜 7개이다.

51 기술 적용

정답 ④

뚜껑 패킹과 내솥 사이에 이물질이 끼어 있을 경우 취사 도중 수증기가 뚜껑 틈으로 나올 수 있다.

52 기술 적용

정답 ①

뚜껑 틈으로 수증기가 나오는 증상 해결방법에 따라 뚜껑 패킹과 내솥 사이의 이물질을 제거하였는데도 여전히 뚜껑 틈으로 수증기가 나온다면, 추가적으로 뚜껑 패킹을 교환하는 방법이 있다.

53 산업 재해

정답 ①

산업 재해 예방 대책은 '안전 관리 조직 → 사실의 발견(1단계) → 원인 분석(2단계) → 시정책 선정(3단계) → 시정책 적용 및 뒤처리(4단계)' 순이다.

따라서 재해 예방 대책에서 누락된 '안전 관리 조직' 단계를 보완해야 된다.

54 기술 이해

정답 ④

벤치마킹은 비교대상에 따라 내부・경쟁적・비경쟁적・글로벌 벤치마킹으로 분류되며, N기업은 뛰어난 비경쟁 기업의 유사 분야를 대상으로 벤치마킹하는 비경쟁적 벤치마킹을 하고 있다. 비경쟁적 벤치마킹은 아이디어 창출 가능성은 높으나 가공하지 않고 사용하면 실패할 가능성이 높다.

오답분석

① 내부 벤치마킹에 대한 설명이다.

②・③ 글로벌 벤치마킹에 대한 설명이다.

55 산업 재해

정답 ④

하인리히의 법칙은 큰 사고로 인해 산업 재해가 일어나기 전에 작은 사고나 징후인 '불안전한 행동 및 상태'가 보인다는 주장이다.

PART 3

02 수리능력(전기직)

56 응용 수리

정답 ②

서울에서 부산까지 무정차로 걸리는 시간을 x시간이라고 하면

$x=\frac{400}{120}=\frac{10}{3}$ → 3시간 20분

9시에 출발해 13시 10분에 도착했으므로 걸린 시간은 4시간 10분이다. 즉, 무정차 시간과 비교하면 50분이 더 걸렸고, 역마다 정차하는 시간은 10분이므로 정차한 역의 수는 $50\div10=5$개이다.

57 응용 수리

정답 ③

A씨가 뛰어갈 속력을 $x$km/h라고 하면 $\frac{50-\left(\frac{1}{2}\times80\right)}{x}\leq\frac{1}{2}$이므로, 최소 20km/h로 가야 면접 장소에 늦지 않게 도착한다.

58 응용 수리

정답 ②

6개의 숫자로 여섯 자릿수를 만드는 경우는 6!가지이다.

그중 1이 3개, 2가 2개씩 중복되므로 $3!\times2!$의 경우가 겹친다.

따라서 가능한 경우의 수는 $\frac{6!}{3!\times2!}=60$가지이다.

59 응용 수리

정답 ④

1시간 경과 후 각각의 비커의 농도는 다음과 같다.

A라벨$=\frac{a}{100-60}\times100=\left(\frac{5}{2}a\right)=b$

B라벨$=\frac{b}{100-50}\times100=2b=c$

C라벨$=\left(\frac{c}{100-20}\right)\times100=\frac{5}{4}c$

따라서 $b=\frac{5}{2}a$, $c=5a$이다.

A라벨 비커의 물을 80g 증발시켰을 때의 농도는 $\left(\frac{a}{100-80}\right)\times100=20$이므로 $a=4$이다.

$\therefore a=4,\ b=10,\ c=20$

따라서 ㉣에 들어갈 수치는 $\frac{a}{100-80}$이므로 ㉣이 옳지 않다.

60 자료 이해

정답 ②

논 면적이 가장 많이 감소한 해는 213−193=20ha로 2016년이지만, 20kg당 쌀값이 가장 비싼 해는 2023년이다.

오답분석

① 논 면적은 매년 감소하고 있다.

③ 2015 ~ 2024년 중 20kg당 쌀값이 상승한 연도는 2019년 ~ 2023년으로 5년 연속 상승하였다.

④ 2015년과 2020년의 전체 쌀값이 A원으로 같다면 논 1ha당 수확한 쌀의 무게는 $\frac{20A}{(\text{논의 면적}) \times (20kg\text{당 쌀값})}$이다.

- 2015년 : $\frac{20A}{213 \times 44,000} = \frac{A}{468,600}$ kg/ha
- 2020년 : $\frac{20A}{173 \times 45,000} = \frac{A}{389,250}$ kg/ha

따라서 1ha당 수확한 쌀의 양은 2020년이 더 많다.

61 자료 계산

정답 ①

$92m^2$의 6억 원 초과 9억 원 이하 주택의 표준세율은 $0.02+0.002+0.002=0.024$이므로 거래금액을 x원이라고 하면

$x \times (1+0.024) = 670,000,000$

→ $1.024x = 670,000,000$

∴ $x ≒ 654,290,000$(∵ 만 원 단위 미만 절사)

따라서 해당 아파트의 거래금액은 65,429만 원이다.

62 자료 계산

정답 ④

- (가)$=723-(76+551)=96$
- (나)$=824-(145+579)=100$
- (다)$=887-(131+137)=619$
- (라)$=114+146+688=948$

∴ (가)+(나)+(다)+(라)$=96+100+619+948=1,763$

63 자료 이해

정답 ①

5급 공무원과 7급 공무원 채용인원 모두 2018년부터 2021년까지 전년 대비 증가했고, 2022년에는 전년 대비 감소했다.

오답분석

ㄴ. 2014 ~ 2024년 동안 채용인원이 가장 적은 해는 5급과 7급 공무원 모두 2014년이며, 가장 많은 해는 2021년이다. 따라서 2021년과 2014년의 채용인원 차이는 5급 공무원이 $28-18=10$백 명, 7급 공무원은 $49-31=18$백 명으로 7급 공무원이 더 많다.

ㄷ. 2015년부터 2024년까지 전년 대비 채용인원의 증감량이 가장 많은 해는 5급 공무원의 경우 2022년일 때 전년 대비 $23-28=-5$백 명이 감소했고, 7급 공무원의 경우 2015년일 때 전년 대비 $38-31=7$백 명이 증가했다.

ㄹ. 2022년 채용인원은 5급 공무원이 23백 명, 7급 공무원이 47백 명으로 7급 공무원 채용인원이 5급 공무원 채용인원의 2배인 $23 \times 2=46$백 명보다 많다.

64 자료 이해

정답 ③

ㄴ. 그래프를 통해 2월 21일의 원/달러 환율이 지난주 2월 14일보다 상승하였음을 알 수 있다.

ㄷ. 달러화의 강세란 원/달러 환율이 상승하여 원화가 평가절하되면서 달러의 가치가 높아지는 것을 의미한다. 3월 12일부터 3월 19일까지는 원/달러 환율이 계속해서 상승하는 추세이므로 옳은 설명이다.

오답분석

ㄱ. 3월 원/엔 환율의 경우 최고 환율은 3월 9일의 1,172.82원으로, 3월 한 달 동안 1,100원을 상회하는 수준에서 등락을 반복하고 있다.

ㄹ. 달러/엔 환율은 $\frac{(\text{원/엔 환율})}{(\text{원/달러 환율})}$로 도출할 수 있다. 그래프에 따르면 3월 27일 원/달러 환율은 3월 12일에 비해 상승하였고, 반대로 원/엔 환율은 하락하였다. 즉, 분모는 증가하고 분자는 감소하였으므로 3월 27일의 달러/엔 환율은 3월 12일보다 하락하였음을 알 수 있다.

65 자료 계산

정답 ③

- 2020년 대비 2021년 사고 척수의 증가율 : $\frac{2,362-1,565}{1,565}\times100 \fallingdotseq 50.9\%$
- 2020년 대비 2021년 사고 건수의 증가율 : $\frac{2,101-1,330}{1,330}\times100 \fallingdotseq 58.0\%$

66 자료 계산

정답 ①

연도별 사고 건수당 인명피해의 인원수를 구하면 다음과 같다.

- 2020년 : $\frac{710}{1,330} \fallingdotseq 0.53$명/건
- 2021년 : $\frac{395}{2,101} \fallingdotseq 0.19$명/건
- 2022년 : $\frac{411}{2,307} \fallingdotseq 0.18$명/건
- 2023년 : $\frac{523}{2,582} \fallingdotseq 0.20$명/건
- 2024년 : $\frac{455}{2,671} \fallingdotseq 0.17$명/건

따라서 사고 건수당 인명피해의 인원수가 가장 많은 연도는 2020년이다.

67 자료 계산

정답 ③

2024년 9월 28일에 측정한 발전소별 수문 자료를 보면 이날 온도가 27℃를 초과한 발전소는 춘천, 섬진강, 보성강, 괴산이다. 춘천을 제외한 나머지 발전소의 출력량의 합은 다음과 같다.

- 섬진강 : $9.8\times6.9\times20\times0.9$
- 보성강 : $9.8\times1.1\times20\times0.9$
- 괴산 : $9.8\times74.2\times20\times0.9$

∴ 합계 : $9.8\times20\times0.9\times(6.9+1.1+74.2)=14,500.08$kW

춘천의 출력량은 총 출력량 15,206.08kW에서 나머지 발전소의 출력량의 합을 뺀 $15,206.08-14,500.08=706$kW이다.

춘천의 초당 유량을 $x\,\text{m}^3/\text{sec}$라 하였을 때

$706=9.8\times x\times20\times0.9$

$\rightarrow x=706\div(9.8\times20\times0.9)$

$\therefore x \fallingdotseq 4$

따라서 춘천 발전소의 분당 유량은 $60\times4=240\text{m}^3/\text{min}$이다.

68 자료 이해

정답 ④

조건을 분석하면 다음과 같다.

- 첫 번째 조건에 의해 ㉠~㉣ 국가 중 연도별로 8위를 두 번 한 두 나라는 ㉠과 ㉣이므로 둘 중 한 곳이 한국, 나머지 하나가 캐나다임을 알 수 있다.
- 두 번째 조건에 의해 2023년 대비 2024년의 이산화탄소 배출량 증가율은 ㉡과 ㉢이 각각 $\frac{556-535}{535}\times100 \fallingdotseq 3.93\%$와 $\frac{507-471}{471}\times100 \fallingdotseq 7.64\%$이므로 ㉢은 사우디아라비아가 되며, 따라서 ㉡은 이란이 된다.
- 세 번째 조건에 의해 이란의 수치는 고정값으로 놓고 2018년을 기점으로 ㉠이 ㉣보다 배출량이 커지고 있으므로 ㉠이 한국, ㉣이 캐나다임을 알 수 있다.

따라서 ㉠~㉣은 순서대로 한국, 이란, 사우디아라비아, 캐나다이다.

69 자료 이해

정답 ③

오답분석

① 1984년 A국의 석유 수입액은 74억 달러이고 B국의 석유 수입액은 75억 달러이므로 B국이 더 많다.
② 2024년 A국의 석유 수입액과 석탄 수입액의 합은 110.7억 달러고 LNG 수입액의 2배는 108.6억 달러이므로 2배보다 많다.
④ 두 국가의 1984년 대비 2024년 LNG 수입액 증가율은 다음과 같다.

- A국 : $\frac{79.9-29.2}{29.2}\times100 \fallingdotseq 173.6\%$
- B국 : $\frac{102-30}{30}\times100=240\%$

따라서 증가율은 B국이 더 크다.

70 자료 이해

정답 ④

사망자가 30명 이상인 사고를 제외한 나머지 사고는 A, C, D, F이다. 사고 A, C, D, F를 화재 규모와 복구 비용이 큰 순서로 각각 나열하면 다음과 같다.

- 화재 규모 : A－D－C－F
- 복구 비용 : A－D－C－F

따라서 옳은 설명이다.

오답분석

① 터널 길이가 긴 순서로, 사망자가 많은 순서로 사고를 각각 나열하면 다음과 같다.
- 터널 길이 : A－D－B－C－F－E
- 사망자 수 : E－B－C－D－A－F

따라서 터널 길이와 사망자 수는 관계가 없다.

② 화재 규모가 큰 순서로, 복구 기간이 긴 순서로 사고를 각각 나열하면 다음과 같다.
- 화재 규모 : A－D－C－E－B－F
- 복구 기간 : B－E－F－A－C－D

따라서 화재 규모와 복구 기간의 길이는 관계가 없다.

③ 사고 A를 제외하고 복구 기간이 긴 순서로, 복구 비용이 큰 순서로 사고를 나열하면 다음과 같다.
- 복구 기간 : B－E－F－C－D
- 복구 비용 : B－E－D－C－F

따라서 옳지 않은 설명이다.

03 자원관리능력(기계직 / 화학직)

56 인원 선발

정답 ②

면접평가 결과를 점수로 변환하면 다음과 같다.

구분	A	B	C	D	E
의사소통능력	100점	100점	100점	80점	50점
문제해결능력	80점	75점	100점	75점	95점
조직이해능력	95점	90점	60점	100점	90점
대인관계능력	50점	100점	80점	60점	85점

변환된 점수에 최종 합격자 선발기준에 따른 평가비중을 곱하여 최종 점수를 도출하면 다음과 같다.

- A : (100×0.4)+(80×0.3)+(95×0.2)+(50×0.1)=88점
- B : (100×0.4)+(75×0.3)+(90×0.2)+(100×0.1)=90.5점
- C : (100×0.4)+(100×0.3)+(60×0.2)+(80×0.1)=90점
- D : (80×0.4)+(75×0.3)+(100×0.2)+(60×0.1)=80.5점
- E : (50×0.4)+(95×0.3)+(90×0.2)+(85×0.1)=75점

따라서 최종 합격자는 상위자 2명이므로 B, C가 선발된다.

57 인원 선발

정답 ③

문제의 주어진 규정에 따라 정리하도록 한다.

[1주 차]에 근무 교체 인원을 살펴보면 다음과 같다.

- 이광수(주임) : 동일한 주임 직급에서 대체할 사람 중 해당 주에 근무가 불가한 사람은 3주 차의 김종대와 4주 차의 박성인인데, 박성인은 3·4주 차에 근무를 할 수 없으므로 1주 차나 2주 차에 대체근무를 해야 한다. 따라서 이광수의 대체자로는 4주 차의 박성인이 가장 적절하다.
- 정수정(인턴) : 동일한 인턴 직급에서 대체할 사람은 3주 차의 최안나이다.

[2주 차]에 근무 교체 인원을 보면,

- 민정훈(사원) : 동일한 사원 직급에서 대체할 사람은 4주 차의 신주현이다.

[3주 차]에 근무 교체 인원을 보면,

- 김종대(주임) : [1주 차]의 근무 교체 인원에 따라 3주 차에 근무 교체를 할 수 있는 사람은 1주 차의 이광수이다.
- 최안나(인턴) : 1주 차의 정수정과 교체 근무한다.

[4주 차]에 근무 교체 인원을 보면,

- 박성인(주임) : [1주 차]와 [3주 차]의 근무 교체 인원에 따라 근무 교체를 할 수 있는 사람은 3주 차의 김종대이다.
- 신주현(사원) : 2주 차의 민정훈과 교체 근무한다.

이를 표로 정리하면 다음과 같다.

구분	명단
1주 차(4일)	서정훈(팀장), 박성인(주임), 김종인(사원), 최안나(인턴)
2주 차(11일)	강동호(팀장), 하동훈(주임), 이슬기(주임), 신주현(사원)
3주 차(18일)	박선미(팀장), 이광수(주임), 유인영(사원), 이정은(인턴), 정수정(인턴)
4주 차(25일)	이자영(팀장), 김종대(주임), 민정훈(사원)

따라서 셋째 주인 3주 차에 근무하는 사람은 '박선미(3팀 팀장), 이광수(1팀 주임), 유인영(1팀 사원), 이정은(2팀 인턴), 정수정(3팀 인턴)'이다.

58 인원 선발

정답 ②

대화 내용에서 각자 연차 및 교육 일정을 정리하면 다음과 같다.

10월 달력						
일요일	월요일	화요일	수요일	목요일	금요일	토요일
	1	2 사원 B 연차	3 개천절	4	5	6
7	8	9 한글날	10 과장 A 연차	11 대리 B 교육	12 대리 B 교육	13
14	15 사원 A 연차	16	17 대리 B 연차	18 대리 A 교육	19 대리 A 교육	20
21	22	23	24 대리 A 연차	25	26	27
28	29 워크숍	30 워크숍	31			

달력에서 바로 확인 가능한 사실은 세 번째 주에 3명의 직원이 연차 및 교육을 신청했다는 것이다. 그러나 대리 A와 사원 A가 먼저 신청했으므로 대리 B가 옳지 않음을 알 수 있고, 대리 A의 말에서 자신이 교육받는 주에 다른 사람 2명 신청 가능할 것 같다고 한 것은 네 번째 조건에 어긋난다.

따라서 옳지 않은 말을 한 직원은 대리 A와 대리 B임을 알 수 있다.

PART 3

59 시간 계획

정답 ④

ⓛ 대도시 간 예상 최대 소요시간의 모든 구간에서 주중이 주말보다 소요시간이 적게 걸림을 알 수 있다.

ⓒ 주중 전국 교통량 중 수도권에서 지방으로 가는 교통량의 비율은 $\frac{42}{380}\times100≒11.1$%이다.

ⓔ 서울 – 광주 구간 주중 예상 최대 소요시간과 서울 – 강릉 구간 주말 예상 최대 소요시간은 3시간 20분으로 같다.

60 비용 계산

정답 ②

안내문의 두 번째 항목에 의하여 식사횟수는 6회이다(첫째 날 중식·석식, 둘째 날 조식·중식·석식, 셋째 날 조식).

첫째 날 출발하는 선발대 인원은 50−15=35명이고, 둘째 날 도착하는 후발대 인원 15명은 둘째 날 조식부터 가능하므로 첫째 날은 35명에 대한 예산을, 둘째 날부터 마지막 날까지는 50명에 대한 예산을 작성해야 한다.

- 첫째 날 중식(정식) 비용 : 9,000×35=315,000원
- 셋째 날 조식(일품) 비용 : 8,000×50=400,000원

이때 나머지 4번의 식사는 자유롭게 선택할 수 있으나 예산을 최대로 편성해야 하므로 정식과 일품을 제외한 나머지 중 가장 비싼 스파게티의 가격을 기준해 계산한다.

- 나머지 식사 비용 : 7,000×(35+50+50+50)=1,295,000원

따라서 편성해야 하는 예산금액은 315,000+400,000+1,295,000=2,010,000원이다.

61 품목 확정

정답 ①

회사 근처 모텔에서 숙박 후 버스 타고 공항 이동 : 40,000원(모텔요금)+20,000원(버스요금)+30,000원(시간요금)=90,000원

오답분석

② 공항 픽업 호텔로 버스 타고 이동 후 숙박 : 10,000원(버스요금)+10,000원(시간요금)+100,000원(호텔요금)=120,000원

③ 공항 픽업 호텔로 택시 타고 이동 후 숙박 : 20,000원(택시요금)+5,000원(시간요금)+100,000원(호텔요금)=125,000원

④ 공항 근처 모텔로 버스 타고 이동 후 숙박 : 20,000원(버스요금)+30,000원(시간요금)+80,000원(공항 근처 모텔요금)=130,000원

62 인원 선발

정답 ④

제시된 당직 근무 규칙과 근무 일정을 정리하면 다음과 같다.

구분	월	화	수	목	금	토	일
오전	공주원 지한준 김민정	이지유 최유리	강리환 이영유	공주원 강리환 이건율	이지유 지한준	김민정 최민관 강지공	이건율 최민관
오후	이지유 최민관 이건율	최민관 이영유 강지공	공주원 지한준 강지공 김민정	최유리	이영유 강지공	강리환 최유리 이영유	이지유 김민정

당직 근무 규칙에 따르면 오후 당직의 경우 최소 2명이 근무해야 한다. 그러나 목요일 오후에 최유리 1명만 근무하므로 최소 1명의 근무자가 더 필요하다. 이때, 한 사람이 같은 날 오전·오후 당직을 모두 할 수 없으므로 목요일 오전 당직 근무자인 공주원, 강리환, 이건율은 제외된다. 또한 당직 근무는 주당 5회 미만이므로 이번 주에 4번의 당직 근무가 예정된 근무자 역시 제외된다. 따라서 지한준의 당직 근무 일정을 추가해야 한다.

63 인원 선발

정답 ①

성과급 지급 기준에 따라 직원들의 성과점수를 산정하면 다음과 같다.

직원	성과점수
㉮	(85×0.4)+(70×0.3)+(80×0.3)+4=83점
㉯	(80×0.4)+(80×0.3)+(70×0.3)−1=76점
㉰	(75×0.4)+(85×0.3)+(80×0.3)+2=81.5점
㉱	(70×0.4)+(70×0.3)+(90×0.3)−5=71점
㉲	(80×0.4)+(65×0.3)+(75×0.3)=74점

수상, 자격증 획득, 징계는 4분기 내의 것만 인정되는 것에 유의한다.
따라서 ㉮, ㉰만 B등급으로 직원들 중 가장 높은 등급을 받고, 이에 따라 가장 많은 성과급을 받는다.

64 시간 계획

정답 ③

하루에 6명 이상은 근무해야 하므로 하루에 2명까지만 휴가를 쓸 수 있다. 따라서 A사원이 4일 이상 휴가를 쓰면서 최대 휴가 인원 2명을 유지할 수 있는 기간은 6~11일만 가능하다.

오답분석

② A사원은 4일 이상 휴가를 사용해야 하므로 6~11일 중 토·일요일을 제외하고 3일만 사용한 7~11일은 불가능하다.

65 시간 계획

정답 ③

1, 2팀에서 팀장 또는 주임이 지정휴무를 사용하게 되면 다른 팀에서 지정휴무에 대한 대체근무를 해야 하므로 4번의 대체근무가 필요한데, 3팀의 경우 주임이 2명이기 때문에 대체근무 횟수의 최소화를 위해 2명의 주임이 동시에 지정휴무를 사용할 수 없다. 그렇기 때문에 3팀의 주임이 지정휴무를 쓰게 되더라도 대체가 필요 없다. 단, 3팀의 팀장이 지정휴무를 사용할 경우 대체가 필요하므로 지정휴무로 인한 대체는 총 5번이다.
10월 1일 1팀이 야간1이고 2팀이 비번이었으면 1팀의 팀장이 여행가는 27일의 1팀 근무는 비번으로 시작한다. 비번 – 휴무 – 주간1 – 주간2 – 야간1이기 때문에 연차 실 사용일은 3일이고, 3번의 추가 대체근무가 더 필요하다.
따라서 지정휴무로 인한 대체근무 5번과 연차로 인한 대체근무 3번으로 총 8번의 대체근무가 필요하다.

66 비용 계산

정답 ①

10월의 전기세는 기타 계절의 요금으로 구한다.

먼저 전기요금을 구하면 기본요금은 341kWh를 사용했으므로 1,600원이고, 전력량 요금은 다음과 같다.

- 1단계 : 200kWh×93.3원/kWh=18,660원
- 2단계 : 141kWh×187.9원/kWh=26,493.9원

그러므로 전기요금은 1,600+(18,660+26,493.9)=1,600+45,153.9=46,753원(∵ 원 미만 절사)이고, 부가가치세는 46,753×0.1≒4,675원(∵ 원 미만 반올림), 전력산업기반기금은 46,753×0.037≒1,720원(∵ 10원 미만 절사)이다.

따라서 10월 전기세 청구금액은 46,753+4,675+1,720=53,148원이므로 53,140원이다.

67 품목 확정

정답 ③

오답분석

① 예산이 150만 원이라고 했으므로 예산을 초과하였다.

② 신속한 A/S가 조건이므로 해외 A/S만 가능하여 적절하지 않다.

④ 조명도가 5,000lx 미만이므로 적절하지 않다.

68 품목 확정

정답 ④

직원 수가 100명이므로 주문해야 할 치킨은 50마리이다. 50마리 주문에 대해 ①~④ 각각의 선지로 주문할 경우의 비용을 계산해 보면 다음과 같다.

① A치킨과 B치킨에서 전체의 반씩 방문 포장으로 단체 주문 옵션을 선택한다.
[15,000×25×(1−0.35)+50,000]+[16,000×20×(1−0.23)]+[16,000×5×(1−0.2)]+15,000
→ 293,750+325,400=619,150원
15,000×50×[1−(0.35+0.05)]+50,000=500,000원

② B치킨에서 방문 포장하고 단체 주문 옵션을 선택한다.
16,000×50×[1−(0.2+0.03)]+15,000=631,000원

③ A치킨에서 배달을 시킨다.
15,000×50=750,000원

④ A치킨에서 방문 포장하고 단체 주문 옵션을 선택한다.

따라서 A치킨에서 방문 포장하고 단체 주문 옵션을 선택하는 ④가 최소 비용으로 치킨을 먹을 수 있는 방법이다.

69 시간 계획

정답 ③

1) K기사가 거쳐야 할 경로는 'A도시 → E도시 → C도시 → A도시'이다. A도시에서 E도시로 바로 갈 수 없으므로 다른 도시를 거쳐야 하는데, 가장 짧은 시간 내에 A도시에서 E도시로 갈 수 있는 경로는 B도시를 경유하는 것이다. 따라서 K기사의 운송경로는 'A도시 → B도시 → E도시 → C도시 → A도시'이며, 이동시간은 1.0+0.5+2.5+0.5=4.5시간이다.

2) P기사는 A도시에서 출발하여 모든 도시를 한 번씩 거친 뒤 다시 A도시로 돌아와야 한다. 해당 조건이 성립하는 운송경로의 경우는 다음과 같다.
   - A도시 → B도시 → D도시 → E도시 → C도시 → A도시
     - 이동시간 : 1.0+1.0+0.5+2.5+0.5=5.5시간
   - A도시 → C도시 → B도시 → E도시 → D도시 → A도시
     - 이동시간 : 0.5+2.0+0.5+0.5+1.5=5시간

   따라서 P기사가 운행할 최소 이동시간은 5시간이다.

70 시간 계획

정답 ④

• A씨가 인천공항에 도착한 현지 날짜 및 시각

독일시각	11월 2일	19시 30분
소요시간		+ 12시간 20분
시차		+ 8시간
		=11월 3일 15시 50분

인천공항에 도착한 시각은 한국시각으로 11월 3일 15시 50분이고, A씨는 3시간 40분 뒤에 일본으로 가는 비행기를 타야 한다. 비행 출발 시각 1시간 전에는 공항에 도착해야 하므로, 참여 가능한 환승투어 코스는 소요시간이 두 시간 이내인 엔터테인먼트, 인천시티, 해안관광이며, A씨의 인천공항 도착시각과 환승투어 코스가 바르게 짝지어진 것은 ④이다.

한국중부발전 필기시험 답안카드

성 명

지원 분야

문제지 형별기재란	
(　　　)형	Ⓐ Ⓑ

수 험 번 호						
⓪	⓪	⓪	⓪	⓪	⓪	⓪
①	①	①	①	①	①	①
②	②	②	②	②	②	②
③	③	③	③	③	③	③
④	④	④	④	④	④	④
⑤	⑤	⑤	⑤	⑤	⑤	⑤
⑥	⑥	⑥	⑥	⑥	⑥	⑥
⑦	⑦	⑦	⑦	⑦	⑦	⑦
⑧	⑧	⑧	⑧	⑧	⑧	⑧
⑨	⑨	⑨	⑨	⑨	⑨	⑨

감독위원 확인
인

1	① ② ③ ④	21	① ② ③ ④	41	① ② ③ ④	61	① ② ③ ④
2	① ② ③ ④	22	① ② ③ ④	42	① ② ③ ④	62	① ② ③ ④
3	① ② ③ ④	23	① ② ③ ④	43	① ② ③ ④	63	① ② ③ ④
4	① ② ③ ④	24	① ② ③ ④	44	① ② ③ ④	64	① ② ③ ④
5	① ② ③ ④	25	① ② ③ ④	45	① ② ③ ④	65	① ② ③ ④
6	① ② ③ ④	26	① ② ③ ④	46	① ② ③ ④	66	① ② ③ ④
7	① ② ③ ④	27	① ② ③ ④	47	① ② ③ ④	67	① ② ③ ④
8	① ② ③ ④	28	① ② ③ ④	48	① ② ③ ④	68	① ② ③ ④
9	① ② ③ ④	29	① ② ③ ④	49	① ② ③ ④	69	① ② ③ ④
10	① ② ③ ④	30	① ② ③ ④	50	① ② ③ ④	70	① ② ③ ④
11	① ② ③ ④	31	① ② ③ ④	51	① ② ③ ④		
12	① ② ③ ④	32	① ② ③ ④	52	① ② ③ ④		
13	① ② ③ ④	33	① ② ③ ④	53	① ② ③ ④		
14	① ② ③ ④	34	① ② ③ ④	54	① ② ③ ④		
15	① ② ③ ④	35	① ② ③ ④	55	① ② ③ ④		
16	① ② ③ ④	36	① ② ③ ④	56	① ② ③ ④		
17	① ② ③ ④	37	① ② ③ ④	57	① ② ③ ④		
18	① ② ③ ④	38	① ② ③ ④	58	① ② ③ ④		
19	① ② ③ ④	39	① ② ③ ④	59	① ② ③ ④		
20	① ② ③ ④	40	① ② ③ ④	60	① ② ③ ④		

※ 본 답안지는 마킹연습용 모의 답안지입니다.

한국중부발전 필기시험 답안카드

성 명

지원 분야

문제지 형별기재란	
(　　　)형	Ⓐ Ⓑ

수 험 번 호						
⓪	⓪	⓪	⓪	⓪	⓪	⓪
①	①	①	①	①	①	①
②	②	②	②	②	②	②
③	③	③	③	③	③	③
④	④	④	④	④	④	④
⑤	⑤	⑤	⑤	⑤	⑤	⑤
⑥	⑥	⑥	⑥	⑥	⑥	⑥
⑦	⑦	⑦	⑦	⑦	⑦	⑦
⑧	⑧	⑧	⑧	⑧	⑧	⑧
⑨	⑨	⑨	⑨	⑨	⑨	⑨

감독위원 확인
인

번호	답	번호	답	번호	답	번호	답
1	① ② ③ ④	21	① ② ③ ④	41	① ② ③ ④	61	① ② ③ ④
2	① ② ③ ④	22	① ② ③ ④	42	① ② ③ ④	62	① ② ③ ④
3	① ② ③ ④	23	① ② ③ ④	43	① ② ③ ④	63	① ② ③ ④
4	① ② ③ ④	24	① ② ③ ④	44	① ② ③ ④	64	① ② ③ ④
5	① ② ③ ④	25	① ② ③ ④	45	① ② ③ ④	65	① ② ③ ④
6	① ② ③ ④	26	① ② ③ ④	46	① ② ③ ④	66	① ② ③ ④
7	① ② ③ ④	27	① ② ③ ④	47	① ② ③ ④	67	① ② ③ ④
8	① ② ③ ④	28	① ② ③ ④	48	① ② ③ ④	68	① ② ③ ④
9	① ② ③ ④	29	① ② ③ ④	49	① ② ③ ④	69	① ② ③ ④
10	① ② ③ ④	30	① ② ③ ④	50	① ② ③ ④	70	① ② ③ ④
11	① ② ③ ④	31	① ② ③ ④	51	① ② ③ ④		
12	① ② ③ ④	32	① ② ③ ④	52	① ② ③ ④		
13	① ② ③ ④	33	① ② ③ ④	53	① ② ③ ④		
14	① ② ③ ④	34	① ② ③ ④	54	① ② ③ ④		
15	① ② ③ ④	35	① ② ③ ④	55	① ② ③ ④		
16	① ② ③ ④	36	① ② ③ ④	56	① ② ③ ④		
17	① ② ③ ④	37	① ② ③ ④	57	① ② ③ ④		
18	① ② ③ ④	38	① ② ③ ④	58	① ② ③ ④		
19	① ② ③ ④	39	① ② ③ ④	59	① ② ③ ④		
20	① ② ③ ④	40	① ② ③ ④	60	① ② ③ ④		

※ 본 답안지는 마킹연습용 모의 답안지입니다.

한국중부발전 필기시험 답안카드

성 명

지원 분야

문제지 형별기재란	
(　　　)형	Ⓐ Ⓑ

수 험 번 호						
⓪	⓪	⓪	⓪	⓪	⓪	⓪
①	①	①	①	①	①	①
②	②	②	②	②	②	②
③	③	③	③	③	③	③
④	④	④	④	④	④	④
⑤	⑤	⑤	⑤	⑤	⑤	⑤
⑥	⑥	⑥	⑥	⑥	⑥	⑥
⑦	⑦	⑦	⑦	⑦	⑦	⑦
⑧	⑧	⑧	⑧	⑧	⑧	⑧
⑨	⑨	⑨	⑨	⑨	⑨	⑨

감독위원 확인
㉑ 인

번호	답	번호	답	번호	답	번호	답
1	① ② ③ ④	21	① ② ③ ④	41	① ② ③ ④	61	① ② ③ ④
2	① ② ③ ④	22	① ② ③ ④	42	① ② ③ ④	62	① ② ③ ④
3	① ② ③ ④	23	① ② ③ ④	43	① ② ③ ④	63	① ② ③ ④
4	① ② ③ ④	24	① ② ③ ④	44	① ② ③ ④	64	① ② ③ ④
5	① ② ③ ④	25	① ② ③ ④	45	① ② ③ ④	65	① ② ③ ④
6	① ② ③ ④	26	① ② ③ ④	46	① ② ③ ④	66	① ② ③ ④
7	① ② ③ ④	27	① ② ③ ④	47	① ② ③ ④	67	① ② ③ ④
8	① ② ③ ④	28	① ② ③ ④	48	① ② ③ ④	68	① ② ③ ④
9	① ② ③ ④	29	① ② ③ ④	49	① ② ③ ④	69	① ② ③ ④
10	① ② ③ ④	30	① ② ③ ④	50	① ② ③ ④	70	① ② ③ ④
11	① ② ③ ④	31	① ② ③ ④	51	① ② ③ ④		
12	① ② ③ ④	32	① ② ③ ④	52	① ② ③ ④		
13	① ② ③ ④	33	① ② ③ ④	53	① ② ③ ④		
14	① ② ③ ④	34	① ② ③ ④	54	① ② ③ ④		
15	① ② ③ ④	35	① ② ③ ④	55	① ② ③ ④		
16	① ② ③ ④	36	① ② ③ ④	56	① ② ③ ④		
17	① ② ③ ④	37	① ② ③ ④	57	① ② ③ ④		
18	① ② ③ ④	38	① ② ③ ④	58	① ② ③ ④		
19	① ② ③ ④	39	① ② ③ ④	59	① ② ③ ④		
20	① ② ③ ④	40	① ② ③ ④	60	① ② ③ ④		

※ 본 답안지는 마킹연습용 모의 답안지입니다.

한국중부발전 필기시험 답안카드

성 명

지원 분야

문제지 형별기재란	
(　　　)형	Ⓐ Ⓑ

수 험 번 호						
⓪	⓪	⓪	⓪	⓪	⓪	⓪
①	①	①	①	①	①	①
②	②	②	②	②	②	②
③	③	③	③	③	③	③
④	④	④	④	④	④	④
⑤	⑤	⑤	⑤	⑤	⑤	⑤
⑥	⑥	⑥	⑥	⑥	⑥	⑥
⑦	⑦	⑦	⑦	⑦	⑦	⑦
⑧	⑧	⑧	⑧	⑧	⑧	⑧
⑨	⑨	⑨	⑨	⑨	⑨	⑨

감독위원 확인
인

번호	답	번호	답	번호	답	번호	답
1	① ② ③ ④	21	① ② ③ ④	41	① ② ③ ④	61	① ② ③ ④
2	① ② ③ ④	22	① ② ③ ④	42	① ② ③ ④	62	① ② ③ ④
3	① ② ③ ④	23	① ② ③ ④	43	① ② ③ ④	63	① ② ③ ④
4	① ② ③ ④	24	① ② ③ ④	44	① ② ③ ④	64	① ② ③ ④
5	① ② ③ ④	25	① ② ③ ④	45	① ② ③ ④	65	① ② ③ ④
6	① ② ③ ④	26	① ② ③ ④	46	① ② ③ ④	66	① ② ③ ④
7	① ② ③ ④	27	① ② ③ ④	47	① ② ③ ④	67	① ② ③ ④
8	① ② ③ ④	28	① ② ③ ④	48	① ② ③ ④	68	① ② ③ ④
9	① ② ③ ④	29	① ② ③ ④	49	① ② ③ ④	69	① ② ③ ④
10	① ② ③ ④	30	① ② ③ ④	50	① ② ③ ④	70	① ② ③ ④
11	① ② ③ ④	31	① ② ③ ④	51	① ② ③ ④		
12	① ② ③ ④	32	① ② ③ ④	52	① ② ③ ④		
13	① ② ③ ④	33	① ② ③ ④	53	① ② ③ ④		
14	① ② ③ ④	34	① ② ③ ④	54	① ② ③ ④		
15	① ② ③ ④	35	① ② ③ ④	55	① ② ③ ④		
16	① ② ③ ④	36	① ② ③ ④	56	① ② ③ ④		
17	① ② ③ ④	37	① ② ③ ④	57	① ② ③ ④		
18	① ② ③ ④	38	① ② ③ ④	58	① ② ③ ④		
19	① ② ③ ④	39	① ② ③ ④	59	① ② ③ ④		
20	① ② ③ ④	40	① ② ③ ④	60	① ② ③ ④		

※ 본 답안지는 마킹연습용 모의 답안지입니다.

한국중부발전 필기시험 답안카드

성 명

지원 분야

문제지 형별기재란	
(　　　)형	Ⓐ Ⓑ

수 험 번 호						
⓪	⓪	⓪	⓪	⓪	⓪	⓪
①	①	①	①	①	①	①
②	②	②	②	②	②	②
③	③	③	③	③	③	③
④	④	④	④	④	④	④
⑤	⑤	⑤	⑤	⑤	⑤	⑤
⑥	⑥	⑥	⑥	⑥	⑥	⑥
⑦	⑦	⑦	⑦	⑦	⑦	⑦
⑧	⑧	⑧	⑧	⑧	⑧	⑧
⑨	⑨	⑨	⑨	⑨	⑨	⑨

감독위원 확인
인

1	①	②	③	④	21	①	②	③	④	41	①	②	③	④	61	①	②	③	④
2	①	②	③	④	22	①	②	③	④	42	①	②	③	④	62	①	②	③	④
3	①	②	③	④	23	①	②	③	④	43	①	②	③	④	63	①	②	③	④
4	①	②	③	④	24	①	②	③	④	44	①	②	③	④	64	①	②	③	④
5	①	②	③	④	25	①	②	③	④	45	①	②	③	④	65	①	②	③	④
6	①	②	③	④	26	①	②	③	④	46	①	②	③	④	66	①	②	③	④
7	①	②	③	④	27	①	②	③	④	47	①	②	③	④	67	①	②	③	④
8	①	②	③	④	28	①	②	③	④	48	①	②	③	④	68	①	②	③	④
9	①	②	③	④	29	①	②	③	④	49	①	②	③	④	69	①	②	③	④
10	①	②	③	④	30	①	②	③	④	50	①	②	③	④	70	①	②	③	④
11	①	②	③	④	31	①	②	③	④	51	①	②	③	④					
12	①	②	③	④	32	①	②	③	④	52	①	②	③	④					
13	①	②	③	④	33	①	②	③	④	53	①	②	③	④					
14	①	②	③	④	34	①	②	③	④	54	①	②	③	④					
15	①	②	③	④	35	①	②	③	④	55	①	②	③	④					
16	①	②	③	④	36	①	②	③	④	56	①	②	③	④					
17	①	②	③	④	37	①	②	③	④	57	①	②	③	④					
18	①	②	③	④	38	①	②	③	④	58	①	②	③	④					
19	①	②	③	④	39	①	②	③	④	59	①	②	③	④					
20	①	②	③	④	40	①	②	③	④	60	①	②	③	④					

※ 본 답안지는 마킹연습용 모의 답안지입니다.

한국중부발전 필기시험 답안카드

성 명

지원 분야

문제지 형별기재란	
(　　　)형	Ⓐ Ⓑ

수 험 번 호						
⓪	⓪	⓪	⓪	⓪	⓪	⓪
①	①	①	①	①	①	①
②	②	②	②	②	②	②
③	③	③	③	③	③	③
④	④	④	④	④	④	④
⑤	⑤	⑤	⑤	⑤	⑤	⑤
⑥	⑥	⑥	⑥	⑥	⑥	⑥
⑦	⑦	⑦	⑦	⑦	⑦	⑦
⑧	⑧	⑧	⑧	⑧	⑧	⑧
⑨	⑨	⑨	⑨	⑨	⑨	⑨

감독위원 확인
㊞ 인

번호	답	번호	답	번호	답	번호	답
1	① ② ③ ④	21	① ② ③ ④	41	① ② ③ ④	61	① ② ③ ④
2	① ② ③ ④	22	① ② ③ ④	42	① ② ③ ④	62	① ② ③ ④
3	① ② ③ ④	23	① ② ③ ④	43	① ② ③ ④	63	① ② ③ ④
4	① ② ③ ④	24	① ② ③ ④	44	① ② ③ ④	64	① ② ③ ④
5	① ② ③ ④	25	① ② ③ ④	45	① ② ③ ④	65	① ② ③ ④
6	① ② ③ ④	26	① ② ③ ④	46	① ② ③ ④	66	① ② ③ ④
7	① ② ③ ④	27	① ② ③ ④	47	① ② ③ ④	67	① ② ③ ④
8	① ② ③ ④	28	① ② ③ ④	48	① ② ③ ④	68	① ② ③ ④
9	① ② ③ ④	29	① ② ③ ④	49	① ② ③ ④	69	① ② ③ ④
10	① ② ③ ④	30	① ② ③ ④	50	① ② ③ ④	70	① ② ③ ④
11	① ② ③ ④	31	① ② ③ ④	51	① ② ③ ④		
12	① ② ③ ④	32	① ② ③ ④	52	① ② ③ ④		
13	① ② ③ ④	33	① ② ③ ④	53	① ② ③ ④		
14	① ② ③ ④	34	① ② ③ ④	54	① ② ③ ④		
15	① ② ③ ④	35	① ② ③ ④	55	① ② ③ ④		
16	① ② ③ ④	36	① ② ③ ④	56	① ② ③ ④		
17	① ② ③ ④	37	① ② ③ ④	57	① ② ③ ④		
18	① ② ③ ④	38	① ② ③ ④	58	① ② ③ ④		
19	① ② ③ ④	39	① ② ③ ④	59	① ② ③ ④		
20	① ② ③ ④	40	① ② ③ ④	60	① ② ③ ④		

※ 본 답안지는 마킹연습용 모의 답안지입니다.

시대에듀 한국중부발전
8개년 기출+NCS+모의고사 3회+무료NCS특강

개정19판1쇄 발행	2025년 06월 20일 (인쇄 2025년 05월 08일)
초 판 발 행	2014년 03월 04일 (인쇄 2014년 02월 25일)
발 행 인	박영일
책 임 편 집	이해욱
편 저	SDC(Sidae Data Center)
편 집 진 행	여연주 · 오세혁
표지디자인	박종우
편집디자인	김경원 · 장성복
발 행 처	(주)시대고시기획
출 판 등 록	제10-1521호
주 소	서울시 마포구 큰우물로 75 [도화동 538 성지 B/D] 9F
전 화	1600-3600
팩 스	02-701-8823
홈 페 이 지	www.sdedu.co.kr

I S B N	979-11-383-9367-6 (13320)
정 가	25,000원

한국 중부발전

8개년 기출+NCS+모의고사 3회

최신 출제경향 전면 반영

기업별 맞춤 학습 "기본서" 시리즈

공기업 취업의 기초부터 심화까지! 합격의 문을 여는 **Hidden Key!**

기업별 시험 직전 마무리 "모의고사" 시리즈

실제 시험과 동일하게 마무리! 합격을 향한 **Last Spurt!**

※기업별 시리즈 : HUG 주택도시보증공사/LH 한국토지주택공사/강원랜드/건강보험심사평가원/국가철도공단/국민건강보험공단/국민연금공단/근로복지공단/발전회사/부산교통공사/서울교통공사/인천국제공항공사/코레일 한국철도공사/한국농어촌공사/한국도로공사/한국산업인력공단/한국수력원자력/한국수자원공사/한국전력공사/한전KPS/항만공사 등

※도서의 이미지 및 구성은 변동될 수 있습니다.

시대에듀가 합격을 준비하는
당신에게 제안합니다.

성공의 기회
시대에듀를 잡으십시오.